国浩法律文库

科创板IPO中的IP风险防范与应对

——基于问询与回复的分析

主　编 / 黄超
副主编 / 李强　储翔

法律出版社 | LAW PRESS
北京

图书在版编目(CIP)数据

科创板IPO中的IP风险防范与应对：基于问询与回复的分析／黄超主编；李强，储翔副主编. --北京：法律出版社，2023
ISBN 978-7-5197-7449-3

Ⅰ.①科… Ⅱ.①黄… ②李… ③储… Ⅲ.①创业板市场-上市公司-风险管理-研究-中国 Ⅳ.①F832.51

中国版本图书馆CIP数据核字(2022)第251420号

科创板IPO中的IP风险防范与应对
——基于问询与回复的分析
KECHUANGBAN IPO ZHONG DE IP FENGXIAN FANGFAN YU YINGDUI
—JIYU WENXUN YU HUIFU DE FENXI

主　编 黄　超
副主编 李　强　储　翔

责任编辑 慕雪丹　章　雯
装帧设计 汪奇峰　鲍龙卉

出版发行 法律出版社
编辑统筹 法商出版分社
责任校对 赵明霞
责任印制 胡晓雅
经　　销 新华书店

开本 710毫米×1000毫米 1/16
印张 21.75　**字数** 349千
版本 2023年3月第1版
印次 2023年3月第1次印刷
印刷 永清县金鑫印刷有限公司

地址：北京市丰台区莲花池西里7号(100073)
网址：www.lawpress.com.cn
投稿邮箱：info@lawpress.com.cn
举报盗版邮箱：jbwq@lawpress.com.cn
销售电话：010-83938349
客服电话：010-83938350
咨询电话：010-63939796

书号：ISBN 978-7-5197-7449-3
定价：89.00元
凡购买本社图书，如有印装错误，我社负责退换。电话：010-83938349

国浩法律文库
编辑委员会

本书编辑委员会

主　编：黄　超

副主编：李　强　储　翔

成　员：任　鹏　葛　涛　王　越　杨宇涵　王甜红　牟　楠
胡米钠　董玉洁　詹　悦　李　响　蓝纯杰　杨凯旋
陈倚天　沙　杉　潘敦峡　唐黎妍　贺顺琪　赵潇萌
于文倩　左　静　杨　洵

“国浩法律文库”总序

作为我国法治工作队伍的重要组成部分，中国律师已经成为协调推进全面建设社会主义现代化国家、全面深化改革、全面依法治国、全面从严治党的战略布局中一支不可替代、举足轻重的重要力量，并且越来越为党和政府以及社会各界所关注和重视。党的十八届三中全会审议通过的《中共中央关于全面深化改革若干重大问题的决定》特别指出，要“完善律师执业权利保障机制和违法违规执业惩戒制度，加强执业道德建设，发挥律师在依法维护公民和法人合法权益方面的重要作用”；党的十八届四中全会审议通过的《中共中央关于全面推进依法治国若干重大问题的决定》更加明确地指出，要“加强律师队伍思想政治建设，把拥护中国共产党领导、拥护社会主义法治作为律师从业的基本要求，增强广大律师走中国特色社会主义法治道路的自觉性和坚定性”。可以说，对律师行业的发展而言，“这是一个最好的时代”！

在律师业的发展过程中，对律师“专业人士”的角色定位已没有异议，而对于专业人士是应以“学者型”为方向还是以“工匠型”为目标之争却始终存在。其实这应是殊途同归的命题。“学者型”要求才高八斗、出口成章、理论扎实、结合实践，因此注重研讨、注重文章；而“工匠型”也要求一丝不苟、中规中矩、一针见血、心得颇多，所以注重琢磨、注重经验。因此，律师队伍中的“学者们”“工匠们”在日理万机的执业实践中，始终没有放弃研究、忘记总结，不时地成文、著作，并使之成为开拓业务、提高水平的重要手段，而鼓励、引导律师著书立说，一直是律师界的良好传统。

国浩律师事务所作为中国最大的法律服务机构之一，一直专注于服务我国投融资及其相关领域的发展与革新，并坚持在应用法律知识服务于经济社会的同时，不断总结经验，撰写理论与实践相结合的专业文章，并编辑成书。“国浩法律文库”系列丛书就是其成果之一。该丛书因其专业、实用、与时俱进等特点，赢得了各界朋友的较高评价、鼓励和支持。

搭建律师思想碰撞之平台、畅通律师信息传播之渠道、建设律师学问总结之道路、营造律师形象展示之舞台、创建律师文化交流之大厦，这正是我们编辑与出版这一文库的出发点与归宿。

我们真诚地希望“国浩法律文库”能让所有的读者朋友愿意读、读得懂、读后有收获。

中华全国律师协会第六、第七届会长
国浩律师事务所原主席　**于　宁**

中华全国律师协会监事长
国浩律师事务所首席执行合伙人　**吕红兵**

序

当前中国正处于从“中国制造”向“中国智造”转型的窗口期和机遇期,面对错综复杂的国际国内形势,如何助力科技创新型企业发展壮大成为破局关键。正如党的二十大报告强调的:“坚持创新在我国现代化建设全局中的核心地位”“坚决打赢关键核心技术攻坚战”“加强企业主导的产学研深度融合”“强化企业科技创新主体地位”。

值得我们关注的是,科创板的横空出世,注册制的全面推行,为广大科技创新型企业插上资本的翅膀、实现跨越性突破和高质量发展提供了新机会,带来了新机遇,可以说是中国实施创新驱动发展战略的点睛之笔。

说到科技创新,就不得不说知识产权,党的二十大报告就特别强调了“加强知识产权法治保障”。作为科技创新成果的保护方式,无论是从宏观的国家层面出发,还是从微观的企业角度考虑,只有充分完善知识产权保护,才能充分保护科技创新成果;只有充分保护科技创新成果,才能充分激励科技发展创新。

正因如此,知识产权问题成为科创板上市审核中的核心内容之一,这也是诸多拟科创板上市企业颇感头“痛”处、深受其“忧”点。实事求是地说,目前学术界、市场上有关 IPO 的书籍铺天盖地,而将 IPO 与 IP 充分融合的专著却凤毛麟角。可见,自科创板问世以来,研究者及实务界对科创板知识产权问题的专注尚未能更全面、更深入,企业家与投资者亦多苦于案头缺少一本能够系统论述科创板知识产权理论及实务问题、深入浅出地解读科创板知识产权相关规则并结合相关规则对审核问询案例进行实证研究的实用型、实战类的“专精特新”大作。

令我们感到欣喜的是,《科创板 IPO 中的 IP 风险防范与应对——基于问询与回复的分析》一书正满足了上述各界与多方的迫切性需求。而此前本书作者《影响科创板 IPO 的十大专利问题及应对策略》一文,甫一推出,即获点赞!

该书主编黄超律师，是国浩律师（上海）事务所合伙人，其服务的客户不仅有政府机构与央企，也有众多科技创新企业。黄超律师在多年与科技创新型企业的合作过程中，对企业知识产权保护这一课题积累了丰富的实务经验。结合自己18年的律师从业经历，黄律师从专注民商事及知识产权诉讼案件，到逐步拓展知识产权与资本市场业务相融合的新形态业务领域，厚积薄发，成果斐然。该书副主编李强律师是国浩律师（上海）事务所管理合伙人，长期从事资本市场法律业务，为数十家公司境内外发行上市及重大资产重组提供优质服务，是上海乃至全国律师行业的证券领军人物。另一位副主编储翔老师是华东政法大学知识产权学院副院长、硕士生导师，在知识产权保护、商标与反不正当竞争、商业秘密保护、职务发明制度等学术领域拥有丰厚且出色的专业成果。其他参与本书编撰的编委会成员，亦均在知识产权与资本市场等相关业务领域具有相当建树及一定影响。

从某种意义上而言，本书既是一部弥补空缺的专著，也是一部技术创新的作品！我们期待未来能够看到更多科创板知识产权问题研究的专业书籍问世，陪伴并照亮广大科技创新型企业的上市前行之路，更为中国创新驱动发展战略的稳步实施助力。

是为序。

吕红兵

国浩律师事务所首席执行合伙人

自　　序

《科创板 IPO 中的 IP 风险防范与应对》一书围绕企业在科创板上市中知识产权相关问题，系统整理了上市审核规则并梳理归纳了知识产权风险及其应对建议。

2018 年 11 月 5 日，习近平总书记在首届中国国际进口博览会开幕式上宣布，将在上海证券交易所设立科创板并试点注册制。此后，监管部门迅速起草并出台了科创板配套注册及管理规则，并于 2019 年 7 月正式开市。这体现了国家持续深化资本市场改革，促进科技创新企业高质量发展的决心。党的十八大以来，国家对知识产权事业建设发展的重视程度达到了历史新高。《知识产权强国建设纲要(2021－2035 年)》明确指出，"进入新发展阶段，推动高质量发展是保持经济持续健康发展的必然要求，创新是引领发展的第一动力，知识产权作为国家发展战略性资源和国际竞争力核心要素的作用更加凸显"。在建设知识产权强国战略背景之下，以创新为核心的知识产权更加突显其重要性，在引领社会经济发展以及提升国际竞争力上占据了战略性地位。《中华人民共和国国民经济和社会发展第十四个五年规划和 2035 年远景目标纲要》提出"建设科技强国"发展目标，要求"坚持创新在我国现代化建设全局中的核心地位，把科技自立自强作为国家发展的战略支撑"。党的二十大报告提出，"完善科技创新体系。坚持创新在我国现代化建设全局中的核心地位"，强调"加快实施创新驱动发展战略"，"加快实现高水平科技自立自强"。完善科技创新体系和建设科技强国需要健康的良性发展的资本市场，科创板的设立无疑为推进创新驱动发展战略注入了极为强劲的助推力。

知识产权与资本运营具有密不可分的关系。如果说专利等知识产权制度是"给天才之火浇上利益之油"，则科创板必然是助力"天才"的巨大"油田"。知识产权在市场经济中体现了其应有价值，市场经济也依赖知识产权来提升其能量级。从科创板助推科创新型企业的定位和功能来看，知识产权问题无疑是科创板上市过程中绕不过的“硬核”问题。科创板以公开式“问询与回复”机制开展上市审核，企业科创实力是审核机构重点考察内容。从统计数据来看，知识产权问题在整个上市审核流程中被问询的次数和轮数均占据较高比例。审核部门正是通过反复问询，从诸多拟上市企业中筛选真正有科创实力和价值潜力的“硬科技”企业。本书的写作正是立足企业在科创板上市实务需求，对科创板审核规则中知识产权相关审查要求进行整理归纳，通过大量案例实证分析科创板上市审核中常见的知识产权风险，并提出高效的风险防范建议以及合理的应对策略。本书为真正有科创实力的企业，在上市审核过程中就知识产权相关法律风险规避提供了极具操作性的实务指南。

本书内容分为板块简介及审查规则、案例解析与风险提示、风险防范与实务应对等三大部分，在系统梳理归纳科创板规则体系和知识产权审核要求基础上，通过详细分析案例以提示常见风险，针对各种情形提出合理防范的对策建议。第二部分是本书的重点。该部分收集了专利、著作权、商业秘密、商标等各个领域大量实例，探讨科创板上市中较多出现的知识产权风险案例，对其“问询与回复”要点进行提炼总结，并就同类“问询与回复”进行分类整理，从中归纳出具体风险点并结合法律和政策进行深入剖析，对企业申报科创板上市中知识产权风险提供了全方位、多角度的参考与指导。本书的基本定位是法律实务类著作，同时，写作团队细致绵密且系统全面的梳理工作，使得本书兼具一定实证研究的学术价值。这不仅对未来改革完善科创板“问询与回复”机制颇有裨益，也为知识产权与资本市场制度进一步协调衔接提供一定的研究基础。科创板知识产权规则是知识产权制度运行整体的重要组成部分，科创板中的知识产权问题也将为知识产权交叉领域研究提供新的问题导向。

本书在多名国浩律师、华东政法大学知识产权学院在校及毕业学生的倾力参与下，最终得以付梓。国浩律师事务所长期深耕全球资本市场法律实务，聚集了一批国内最强实力专业团队。华东政法大学作为知名法学高等学府，拥有丰厚的学术底蕴和大批优秀的法律人才。本书既是国浩高度实务水准与华政科研能力的美好“结晶”，也是产学研合作协同育人的一次良好践行。由于本书写作时间较为匆忙，难免有疏忽纰漏之处，恳请各位业界贤达海涵斧正并不吝赐教。

《科创板IPO中的IP风险防范与应对》
编辑委员会
上海·2022年冬

主要缩略语

简　　称	全　　称
《巴黎公约》	《保护工业产权巴黎公约》
《民法典》	《中华人民共和国民法典》
《刑法》	《中华人民共和国刑法》
《公司法》	《中华人民共和国公司法》
《证券法》	《中华人民共和国证券法》
《专利法》	《中华人民共和国专利法》
《商标法》	《中华人民共和国商标法》
《著作权法》	《中华人民共和国著作权法》
《反不正当竞争法》	《中华人民共和国反不正当竞争法》
《促进科技成果转化法》	《中华人民共和国促进科技成果转化法》
《专利法实施细则》	《中华人民共和国专利法实施细则》
《著作权法实施条例》	《中华人民共和国著作权法实施条例》
《知识产权惩罚性赔偿解释》	《最高人民法院关于审理侵害知识产权民事案件适用惩罚性赔偿的解释》
《商标民事纠纷解释》	《最高人民法院关于审理商标民事纠纷案件适用法律若干问题的解释》
《著作权民事纠纷解释》	《最高人民法院关于审理著作权民事纠纷案件适用法律若干问题的解释》
《商业秘密民事案件规定》	《最高人民法院关于审理侵犯商业秘密民事案件适用法律若干问题的规定》
《关于充分发挥知识产权审判职能作用的意见》	《关于充分发挥知识产权审判职能作用　推动社会主义文化大发展大繁荣和促进经济自主协调发展若干问题的意见》

续表

简　　称	全　　称
《知识产权行为保全规定》	《最高人民法院关于审查知识产权纠纷行为保全案件适用法律若干问题的规定》
《民事诉讼证据规定》	《最高人民法院关于民事诉讼证据的若干规定》
中国证监会	中国证券监督管理委员会
深交所	深圳证券交易所
上交所	上海证券交易所
北交所	北京证券交易所
上市委	科创板股票上市委员会
《科创板总体实施方案》	《在上海证券交易所设立科创板并试点注册制总体实施方案》
《科创板实施意见》	《关于在上海证券交易所设立科创板并试点注册制的实施意见》
《信披与格式准则第 41 号》	《公开发行证券的公司信息披露内容与格式准则第 41 号——科创板公司招股说明书》
《信披与格式准则第 42 号》	《公开发行证券的公司信息披露内容与格式准则第 42 号——首次公开发行股票并在科创板上市申请文件》
《首发问题解答》	《首发业务若干问题解答》
《科创板注册管理办法》	《科创板首次公开发行股票注册管理办法(试行)》
《科创属性评价指引》	《科创属性评价指引(试行)》
《科创板审核问答》	《上海证券交易所科创板股票发行上市审核问答》
《科创板审核问答(二)》	《上海证券交易所科创板股票发行上市审核问答(二)》
《科创板审核规则》	《上海证券交易所科创板股票发行上市审核规则》
《科创板审核业务指南第 1 号》	《上海证券交易所科创板发行上市审核业务指南第 1 号——发行上市申请文件》
《科创板审核业务指南第 2 号》	《上海证券交易所科创板发行上市审核业务指南第 2 号——常见问题的信息披露和核查要求自查表》
《科创板申报及推荐暂行规定》	《上海证券交易所科创板企业发行上市申报及推荐暂行规定》
《科创板持续监管办法》	《科创板上市公司持续监管办法(试行)》

续表

简　　称	全　　称
《科创板发行与承销实施办法》	《上海证券交易所科创板股票发行与承销实施办法》
《科创板上市规则》	《上海证券交易所科创板股票上市规则》
《创业板申报及推荐暂行规定》	《深圳证券交易所创业板企业发行上市申报及推荐暂行规定》

目　录

第一篇

板块简介及审查规则

第一章　关于科创板的简要介绍

一、科创板市场发展概述

推出科创板并进行注册制试点，是中国资本市场一次意义重大的增量改革。科创板设立的宗旨，一方面在于通过差异化安排支持科技创新型企业发展，解决具有发展潜力的科创企业融资难、融资贵的问题；另一方面是进行制度改革的先试先行，形成可复制可推广的经验，发挥改革试验田的作用。

（一）提出与筹备

2018 年 11 月 5 日，习近平总书记在首届中国国际进口博览会开幕式上发表主旨演讲，宣布将在上交所设立科创板并试点注册制。① 2019 年 1 月 23 日，中央全面深化改革委员会第六次会议审议通过《科创板总体实施方案》。② 2019 年 1 月 30 日，中国证监会就《科创板持续监管办法》和《科创板注册管理办法》公开征求意见；同日晚，为规范科创板股票发行上市审核、发行承销、持续监管及交易等行为，上交所就科创板 6 项配套业务规则公开征求意见。2019 年 3 月 1 日，中国证监会公布审议通过后的《科创板注册管理办法》③和《科创板持续监管办法》；同日，上交所起草的科创板 6 项配套规则也正式发布，科创板制度框架正式确立。

---

①　参见《习近平主席出席首届中国国际进口博览会开幕式并发表主旨演讲》，载中国政府网 2018 年 11 月 5 日，http://www.gov.cn/zhuanti/zhibo/jbhkmszb.html。

②　参见《习近平：对标重要领域和关键环节改革　继续啃硬骨头确保干一件成一件》，载中国政府网，http://www.gov.cn/xinwen/2019-01/23/content_5360655.htm。

③　该办法已于 2020 年修正。

（二）开板与上市

2019年6月13日，科创板正式开板。[①] 2019年7月22日，科创板鸣锣开市，当日科创板首批开市的25只个股全线大涨，涨幅均超80%，其中16家公司涨幅翻倍，合计成交近485亿元人民币。[②] 从提出到开市，科创板只用了259天。“科创板速度”背后显示的是中国资本市场改革的决心。

（三）发展状况

截至2021年12月31日，科创板挂牌公司已达377家，总市值突破5.6万亿元。科创板开市近900天的成功实践，为我国资本市场的全面深化改革积累了宝贵经验，促进了多维度科技创新，推动和完善了投融资政策与制度建设。

二、科创板的定位

（一）市场定位——拥抱“硬科技”企业

改革开放40余年，中国经济实现了飞速增长。然而，随着经济发展逐渐进入新常态，过去依赖人口红利、资源优势保持高速增长的优势正在逐渐减退。面对经济发展“瓶颈”，中国需要依靠科技创新来实现从制造大国向智造大国的转型。与其他领域相比，科技创新往往投入更大、失败率更高；与其他企业相比，在没有资本长期投入的情况下，科技创新型企业更难度过盈利前冗长的研发周期。科创板是“科技创新板”的简称。科创板的推出为科技创新型企业开辟了通过市场机制来获取资本的赛道，为科创领域以及具有潜力的初创型科技创新企业提供更多的融资机会，通过促进科技创新企业的孵化和发展，激发社会对科技创新投入的积极性，助力和推动中国的科技创新。[③]

关于科创板的基本定位，中国证监会发布的《科创板实施意见》明确指出，科创板作为面向世界科技前沿、面向经济主战场、面向国家重大需求的新生板块，主要服务于符合国家战略、突破关键核心技术、市场认可度高的科技创新企

---

① 参见王全浩：《科创板开板仪式上，易会满演讲透露了哪些重要信息》，载腾讯内容开放平台2019年6月13日，https://page.om.qq.com/page/OOluHVZoqDSXBMp0IecqyJgw0。

② 参见《科创板开市首日大涨　机构：落袋为安　理性参与》，载百度网2019年7月23日，https://baijiahao.baidu.com/s?id=1639810660726998527&wfr=spider&for=pc。

③ 参见陈健、曾世强：《关于中国科创板定位问题的思考》，载《时代金融》2019年第8期。

业。重点支持新一代信息技术、高端装备、新材料、新能源、节能环保以及生物医药等高新技术产业和战略性新兴产业，推动互联网、大数据、云计算、人工智能和制造业深度融合，引领中高端消费，推动质量变革、效率变革、动力变革。

2020 年 3 月，《科创属性评价指引》和《科创板申报及推荐暂行规定》相继发布，提出由“3 +5”的“常规指标 + 例外情形”组成的科创属性评价指标体系，进一步明晰了科创属性的把握维度，便利企业自主判断是否符合科创板定位。“常规指标”包括研发投入占比或绝对金额、发明专利数量和营业收入复合增长率或营业收入金额在内的 3 项指标。3 项指标分别表征企业研发投入、成果产出及其对企业经营的实际影响 3 个维度。“例外情形”包括要求核心技术经有关部门认定为具有国际引领作用或者对国家战略具有重大意义、获得国家科技技术奖励、承担“国家重大科技专项”、关键设备及产品实现进口替代，以及发明专利 50 项以上等。2021 年 4 月，中国证监会修订发布《科创属性评价指引》，增加了研发人员占比不低于 10% 的常规指标，形成“4 +5”的科创属性评价指标，进一步明确“硬科技”的定位。与此同时，上交所修订《科创板申报及推荐暂行规定》，鼓励符合科创属性的企业到科创板上市。

科创板支持“硬科技”的示范效应初步显现。从 377 家科创板上市企业来看（截至 2021 年 12 月 31 日），研发投入与营业收入之比的中位数为 9%，研发人员占公司人员总数的比重平均为 28.6%，平均每家科创板上市公司拥有授权发明专利量约为 92 件，各项指标均显著高于其他市场板块。科创板集聚了一批集成电路、生物医药、高端装备制造等领域的科创企业，“硬科技”成色逐步显现。

（二）科创板与其他板块的关系

1. 试点注册制——与核准制板块的比较

基于维护市场秩序和保护投资者利益需要而建立的发行核准制，最大的弊端即在于包容性不足，相对滞后和僵化的制度安排使大量创新企业赴境外上市，让中国资本市场错失互联网行业的发展红利。创新需要包容，包容失败是促进科技创新最重要的制度环境。[①] 1971 年，纳斯达克在无人看好新技术的时代率先提出了“但凡是关注于未来的公司，都可以来找纳斯达克”的口号，该股

① 参见王娴：《科创板的包容性》，载《中国金融》2019 年第 9 期。

票交易市场注重公司的成长性，上市标准具有极强的包容性：降低资产及盈利标准，消减繁杂的上市手续，帮助中小科技创新型企业找到融资渠道。近年来，苹果、微软、亚马逊、谷歌等众多高科技企业以优异的业绩表现助推纳斯达克指数屡创新高。

科创板试点注册制是在证券发行申请人依法履行信息披露义务的前提下，主管机构仅对注册文件进行形式审查，其职能和角色调整为维持市场正常秩序、保证上市企业信息透明，而非对股票的内在投资价值作出判断。资本市场是为投资者投资服务的，投资价值由投资者自己判断、自我决策、自我负责，这是我国资本市场注册制改革的新逻辑。①

科创板制度设计以信息披露为核心，形成了一套具有包容性的差异化制度安排。② 与核准制下的市场板块相比，科创板的制度安排主要有以下三方面的特色。

(1)淡化盈利指标

核准制下，无论上交所主板还是深交所主板、中小板、创业板，均以盈利指标作为核心发行条件。营业记录期间的持续的较高盈利标准，确实可以在一定程度上避免劣质企业进入市场。但盈利指标只能反映一个企业过去的经营成果，不代表企业未来的发展前景。同时，较高的盈利要求使具有较高成长性的新兴创新企业被拒之门外，无法有效发挥资本市场支持发展新兴企业的作用。科创板主要定位于服务战略新兴产业企业和创新型企业的市场，设置不含盈利要求的可选上市标准，支持取得阶段性成果但尚未盈利或者达到规模营业收入的战略新兴企业上市。

(2)引入市值指标

与盈利指标相较，市值作为综合反映企业经营情况和投资者预期的指标，通过与其他财务指标组合，可以客观地反映一级市场公允定价，也更符合上市公司的价值创造、发现和管理的理念，对于新类型企业具有特别重要的指标意义。因此，科创板引入以市值为核心的财务指标体系，并设置以市值为核心的上市标准，有利于吸纳未盈利企业或微利企业上市，实现科创板的核心功能。

---

① 参见邢会强：《我国资本市场改革的逻辑转换与法律因应》，载《河北法学》2019 年第 5 期。

② 参见陈洁：《科创板注册制的实施机制与风险防范》，载《法学》2019 年第 1 期。

(3)针对不同类型的行业设定更加灵活的上市标准

科创板设置了五套差异化的上市标准,以市值指标为核心,与收入、现金流、净利润和研发投入等财务指标进行组合,为不同行业、不同发展阶段的科创企业提供了灵活的上市标准。此外,科创板还允许存在投票权差异、红筹企业等特殊企业上市。

2. 错位发展——与其他注册制板块的比较

循着科创板关于增量市场注册制改革的有益探索,从创业板成功完成注册制改革,再到新设北交所试点注册制,中国资本市场全面实施注册制改革正在稳步推进。

发行核准制下,A 股市场虽然设置了上交所主板市场与深交所主板、中小板、创业板市场,但不同市场板块之间特色和差异不明显,具有趋同性。注册制改革下,科创板、创业板和北交所在制度设计上更强调自身特色,进一步完善中国多层次资本市场体系。

(1)行业侧重不同

上交所科创板、深交所创业板和北交所对企业行业支持态度各有侧重。如前文所述,科创板强调的是“硬科技”。科创板重点支持六大高新技术产业和战略性新兴产业,推动互联网、大数据、云计算、人工智能和制造业深度融合,引领中高端消费,推动质量变革、效率变革、动力变革。

创业板强调的是“创新”。创业板对于行业的包容性大于科创板,虽然《创业板申报及推荐暂行规定》明确了 12 个负面行业,但仍留有余地,即仍支持新技术、新产业、新业态、新模式深度融合的创新创业企业,体现着对传统产业升级换代的支持。创业板定位高成长、高科技企业,互联网企业很多属于技术、模式与服务业融合企业,尤受创业板青睐。

北交所主要服务创新型中小企业,重点支持先进制造业和现代服务业等领域的企业,推动传统产业转型升级。

(2)上市条件不同

注册制下,科创板、创业板和北交所上市财务指标均综合考虑市值、收入、净利润、现金流、研发投入等,以支持不同成长阶段、不同类型企业上市需求。相比北交所,科创板、创业板对于企业的市值、收入、净利润等均设置了更高的门槛。

就盈利指标而言,科创板、创业板和北交所均有两套盈利指标可供选择,但北交所两套盈利指标均对净利润数额作出要求，而科创板、创业板第二套盈利指标仅要求净利润为正，同时要求营业收入不低于1亿元。就非盈利指标而言，北交所设置了三套指标，创业板仅设置一套“市值+收入”指标，而科创板设置了四套指标，整体而言，创业板更看重企业的盈利能力。相比创业板，科创板和北交所均增设了“研发投入”指标，满足“市值+研发投入+（收入）”的公司可以申请在科创板和北交所上市，而创业板未设置此类指标。

北交所暂未对“存在差异表决安排企业”的上市指标作出专门规定，创业板均要求净利润为正，而科创板未对是否盈利作出要求；与科创板、创业板相比，北交所目前是实施注册制板块中唯一未为红筹企业上市提供通道的板块，这与现行制度设计中北交所上市企业均来自新三板的创新层或精选层企业而目前尚无红筹企业挂牌的背景相关。

三、科创板发行上市审核流程概述

相较于核准制下证监会作为实质性审核主体，对发行公司从严把关，科创板实施注册制则是以市场化为导向，以信息披露为核心，强调事前披露与事后监管，减少证券发行审核领域的行政干预。在科创板注册制下，制度设计上区分证监会和交易所的审核分工，由交易所主导审核，交易所上市审核在前，证监会注册审查在后。企业上市由交易所按照具体上市标准予以实质性审查，而由证监会实施形式审查并对交易所审核工作进行监督。

针对核准制下审核环节不公开不透明的弊端（证监会审核机制下，企业自申报至上市前的审核阶段，证监会反馈问题及企业、中介机构回复并未同步、充分予以披露），科创板推出了一套公开透明、高效可期的审核机制。根据《科创板审核规则》《科创板发行与承销实施办法》《科创板上市规则》等相关规定，科创板发行上市审核的主要环节包括：受理、审核、上市委会议、报送证监会、证监会注册、发行上市（见图1－1－1）。科创板发行上市审核时限总体上为6个月，即原则上自受理发行上市申请文件之日起，上交所审核和中国证监会注册的时间总计不超过3个月；发行人及其保荐人、证券服务机构回复上交所审核问询的时间总计不超过3个月。相较于传统板块，科创板实行注册制，其审核时限短于核准制，且总体可预期。

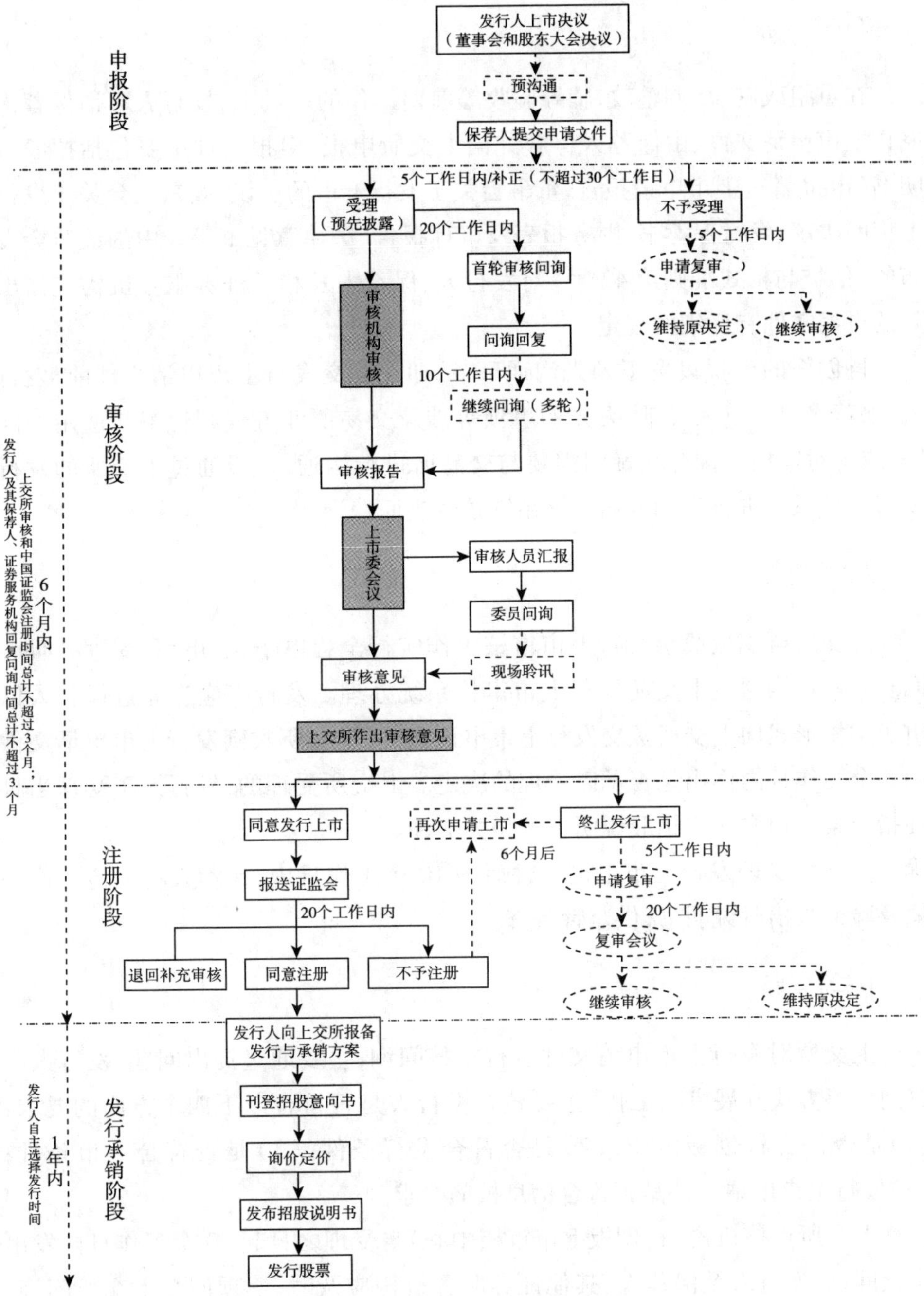

图 1－1－1　科创板上市审核流程

（一）申报

在重组改制、尽调整改、辅导验收等前期工作的基础上，发行人聘请保荐人制作上市申请文件，由保荐人保荐并向上交所申报，申报文件主要包括招股说明书（申报稿）、上市申请报告、董事会关于发行上市的决议、股东大会关于发行上市的决议、发行保荐书、财务报表及审计报告、法律意见书等。中国证监会发布的《信披与格式准则第42号》对发行人、保荐人及相关证券服务机构应当出具的申报文件有详细的规定。

科创板的申报设置了预先沟通环节，即在提交发行上市申请文件前，发行人、保荐人对于重大疑难、无先例事项等涉及交易所业务规则理解与适用的问题，或者对审核问询存在疑问需要与交易所进行沟通，可以通过上交所的发行上市审核系统进行咨询或通过该系统预约当面咨询。

（二）受理

上交所科创板股票发行上市审核工作实行全程电子化，申请、受理、问询、回复等事项均通过上交所发行上市审核系统办理。发行人应当通过保荐人以电子文档形式向上交所提交发行上市申请文件，上交所收到发行上市申请文件后5个工作日内作出是否予以受理的决定。上交所受理的，发行人于受理当日在指定渠道预先披露招股说明书及相关文件。

上交所受理发行上市申请文件后的10个工作日内，保荐人将上传工作底稿及验证版招股说明书，供监管备查。

（三）审核

上交所对发行上市申请文件进行审核问询，主要通过提出问题、发行人回答问题等方式开展审核工作，主要核查发行人是否符合以下四个方面的要求：(1)是否符合科创板定位；(2)是否符合发行条件；(3)是否符合上市条件；(4)发行上市申请文件是否符合信息披露要求。

上交所审核机构（科创板上市审核中心）自受理之日起20个工作日内发出审核问询，发行人及保荐人、其他证券服务机构应及时、逐项回复上交所问询。审核问询可多轮进行。

首轮问询发出前，发行人及其保荐人、证券服务机构及其相关人员不得与审核人员接触,不得以任何形式干扰审核工作。首轮问询发出后,发行人及其保荐人如确需当面沟通的,可通过发行上市审核系统预约。

审核机构认为不需要进一步问询的,将出具审核报告提交上市委。

上交所审核和中国证监会注册的时间总计不超过3个月,发行人及其保荐人、证券服务机构回复上交所审核问询,以及中止审核、请示有权机关、落实上市委意见、暂缓审议、处理会后事项、实施现场检查、要求进行专项核查,并要求发行人补充、修改申请文件等情形的时间不计算在内。

(四)上市委会议

上交所设立上市委,上市委召开会议对上交所审核机构出具的审核报告及发行人上市申请文件进行审议,与会委员就审核机构提出的初步审核意见提出审议意见。上市委可以要求对发行人代表及其保荐人进行现场问询。上市委作出同意或者不同意发行上市的审议意见。

发行人存在发行条件、上市条件或者信息披露方面的重大事项有待进一步核实,无法形成审议意见的,经会议合议,上市委可以对该发行人的发行上市申请暂缓审议。暂缓审议时间不超过2个月。

(五)报送证监会

上交所结合上市委审议意见,出具发行人是否符合发行条件、上市条件和信息披露要求的审核意见。上交所审核通过的,将审核意见、相关审核资料和发行人的发行上市申请文件报送中国证监会履行注册程序。中国证监会认为存在需要进一步说明或者落实事项的,可以要求交易所进一步问询。

上交所审核不通过的,作出终止发行上市审核的决定。

(六)证监会注册

中国证监会履行发行注册程序,主要对上交所的审核意见和发行人的申请文件进行形式上的审核,重点关注交易所发行上市审核内容有无遗漏,审核程序是否符合规定,以及发行人在发行条件和信息披露要求等重大方面是否符合相关规定。

中国证监会在20个工作日内对发行人的注册申请作出同意或者不予注册的决定。如果中国证监会认为存在需要进一步说明或者落实事项的,可以提出反馈意见。发行人根据要求补充、修改注册申请文件,以及中国证监会要求保荐人、证券服务机构等对有关事项进行核查的时间不计算在内。中国证监会认为交易所对影响发行条件的重大事项未予关注或者交易所的审核意见依据明显不充分的,可以退回交易所补充审核。交易所补充审核后,同意发行人股票公开发行并上市的,重新向中国证监会报送审核意见及相关资料,重新计算注册期限。

中国证监会作出不予注册决定的,自决定作出之日起 6 个月后,发行人可以再次提出上市申请。

(七)发行上市

中国证监会同意注册的决定自作出之日起 1 年内有效,发行人应当按照规定在注册决定有效期内发行股票,发行时间由发行人自主选择。

四、科创板下的问询与回复

(一)科创板以问询式审核开展审核工作

公开化的问询式审核,是科创板发行上市审核的重要机制,目的是"问出一家真公司",同时让市场主体在信息充分披露基础上,对公司的质量和价值进行投资判断。

从科创板上市审核流程来看,"问询与回复"贯穿发行上市审核的始终。其中,上交所审核阶段上市审核中心的一问、二问甚至多轮问询,上市审核中心意见落实函、上市委委员问询问题、上市委意见落实函,证监会注册阶段的问询问题,在审核程序和机制中相互衔接、层层递进,是交易所审核机构、上市委和证监会进行审核判断的重要基础(见图 1-1-2)。"问询与回复"的过程,是在全面问询的基础上,不断突出重点、聚焦问题的过程,不断督促发行人及中介机构真实、准确、完整地披露信息的过程,也是震慑欺诈发行、便利投资者在信息充分的基础上作出投资决策的监管过程。

首轮问询是科创板"问询与回复"审核机制的起点,首轮问询遵循"全面问询、突出重点、合理怀疑、压实责任"的原则。首轮问询问题覆盖招股说明书的全部内容,包括财务、法律、行业等不同层面,同时关注信息披露充分、一致、可理解等不同要求。根据《科创板审核规则》,首轮审核问询后,如发现新的需要问询事项,或者发行人及其保荐人、证券服务机构的回复未能有针对性地回答审核机构提出的审核问询，或者发行人的信息披露仍未满足中国证监会和上交所规定要求的，上交所可在收到发行人首轮问询回复后10个工作日内，继续提出第二轮审核问询。在首轮问询和回复的基础上，第二轮问询将更加突出重大性、更加聚焦关键问题、更加注重揭示风险。第二轮问询的提问方法与首轮问询也有所区别，即更加简明扼要，更具整合性。审核问询可多轮次进行，第二轮问询回复后，审核机构认为仍需继续问询的，将在规定时限内进行多轮问询；不需要继续问询的，将按照规则和程序进入召开审核会议形成初步审核意见、上市委审议、证监会注册等后续环节。

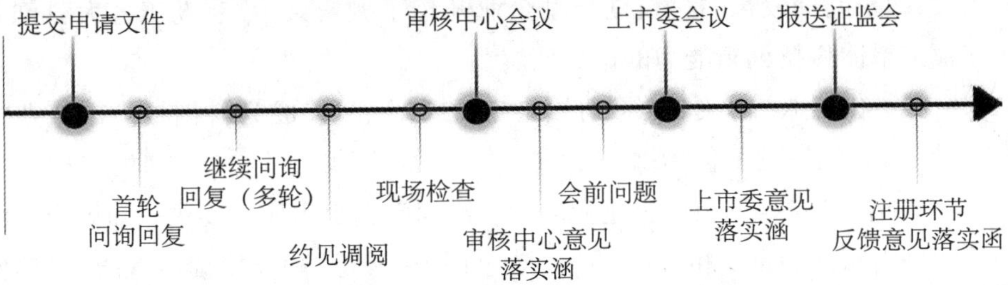

图1－1－2　科创板“问询与回复”

（二）科创板审核问询情况

根据上交所官网公开披露信息统计，2021年度科创板145家拟上市企业收到首轮问询函，平均每家企业首轮问询问题23个；145家企业收到二轮问询函，平均每家企业二轮问询问题9.7个；31家企业收到三轮问询函，平均每家企业三轮问询问题4.8个；7家企业收到四轮问询函，平均每家企业四轮问询问题3.7个。其中，首轮问询问题数量最少的为敏实集团，仅8个问题；首轮问询问题最多的为模式生物公司，问题数量达42个。

根据六棱镜《中国科创板IPO知识产权全景洞察与案例解析（2019—2020）》中的数据统计，每家申报上市企业平均被问及知识产权问题12.3项，涉及知识产权的问题平均问询轮次为2.3轮。

在涉及知识产权的问询问题中，问询次数较多地集中在专利技术/非专利技术的来源、专利与技术/营收的关系、专利权属三个方面，此外也有较多的问询涉及专利数量/申请时间、专利或非专利的侵权风险/纠纷、专利出资/专利质押等。这体现了监管机构对申报科创板的企业审核的重点在于考察企业的科创硬实力。真正的科研实力能带来营业收入的技术并以专利的形式加以保护，同时满足权属清晰、合规、无潜在风险等，是拟科创板 IPO 企业值得重点关注的议题。

五、小结

科创板的设立是中国经济向高质量发展转型升级的需要，也是推进我国创新驱动发展战略和科技强国战略的需要，其定位立足国情，全方面服务于科技创新型中小企业，弥补以往资本市场服务科创企业不足的短板，为境内前期投入较大、回报周期较长的科技创新型企业开拓了融资渠道，有助于各大科创企业和我国整体科技创新能力的迅速发展。

由于科创板服务“硬科技”的战略定位，知识产权成为科创板上市企业的“基石”。《科创属性评价指引》《信披与格式准则第 41 号》《科创板审核问答（二）》等文件均对科创板申报企业的知识产权问题提出明确要求。知识产权既是评估科创属性的重要指标，又是决定企业能否满足“独立持续经营能力”等发行条件的关键要素，因此知识产权问题无疑是影响企业顺利实现科创板上市的决定性因素之一。然而，实践中大量科技创新型企业因存在 IP 风险而“折戟”科创板，据统计，2020 年科创板终止上市企业近半数倒在知识产权问题①，IP 风险已成为科创板上市的“拦路虎”。

本书拟就科创板 IPO 问询回复中的常见 IP 风险，基于科创板规则探寻提出相关问询的依据，并针对相关风险提出防范和应对的建议，以期为科创板拟上市企业及相关领域的实务工作者提供参考与借鉴。

---

① 参见崔笑天：《科创板终止上市企业近半数倒在知识产权问题！》，载 IPR DAiLY 中文网 2021 年 4 月 7 日，http://www.iprdaily.cn/article-27473.html。

第二章　与IP有关的科创板上市审查规则

设立科创板的宗旨之一，在于通过差异化安排支持科技创新型企业发展，解决具有发展潜力的科技创新型企业融资难、融资贵的问题。为保障科创板平稳、有效运行，中国证监会、上交所制定了一系列规则，与《公司法》《证券法》等一同组成了科创板相关规则体系，见图1－2－1。

根据相关规则，企业要在科创板上市，需要符合特定的要求。《科创板实施意见》明确，除符合科创板定位外，发行人还应当符合下列基本发行条件：一是具备健全且运行良好的组织机构，具有完整的业务体系和直接面向市场独立经营的能力，不存在对持续经营有重大不利影响的情形；二是会计基础工作规范，内部控制制度健全且有效执行，最近3年财务会计报告被出具标准无保留意见审计报告；三是发行人及其控股股东、实际控制人最近3年不存在贪污、贿赂、侵占财产、挪用财产或者破坏社会主义市场经济秩序的刑事犯罪，不存在严重损害社会公共利益的重大违法行为；四是证监会规定的其他条件。逐步将现行发行条件中可以由投资者判断的事项转化为更加严格，更加全面、深入、精准的信息披露要求制度体系。①《科创板注册管理办法》明确，申请在科创板上市的企业，除应符合科创板定位外，还应符合发行条件、上市条件和信息披露要求，②见图1－2－2。

---

① 参见《科创板实施意见》第7条。

② 参见《科创板注册管理办法》第3、4条。

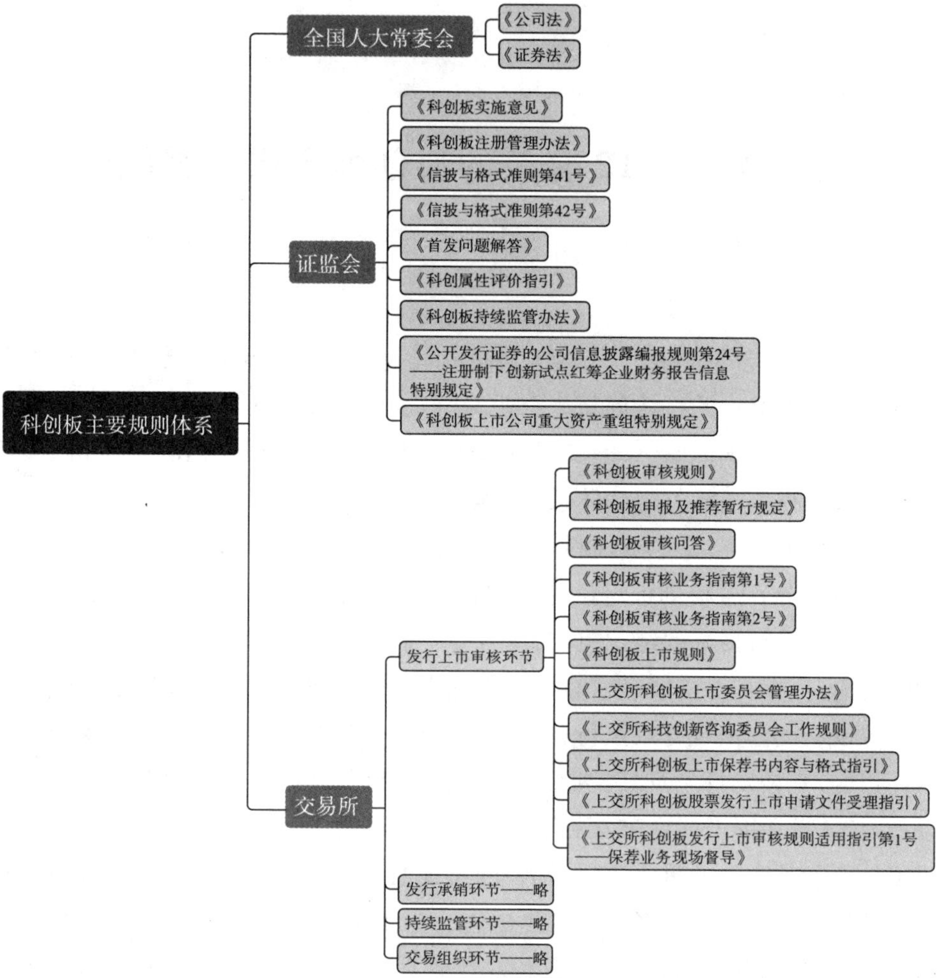

图 1－2－1　科创板主要规则体系①

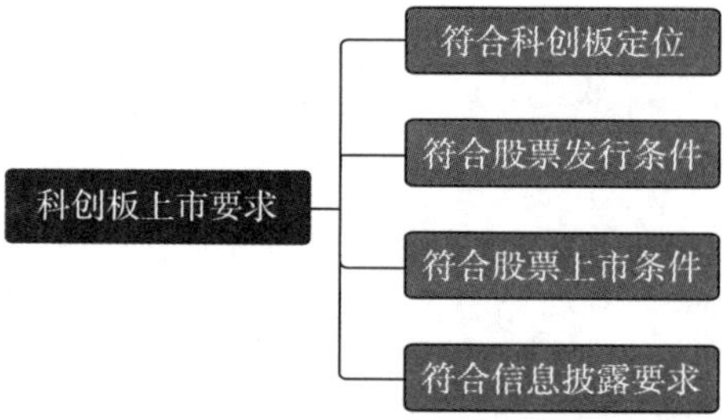

图 1－2－2　科创板上市要求

① 突出显示涉及知识产权的规则，下同。

中国证监会通过《科创属性评价指引》《科创板注册管理办法》《信披与格式准则第 41 号》等规定对科创板定位、发行条件、上市条件和信息披露要求进行了细化，其中，除上市条件外，其他三项均涉及知识产权相关的审查要求。故本章拟对科创板定位、发行条件和信息披露要求中与知识产权相关的规则进行系统梳理与归纳，以期为科创板拟上市企业及相关领域的实务工作者提供参考与借鉴。

一、科创板定位中的 IP 相关规则与要求

《科创板实施意见》《科创板注册管理办法》《科创属性评价指引》《科创板申报及推荐暂行规定》等规定对科创板定位进行了规定，主要包括支持方向、行业限定、科创属性三方面内容。（见图 1 –2 –3）

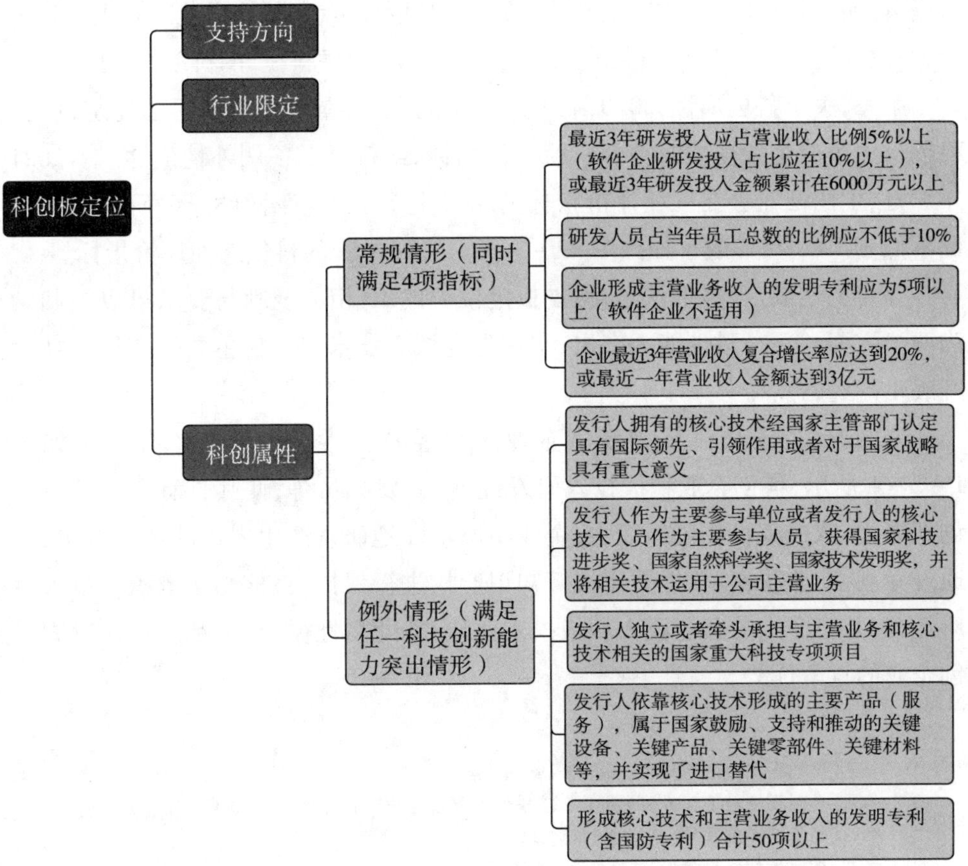

图 1 –2 –3　科创板定位

第一，关于支持方向，《科创板实施意见》规定，坚持面向世界科技前沿、面向经济主战场、面向国家重大需求，主要服务于符合国家战略、突破关键核心技术、市场认可度高的科技创新企业。[①] 除上述规定以外，《科创板注册管理办法》《科创板申报及推荐暂行规定》还提出科创板优先支持拥有关键核心技术，科技创新能力突出，主要依靠核心技术开展生产经营，科技成果转化能力突出，具有稳定的商业模式，行业地位突出或者市场认可度高，社会形象良好，具有较强成长性的企业。[②]

第二，关于行业限定，《科创板实施意见》规定，科创板重点支持新一代信息技术、高端装备、新材料、新能源、节能环保以及生物医药等高新技术产业和战略性新兴产业，推动互联网、大数据、云计算、人工智能和制造业深度融合，引领中高端消费，推动质量变革、效率变革、动力变革。[③] 在此基础上，《科创属性评价指引》明确限制金融科技、模式创新企业在科创板上市，禁止房地产和主要从事金融、投资类业务的企业在科创板上市，进一步明确"硬科技"的科创板定位。[④]

第三，关于科创属性，2020 年 3 月发布的《科创属性评价指引》规定，申报科创板上市的企业需同时符合三项评价指标，或符合五项例外情形之一。2021 年 4 月，中国证监会在三项评价指标的基础上增加了第四项指标"研发人员占比不低于 10%"，形成了如图 1－2－3 所示的"4＋5"的科创属性评价指标。[⑤]

综合上述规定，本书认为，科创板定位中的 IP 相关规则与要求可以被归纳为两个方面：第一，科创能力突出，掌握先进核心技术；第二，主要依靠核心技术开展生产经营。

这两方面，正是科技创新型企业生产经营良性循环的基本体现。如图 1－2－4 所示，科创企业积极投入研发经费、研发人员等，使其具有突出的科技创新能力；依赖其科技创新能力，企业源源不断地研发产生先进的核心技术，并通过专利、商业秘密、软件著作权等知识产权进行保护；将核心技术积极投入生产经营，并将产生的营业收入积极投入科研；如此良性循环，不断产生并巩固科创企业的竞争优势。

---

① 参见《科创板实施意见》第 3 条。

② 参见《科创板注册管理办法》第 3 条，《科创板申报及推荐暂行规定》第 3 条。

③ 参见《科创板实施意见》第 3 条。

④ 参见《科创属性评价指引》第 3 条。

⑤ 参见《科创属性评价指引》第 1、2 条。

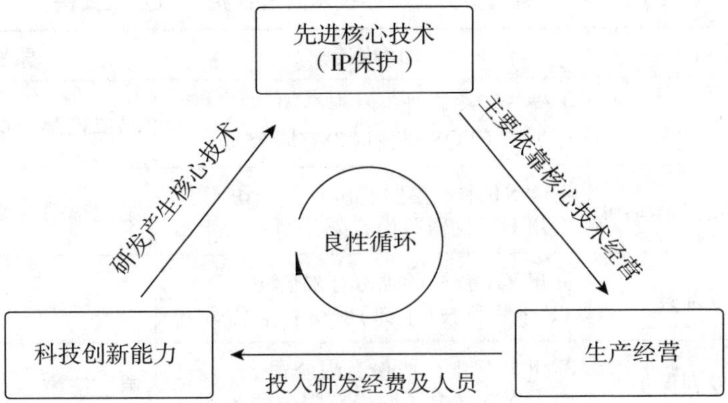

图 1－2－4　科创企业的良性循环

(一)科创能力突出,掌握先进核心技术

企业的科技创新能力与其掌握的先进核心技术高度相关,前者为后者之因,后者为前者之果。

企业科技创新能力的高低,主要可以从三个方面予以体现:第一,从成因方面,如《科创属性评价指引》四项标准中对研发人员和研发投入的规定,科技创新能力可以体现在企业投入的研发人员资质及数量,以及投入研发资金的总额或占营收的比例;第二,从结果方面,如《科创属性评价指引》四项标准和五项例外中对发明专利数量及核心技术水平等的规定,科技创新能力可以体现在核心技术的先进性上;第三,从过程方面,科技创新能力可以体现在企业科技成果产出的周期和频率上。

至于企业掌握的核心技术先进性,如《科创属性评价指引》四项标准和五项例外中对发明专利数量及核心技术水平等的规定,可以通过企业参与国家项目的情况,核心技术获得的荣誉奖项,对应专利权、著作权等知识产权的质量和数量,以及与同行业竞争对手各项对比情况等来体现。

实践中,企业在科创板 IPO 过程中因科技创新能力及核心技术先进性被证券监管机构问询的情况较为常见,相关 IP 风险和问询案例见表 1－2－1,本书将在第二篇中对相关问题进行深入阐述。

表1-2-1 科创能力及核心技术先进性相关风险及案例

风险点	问询案例	索引
专利数量较少	上海YZ药业股份有限公司 深圳市CFQS科技股份有限公司	第二篇第一章第四点
同一技术重复申请专利	安徽ST木塑集团股份有限公司 广州HX仪器股份有限公司	第二篇第一章第八点
同族专利重复计算	贵州ZH新材料股份有限公司 YF生物科技(上海)股份有限公司	第二篇第一章第五点
核心技术无专利保护	苏州HZJ电讯股份有限公司 广东XD微电子股份有限公司	第二篇第一章第二点
专利申请的时间趋势不合理	北京FJR光电科技股份有限公司 上海YZ药业股份有限公司	第二篇第一章第十三点
存在已申请未授权专利	苏州RB生物技术股份有限公司 HH微电子股份有限公司	第二篇第一章第七点
专利数量明显少于同行业竞争对手	HAJX(北京)科技股份公司 FN科技(赣州)股份有限公司	第二篇第一章第三点
专利权因未缴纳年费而失效	北京TKHD半导体股份有限公司 深圳市BQS科技股份有限公司	第二篇第一章第十二点
从第三方受让专利	杭州HM电力电子股份有限公司 西安RL新材料股份有限公司	第二篇第一章第十六点
软件著作权数量远低于竞争对手	JYSZ科技股份有限公司 PY信息技术股份有限公司	第二篇第二章第一点
软件著作权受让取得	ZDYS(天津)科技股份有限公司 深圳市YHL生物科技股份有限公司	第二篇第二章第二点
受让取得非专利技术	WC(上海)网络技术股份有限公司 锦州SG半导体股份有限公司	第二篇第二章第六点
合作研发中的技术依赖	HHQK股份有限公司 成都OL生物科技股份有限公司	第二篇第二章第十点
核心技术先进性	CSYLW网络科技股份有限公司 YYQC信息科技(上海)股份有限公司	第二篇第二章第十三点
核心技术人员存在兼职	合肥GDGK信息科技股份有限公司 HHQK股份有限公司	第二篇第二章第十五点

（二）主要依靠核心技术开展生产经营

科创板定位要求企业不仅应当具有突出的科技创新能力，掌握先进的核心技术，还应当主要依靠核心技术开展生产经营。

主要依靠核心技术开展生产经营，是指企业的主要经营成果来源于依托核心技术的产品或服务。其要求发行人能够坚持科技创新，通过持续的研发投入积累形成核心技术，且主要的生产经营能够以核心技术为基础，将核心技术进行成果转化，形成基于核心技术的产品（服务）。①

根据《科创属性评价指引》关于四项标准和五项例外的相关规定，主要依靠核心技术开展生产经营的重要表征，包括企业形成主营业务收入的发明专利数量，将获得国家科技进步奖、国家自然科学奖、国家技术发明奖等奖项的技术用于主营业务，独立或者牵头承担与主营业务和核心技术相关的国家重大科技专项项目，以及依靠核心技术形成的主要产品属于国家鼓励、支持和推动实现进口替代的关键设备、关键产品、关键零部件、关键材料等。

需要注意的是，形成主营业务收入的专利数量仅指发明专利，不包括实用新型、外观设计专利。原因在于，外观设计专利保护的客体并非技术方案，实用新型专利虽然保护技术方案，但授权前不经过实质审查，与经过实质审查的发明专利相比较，创造性往往较低，无法代表企业的核心技术。

实践中，企业在科创板 IPO 过程中因是否主要依靠核心技术开展生产经营被证券监管机构问询的情况同样较为常见，相关 IP 风险和问询案例见表 1－2－2，本书将在第二篇中对相关问题进行深入阐述。

表 1－2－2　主要依靠核心技术生产经营相关风险及案例

风险点	问询案例	索引
专利与主营业务的相关性	浙江 GH 科技股份有限公司 杭州 AT 生物技术股份有限公司	第二篇第一章第一点
形成核心技术和主营业务收入的发明专利数量的计算方法	陕西 SR 新材料股份有限公司 ABZG 科技集团股份有限公司	第二篇第一章第六点
境外专利与企业业务不匹配	安徽 JY 科技股份有限公司 KT 微电子股份有限公司	第二篇第一章第十一点

① 参见《科创板审核问答》第 10 条。

二、股票发行条件中的IP相关规则与要求

《证券法》《科创板实施意见》《科创板注册管理办法》对发行条件进行了规定，本书认为，知识产权相关的发行条件可以被分为三部分：第一，企业知识产权内控制度应健全有效；第二，企业应具有独立进行持续经营的能力；第三，发行人及其控股股东、实际控制人应不存在侵犯知识产权罪的情形（见图1-2-5）。[①]

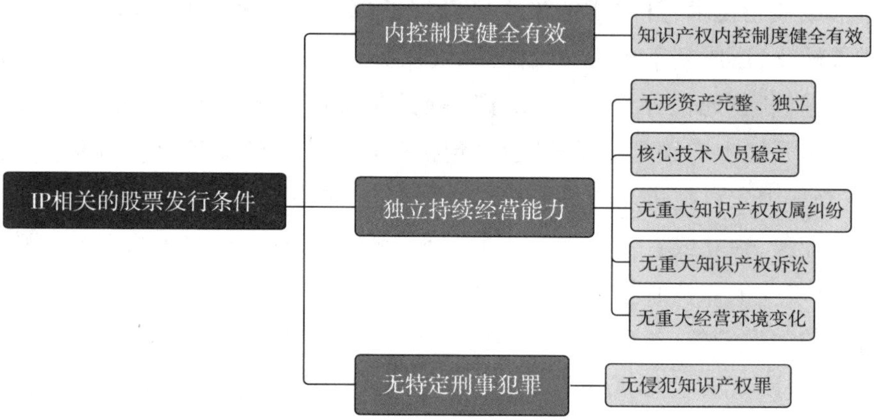

图1-2-5　IP相关的股票发行条件

（一）知识产权内控制度健全有效

《科创板实施意见》《科创板注册管理办法》均明确规定，企业应具有健全的内部控制制度，且被有效执行。[②] 而知识产权作为企业资产的重要组成部分，对于科技创新型企业具有更加重要的地位。所以，科创板要求企业应当具有健全有效的知识产权内控制度，包括研发管理制度、申请流程管理制度、职务发明奖励和报酬制度、保密制度、权利维护制度、商标使用管理制度、知识产权培训制度，以及尽早组建专业的知识产权团队，以保护自有知识产权、加强知识产权管理、鼓励发明创造与科技创新。

实践中，不乏有企业在科创板IPO过程中因知识产权内控制度不健全被证券监管机构问询，相关IP风险和问询案例见表1-2-3，本书将在第二篇中对

① 参见《证券法》第12条、《科创板实施意见》第7条、《科创板注册管理办法》第11—13条。
② 参见《科创板实施意见》第7条、《科创板注册管理办法》第11条。

相关问题进行深入阐述。

表 1-2-3　知识产权内控制度相关风险及案例

风险点	问询案例	索引
知识产权管理的内控制度是否健全并有效运行	JK 环境股份有限公司 北京 STSJ 科技股份有限公司	第二篇第二章第十二点
专利权因未缴纳年费而失效	北京 TKHD 半导体股份有限公司 深圳市 BQS 科技股份有限公司	第二篇第一章第十二点
未将发行人登记为原始专利权人	广州 JT 生物过滤股份有限公司 广东 BH 医疗科技股份有限公司	第二篇第一章第二十一点
商业秘密泄密风险	STYG(成都)数控刀具股份有限公司 苏州 QY 光电科技股份有限公司	第二篇第二章第五点

（二）独立持续经营能力

《证券法》《科创板实施意见》《科创板注册管理办法》均明确规定，发行人应业务完整，具有直接面向市场独立持续经营的能力。①

根据《科创板注册管理办法》第 12 条的规定，企业的独立持续经营能力中与 IP 有关的内容，主要包括五个方面(见图 1-2-6)。

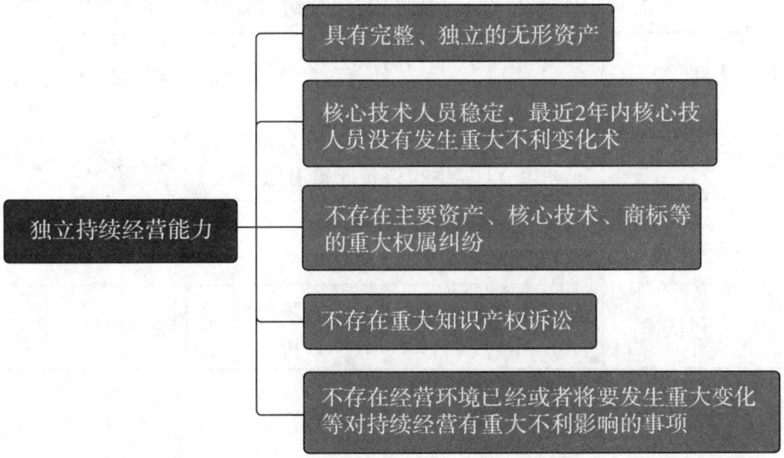

图 1-2-6　与 IP 有关的独立持续经营能力

① 参见《证券法》第 12 条、《科创板实施意见》第 7 条、《科创板注册管理办法》第 12 条。

1. 无形资产完整、独立

发行人具有独立持续经营能力的表现之一，为发行人具有完整、独立的无形资产，作为无形资产重要组成部分的知识产权应当可以不受限制地合法使用。

实践中，影响发行人知识产权完整、独立性的因素较多。例如，如果发行人与他人共有知识产权，共有方是否有对发行人不利的关于知识产权使用、许可、收益的约定；如果发行人受让取得知识产权，知识产权在让与前是否已经对外许可、被质押或设置其他限制；如果发行人被许可使用知识产权，该许可是否长期、稳定；如果发行人自有知识产权，该知识产权是否设置了质押或其他限制。

企业无形资产的完整、独立性，属于证券监管机构在 IPO 过程中重点关注的问题之一，相关的 IP 风险和问询案例具体见表 1-2-4，本书将在第二篇中对相关问题进行深入阐述。

表 1-2-4　无形资产完整性、独立性相关风险及案例

风险点	问询案例	索引
从第三方受让专利	杭州 HM 电力电子股份有限公司 西安 RL 新材料股份有限公司	第二篇第一章第十六点
第三方授权使用专利	深圳 HDZZ 科技股份有限公司 RN 半导体科技股份有限公司	第二篇第一章第十七点
存在专利权质押	YC 科技集团股份有限公司 贵州 ZH 新材料股份有限公司	第二篇第一章第十八点
软件著作权受让取得	ZDYS（天津）科技股份有限公司 深圳市 YHL 生物科技股份有限公司	第二篇第二章第二点
核心商标受让取得	上海 AH 内镜股份有限公司 江苏 FM 科技股份有限公司	第二篇第二章第八点
受让取得非专利技术	WC（上海）网络技术股份有限公司 锦州 SG 半导体股份有限公司	第二篇第二章第六点

2. 核心技术人员稳定

核心技术人员的稳定性对发行人的独立持续经营能力具有较大影响，最近 2 年内核心技术人员应不存在重大不利变化。

原则上，核心技术人员通常包括公司技术负责人、研发负责人、研发部门主要成员、主要知识产权和非专利技术的发明人或设计人、主要技术标准的起草者等。对核心技术人员是否发生重大不利变化的认定,应当本着实质重于形式的原则,综合两方面因素分析:一是最近2年内的变动人数及比例,在计算人数比例时,以上述人员合计总数作为基数;二是上述人员离职或无法正常参与发行人的生产经营是否对发行人生产经营产生重大不利影响。

由于核心技术人员是企业科技创新的根本,核心技术人员的引进或离职,通常对企业的科研能力及科研安排具有较大影响,进而可能对企业的正常生产经营产生影响。如果最近2年内发行人上述人员变动人数比例较大或上述人员中的核心人员发生变化,进而对发行人的生产经营产生重大不利影响的,应视为发生重大不利变化。①

核心技术人员稳定性的相关IP风险和问询案例见表1-2-5,本书将在第二篇中对相关问题进行深入阐述。

表1-2-5　核心技术人员稳定性相关风险及案例

风险点	问询案例	索引
重要发明人离职	MW(上海)生物科技股份有限公司 西安JG科技股份有限公司	第二篇第一章第十点
专利发明人与核心技术人员不匹配	上海FT电子股份有限公司 AJ科技股份有限公司	第二篇第一章第九点
核心技术人员的认定	上海JC超声波技术股份有限公司 陕西HQKJ实业股份有限公司	第二篇第二章第十四点

3. 无重大知识产权权属纠纷

发行人不应存在核心技术、专利、商标等知识产权重大权属纠纷。

知识产权权属纠纷的常见情形为职务技术成果权属纠纷。根据相关法律规定,职务技术成果是指单位工作人员为了执行本单位任务或主要利用本单位的物质技术条件完成的技术成果,是单位工作人员基于职务行为或职务便利进行创造性劳动产生的技术成果,依法归单位所有。其中,执行本单位的任务所完成的技术成果,包括员工离职、退休、调离原单位后或者劳动、人事关系终止后1年内作出的,与其在原单位承担的本职工作、岗位职责或分配、交付的任务有关的技术成果。②

① 参见《科创板审核问答》第6条。

② 参见《专利法实施细则》第12条。

法律作出该规定的目的是防止员工在发明创造即将完成之际，将其作为跳槽的筹码带至下家单位，保护原单位免受员工不正当行为对其合法权益造成的侵害。实践中，知识产权权属纠纷也常常由原单位与下家单位围绕员工在下家单位完成的技术成果进行。如果下家单位的技术成果被认定为属于原单位所有，将给下家单位带来重大的损失。下家单位不仅将失去一项重要的技术资产，还将被禁止实施相关技术，受制于人。

由此可见，重大知识产权权属纠纷可能对企业的正常生产经营产生较大影响，自然也被证券监管机构重点关注。重大知识产权权属纠纷相关的 IP 风险和问询案例见表 1－2－6，本书将在第二篇中对相关问题进行深入阐述。

表 1－2－6　重大知识产权权属纠纷相关风险及案例

风险点	问询案例	索引
新员工在原单位离职一年内作出发明创造	苏州 XR 合金工具股份有限公司 南京 ML 光学科技股份有限公司	第二篇第一章第十五点
未将发行人登记为原始专利权人	广州 JT 生物过滤股份有限公司 广东 BH 医疗科技股份有限公司	第二篇第一章第二十一点
软件著作权受让取得	ZDYS(天津)科技股份有限公司 深圳市 YHL 生物科技股份有限公司	第二篇第二章第二点
合作研发中的知识产权权属问题	湖南 QLXA 科技股份有限公司 湖北 WR 新能源科技股份有限公司	第二篇第二章第十一点
核心技术人员存在兼职	合肥 GDGK 信息科技股份有限公司 HHQK 股份有限公司	第二篇第二章第十五点
股东以知识产权出资	YN 科技股份有限公司 北京 GS 科技股份有限公司	第二篇第二章第十六点

4. 无重大知识产权诉讼

发行人不应存在被他人起诉知识产权侵权的重大诉讼案件。

根据相关法律规定，如果发行人被他人起诉知识产权侵权，且法院生效判决认定发行人构成侵权，则发行人不仅将被禁止继续使用他人知识产权，还需要就侵权损害进行赔偿。因此，一旦发行人的主营产品被认定为侵权产品，或发行人被判决承担高额赔偿，将会对发行人的正常生产经营产生严重影响。

所以，涉及知识产权侵权诉讼的情况，是企业科创板 IPO 过程中的敏感问题。知识产权诉讼相关的 IP 风险和问询案例见表 1－2－7，本书将在第二篇中对相关问题进行深入阐述。

表 1-2-7　重大知识产权诉讼相关风险及案例

风险点	问询案例	索引
存在专利侵权诉讼	深圳 YJX 科技股份有限公司 成都 ZH 自动化技术股份有限公司	第二篇第一章第十四点
存在软件著作权侵权风险	浙江 HK 科技股份有限公司 浙江 DM 科技股份有限公司	第二篇第二章第三点
存在商标侵权诉讼	深圳市 ZG 照明技术股份有限公司 上海 HLW 电子系统技术股份有限公司	第二篇第二章第七点
侵犯他人商业秘密	WJCX(天津)电子技术股份有限公司 深圳 YJX 科技股份有限公司	第二篇第二章第四点
存在集成电路布图设计专有权侵权诉讼	佛山市 LJ 电子股份有限公司	第二篇第二章第九点

5. 无重大经营环境变化

发行人不得有经营环境已经或者将要发生重大变化等对持续经营有重大不利影响的事项。

经营环境是影响企业生产经营活动的条件，是制约企业生存和发展的重要因素，包括内部环境与外部环境。具体到知识产权层面，重大经营环境变化可包括发行人专利无效或失效等情形引起的外部市场环境变化。

根据我国相关法律规定，在发行人的专利无效或失效后，相应的专利技术方案将进入公有领域，处于不必经任何授权或许可而被任何人使用的状态，发行人不再能够禁止他人使用相应技术方案。这对发行人带来的影响是，发行人在市场环境中将不再享有排他实施专利技术方案的权利，竞争者的不断出现，不仅将挤占发行人的市场份额，还将剥夺发行人的定价权。

所以，发行人是否存在重大经营环境变化，也属于证券监管机构重点关心的问题之一，相关的 IP 风险和问询案例见表 1-2-8，本书将在第二篇中对相关问题进行深入阐述。

表 1-2-8　重大经营环境变化相关风险及案例

风险点	问询案例	索引
存在专利权无效纠纷	北京 HTRS 科技股份有限公司 AJ 科技股份有限公司	第二篇第一章第十九点
专利权因未缴纳年费而失效	北京 TKHD 半导体股份有限公司 深圳市 BQS 科技股份有限公司	第二篇第一章第十二点
存在专利权质押	YC 科技集团股份有限公司 贵州 ZH 新材料股份有限公司	第二篇第一章第十八点
专利权即将到期	浙江 YN 智能科技股份有限公司 SSGJ 药业(上海)股份有限公司	第二篇第一章第二十点
商业秘密泄密风险	STYG(成都)数控刀具股份有限公司 苏州 QY 光电科技股份有限公司	第二篇第二章第五点

(三)无侵犯知识产权罪

《证券法》《科创板实施意见》《科创板注册管理办法》对发行人及其控股股东、实际控制人的条件进行了限制,上述主体最近 3 年内不得存在贪污、贿赂、侵占财产、挪用财产或者破坏社会主义市场经济秩序的刑事犯罪;规定了发行人的董事、监事和高级管理人员不得存在最近 3 年内受到中国证监会行政处罚,或者因涉嫌犯罪被司法机关立案侦查或者涉嫌违法违规被中国证监会立案调查,尚未有明确结论意见等情形。①

其中,破坏社会主义市场经济罪规定在《刑法》第三章,包括以下侵犯知识产权罪:假冒注册商标罪,销售假冒注册商标的商品罪,非法制造、销售非法制造的注册商标标识罪,假冒专利罪,侵犯著作权罪,销售侵权复制品罪,侵犯商业秘密罪,为境外窃取、刺探、收买、非法提供商业秘密罪。②

实践中,不仅发行人及其控股股东、实际控制人等涉嫌侵犯知识产权罪会对科创板上市前景产生重大影响,发行人核心技术人员涉嫌侵犯知识产权罪的情况也会被证券监管机构重点关注。侵犯知识产权罪相关的 IP 风险和问询案例见表 1-2-9,本书将在第二篇中对相关问题进行深入阐述。

---

① 参见《证券法》第 12 条、《科创板实施意见》第 7 条、《科创板注册管理办法》第 13 条。

② 参见《刑法》第 213 条至第 220 条。

表1－2－9　侵犯知识产权罪相关风险及案例

风险点	案例	索引
侵犯他人商业秘密	WJCX(天津)电子技术股份有限公司 深圳 YJX 科技股份有限公司	第二篇第二章第四点

三、信息披露要求中的IP相关规则与要求

(一)IP信息披露的基本原则

真实、准确、完整,是披露信息的原则性要求。发行人应当诚实守信,依法披露投资者作出价值判断和投资决策所必需的信息,不得有虚假记载、误导性陈述或者重大遗漏。①

关于信息披露的内容,发行人应当根据自身特点,有针对性地披露行业特点、业务模式、公司治理、发展战略、经营政策、会计政策,充分披露科研水平、科研人员、科研资金投入等相关信息,并充分揭示可能对公司核心竞争力、经营稳定性以及未来发展产生重大不利影响的风险因素。发行人尚未盈利的,应当充分披露尚未盈利的成因,以及对公司现金流、业务拓展、人才吸引、团队稳定性、研发投入、战略性投入、生产经营可持续性等方面的影响。②

证券监管机构制定的信息披露规则并非封闭式规定,而是对信息披露的最低要求,凡是对投资者作出价值判断和投资决策有重大影响的信息,无论相关规则是否有明确规定,发行人均应当予以披露。③（见图1－2－7)

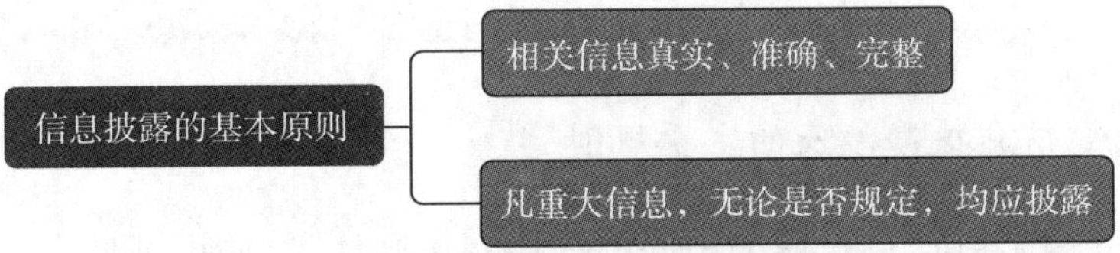

图1－2－7　IP相关的信息披露要求

① 参见《科创板注册管理办法》第5条。
② 参见《科创板注册管理办法》第39条。
③ 参见《科创板注册管理办法》第34条。

（二）IP 信息披露涉及的主要上市申请文件

根据《科创板审核业务指南第 1 号》，发行人在申请科创板上市时需要提交如图 1－2－8 所示的招股说明书、关于符合科创板定位要求的专项说明、关于发行人符合科创板定位要求的专项意见、法律意见书等发行上市申请文件，并在发行上市申请文件中按照相关披露要求进行 IP 有关的信息披露。

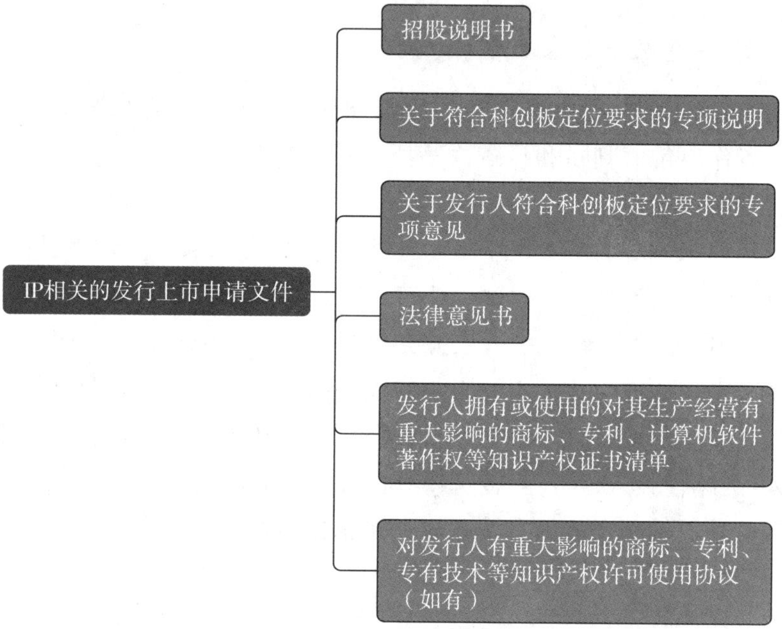

图 1－2－8　IP 相关的发行上市申请文件

（三）IP 信息披露涉及的主要规则

为建立健全以信息披露为中心的注册制规则体系，中国证监会、上交所出台了一系列科创板上市过程中的信息披露规则，其中 IP 信息披露涉及的主要规则如图 1－2－9 所示，以下将分别进行介绍。

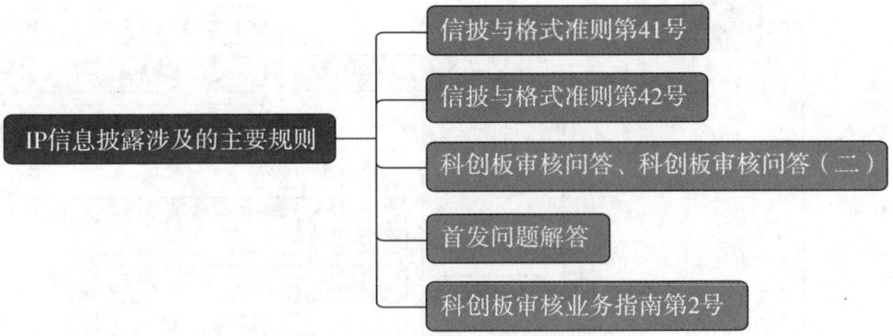

图1－2－9　IP信息披露涉及的主要规则

1.《信披与格式准则第41号》《信披与格式准则第42号》中的具体规则（见图1－2－10、图1－2－11、图1－2－12、表1－2－10）

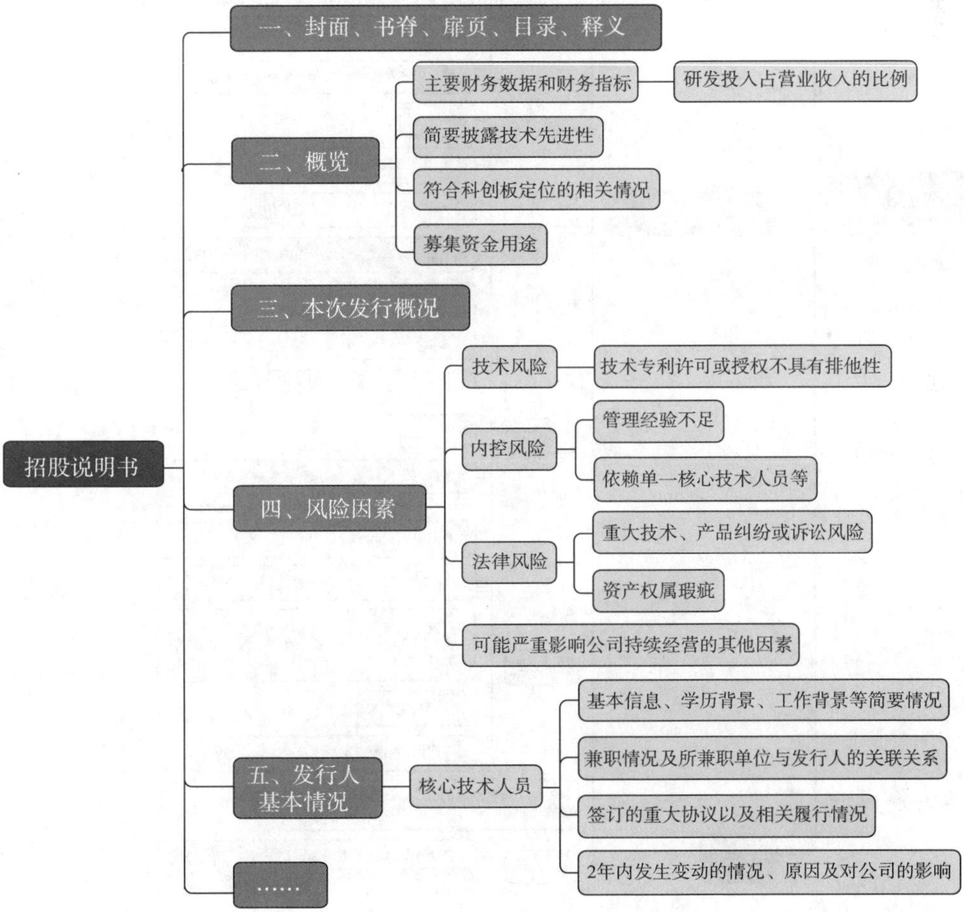

图1－2－10　招股说明书信息披露结构之一

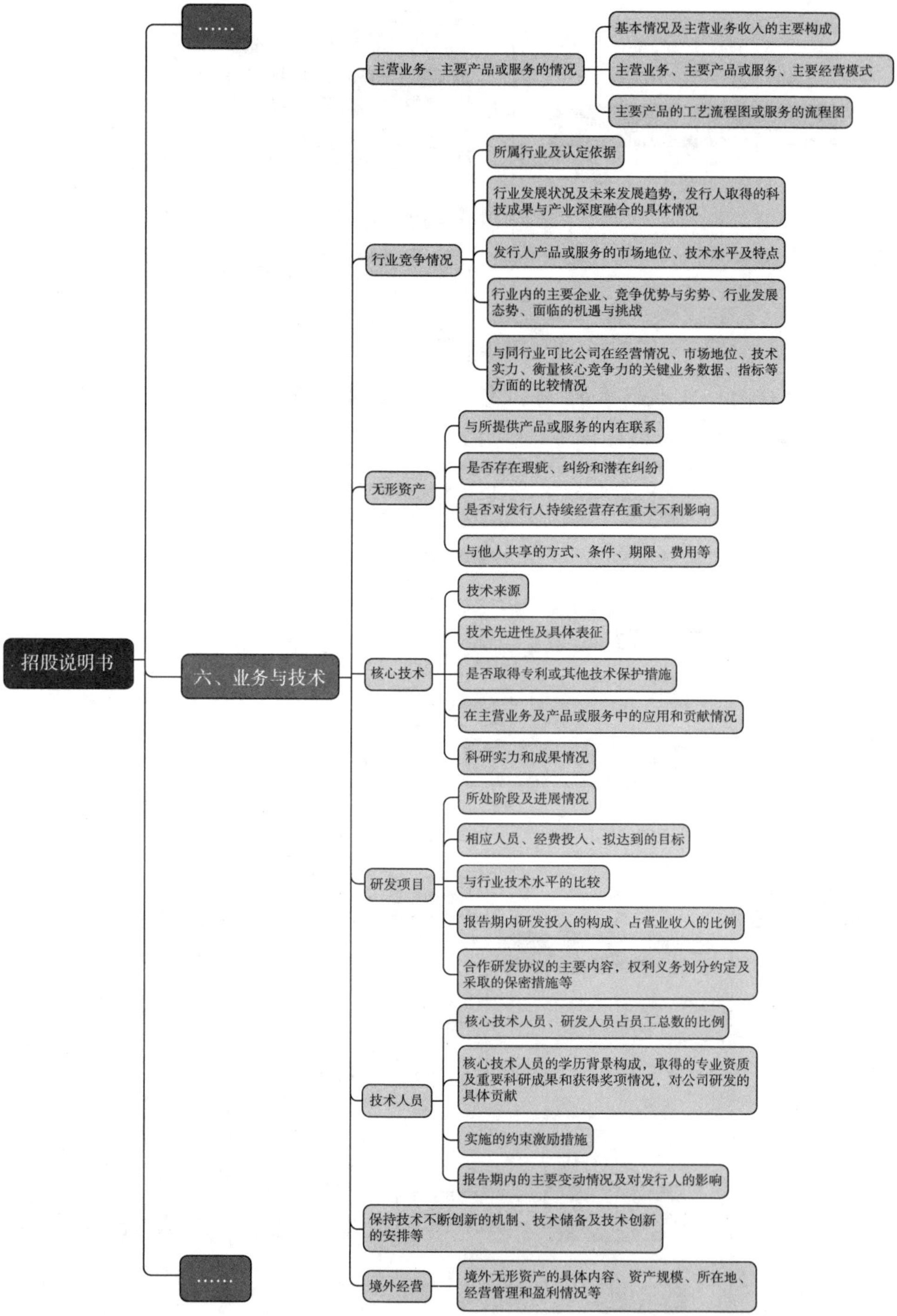

图 1-2-11　招股说明书信息披露结构之二

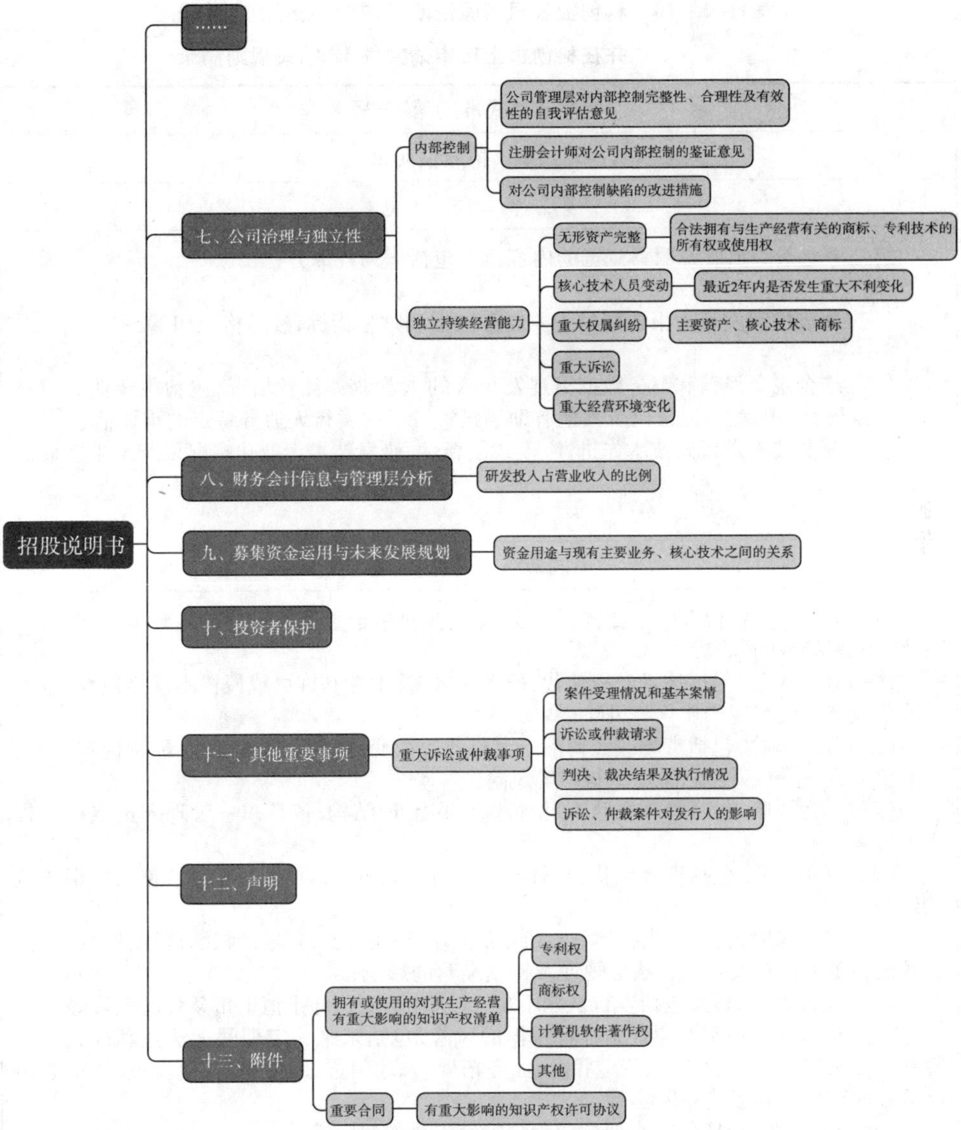

图1-2-12　招股说明书信息披露结构之三

表1-2-10 科创板公司招股说明书、首次公开发行股票并在科创板上市申请文件IP相关规则摘录

信披与格式准则第41号
第二章 招股说明书
第二节 概 览
第二十七条 招股说明书概览的内容至少包括下列各部分： …… （三）列表披露发行人报告期的主要财务数据和财务指标，参考格式如下： …… （四）结合主要经营和财务数据概述发行人的主营业务经营情况，包括主要业务或产品、主要经营模式、竞争地位以及其他有助于投资者了解发行人业务特点的重要信息； （五）简要披露发行人技术先进性、模式创新性、研发技术产业化情况以及未来发展战略； ……
第四节 风 险 因 素
第三十三条 发行人应结合科创企业特点，披露由于重大技术、产品、政策、经营模式变化等可能导致的风险： （一）技术风险，包括技术升级迭代、研发失败、技术专利许可或授权不具排他性、技术未能形成产品或实现产业化等风险； （二）经营风险，包括市场或经营前景或行业政策变化，商业周期变化，经营模式失败，依赖单一客户、单一技术、单一原材料等风险； （三）内控风险，包括管理经验不足，特殊公司治理结构，依赖单一管理人员或核心技术人员等； （四）财务风险，包括现金流状况不佳，资产周转能力差，重大资产减值，重大担保或偿债风险等； （五）法律风险，包括重大技术、产品纠纷或诉讼风险，土地、资产权属瑕疵，股权纠纷，行政处罚等方面对发行人合法合规性及持续经营的影响； （六）发行失败风险，包括发行认购不足，或未能达到预计市值上市条件的风险等； （七）尚未盈利或存在累计未弥补亏损的风险，包括未来一定期间无法盈利或无法进行利润分配的风险，对发行人资金状况、业务拓展、人才引进、团队稳定、研发投入、市场拓展等方面产生不利影响的风险等； （八）特别表决权股份或类似公司治理特殊安排的风险； （九）可能严重影响公司持续经营的其他因素。
第五节 发行人基本情况
第四十三条 发行人应披露董事、监事、高级管理人员及核心技术人员的简要情况，主要包括： （一）姓名、国籍及境外居留权； （二）性别、年龄； （三）学历及专业背景、职称；

续表

（四）主要业务经历及实际负责的业务活动；对发行人设立、发展有重要影响的董事、监事、高级管理人员及核心技术人员，还应披露其创业或从业历程； （五）曾经担任的重要职务及任期； （六）现任发行人的职务及任期。 发行人应说明董事、监事、高级管理人员及核心技术人员的兼职情况及所兼职单位与发行人的关联关系，与发行人其他董事、监事、高级管理人员及核心技术人员的亲属关系。对于董事、监事，应披露其提名人。
第四十四条　发行人应披露与董事、监事、高级管理人员及核心技术人员所签定的对投资者作出价值判断和投资决策有重大影响的协议，以及有关协议的履行情况。 发行人的董事、监事、高级管理人员及核心技术人员所持股份发生被质押、冻结或发生诉讼纠纷等情形的，应充分披露上述情形的产生原因及对发行人可能产生的影响。
第四十五条　发行人董事、监事、高级管理人员及核心技术人员在最近2年内曾发生变动的，应披露变动情况、原因以及对公司的影响。
第四十六条　发行人应披露董事、监事、高级管理人员及核心技术人员与发行人及其业务相关的对外投资情况，包括投资金额、持股比例、有关承诺和协议，对于存在利益冲突情形的，应披露解决情况。 发行人应列表披露董事、监事、高级管理人员、核心技术人员及其配偶、父母、配偶的父母、子女、子女的配偶以任何方式直接或间接持有发行人股份的情况、持有人姓名及所持股份的质押或冻结情况。
第四十七条　发行人应披露董事、监事、高级管理人员及核心技术人员的薪酬组成、确定依据、所履行的程序及报告期内薪酬总额占各期发行人利润总额的比重，最近一年从发行人及其关联企业领取收入的情况，以及所享受的其他待遇和退休金计划等。 发行人应披露本次公开发行申报前已经制定或实施的股权激励及相关安排，披露股权激励对公司经营状况、财务状况、控制权变化等方面的影响，以及上市后的行权安排。
第六节　业务与技术
第四十九条　发行人应清晰、准确、客观地披露主营业务、主要产品或服务的情况，包括： （一）主营业务、主要产品或服务的基本情况，主营业务收入的主要构成； （二）主要经营模式，如盈利模式、采购模式、生产或服务模式、营销及管理模式等，分析采用目前经营模式的原因、影响经营模式的关键因素、经营模式和影响因素在报告期内的变化情况及未来变化趋势。发行人的业务及其模式具有创新性的，还应披露其独特性、创新内容及持续创新机制； （三）设立以来主营业务、主要产品或服务、主要经营模式的演变情况； （四）主要产品的工艺流程图或服务的流程图； （五）生产经营中涉及的主要环境污染物、主要处理设施及处理能力。

续表

第五十条　发行人应结合所处行业基本情况披露其竞争状况，主要包括： （一）所属行业及确定所属行业的依据； （二）所属行业的行业主管部门、行业监管体制、行业主要法律法规政策及对发行人经营发展的影响； （三）所属行业在新技术、新产业、新业态、新模式等方面近三年的发展情况和未来发展趋势，发行人取得的科技成果与产业深度融合的具体情况； （四）发行人产品或服务的市场地位、技术水平及特点、行业内的主要企业、竞争优势与劣势、行业发展态势、面临的机遇与挑战，以及上述情况在报告期内的变化及未来可预见的变化趋势； （五）发行人与同行业可比公司在经营情况、市场地位、技术实力、衡量核心竞争力的关键业务数据、指标等方面的比较情况。
第五十三条　发行人应披露对主要业务有重大影响的主要固定资产、无形资产等资源要素的构成，分析各要素与所提供产品或服务的内在联系，是否存在瑕疵、纠纷和潜在纠纷，是否对发行人持续经营存在重大不利影响。 发行人与他人共享资源要素的，如特许经营权，应披露共享的方式、条件、期限、费用等。
第五十四条　发行人应披露主要产品或服务的核心技术及技术来源，结合行业技术水平和对行业的贡献，披露发行人的技术先进性及具体表征。披露发行人的核心技术是否取得专利或其他技术保护措施、在主营业务及产品或服务中的应用和贡献情况。 发行人应披露核心技术的科研实力和成果情况，包括获得重要奖项，承担的重大科研项目，核心学术期刊论文发表情况等。 发行人应披露正在从事的研发项目、所处阶段及进展情况、相应人员、经费投入、拟达到的目标；结合行业技术发展趋势，披露相关科研项目与行业技术水平的比较；披露报告期内研发投入的构成、占营业收入的比例。与其他单位合作研发的，还应披露合作协议的主要内容，权利义务划分约定及采取的保密措施等。 发行人应披露核心技术人员、研发人员占员工总数的比例，核心技术人员的学历背景构成，取得的专业资质及重要科研成果和获得奖项情况，对公司研发的具体贡献，发行人对核心技术人员实施的约束激励措施，报告期内核心技术人员的主要变动情况及对发行人的影响。 发行人应披露保持技术不断创新的机制、技术储备及技术创新的安排等。
第五十五条　发行人在中华人民共和国境外进行生产经营的，应披露经营的总体情况，并对有关业务活动进行地域性分析。发行人在境外拥有资产的，应详细披露该资产的具体内容、资产规模、所在地、经营管理和盈利情况等。
第七节　公司治理与独立性
第五十九条　发行人应披露公司管理层对内部控制完整性、合理性及有效性的自我评估意见以及注册会计师对公司内部控制的鉴证意见。注册会计师指出公司内部控制存在缺陷的，发行人应披露改进措施。

续表

第六十二条　发行人应分析披露其具有直接面向市场独立持续经营的能力： （一）资产完整方面。生产型企业具备与生产经营有关的主要生产系统、辅助生产系统和配套设施，合法拥有与生产经营有关的主要土地、厂房、机器设备以及商标、专利、非专利技术的所有权或者使用权，具有独立的原料采购和产品销售系统；非生产型企业具备与经营有关的业务体系及主要相关资产； （二）人员独立方面。发行人的总经理、副总经理、财务负责人和董事会秘书等高级管理人员不在控股股东、实际控制人及其控制的其他企业中担任除董事、监事以外的其他职务，不在控股股东、实际控制人及其控制的其他企业领薪；发行人的财务人员不在控股股东、实际控制人及其控制的其他企业中兼职； （三）财务独立方面。发行人已建立独立的财务核算体系、能够独立作出财务决策、具有规范的财务会计制度和对分公司、子公司的财务管理制度；发行人未与控股股东、实际控制人及其控制的其他企业共用银行账户； （四）机构独立方面。发行人已建立健全内部经营管理机构、独立行使经营管理职权，与控股股东和实际控制人及其控制的其他企业间不存在机构混同的情形； （五）业务独立方面。发行人的业务独立于控股股东、实际控制人及其控制的其他企业，与控股股东、实际控制人及其控制的其他企业间不存在对发行人构成重大不利影响的同业竞争，以及严重影响独立性或者显失公平的关联交易； （六）发行人主营业务、控制权、管理团队和核心技术人员稳定，最近 2 年内主营业务和董事、高级管理人员及核心技术人员均没有发生重大不利变化；控股股东和受控股股东、实际控制人支配的股东所持发行人的股份权属清晰，最近 2 年实际控制人没有发生变更，不存在导致控制权可能变更的重大权属纠纷； （七）发行人不存在主要资产、核心技术、商标的重大权属纠纷，重大偿债风险，重大担保、诉讼、仲裁等或有事项，经营环境已经或将要发生的重大变化等对持续经营有重大影响的事项。
第八节　财务会计信息与管理层分析
第七十四条　发行人应列表披露报告期的主要财务指标。主要包括流动比率、速动比率、资产负债率、应收账款周转率、存货周转率、息税折旧摊销前利润、归属于发行人股东的净利润、归属于发行人股东扣除非经常性损益后的净利润、研发投入占营业收入的比例、每股经营活动产生的现金流量、每股净现金流量、基本每股收益、稀释每股收益、归属于发行人股东的每股净资产、净资产收益率。其中，净资产收益率和每股收益的计算应执行中国证监会的有关规定。
第七十八条　发行人对于偿债能力、流动性与持续经营能力的分析，一般应包括下列内容： （一）最近一期末银行借款、关联方借款、合同承诺债务、或有负债等主要债项的金额、期限、利率及利息费用等情况；如有逾期未偿还债项应说明原因及解决措施；如存在借款费用资本化情况应说明其依据、时间及金额。发行人应分析可预见的未来需偿还的负债金额及利息金额，结合现金流、融资能力与渠道等情况，分析公司的偿债能力； （二）报告期股利分配的具体实施情况； （三）报告期经营活动产生的现金流量、投资活动产生的现金流量、筹资活动产生的现金流量的基本情况、主要构成和变动原因。如报告期经营活动产生的现金流量净额为负数或者与当期净利润存在较大差异的，应分析主要影响因素；

续表

（四）截至报告期末的重大资本性支出决议以及未来其他可预见的重大资本性支出计划和资金需求量，如涉及跨行业投资应说明其与公司未来发展战略的关系，如存在较大资金缺口应说明解决措施及其影响； （五）结合长短期债务配置期限、影响现金流量的重要事件或承诺事项以及风险管理政策，分析披露发行人的流动性已经或可能产生的重大变化或风险趋势，以及发行人应对流动性风险的具体措施； （六）结合公司的业务或产品定位、报告期经营策略以及未来经营计划，分析披露发行人在持续经营能力方面是否存在重大不利变化或风险因素，以及管理层自我评判的依据。
第八十条　发行人披露的财务会计信息或业绩预告信息应满足及时性要求。 发行人应扼要披露资产负债表日后事项、或有事项、其他重要事项以及重大担保、诉讼等事项在招股说明书签署日的进展情况，说明该等事项对发行人未来财务状况、盈利能力及持续经营的影响。
第九节　募集资金运用与未来发展规划
第八十五条　发行人应根据重要性原则披露募集资金运用情况： （一）募集资金的具体用途，简要分析募集资金具体用途的可行性及其与发行人现有主要业务、核心技术之间的关系； （二）投资概算情况。发行人所筹资金如不能满足预计资金使用需求的，应说明缺口部分的资金来源及落实情况；如所筹资金超过预计资金使用需求的，应说明相关资金在运用和管理上的安排； （三）募集资金具体用途所需的时间周期和时间进度； （四）募集资金运用涉及履行审批、核准或备案程序的，应披露相关的履行情况； （五）募集资金运用涉及环保问题的，应披露可能存在的环保问题、采取的措施及资金投入情况； （六）募集资金运用涉及新取得土地或房产的，应披露取得方式、进展情况及未能如期取得对募集资金具体用途的影响； （七）募集资金运用涉及与他人合作的，应披露合作方基本情况、合作方式、各方权利义务关系； （八）募集资金向实际控制人、控股股东及其关联方收购资产，如果对被收购资产有效益承诺的，应披露效益无法完成时的补偿责任。
第十一节　其他重要事项
第九十六条　发行人应披露对财务状况、经营成果、声誉、业务活动、未来前景等可能产生较大影响的诉讼或仲裁事项，以及控股股东或实际控制人、控股子公司，发行人董事、监事、高级管理人员和核心技术人员作为一方当事人可能对发行人产生影响的刑事诉讼、重大诉讼或仲裁事项，主要包括： （一）案件受理情况和基本案情； （二）诉讼或仲裁请求； （三）判决、裁决结果及执行情况； （四）诉讼、仲裁案件对发行人的影响。 发行人应披露董事、监事、高级管理人员和核心技术人员最近 3 年涉及行政处罚、被司法机关立案侦查、被中国证监会立案调查情况。

续表

信披与格式准则第 42 号
七、其他文件
7－1　产权和特许经营权证书 7－1－1　发行人拥有或使用的对其生产经营有重大影响的商标、专利、计算机软件著作权等知识产权以及土地使用权、房屋所有权等产权证书清单（需列明证书所有者或使用者名称、证书号码、权利期限、取得方式、是否及存在何种他项权利等内容）
7－2　重要合同 7－2－1　对发行人有重大影响的商标、专利、专有技术等知识产权许可使用协议（如有）

2.《科创板审核问答》《科创板审核问答（二）》中的具体规则（见图 1－2－13、表 1－2－11）

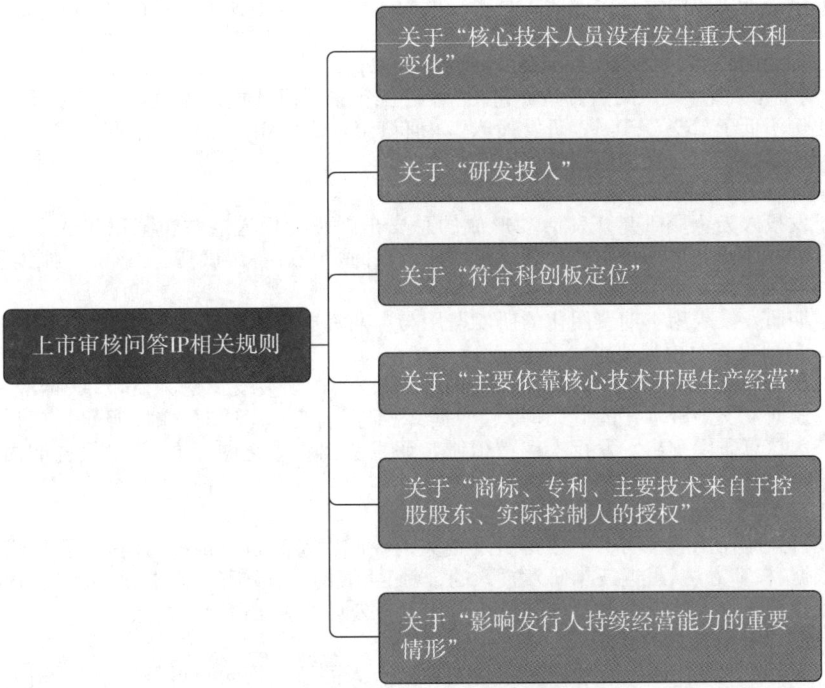

图 1－2－13　上市审核问答 IP 相关规则

表 1-2-11 上市审核问答 IP 相关规则摘录

科创板审核问答
6. 对发行条件中发行人最近 2 年内"董事、高级管理人员及核心技术人员均没有发生重大不利变化",应当如何理解? 答:申请在科创板上市的企业,应当根据企业生产经营需要和相关人员对企业生产经营发挥的实际作用,确定核心技术人员范围,并在招股说明书中披露认定情况和认定依据。原则上,核心技术人员通常包括公司技术负责人、研发负责人、研发部门主要成员、主要知识产权和非专利技术的发明人或设计人、主要技术标准的起草者等。 对发行人的董事、高级管理人员及核心技术人员是否发生重大不利变化的认定,应当本着实质重于形式的原则,综合两方面因素分析:一是最近 2 年内的变动人数及比例,在计算人数比例时,以上述人员合计总数作为基数;二是上述人员离职或无法正常参与发行人的生产经营是否对发行人生产经营产生重大不利影响。 变动后新增的上述人员来自原股东委派或发行人内部培养产生的,原则上不构成重大不利变化。发行人管理层因退休、调任等原因发生岗位变化的,原则上不构成重大不利变化,但发行人应当披露相关人员变动对公司生产经营的影响。 如果最近 2 年内发行人上述人员变动人数比例较大或上述人员中的核心人员发生变化,进而对发行人的生产经营产生重大不利影响的,应视为发生重大不利变化。
7.《上市规则》规定的财务指标包括"最近三年累计研发投入占最近三年累计营业收入的比例不低于 15%",其中"研发投入"如何认定?研发相关内控有哪些要求?信息披露有哪些要求?中介机构应当如何进行核查? 答:(一)研发投入认定 研发投入为企业研究开发活动形成的总支出。研发投入通常包括研发人员工资费用、直接投入费用、折旧费用与长期待摊费用、设计费用、装备调试费、无形资产摊销费用、委托外部研究开发费用、其他费用等。 本期研发投入为本期费用化的研发费用与本期资本化的开发支出之和。 (二)研发相关内控要求 发行人应制定并严格执行研发相关内控制度,明确研发支出的开支范围、标准、审批程序以及研发支出资本化的起始时点、依据、内部控制流程。同时,应按照研发项目设立台账归集核算研发支出。发行人应审慎制定研发支出资本化的标准,并在报告期内保持一致。 (三)发行人信息披露要求 发行人应在招股说明书中披露研发相关内控制度及其执行情况,并披露研发投入的确认依据、核算方法、最近三年研发投入的金额、明细构成、最近三年累计研发投入占最近三年累计营业收入的比例及其与同行业可比上市公司的对比情况。 (四)中介机构核查要求 1. 保荐机构及申报会计师应对报告期内发行人的研发投入归集是否准确、相关数据来源及计算是否合规进行核查,并发表核查意见。 2. 保荐机构及申报会计师应对发行人研发相关内控制度是否健全且被有效执行进行核查,就以下事项作出说明,并发表核查意见: (1)发行人是否建立研发项目的跟踪管理系统,有效监控、记录各研发项目的进展情况,并合理评估技术上的可行性; (2)是否建立与研发项目相对应的人财物管理机制;

续表

(3)是否已明确研发支出开支范围和标准,并得到有效执行; (4)报告期内是否严格按照研发开支用途、性质据实列支研发支出,是否存在将与研发无关的费用在研发支出中核算的情形; (5)是否建立研发支出审批程序。
9.《上市审核规则》规定发行人应当符合科创板定位。对此应如何把握? 答:《上市审核规则》规定,本所对发行上市进行审核。审核事项包括三个方面:一是发行人是否符合发行条件;二是发行人是否符合上市条件;三是发行人的信息披露是否符合要求。在对上述事项进行审核判断时,将关注发行人是否符合科创板定位。发行人应当对其是否符合科创板定位进行审慎评估,保荐机构应当就发行人是否符合科创板定位进行专业判断。 (一)发行人自我评估的考虑因素 发行人进行自我评估时,应当尊重科技创新规律、资本市场规律和企业发展规律,并结合自身和行业科技创新实际情况,准确理解、把握科创板定位,重点考虑以下因素: 1. 所处行业及其技术发展趋势与国家战略的匹配程度; 2. 企业拥有的核心技术在境内与境外发展水平中所处的位置; 3. 核心竞争力及其科技创新水平的具体表征,如获得的专业资质和重要奖项、核心技术人员的科研能力、科研资金的投入情况、取得的研发进展及其成果等; 4. 保持技术不断创新的机制、技术储备及技术创新的具体安排; 5. 依靠核心技术开展生产经营的实际情况等。 (二)对保荐机构的相关要求 保荐机构应当根据《上海证券交易所科创板企业上市推荐指引》的相关要求,围绕科创板定位,对发行人自我评估涉及的相关事项进行核查,并结合尽职调查取得的充分证据、资料等,对其是否符合科创板定位作出专业判断,出具专项意见,说明理由和依据、具体的核查内容、核查过程等,并在上市保荐书中简要说明核查结论及依据。 (三)本所审核中予以关注 审核问询中,本所发行上市审核机构将关注发行人的评估是否客观,保荐人的判断是否合理;根据需要,可以向科技创新咨询委员会提出咨询,将其作出的咨询意见作为审核参考。
10.《上市审核规则》规定,发行人应当主要依靠核心技术开展生产经营,对此应当如何理解?信息披露有哪些要求?中介机构应当如何进行核查? 答:(一)主要依靠核心技术开展生产经营的理解 主要依靠核心技术开展生产经营,是指企业的主要经营成果来源于依托核心技术的产品或服务。一是发行人能够坚持科技创新,通过持续的研发投入积累形成核心技术。二是发行人主要的生产经营能够以核心技术为基础,将核心技术进行成果转化,形成基于核心技术的产品(服务)。如果企业核心技术处于研发阶段,其主要研发投入均应当围绕该核心技术及其相关的产品(服务)。三是核心技术的判断主要结合发行人所处行业的国家科技发展战略和政策、整体技术水平、国内外科技发展水平和趋势等因素,综合判断。 (二)发行人信息披露要求 发行人应在招股说明书中披露以下信息: 1. 报告期内通过核心技术开发产品(服务)的情况,报告期内核心技术产品(服务)的

续表

生产和销售数量,核心技术产品(服务)在细分行业的市场占有率; 2. 报告期内营业收入中,发行人依靠核心技术开展生产经营所产生收入的构成、占比、变动情况及原因等。 (三)保荐机构核查要求 保荐机构应结合发行人所处的行业、技术水平和产业应用前景,重点核查以下事项: 1. 发行人的研发投入是否主要围绕核心技术及其相关产品(服务); 2. 发行人营业收入是否主要来源于依托核心技术的产品(服务),营业收入中是否存在较多的与核心技术不具有相关性的贸易等收入,核心技术能否支持公司的持续成长; 3. 发行人核心技术产品(服务)收入的主要内容和计算方法是否适当,是否为偶发性收入,是否来源于显失公平的关联交易; 4. 其他对发行人利用核心技术开展生产经营活动产生影响的情形。 保荐机构应当就发行人是否"主要依靠核心技术开展生产经营"发表明确意见。保荐机构在全面核查并发表明确核查意见的基础上,应审慎选择并推荐符合科创板定位的企业上市,督促发行人做好相关信息披露和风险揭示。
科创板审核问答(二)
7. 发行人租赁控股股东、实际控制人房产或者商标、专利、主要技术来自于控股股东、实际控制人的授权使用,中介机构核查应当注意哪些方面? 答:发行人存在从控股股东、实际控制人租赁或授权使用资产的,中介机构应当予以关注。存在以下两种情况的:一是生产型企业的发行人,其生产经营所必需的主要厂房、机器设备等固定资产系向控股股东、实际控制人租赁使用;二是发行人的核心商标、专利、主要技术等无形资产是由控股股东、实际控制人授权使用,中介机构应结合相关资产的具体用途、对发行人的重要程度、未投入发行人的原因、租赁或授权使用费用的公允性、是否能确保发行人长期使用、今后的处置方案等,充分论证该等情况是否对发行人资产完整和独立性构成重大不利影响,督促发行人做好信息披露和风险揭示,并就发行人是否符合科创板发行条件审慎发表意见。
13. 影响发行人持续经营能力的重要情形有哪些?中介机构应当如何进行核查? 答:发行人存在以下情形的,保荐机构和申报会计师应重点关注是否影响发行人持续经营能力,具体包括: (一)发行人所处行业受国家政策限制或国际贸易条件影响存在重大不利变化风险; (二)发行人所处行业出现周期性衰退、产能过剩、市场容量骤减、增长停滞等情况; (三)发行人所处行业准入门槛低、竞争激烈,相比竞争者发行人在技术、资金、规模效应方面等不具有明显优势; (四)发行人所处行业上下游供求关系发生重大变化,导致原材料采购价格或产品售价出现重大不利变化; (五)发行人因业务转型的负面影响导致营业收入、毛利率、成本费用及盈利水平出现重大不利变化,且最近一期经营业绩尚未出现明显好转趋势; (六)发行人重要客户本身发生重大不利变化,进而对发行人业务的稳定性和持续性产生重大不利影响; (七)发行人由于工艺过时、产品落后、技术更迭、研发失败等原因导致市场占有率持续下降、重要资产或主要生产线出现重大减值风险、主要业务停滞或萎缩;

续表

(八)发行人多项业务数据和财务指标呈现恶化趋势,短期内没有好转迹象; (九)对发行人业务经营或收入实现有重大影响的商标、专利、专有技术以及特许经营权等重要资产或技术存在重大纠纷或诉讼,已经或者未来将对发行人财务状况或经营成果产生重大影响; (十)其他明显影响或丧失持续经营能力的情形。 保荐机构和申报会计师应详细分析和评估上述情形的具体表现、影响程度和预期结果,综合判断是否对发行人持续经营能力构成重大不利影响,审慎发表明确核查意见,并督促发行人充分披露可能存在的持续经营风险。

3.《首发问题解答》中的具体规则(见图1-2-14、表1-2-12)

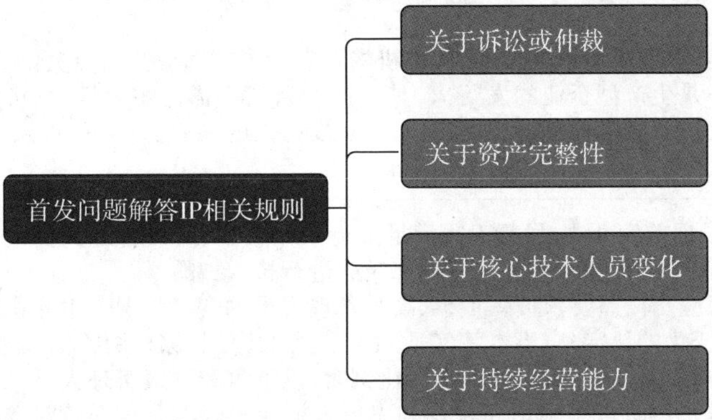

图1-2-14　首发问题解答IP相关规则

表1-2-12　首发问题解答IP相关规则摘录

首发问题解答
问题13.对于发行人的诉讼或仲裁事项,应如何进行核查和信息披露? 答:(1)发行人应当在招股说明书中披露对股权结构、生产经营、财务状况、未来发展等可能产生较大影响的诉讼或仲裁事项,包括案件受理情况和基本案情,诉讼或仲裁请求,判决、裁决结果及执行情况,诉讼或仲裁事项对发行人的影响等。如诉讼或仲裁事项可能对发行人产生重大影响,应当充分披露发行人涉及诉讼或仲裁的有关风险。 (2)保荐机构、发行人律师应当全面核查报告期内发生或虽在报告期外发生但仍对发行人产生较大影响的诉讼或仲裁的相关情况,包括案件受理情况和基本案情,诉讼或仲裁请求,判决、裁决结果及执行情况,诉讼或仲裁事项对发行人的影响等。 发行人提交首发申请至上市期间,保荐机构、发行人律师应当持续关注发行人诉讼或仲裁的进展情况、发行人是否新发生诉讼或仲裁事项。发行人诉讼或仲裁的重大进展情况以及新发生的对股权结构、生产经营、财务状况、未来发展等可能产生较大影响的诉讼或仲裁事项,应当及时补充披露。

续表

(3)发行人控股股东、实际控制人、控股子公司、董事、监事、高级管理人员和核心技术人员涉及的重大诉讼或仲裁事项比照上述标准执行。 (4)涉及主要产品、核心商标、专利、技术等方面的诉讼或仲裁可能对发行人生产经营造成重大影响,或者诉讼、仲裁有可能导致发行人实际控制人变更,或者其他可能导致发行人不符合发行条件的情形,保荐机构和发行人律师应在提出明确依据的基础上,充分论证该等诉讼、仲裁事项是否构成本次发行的法律障碍并审慎发表意见。
问题14. 如果发行人租赁控股股东、实际控制人房产或者商标、专利来自于控股股东、实际控制人的授权使用,中介机构核查应注意哪些方面? 答:保荐机构和发行人律师通常应关注并核查以下方面:相关资产的具体用途、对发行人的重要程度、未投入发行人的原因、租赁或授权使用费用的公允性、是否能确保发行人长期使用、今后的处置方案等,并就该等情况是否对发行人资产完整性和独立性构成重大不利影响发表明确意见。 如发行人存在以下情形之一的,保荐机构及发行人律师应当重点关注、充分核查论证并发表意见:一是生产型企业的发行人,其生产经营所必需的主要厂房、机器设备等固定资产系向控股股东、实际控制人租赁使用;二是发行人的核心商标、专利、主要技术等无形资产是由控股股东、实际控制人授权使用。
问题17. 根据首发办法,发行人需满足最近3年董事、高级管理人员没有发生重大变化的发行条件。中介机构及发行人应如何对此进行核查披露? 答:发行人应当按照要求披露董事、高级管理人员的变动情况。中介机构对上述人员是否发生重大变化的认定,应当本着实质重于形式的原则,综合两方面因素分析:一是最近3年内的变动人数及比例,在计算人数比例时,以董事和高级管理人员合计总数作为基数;二是上述人员因离职或无法正常参与发行人的生产经营是否导致对发行人生产经营产生重大不利影响。 如果最近3年内发行人的董事、高级管理人员变动人数比例较大,或董事、高级管理人员中的核心人员发生变化,对发行人的生产经营产生重大不利影响的,应视为发生重大变化。 变动后新增的董事、高级管理人员来自原股东委派或发行人内部培养产生的,原则上不构成人员的重大变化。发行人管理层因退休、调任等原因发生岗位变化的,不轻易认定为重大变化,但发行人应当披露相关人员变动对公司生产经营的影响。
问题40. 对于发行人是否存在影响持续经营能力的重要情形,中介机构应当从哪几个方面进行核查和判断? 答:如发行人存在以下情形,中介机构应重点关注该情形是否影响发行人持续经营能力: (1)发行人所处行业受国家政策限制或国际贸易条件影响存在重大不利变化风险; (2)发行人所处行业出现周期性衰退、产能过剩、市场容量骤减、增长停滞等情况; (3)发行人所处行业准入门槛低、竞争激烈,相比竞争者发行人在技术、资金、规模效应方面等不具有明显优势; (4)发行人所处行业上下游供求关系发生重大变化,导致原材料采购价格或产品售价出现重大不利变化; (5)发行人因业务转型的负面影响导致营业收入、毛利率、成本费用及盈利水平出现重大不利变化,且最近一期经营业绩尚未出现明显好转趋势;

续表

(6)发行人重要客户本身发生重大不利变化,进而对发行人业务的稳定性和持续性产生重大不利影响; (7)发行人由于工艺过时、产品落后、技术更迭、研发失败等原因导致市场占有率持续下降、重要资产或主要生产线出现重大减值风险、主要业务停滞或萎缩; (8)发行人多项业务数据和财务指标呈现恶化趋势,短期内没有好转迹象; (9)对发行人业务经营或收入实现有重大影响的商标、专利、专有技术以及特许经营权等重要资产或技术存在重大纠纷或诉讼,已经或者未来将对发行人财务状况或经营成果产生重大影响。 (10)其他明显影响或丧失持续经营能力的情形。 中介机构应详细分析和评估上述情形的具体表现、影响程度和预期结果,综合判断上述情形是否对发行人持续经营能力构成重大不利影响,审慎发表明确意见,并督促发行人充分披露可能存在的持续经营风险。

4.《科创板审核业务指南第2号》中的具体规则(见图1－2－15、表1－2－13)

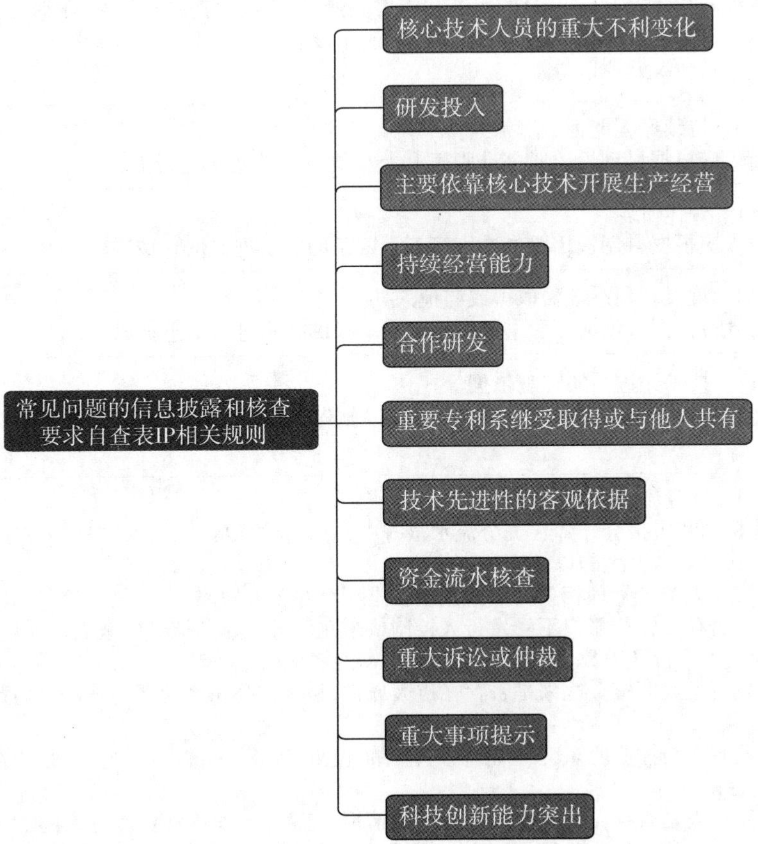

图1－2－15　常见问题的信息披露和核查要求自查表IP相关规则

表1-2-13 常见问题的信息披露和核查要求自查表IP相关规则摘录

科创板审核业务指南第2号
1-5 最近2年内董事、高管及核心技术人员的重大不利变化 发行人应根据科创板招股书准则第四十五条的要求进行披露。 发行人应当在招股说明书中披露：(1)核心技术人员的范围、认定情况和认定依据；(2)董事、高级管理人员及核心技术人员的变动情况。
1-6 研发投入 发行人应根据科创板招股书准则第五十四条、第七十四条的要求进行披露。 发行人应在招股说明书中披露研发相关内控制度及其执行情况，并披露研发投入的确认依据、核算方法、最近三年研发投入的金额、明细构成、最近三年累计研发投入占最近三年累计营业收入的比例及其与同行业可比上市公司的对比情况。
1-7 主要依靠核心技术开展生产经营 发行人应在招股说明书中披露：(1)报告期内通过核心技术开发产品(服务)的情况，报告期内核心技术产品(服务)的生产和销售数量，核心技术产品(服务)在细分行业的市场占有率；(2)报告期内营业收入中，发行人依靠核心技术开展生产经营所产生收入的构成、占比、变动情况及原因等。
1-26 持续经营能力 发行人应根据科创板招股书准则第七十八条(六)的要求进行信息披露。
2-11 合作研发 发行人应根据科创板招股书准则第五十四条的要求进行信息披露。
2-12 重要专利系继受取得或与他人共有 发行人应根据科创板招股书准则第五十三条的要求进行信息披露。
2-17 技术先进性的客观依据 发行人在披露核心技术或市场地位使用"领先"、"先进"等定性描述的，请提供客观依据。
2-39 资金流水核查 保荐机构和申报会计师在资金流水核查中，应结合重要性原则和支持核查结论需要，重点核查报告期内发生的以下事项： (1)发行人资金管理相关内部控制制度是否存在较大缺陷； (2)是否存在银行账户不受发行人控制或未在发行人财务核算中全面反映的情况，是否存在发行人银行开户数量等与业务需要不符的情况； (3)发行人大额资金往来是否存在重大异常，是否与公司经营活动、资产购置、对外投资等不相匹配； (4)发行人与控股股东、实际控制人、董事、监事、高管、关键岗位人员等是否存在异常大额资金往来； (5)发行人是否存在大额或频繁取现的情形，是否无合理解释；发行人同一账户或不同账户之间，是否存在金额、日期相近的异常大额资金进出的情形，是否无合理解释； (6)发行人是否存在大额购买无实物形态资产或服务(如商标、专利技术、咨询服务

续表

等)的情形,如存在,相关交易的商业合理性是否存在疑问; (7)发行人实际控制人个人账户大额资金往来较多且无合理解释,或者频繁出现大额存现、取现情形; (8)控股股东、实际控制人、董事、监事、高管、关键岗位人员是否从发行人获得大额现金分红款、薪酬或资产转让款、转让发行人股权获得大额股权转让款,主要资金流向或用途存在重大异常; (9)控股股东、实际控制人、董事、监事、高管、关键岗位人员与发行人关联方、客户、供应商是否存在异常大额资金往来; (10)是否存在关联方代发行人收取客户款项或支付供应商款项的情形。 发行人在报告期内存在以下情形的,保荐机构和申报会计师应考虑是否需要扩大资金流水核查范围: (1)发行人备用金、对外付款等资金管理存在重大不规范情形; (2)发行人毛利率、期间费用率、销售净利率等指标各期存在较大异常变化,或者与同行业公司存在重大不一致; (3)发行人经销模式占比较高或大幅高于同行业公司,且经销毛利率存在较大异常; (4)发行人将部分生产环节委托其他方进行加工的,且委托加工费用大幅变动,或者单位成本、毛利率大幅异于同行业; (5)发行人采购总额中进口占比较高或者销售总额中出口占比较高,且对应的采购单价、销售单价、境外供应商或客户资质存在较大异常; (6)发行人重大购销交易、对外投资或大额收付款,在商业合理性方面存在疑问; (7)董事、监事、高管、关键岗位人员薪酬水平发生重大变化; (8)其他异常情况。
2-40　重大诉讼或仲裁 发行人应根据科创板招股书准则第九十六条的要求进行信息披露。
2-43　重大事项提示 发行人应根据科创板招股书准则第二十二条的要求进行信息披露。 发行人应当结合公司的实际情况,以简要语言在“重大事项提示”部分提醒投资者需要特别关注的重要事项。“重大事项提示”的信息披露应当遵循下列要求: (1)重大性。应当披露对投资者作出价值判断和投资决策有重大影响的事项,而非一般性事项,避免事无巨细、面面俱到; (2)针对性。应当结合公司业务、财务、治理等方面的特点,有针对性地披露公司特有、突出的风险或者其他重大事项; (3)风险导向性。应当主要揭示公司可能面临的重大风险,对投资者进行充分的提醒。不能简单地把招股说明书“风险因素”部分全部照搬照抄,揭示风险时不能避重就轻,不得包含风险对策、竞争优势及类似表述。 (4)逻辑性。应当逻辑清晰,重点突出,并按照重要性进行排序,避免主次不分、交叉重复。 (5)简明性。应当语言简明,避免冗长复杂;标题准确清晰,直截了当地揭示相关事项的实质内容;在展开阐述时,简要说明该事项的核心内容和具体影响,避免不必要的对事实和背景的详细阐述。

续表

发行人应根据《科创板招股说明书准则》第九十三条的规定,将承诺事项集中披露在"投资者保护"一节中,如认为必要,可在"重大事项提示"中以索引方式提示投资者阅读"投资者保护"一节的相关内容。 保荐机构应督促发行人按照科创板招股说明书准则及《自查表》要求完善重大事项提示的披露。
2-48 科创板定位中的例外条款——科技创新能力突出 发行人应当在招股说明书中,就属于《申报及推荐暂行规定》第五条规定情形的有关事项进行相应的信息披露。

四、小结

与IP有关的科创板上市审查规则主要涉及科创板定位、发行条件和信息披露要求三个方面。其中,科创板定位中的IP相关规则与要求可以被归纳为科创能力突出、掌握先进核心技术和主要依靠核心技术开展生产经营;IP相关的发行条件可以被归纳为企业知识产权内控制度健全有效,企业具有独立持续经营能力,以及企业及其控股股东、实际控制人不存在侵犯知识产权罪的情形;信息披露要求中,企业应当符合真实、准确、完整,以及应披尽披的基本原则,并符合相关规则的各项具体要求。

第二篇

案例解析与风险提示

本书第一篇第二章对科创板主要规则体系中与IP相关的审查要求进行了系统梳理与归纳。本篇我们将在第一篇第二章的基础上，搜集、整理大量科创板问询回复案例，梳理出科创板常见的IP风险点，结合对风险点相关IP法律和政策、IPO规则的理解，针对审核过程中可能涉及的相关问询问题进行回复要点的梳理与建议，以期为科创板拟上市企业及相关领域的实务工作者提供参考与借鉴。

第一章　专利权相关风险与案例

一、专利与主营业务的相关性

科创板优先支持拥有关键核心技术等先进技术、科技创新能力突出、科技成果转化能力突出的企业。科技成果转化能力，是指企业可以利用研发取得的先进技术形成主营业务收入。因此，除专利数量外，监管机构对企业披露的专利与主营业务的相关性亦格外关注。

（一）问询与回复案例精选

1. 发行人：浙江 GH 科技股份有限公司

【披露文件】

《关于浙江 GH 科技股份有限公司首次公开发行股票并在科创板上市申请文件的第二轮审核问询函的回复》

【问询节选】

问题 2.1

请发行人说明 5 项发明专利分别对应的产品及其收入。

【回复节选】

发行人 5 项发明专利分别对应的产品及其收入情况如下所示：

序号	发明专利	收入实现情况
1	一种饱和聚酯树脂的片料破碎机上的加料机构	公司全系列产品的生产、销售均采用了该专利下改进的加料机构。该专利形成的主营业务收入在 2017－2019 年分别为 5.50 亿元、6.79 亿元及 7.36 亿元。
2	一种饱和聚酯树脂的片料破碎机	公司全系列产品的生产、销售均采用了该专利下改进的片料破碎机。该专利形成的主营业务收入在 2017－2019 年分别为 5.50 亿元、6.79 亿元及 7.36 亿元。

续表

序号	发明专利	收入实现情况
3	一种储存稳定的高酸值饱和聚酯树脂及其制备方法	2017－2019年度，公司采用该专利的相关技术，生产的高酸值饱和聚酯树脂实现的销售收入分别为1.77亿元、1.84亿元及2.16亿元。
4	一种陶瓷用辐射固化环氧树脂涂料	公司在2020年5月对相关技术进行了消化吸收，并根据客户的订单要求，生产了相关聚酯树脂并实现销售收入5.22万元。
5	搅拌装置	公司聚酯树脂产品的生产过程均会产生酯化废水并需要通过污水处理装置进行处理。公司在2020年5月利用该专利技术对酯化污水处理的搅拌罐进行改进。因此，公司在2020年5月之后的全系列产品的生产、销售均与该项专利相关。

如上表所示，公司所拥有的“一种饱和聚酯树脂的片料破碎机上的加料机构”“一种饱和聚酯树脂的片料破碎机”及“搅拌装置”3项发明专利，系与设备相关的发明专利，在公司主营产品聚酯树脂生产流程中分别应用于破碎环节及废水处理环节，因此属于形成主营业务收入的发明专利。

公司所拥有的“一种储存稳定的高酸值饱和聚酯树脂及其制备方法”“一种陶瓷用辐射固化环氧树脂涂料”2项发明专利，系与产品及工艺相关的发明专利，公司应用上述发明专利对应的工艺技术进行产品生产或形成了新的产品牌号，并实现了收入，因此属于形成主营业务收入的发明专利。此外，公司自主研发并于2018年9月3日申请的“一种机动车排气管用粉末涂料聚酯树脂及其制备方法”发明专利已于2020年9月15日获得了国家知识产权局授权。该项发明专利是公司耐高温核心技术的具体应用。该发明专利所对应的产品已于2019年及2020年1－6月分别实现收入0.14万元及0.78万元。

综上，截至本问询函回复签署日，发行人共拥有7项发明专利，其中6项形成主营业务收入，因此发行人符合“形成主营业务收入的发明专利5项以上”的条件。

【问询节选】

问题2.2

发行人5项发明专利中，3项应用领域为设备，2项为产品配方及工艺。发行人拥有16项核心技术，仅有一项核心技术对应配方工艺类发明专利。

请发行人说明:(1)发行人生产过程中的核心生产环节,发明专利、核心技术在生产环节的具体体现;结合前述情况,分析生产设备与和核心技术之间的关系。

【回复节选】

发行人聚酯树脂的核心生产环节包括了:配料、称重投料、酯化反应、真空缩聚、添加助剂、过滤出料、钢带压片冷却、粉碎、检验入库及废水处理等。

发行人所拥有的"一种储存稳定的高酸值饱和聚酯树脂及其制备方法""一种陶瓷用辐射固化环氧树脂涂料""一种机动车排气管用粉末涂料聚酯树脂及其制备方法"为产品配方及工艺类发明专利,主要体现在生产环节中的配料、称重投料(催化剂)、添加助剂等环节,上述专利亦涉及生产控制,主要体现在酯化反应、真空缩聚等环节。

发行人拥有的"一种饱和聚酯树脂的片料破碎机上的加料机构""一种饱和聚酯树脂的片料破碎机"为设备类发明专利,主要应用在生产环节中的钢带压片冷却、破碎等环节。"一种饱和聚酯树脂的片料破碎机上的加料机构"专利有助于降低成品树脂的含水率,使树脂一直保持干燥状态,从而大幅降低树脂结团,还可以使树脂中的催化剂以及各类添加剂保持活性状态,从而使制成的粉末涂料有非常好的储存稳定性,且在涂膜较厚时不易因为水汽的蒸发造成针孔,气泡等表面缺陷。

"一种饱和聚酯树脂的片料破碎机"专利有助于破碎后的树脂颗粒分布均匀,细微粉状树脂少,便于下游厂商与其他原料的均匀混合,使挤出加工的均匀程度更好,从而提高下游粉末涂料的光泽和流平以及鲜映度。

发行人拥有的"搅拌装置"为设备类发明专利,主要应用在生产环节中的废水处理环节。"搅拌装置"专利有助于减轻废水搅拌罐的机械噪音,提高废水与化学药剂的混合,加强废水在处理池中的湍流程度,提高废水处理的效率。

【要点总结】

发行人拥有5项发明专利,其中3项应用领域为设备,2项为产品配方及工艺;16项核心技术,仅有一项核心技术对应配方工艺类发明专利。监管机构要求发行人说明5项发明专利对应的产品及其收入,以及核心生产环节和发明专利在生产环节的具体体现。发行人在回复中将发明专利与对应的产品及其收入进行一一对应,并对专利应用的生产环节和专利的技术效果进行了具体的对应和分析。

2. 发行人：杭州AT生物技术股份有限公司

【披露文件】《关于杭州AT生物技术股份有限公司首次公开发行股票并在科创板上市申请文件的审核问询函的回复》

【问询节选】

问题9

发行人拥有14项发明专利，其中有3项是2014年10月公司开始从事体外诊断试剂业务之前形成的，上述专利与发行人主营业务是否相关，披露为核心技术的合理性。

【回复节选】

发行人在招股说明书"第六节　业务与技术"之"八、(三)核心技术与已取得的专利的对应关系，及在主营业务及产品或服务中的应用"中补充披露如下："发行人拥有2014年10月之前的3项专利，其中2项系子公司AR生物取得，1项为发行人前身PL生物取得，均为生物原料技术，与发行人主营业务具有相关性。虽然该3项专利取得时间早于2014年10月，但是发行人对该专利技术不断迭代，与生物原料的技术平台不断融合发展。因此将其披露为核心技术对应的专利具有合理性。"

【要点总结】

发行人的专利中有3项是在其开始从事体外诊断试剂业务(发行人的主营业务)之前形成的。监管机构问询这3项专利是否与发行人的主营业务相关。发行人回复称3项专利均为生物原料技术，与发行人主营业务相关；发行人对该专利技术不断迭代，与生物原料的技术平台不断融合发展，因此将其披露为核心技术对应的专利具有合理性。

(二)同类问询问题的梳理

就"专利与主营业务的相关性"这一风险点，除了上述典型问询案例之外，本书还检索到了上海WC半导体科技股份有限公司、上海XL半导体技术股份有限公司、PY精电科技股份有限公司、杭州HM电力电子股份有限公司等相关问询案例，并梳理汇总出以下具有参考价值的问询问题：

1. 发明专利在发行人主营业务中的具体应用情况；

2. 明确形成主营业务收入的发明专利具体数量；

3. 报告期内受让专利对应实现收入占公司主营业务收入相关发明专利实

现收入的比重；

4. 请发行人说明5项发明专利分别对应的产品及其收入；

5. 上述专利与发行人主营业务是否相关，披露为核心技术的合理性。

（三）风险点分析

关于本风险点，并无直接相关的IP法律法规和政策，故仅就相关科创板IPO规则梳理与解读如下：

科创板上市的核心要求是发行人具备“硬科技”，而“硬科技”要求在知识产权层面的核心体现，就是《科创属性评价指引》中的“4+5”标准。4项常规标准规定，发行人必须具有5项以上形成主营业务收入的发明专利（软件企业除外）；5项例外规定中“形成核心技术和主营业务收入的发明专利（含国防专利）合计50项以上”也涉及专利与主营业务的相关性。因此，监管机构往往会重点问询发行人的专利是否与主营业务相关。

需要注意的是，“主营业务收入”是指企业从事本行业生产经营活动所取得的营业收入，如工业企业的主营业务收入指产品销售收入。“形成主营业务收入”是指专利所保护的核心技术被运用于企业的主要产品或者主要服务，具体则需综合考虑专利保护的核心技术与在主要产品/服务中的贡献比例、该产品/服务收入在企业总营收中的占比等因素。同时，需注意发明专利才能计入专利数量，不包括实用新型专利与外观设计专利。

（四）同类问询回复要点

针对审核过程中可能涉及的“专利与主营业务的相关性”相关问询问题，为及时妥善回复，本书梳理出以下回复重点，供（拟）科创板IPO企业参考：

1. 对各项发明专利内容与发行人主营业务、核心技术进行逐项比对，说明相关性；

2. 对发明专利进行分类，并对专利来源、授权时间以及所应用的产品或业务进行分析，进一步证明各项发明专利真实性以及与发行人主营业务和核心技术的相关性；

3. 说明发行人生产过程中的核心生产环节，发明专利、核心技术在生产环节的具体体现，分析生产设备与核心技术之间的关系；

4. 较早取得的专利技术经过不断技术迭代和研发，仍能对应核心技术，并与主营业务相关。

二、核心技术无专利保护

科创板定位于符合国家战略、突破关键核心技术、市场认可度高的科技创新企业，对企业的科技创新能力具有一定的要求。科技创新能力，其主要表现之一在于企业具备独立、自主、先进的核心技术。如核心技术有专利保护，则意味着企业在一定时间内对核心技术享有排他权利，进而对相关市场享有一定控制权。即使其他同行业企业通过反向工程、独立研发等方式取得相同技术，理论上也不会影响专利持有企业的市场地位。所以，如果发行人的核心技术无专利保护，通常会引发监管机构的问询。

（一）问询与回复案例精选

1. 发行人：苏州HZJ电讯股份有限公司

【披露文件】

《关于苏州HZJ电讯股份有限公司首次公开发行股票并在科创板上市申请文件的审核问询函的回复》

【问询节选】

问题5

公司现有的核心技术包括高防震、耐电弧、稳定的接触系统，高可靠的模块化、自动化设计，高强度、耐强震动的推动系统设计等29项。根据招股说明书，公司发明专利均为2017年9月以前取得。2017年9月至今新申请的专利均为实用新型及外观设计。

请发行人说明：(3)相关核心技术是否存在未申请专利保护的情况及其原因。

【回复节选】

公司核心技术与取得专利的对应情况，除了“无刷电机降噪术”和“双电机及控制系统技术”未申请相关的专利外，公司其他核心技术均已申请专利进行保护。“无刷电机降噪术”目前公司正在筹备申请相关专利；“双电机及控制系统技术”因涉及较多软件技术，被模仿的可能性较低，公司因此选择采用保密的方式进行保护，而不将其公开并申请专利。

【要点总结】

因公司的发明专利均为2017年9月以前取得,因此监管机构针对发行人核心技术与取得专利的对应情况进行发问。发行人回复称,除个别技术未申请相关的专利外,其他核心技术均已申请专利进行保护;另外部分技术目前公司正在筹备申请相关专利;部分因涉及较多软件技术,被模仿的可能性较低,公司因此选择保密的方式进行保护。

2.发行人:广东XD微电子股份有限公司

【披露文件】

《关于广东XD微电子股份有限公司首次公开发行人民币普通股(A股)股票并在科创板上市申请文件的第二轮审核问询函的回复》

【问询节选】

问题6

根据首轮问询回复:发行人此前更倾向于利用技术秘密手段保护自身的核心技术,而非公开申请专利,公司选择在研发基本完成或实现量产后才对研发过程中所形成的关键技术进行专利申请,导致非专利技术的形成与专利的申请存在一定时间差。

请发行人说明:(1)利用技术秘密而非公开申请专利保护自身的核心技术是否符合行业惯例。

【回复节选】

经搜索公开信息,与发行人同属于半导体和集成电路行业的公司中,以下公司采用了技术秘密保护手段,具体情况如下:……由上表可见,为了避免申请专利并公开部分技术细节,较多同行业公司选择暂时不申请专利。因此,对于部分关键技术,发行人采用技术秘密手段进行保护,或将申请专利的时点推迟至产品量产后,与上述同行业公司所采取的技术保护手段相似,符合行业惯例。

公司自成立以来,高度重视研发投入及技术创新,综合考虑技术细节公开后的泄密风险及技术保护的实际需求,分别采用了技术秘密保护、专利保护和集成电路布图设计保护的方式,不拘泥于以专利作为技术成果或仅通过专利形成技术保护。凭借关键技术的不断积累,发行人逐步构建了完善的核心技术体系,能够为现有产品和未来技术布局提供技术基础。

【要点总结】

发行人倾向于使用技术秘密保护核心技术。因此被问询是否符合行业惯例、相关技术的具体保护措施等内容。发行人在回复中通过比较同行业其他公司做法论证使用技术秘密保护核心技术属于行业惯例，是为了避免申请专利并公开部分技术细节。发行人综合考虑各方面需求，分别采用技术秘密保护、专利保护和集成电路布图设计保护的方式，构建多元化保护体系，具有合理性。

（二）同类问询问题的梳理

就“核心技术无专利保护”这一风险点，除了上述典型问询案例之外，笔者还检索到了杭州 HM 电力电子股份有限公司、浙江 YN 智能科技股份有限公司、HC 药业股份有限公司、AJ 科技股份有限公司、上海 HPDL 科技（集团）股份有限公司、广东 XX 电器股份有限公司等数件相关问询案例，并梳理汇总出以下具有参考价值的问询问题：

1. 说明核心技术与专利的对应关系，核心技术是否存在未申请专利保护的情况及其原因，专利对应核心技术在产品中的应用；

2. 发行人是否具备核心技术，主要产品的技术来源情况、是否有相应的专利，如果没有相应的专利是否存在纠纷或者潜在纠纷；

3. 以技术机密保护核心技术的具体措施及其有效性，相关内控制度是否建立健全及其实际执行情况，是否存在核心技术泄密风险，并作针对性风险披露与重大事项提示；

4. 说明相关核心技术是否存在未申请专利保护的情况及其原因；

5. 说明利用技术秘密而非公开申请专利保护自身的核心技术是否符合行业惯例。

（三）风险点分析

1. 相关 IP 法律和政策的梳理与解读

《专利法》第 2 条规定：“本法所称的发明创造是指发明、实用新型和外观设计。发明，是指对产品、方法或者其改进所提出的新的技术方案。实用新型，是指对产品的形状、构造或者其结合所提出的适于实用的新的技术方案。外观设计，是指对产品的整体或者局部的形状、图案或者其结合以及色彩与形状、图案的结合所作出的富有美感并适于工业应用的新设计。”第 42 条第 1 款规定：“发明专利权的期限为二十年，实用新型专利权的期限为十年，外观设计专利权的期限为十五年，均自申请日起计算。”

《反不正当竞争法》第 9 条第 4 款规定:“本法所称的商业秘密,是指不为公众所知悉、具有商业价值并经权利人采取相应保密措施的技术信息、经营信息等商业信息。”

企业核心技术无专利保护一般分为三种情况:一是核心技术属于可专利的客体,但因产品或方法的技术高度不够,不符合新颖性、创造性等要求而不能被授予专利权。许多中小企业或起步阶段企业因人员、设备等限制,其产品和技术方案还不够成熟,属于这一类情况。二是由于发明专利从申请到获得授权的周期较长,核心技术处在已申请未授权的状态。三是技术本身符合可专利性要求,这类核心技术可以申请获得发明或实用新型专利权,但企业选择以商业秘密的方式进行保护。

商业秘密的一大特征就是秘密性,企业在选择通过商业秘密保护核心技术时应当充分考虑该技术是否便于保密。如果不便于采取保密措施,或者保密能力太弱,容易泄露,抑或保密成本过高,与其在使用的过程中被别人窃取,不如选择申请专利保护。一旦技术方案被泄露而公开,企业就无法再以商业秘密的形式保护该技术,而且技术方案也会因公开而无法申请专利,最终导致核心技术无法保护。另外,在维权难度上,商业秘密侵权案件的胜诉率远低于专利侵权案件。

根据《专利法》第 42 条之规定,发明专利权的期限为 20 年,实用新型专利权的期限为 10 年,外观设计专利权的期限为 15 年。由于企业在申请专利权时需就专利信息进行详细的介绍,并对外公开,企业在选择保护方式时应考虑技术市场价值的时间长度,如果其市场价值远远超过专利权的期限,或者更新换代非常快,只具有短暂的盈利期,该盈利期甚至小于专利申请周期,可考虑通过商业秘密方式进行保护。

2. 相关科创板 IPO 规则的梳理与解读

科创板定位要求上市企业必须拥有关键核心技术,科技创新能力突出,主要依靠核心技术开展生产经营,具有稳定的商业模式,市场认可度高。因此,如核心技术未以专利技术进行保护,则监管机构可能怀疑该核心技术不具有新颖性、创造性,不属于先进技术。如该核心技术确实是行业内领先的技术但却未以专利进行保护,则监管机构可能会怀疑发行人无法长期独占该技术,进而无法长期依靠该先进技术进行经营并占据良好的市场地位。因此,无论是上述何种情况,都会引发监管机构的问询。“核心技术无专利保护”与科创板上市规则密切相关,属于较为高发的问询风险点。

(四)同类问询回复要点

针对审核过程中可能涉及的"核心技术无专利保护"相关问询问题,为及时妥善回复,本书梳理出以下回复重点,供(拟)科创板 IPO 企业参考:

1. 核心技术正在筹备申请相关专利或正在申请中而未授权;

2. 涉及较多软件技术,被模仿的可能性较低,公司因此选择保密的方式进行保护,而不将其公开并申请专利,并且发行人已经采取了严格的保密措施;

3. 综合考虑技术细节公开后的泄密风险及技术保护的实际需求,采用技术秘密、集成电路布图设计等保护方式,不拘泥于以专利作为技术成果或仅通过专利形成技术保护;

4. 通过同行业其他公司做法论证使用技术秘密保护而不使用专利技术保护相关技术属于行业惯例。

三、专利数量明显少于同行业竞争对手

科创板优先支持拥有关键核心技术、科技创新能力突出的企业。企业拥有的专利数量是企业拥有先进技术、科技创新能力突出的重要表征之一。如果企业专利数量明显少于同行业竞争对手,则说明企业的科技创新能力可能不足,技术水平可能不高,可能不符合科创板定位。

(一)问询与回复案例精选

1. 发行人:HAJX(北京)科技股份公司

【披露文件】

《发行人及保荐机构关于 HAJX(北京)科技股份公司首次公开发行股票并在科创板上市申请文件的第二轮审核问询函的回复》

【问询节选】

问题 14

发行人目前共有 6 项专利权(含 1 项美国专利),远少于可比上市公司的专利数量。

请发行人说明:(1)专利权少于竞争对手的原因,对其业务经营及技术水平的具体影响,发行人将自身定位为通信网安全领军企业的依据是否充分,是否

存在夸大及误导。

【回复节选】

(1)专利权少于竞争对手的原因

公司专利权数量少于主要竞争对手,主要原因系公司在发展初期专利意识薄弱,对于运用专利保护公司专有技术的重视程度不足。同时,由于专利申请周期较长,且公司成立时间晚于主要同行业可比公司,故未在短时间内取得大量专利权。此外,公司在发展初期侧重于NTA、流量识别、威胁情报等关键技术研究,日志留存系统、恶意程序监测处置系统、IDC信息安全管理系统等基础产品线开发,以及电信运营商等通信安全市场开拓,未在专利申请方面投入大量资源。因此,公司专利权少于竞争对手。

(2)对其业务经营及技术水平的具体影响

①业务经营

公司业务快速发展主要依靠扎实的核心技术储备、灵活的平台化架构以及优异的产品性能和服务质量。近年来公司营业收入持续增长,2016年至2018年的年复合增长率为20.55%。

在项目获取阶段,电信运营商、安全主管部门等政企客户选定合格供应商时,主要参考安全厂商的技术能力、项目经验和项目报价等因素。因此,专利数量对于公司市场拓展和订单获取的影响较小。

在项目开展阶段,研究部门负责持续优化公司安全能力,不断丰富核心技术和数据资源的货架式能力平台;产品部分负责快速响应不同行业客户多场景、多层次和多样化的需求,将技术成果有效转化为经营成果。在上述过程中,研发人员的专业基础和项目经验起到了重要的作用。因此,专利数量对于公司具体业务开展的影响较小。

②技术水平

经过多年的技术积累和优化,公司核心技术已覆盖数据采集、安全监测、安全分析、安全处置、追踪溯源等基础安全能力,并以此为基础构建了具备完整性、兼容性、可扩展和全流程的综合安全治理体系,在行业内具有竞争优势。

公司的技术水平可通过技术先进性指标、产品性能、市场覆盖率、业内声誉等多方面因素体现,而专利数量更多体现为公司对专利保护的重视程度,专利数量少于竞争对手并不代表公司技术储备不足或技术水平有限。

(3)发行人将自身定位为通信网安全领军企业的依据是否充分,是否存在

夸大及误导

公司专注于网络空间安全综合治理领域,以安全为体,以通信为翼,并围绕三大核心技术群,构建了自主可控的知识产权体系和产品体系。

公司核心技术能够覆盖数据采集、安全监测、安全分析、安全处置、追踪溯源等基础安全能力,并以此为基础构建了具备完整性、兼容性、可扩展和全流程的综合安全治理体系,有效适配通信网和互联网场景,在行业内具有竞争优势。根据赛可达实验室于2017年出具的测试报告,公司"金踪移动互联网App病毒检测引擎"以99.96%的病毒检出率,排名同批被测产品第一。同时,根据国家信息安全漏洞共享平台对23家成员单位2018年工作情况的统计,公司在全流程漏洞感知方面名列前茅,并在漏洞收集象限位列第一。

公司在通信网安全领域具有先进的核心技术、较高的市场占有率、优异的产品性能、良好的品牌形象和业界口碑,而专利数量更多体现为公司对专利保护的重视程度,专利数量少于竞争对手并不代表公司技术储备不足或技术水平有限。因此,公司将自身定位修改为通信网安全领军企业之一的依据充分,不存在夸大及误导。

【要点总结】

发行人共有6项专利权,远少于可比上市公司的专利数量,监管机构要求发行人说明专利权少于竞争对手的原因,对其业务经营及技术水平的具体影响以及发行人将自身定位为通信网安全领军企业的依据是否充分,是否存在夸大及误导等问题。发行人在回复中认可目前专利较少的事实,解释原因在于公司创立时间较晚,并且创建初期注重于关键技术研究以及产品线开发,未在专利申请投入大量资源。此外,发行人从业务水平和技术水平两方面说明专利数量对于公司的运营影响较小且可控,并且通过产品性能、业界评价等方面证明发行人将自身定位为通信网安全领军企业的依据充分。

2. 发行人:FN科技(赣州)股份有限公司

【披露文件】

《关于FN科技(赣州)股份有限公司首次公开发行股票并在科创板上市申请文件的审核问询函之回复报告》

【问询节选】

问题17

招股说明书披露:公司已取得11项境内专利,9项境外专利,正在申请的境内外专利合计102项。

结合发行人知识产权的数量、质量及应用范围，与同行业可比公司知识产权的数量及质量的比较情况，说明发行人专利体系是否具有市场竞争优势、是否具有先进性。

【回复节选】

相比于同行业可比公司，FN科技获得授权的专利数量较少。在专利体系建设方面，公司将不断强化对专利的重视程度，并构建更具市场竞争优势的专利体系。

为鼓励创新、加强公司的核心竞争力，建立健全公司的专利保护体系，公司已于2018年7月制定了《专利奖励办法》，对专利的内部管理归口部门、专利申请与管理、奖励办法等进行了规定，以更好地鼓励研发和创新。

目前，发行人正在申请的境内外专利合计124项，对于适用于申请专利的技术，公司将积极通过申请专利等方式加以保护，同时，公司已经制定了相应的保密制度及保密体系并严格执行，防范核心技术泄露风险。

【要点总结】

发行人专利数量不多，监管机构要求发行人结合与同行业可比公司知识产权的数量及质量的比较情况，说明发行人专利体系是否具有市场竞争优势、是否具有先进性。发行人回复称，其专利数量相比于同行业可比公司较少，但其已经制定了专利管理、奖励等制度，未来将强化对专利的重视程度、建立健全专利保护体系，积极申请专利保护技术成果。

（二）同类问询问题的梳理

就“专利数量明显少于同行业竞争对手”这个风险点，除了上述典型问询案例之外，笔者还检索到了SH智能设备（上海）股份有限公司、北京XYJ软件技术股份有限公司、北京JCZ科技股份有限公司等其他相关问询案例，并梳理汇总出以下具有参考价值的问询问题：

1. 请发行人说明公司发明专利较少且主要为继受取得的原因及合理性，发明专利数量与同行业公司的比较情况，目前在申请中发明专利情况，是否具有相应的研发能力；

2. 请发行人结合发行人知识产权的数量、质量及应用范围，与同行业可比公司知识产权的数量及质量的比较情况，说明发行人专利体系是否具有市场竞争争优势、是否具有先进性；

3. 请发行人说明专利权少于竞争对手的原因，对其业务经营及技术水平的具体影响，发行人将自身定位为通信网安全领军企业的依据是否充分，是否存在夸大及误导；

4. 请发行人说明公司发明专利较少的原因，与竞争对手的比较情况；

5. 结合发行人研发人员数量及占比、员工受教育背景、职工薪酬情况、专利数量等与可比公司的对比情况，进一步说明发行人所处行业是否具有较高的技术门槛。

（三）风险点分析

关于本风险点，并无直接相关的 IP 法律法规和政策，故仅就相关科创板 IPO 规则梳理与解读如下：

根据《科创板注册管理办法》第 3 条的规定，科创板优先支持拥有关键核心技术、科技创新能力突出的企业。企业科技创新能力的高低，主要可以从三个方面予以体现：第一，成因方面。科技创新能力可以体现在企业投入的研发人员资质及数量，以及投入研发资金的总额或占营收的比例；第二，结果方面。科技创新能力可以体现在企业已经取得的科技创新成果的意义、地位和水平，掌握核心技术的先进性和数量；第三，过程方面。科技创新能力可以体现在企业科技成果产出的周期和频率。其中，企业拥有的专利数量，是从结果方面体现企业科技创新能力的重要表征之一。

监管机构不仅会衡量企业拥有专利的绝对数量，还会衡量专利的相对数量，即与同行业竞争对手专利数量的比较情况。就同一行业而言，企业研发、经营、销售的模式及对核心技术的保护方式等均存在相似性，如企业专利数量明显少于同行业竞争对手，除非有特别理由，监管机构很可能认为企业科技创新能力相对较弱，不符合科创板定位中有关“科技创新能力突出、行业地位突出”的要求。

（四）同类问询回复要点

针对审核过程中可能涉及的“专利数量明显少于同行业竞争对手”相关问询问题，为及时妥善回复，本书梳理出以下回复重点，供（拟）科创板 IPO 企业参考：

1. 发行人可根据实际情况，说明公司专利权数量少于主要竞争对手是由于专利申请周期较长，且公司成立时间晚于主要竞争对手；

2. 发行人可根据实际情况，通过实际数据及业务模式等论证专利数量对公司市场拓展、订单获取、具体业务开展等影响较小；

3. 发行人可根据实际情况，通过技术先进性指标、产品性能、市场覆盖率、业内声誉等论证公司技术先进性，专利数量少于竞争对手不代表公司技术水平不足；

4. 发行人可根据实际情况，论证竞争对手的专利质量较低，因此该对手专利数量较多不能说明发行人技术水平相对较低；

5. 发行人可根据实际情况，说明发行人是因为专利申请时间布局的考量暂未全面申请专利，或相关技术需要保密不宜申请专利，所以专利数量相对较少。

此外，基于监管机构对发行人科技创新能力的关注，发行人还可以根据情况从科研人员构成、学历、科研经验、人员流动、人才激励政策、研发资金投入、参与国家重大科研项目情况等方面说明发行人具备突出科技创新能力。

四、专利数量较少

专利数量在一定程度上反映了企业的研发创新能力，如果企业的专利数量较少，则可能意味着其不具备足够的创新能力。具备突出的科技创新能力，是企业在科创板上市的基本要求之一。对于（拟）科创板 IPO 企业而言，如果专利储备不够充分，监管机构往往会重点关注其是否具备突出的科技创新能力，是否符合科创板定位。

（一）问询与回复案例精选

1. 发行人：上海 YZ 药业股份有限公司

【披露文件】

《上海市某律师事务所关于上海 YZ 药业股份有限公司首次公开发行股票并在科创板上市的补充法律意见书（六）》

【问询节选】

问题 7

根据申报材料，发行人拥有“一种包载难溶性抗肿瘤药物的聚合物胶束冻干制剂”“聚乙二醇单甲醚－dl－聚乳酸嵌段共聚物的制备方法”“一种生物医用聚醚/聚酯嵌段共聚物的制备方法”3项发明专利的使用权，专利的申请时间集中在2010年至2011年。

请发行人说明：(5)发行人发明专利数量较少，且近几年未能形成发明专利的原因。(6)客观、准确分析发行人的研发能力与其在研项目布局是否匹配，对发行人专利数量少等事项进行风险提示。

【回复节选】

针对问题(5)，回复内容如下：在专利申请中，技术的新颖性尤其重要。药物的研发是多学科合作的系统工程，药物临床研究需要经国家有关部门的审评和批准，需要提供完整的技术细节，同时，研发周期长，人员变动等诸多因素都给技术的保密带来困难。因此，通常在研发初期或临床试验前即申请相关专利，以防止泄密丧失新颖性。发行人的3项专利均是在最早时间申请。

发行人设立的宗旨就是致力于抗肿瘤改良型新药的研发及产业化，自设立以来主要进行紫杉醇胶束的研发。2009年至2013年，主要进行紫杉醇胶束的辅料合成、制剂制备等研发，3项发明专利主要涵盖紫杉醇胶束的药用辅料、剂型、工艺制备等关键技术。2013年至今，发行人主要进行紫杉醇胶束的临床研究以及新药注册上市申请，仍处于研发阶段，发行人近几年没有形成新的发明专利。

针对问题(6)，回复内容如下：发行人在研项目的研发产品均为剂型改良新药，发行人已经自主研发掌握的纳米技术，通过精确释放、增强通透性和滞留效应，增强抗肿瘤作用，减少非肿瘤组织的副作用，将传统经典药物进行剂型改良，焕发传统药物新的临床价值。从已经完成的紫杉醇胶束针对非小细胞肺癌Ⅲ期临床试验结果来看，紫杉醇胶束较其他紫杉醇产品有明显提高的安全性和疗效，而关键原因在于发行人的聚合物胶束纳米给药技术较为成功地改良了紫杉醇，同时因紫杉醇为广谱药物，普通紫杉醇获批的适应症包括乳腺癌、卵巢癌、非小细胞肺癌，紫杉醇胶束扩大适应症的研发可行性高，与发行人现有研发能力相匹配。多西他赛胶束、卡巴他赛胶束同样是发行人利用已有的聚合物胶束纳米给药技术进行剂型改良，且已经有核心关键技术的突破，多西他赛胶束、卡巴他赛胶束的研发可行性较高，与发行人现有研发能力相匹配。

【要点总结】

根据申报材料，发行人拥有3项发明专利的使用权，且专利的申请时间集中在2010年至2011年。在问询中，发行人被要求说明发明专利数量较少，且近几年未能形成发明专利的原因，并对发行人专利数量少等事项进行风险提示。就发行人的专利数量较少且近几年未形成发明专利的问询，基于发行人所处行业为医药行业，发行人从新药研发的过程复杂、研发周期长、高投入、高风险等行业通行特点出发，结合其现有专利与研发能力相匹配、研发可行性高等情况，回复监管机构专利数量少的原因。

2. 发行人：深圳市 CFQS 科技股份有限公司

【披露文件】

《关于深圳市 CFQS 科技股份有限公司首次公开发行股票并在科创板上市的补充法律意见书（一）》

【问询节选】

问题 8

招股说明书披露，公司拥有 2 项外观设计专利，75 项软件著作权，具有代表性的非专利技术 13 大类 70 项。

请发行人：（1）说明专利数量少，大量核心技术未形成专利的原因和合理性。

【回复节选】

（1）通过专利行使保护发行人核心技术效果有限

发行人非专利技术均应用于软件产品研发，进而通过销售软件产品转化为商业价值。通过专利形式保护技术，发行人需要将技术向公众公开，存在一定风险，保护效果有限。发行人一般通过申请软件著作权证书等形式对核心技术应用成果进行保护。

（2）发行人软件开发技术申请专利可行性不高

《专利审查指南》（国家知识产权局令第 74 号）第九章“关于涉及计算机程序的发明专利申请审查的若干规定”中的规定，“涉及计算机程序的发明是指为解决发明提出的问题，全部或部分以计算机程序处理流程为基础，通过计算机执行按上述流程编制的计算机程序，对计算机外部对象或者内部对象进行控制或处理的解决方案”。

《专利法》第 25 条规定，“对下列各项，不授予专利权：……（二）智力活动的规则和方法”。发行人所处行业的软件产品不属于工业控制软件、改进计算机内部性能的软件、外部技术数据处理的软件等适合申请专利保护的软件类型。因此，发行人的核心技术较难申请专利。

(3)申请专利耗时长,成本较高

根据发行人说明,由于申请专利需要准备大量相关技术材料,提交申请后还需经历较长的审核期和公示期,且证券信息软件处于不断创新发展的过程中,因此发行人前期未予投入专门力量用于申请专利。

(4)同行业可比公司申请专利情况

根据DZH与THS的招股说明书、年度报告,并经某所律师核查国家知识产权局中国及多国专利审查信息查询平台(http://cpquery.sipo.gov.cn/),同行业可比公司THS、DZH已获得专利及软件著作权、非专利技术的情况如下:

公司名称	发明专利	外观设计专利	软件著作权	非专利技术	业务领域
THS	2	7	221	98	证券期货行情交易、基金开户、财富管理、财经资讯、银行保险实务教学、游戏等。
DZH	3	0	107	未披露	金融资讯及数据终端、财经视频、云服务、证券投资分析工具、直播业务、银行信贷开发辅助工具等。
发行人	0	2	75	13大类70项	证券行情交易系统、证券信息服务。

根据上述情况,同行业公司获得专利数量亦相对较少,软件著作权较多。因此,发行人专利数量少,大量核心技术未形成专利的情况符合行业惯例。

【要点总结】

发行人拥有2项外观设计专利,75项软件著作权,具有代表性的非专利技术13大类70项。在问询中,发行人被要求说明其专利数量少,大量核心技术未形成专利的原因和合理性,并被要求说明实施的非专利核心技术的保护措施及其有效性。发行人着重从以下角度予以回复其保护客体为软件产品,使用专利保护须向社会公开,具有风险且保护效果有限;根据《专利法》及相关规定,软件开发技术申请专利可行性不高;专利申请耗时长,成本较高;相较于同行业,其专利申请的数量并不算少;使用非专利核心技术的保护措施保护核心技术成效显著等。

（二）同类问询问题的梳理

就“专利数量较少”的风险点，除了上述典型问询案例之外，本书还检索到了上海 XT 医药科技股份有限公司、成都 SKR 微电子股份有限公司、SH 智能设备（上海）股份有限公司、青岛 HJ 智能科技股份有限公司等数件相关问询案例，并梳理汇总出以下具有参考价值的问询问题：

1. 发行人发明专利数量较少，且近几年未能形成发明专利的原因。

2. 客观、准确分析发行人的研发能力与其在研项目布局是否匹配，对发行人专利数量少、申请时间较早、技术迭代等事项进行风险提示，并相应修改招股说明书相关内容。

3. 说明专利数量少，大量核心技术未形成专利的原因和合理性，说明非专利核心技术的保护措施及相关措施的有效性。

4. 将保健食品等其他产品计入主营业务收入的合理性，将与高端仿制药及 CRO 服务无关的专利认定为形成主营业务收入的发明专利是否准确，若否，要求重新论述发行人发明专利数量是否满足科创属性相关要求。

5. 截至 2020 年 6 月末，发行人拥有发明专利不足 5 项，在超过 5 项发明专利后申报，是否存在拼凑科创属性评价指标（形成主营业务收入的发明专利 5 项以上）的情形。

6. 结合产品或服务特点、所处产业链位置、同行业可比公司情况等，分析公司发明专利较少的原因及合理性。

7. 补充披露发行人与同行业可比公司在专利数量及构成方面的对比情况，发行人拥有的发明专利较少、外观设计专利较多的原因，是否表明发行人的技术壁垒与可比公司存在一定差距。

8. 部分媒体质疑发行人的科创属性问题，认为发行人的核心技术是爬虫技术和扫描技术，不符合科创板对“硬科技”的要求。发行人已有发明专利中与大数据相关的专利很少，同时发行人近 3 年每年所获得的已授权专利数量较少，与公司连年递增的研发费用投入明显不相符。

9. 发行人是否存在拼凑科创属性评价指标的情形。

（三）风险点分析

关于本风险点，并无直接相关的 IP 法律和政策，故仅就相关科创板 IPO 规则进行梳理与解读如下：

如前文所述，申请在科创板上市的企业，应符合科创板定位、发行条件、上市条件和信息披露要求。

关于科创板定位，需从科创属性、支持方向及行业限定的角度进行评价。就“科创属性”，监管机构通过《科创属性评价指引》及《科创板申报及推荐暂行规定》确定了4项评价指标和5项例外情形。4项评价指标之一即为“形成主营业务收入的发明专利5项以上”，所以对于发行人而言，专利的数量对其能否在科创板上市起决定性作用；而就“支持方向”，根据《科创板注册管理办法》第3条的规定，科创板优先支持符合国家战略，拥有关键核心技术，科技创新能力突出，主要依靠核心技术开展生产经营，具有稳定的商业模式，市场认可度高，社会形象良好，具有较强成长性的企业。也就是说，具有突出的科技创新能力是发行人符合科创板定位的基本要求之一。所以，即使发行人形成主营业务收入的发明专利达到了5项以上，如果专利数量不多，也在一定程度上反映了其可能不具备足够的科技创新能力，进而可能引发监管部门的关注。

（四）同类问询回复要点

针对审核过程中可能涉及的“专利数量较少”相关问询问题，为及时妥善回复，本书梳理出以下回复要点，供（拟）科创板 IPO 企业参考：

1. 发行人可以从行业特殊性角度切入，进行合理解释。例如，医药行业企业可以从新药研发的过程复杂、长周期、高投入、高风险等通行特点出发，说明专利数量少的原因；又如，在计算机领域，发行人可以说明软件开发技术申请专利可行性不高，专利申请耗时长，成本较高。

2. 发行人可以从保护客体特殊性的角度进行合理解释。例如，综合考虑核心技术特点、经营战略及专有技术保密能力等因素后，最终选择以商业秘密形式保护相关技术；又如，针对计算机软件等核心技术，通过软件著作权进行保护。

3. 发行人可以结合与同行业可比企业的专利数量对比情况，说明专利数量不多并不能说明其不具备突出的科技创新能力。

此外，基于监管机构对发行人科技创新能力的关注，发行人还可以根据情况从科研人员构成、学历、科研经验、人员流动、人才激励政策、研发资金投入、参与国家重大科研项目情况等方面说明发行人具备突出科技创新能力。

五、同族专利重复计算

由至少一个共同优先权(包括本国优先权或国际优先权)联系的一组专利文献,称一个专利族(patent family)。在同一专利族中每件专利文献被称作专利族成员(patent family members),同一专利族中每件专利互为同族专利。企业通常会对核心技术进行同族专利布局,一方面可以在单一国家(地区)内从不同角度撰写权利要求,对核心技术进行充分保护;另一方面也可以对核心技术进行跨国家(地区)专利保护。但是,由于基于共同优先权,同族专利的保护范围可能存在相同的情况,此时,监管机构会要求剔除该部分专利后重新计算专利的数量,这可能导致发行人专利数量不符合科创板定位的要求。

(一)问询与回复案例精选

1. 发行人:贵州 ZH 新材料股份有限公司

【披露文件】

《北京某律师事务所关于贵州 ZH 新材料股份有限公司首次公开发行股票并在科创板上市的补充法律意见书(一)》

【问询节选】

问题 10

招股说明书披露,公司相关产品和技术已申请发明专利 47 项、实用新型专利 1 项,获授权 28 项(其中国内发明专利 14 项、国外发明专利 14 项)。其中 6 个发明专利进行质押。部分境外专利正在办理权利人名称变更。“锂离子电池正极材料的制备方法”是从深圳 ZH 无偿受让取得。发行人与巴斯夫签订《专利再许可协议》并在 2019 年、2020 年 1 - 9 月支付巴斯夫专利再许可费用 546.05 万元、413.09 万元。公司主要经营活动在中国,未直接向美国销售相关产品,间接向美国销售收入占比较小。

请发行人说明:(2)境外专利与境内专利是否仅申请地不同、申请内容相同,如是,请重新计算并披露发行人专利数量。

【回复节选】

根据发行人说明,针对已披露的 14 项境外专利,除“锂离子二次电池钴酸锂正极材料及其制法和应用”(专利号:US15/498,527,申请地:美国)外,发行人境外专利与境内专利系仅申请地不同、申请内容均相同,故剔除专利境内与境外重复专利后发行人共计拥有境外专利1项。经重新计算，发行人共合计拥有境内外15项专利权。

【要点总结】

公司披露称相关产品和技术已有国内发明专利14项、国外发明专利14项，共计28项授权专利。在问询中，发行人被要求说明所申请的境外专利是不是与境内专利仅申请地不同，申请内容相同的专利。发行人在回复中承认存在仅申请地不同、申请内容均相同的境内外专利，并重新计算了境内外专利数量，专利数量从28项减少至15项。

2. 发行人：YF生物科技(上海)股份有限公司

【披露文件】

《北京市某律师事务所关于YF生物科技(上海)股份有限公司首次公开发行A股股票并在科创板上市的补充法律意见书(二)》

【问询节选】

问题6

根据问询回复，发行人共拥有9项境内发明专利，其中4项专利目前暂未对相关靶点药物开展进一步研发工作，序号9专利系序号1专利的分案授权；发行人共16项境外发明专利，其中1项专利目前暂未对相关靶点药物开展进一步研发工作，其余专利的形成或取得的详细过程与境内对应专利相同。

请发行人进一步说明：(1)发行人该项分案授权专利的形成原因，是否与母专利实质属于同一专利；(2)境内外专利之间的映射关系，有无实质差异，是否仅为不同国别专利；(3)结合前述情况充分论述发行人是否满足科创属性关于专利数量的相关要求。

【回复节选】

(1)发行人该项分案授权专利的形成原因，是否与母专利实质属于同一专利

①发行人两项D－0120中国发明专利的形成原因

发行人两项D－0120中国发明专利的形成过程如下所述：

<table>
<tr><th>项目</th><th>专利名称</th><th>专利号/
PCT 申请号</th><th>简称</th><th>申请
时间</th><th>优先
权日</th><th>授权
时间</th><th>保护范围</th></tr>
<tr><td>序号1
中国
专利</td><td>羧酸化合物及其制备方法和用途</td><td>201410398333.4</td><td>334
专利</td><td>2014 年
8 月</td><td>/</td><td>2018 年
2 月</td><td>一系列具体化合物，其中包括 D－0120 核心化合物</td></tr>
<tr><td colspan="8">根据《专利法》第 29 条第 2 款“申请人自发明或者实用新型在中国第一次提出专利申请之日起十二个月内，或者自外观设计在中国第一次提出专利申请之日起六个月内，又向国务院专利行政部门就相同主题提出专利申请的，可以享有优先权。”
为进一步保护 D－0120 核心化合物及与其相类似的一些具体化合物，发行人递交了一项 PCT 专利申请。根据专利法的相关规定，由于 PCT 专利与 334 专利为相同主题，PCT 专利可享有 334 专利的优先权。</td></tr>
<tr><td>PCT
专利</td><td>Carboxylic acid compound, method for preparation thereof, and use thereof</td><td>PCT/CN2015/
086605</td><td>PCT
专利</td><td>2015 年
8 月</td><td>2014 年
8 月</td><td>/</td><td>一系列具体化合物，其中包括 D－0120 核心化合物</td></tr>
<tr><td colspan="8">PCT 专利申请是指根据《专利合作条约》实施的国际专利申请方式，缔约国的居民均有权递交 PCT 专利申请。PCT 专利申请分为国际申请阶段和国家申请阶段。PCT 专利的国际申请程序并不对申请专利进行任何实质性审查和授权，仅为专利的国际申请提供优先权保护，最终由各国的专利审查机构确定是否对技术成果授予专利保护以及技术成果的专利保护范围。
发行人通过 PCT 专利向多个国家进行专利申请，426 专利为该 PCT 专利进入中国国家阶段的中国专利申请。</td></tr>
<tr><td>序号9
中国
专利</td><td>羧酸化合物及其制备方法和用途</td><td>201580043042.6</td><td>426
专利</td><td>2015 年
8 月</td><td>2014 年
8 月</td><td>2021 年
2 月</td><td>与 D－0120 相类似的一些具体化合物（不包括 D－0120 核心化合物）</td></tr>
</table>

如上表所述，334 专利与 426 专利系发行人为了保护 D－0120 及其相关化合物申请的两个不同专利，两个专利属于同族专利，这两项专利具有不同的申请时间，拥有不同的保护范围。

②两项 D－0120 的相关专利不属于同一专利

1）专利权不能重复授予

相关法律法规	具体内容
中华人民共和国专利法（自 2021 年 6 月 1 日起施行）	第 9 条　同样的发明创造只能授予一项专利权。
	第 64 条　发明或者实用新型专利权的保护范围以其权利要求的内容为准，说明书及附图可以用于解释权利要求的内容。
专利审查指南	第二部分第三章第 6 节　对于发明或实用新型，专利法第 9 条或专利法实施细则第 41 条中所述的“同样的发明创造”是指两件或两件以上申请（或专利）中存在的保护范围相同的权利要求。

上述条款规定了权利要求书确定专利权的保护范围，是专利权的核心部分。相同的发明创造（即具有相同的保护范围的权利要求）不能重复授予专利权。因此，从专利权不能重复授予的角度上来讲，两项 D－0120 的相关专利不属于同一专利。

2）D－0120 相关的两项专利保护了不同的化合物

D－0120 的两项专利属于同族专利，但权利要求的保护范围不同，不属于同一专利。具体而言，334 专利的权利要求书保护的是一系列具体化合物，其中包含 D－0120 核心化合物，而 426 专利的权利要求书保护的是与 D－0120 核心化合物相类似的其他一些具体化合物。换言之，334 专利与 426 专利属于同一专利家族的两个成员，具有不同的权利要求，即不同的保护范围。两项 D－0120 相关专利实质上不属于同一专利，334 专利保护了 D－0120 的化合物，426 专利对于 D－0120 的竞争对手，具有一定的抵御作用。

（2）境内外专利之间的映射关系，有无实质差异，是否仅为不同国别专利

①发行人境外发明专利与境内发明专利不具有一一对应的映射关系，部分专利在专利授权的范围上具有实质差异

1）由于境内外各国具有不同的专利审查标准，对各项专利的技术特征存在不同的认定方法或角度，因此发行人授权专利在不同国家授权的通式化合物或具体化合物存在部分差异。为保护发行人的知识产权，发行人递交了多项 PCT 申请。PCT 专利申请分为国际申请阶段和国家申请阶段。PCT 专利的国际申请程序并不对申请专利进行任何实质性审查和授权，仅为专利的国际申请提供

优先权保护，所以PCT通常系一项较为复杂且涵盖多项专有技术的技术包。待PCT专利进入国家申请阶段后，发行人可以根据各个国家的专利法对专利申请进行修改，并最终由各国的专利审查机构根据各个国家的专利申请法规确定是否对技术成果授予专利保护以及技术成果的专利保护范围。

因此，同一专利家族的境外申请和境内申请涉及相同或类似的化合物及/或技术原理，但是由于境内外各国具有不同的专利审查标准，对各项专利的技术特征存在不同的认定方法或角度，因此发行人已授权的中国境内与境外各国的发明专利在授权的权利要求的具体保护范围上存在一定差异，具体体现在授权专利在不同国家授权的通式化合物或具体化合物存在部分差异，故而发行人境外发明专利与境内发明专利不具有一一对应的映射关系，部分专利在专利授权的范围上具有实质差异。

2）发行人境内外专利授权保护的通式化合物或具体化合物的差异情况

截至本补充法律意见书出具日，发行人境内外专利的对应情况具体如下，以下对应的专利属于同族专利，但在不同国家授权的通式化合物或具体化合物存在部分差异，具体情况如下：……（表格略）

综上所述，发行人的同一家族的境外发明专利与境内发明专利的授权权利要求不具有一一对应的映射关系，部分专利保护范围具有实质差异。专利权具有地域性的特征，发行人实际在多个国家及地区开展临床试验，境外专利能够更有效地保护发行人的境外权益，具有较大的商业价值。

（3）结合前述情况充分论述发行人是否满足科创属性关于专利数量的相关要求

根据2021年4月修订的《科创板申报及推荐暂行规定》之第5条“支持和鼓励科创板定位规定的相关行业领域中，同时符合下列4项指标的企业申报科创板发行上市”中关于专利数量的要求为“（三）形成主营业务收入的发明专利（含国防专利）5项以上，软件企业除外”。结合上述回复，发行人的D－0120的两个授权专利不属于同一专利，发行人的境内与境外专利属于同族专利，但部分专利的授权权利要求保护范围不同，无法一一对应。

截至本补充法律意见书出具日，发行人的核心在研产品拥有5项境内授权专利。截至本补充法律意见书出具日，发行人核心在研产品拥有17项境外授权专利。除已授权专利外，发行人有4个境外专利处于已获得核准通知书或已缴纳授权费的状态。

综上所述，截至本补充法律意见书出具日，发行人及其全资子公司与主要产品相关的发明专利22项，其中境内专利5项，境外专利17项，符合《科创板申报及推荐暂行规定》第5条第3款的规定。此外，发行人另有4项专利已获得核准通知书或已缴纳授权费的状态，即将取得专利证书。

【要点总结】

发行人为了保护核心技术，分别于境内境外申请多个专利，其中不乏有同族专利的申请。在问询中，发行人被要求说明：(1)其申请的分案授权专利与母专利是否实质属于同一专利；(2)境内外专利之间是否为一一映射的关系，有无实质差异，是否仅为不同国别专利；(3)结合上述内容论证发行人是否满足科创属性关于专利数量的要求。

对第一个问题，发行人从专利的保护范围不同论证分案授权专利与母专利不属于同一专利。对第二个问题，发行人从境内外各国具有不同的专利审查标准，对各项专利的技术特征存在不同的认定方法或角度等方面，解释发行人授权专利在不同国家授权的通式化合物或具体化合物存在部分差异；同时发行人也从专利权的地域性、临床试验地域的广泛性和发行人的商业化权利规划等方面考虑，对新药研发行业申请多国专利的必要性进行了说明。对第三个问题，发行人着重从不同国家对专利的审查标准不同、技术特征认定方法或角度不同论述虽为同族专利，但是因其保护范围具有实质的差异，无法一一对应，不能视为同一专利。

(二)同类问询问题的梳理

就“同族专利重复计算”这一风险点，除了上述典型问询案例之外，本书还检索到了江苏YH医药科技股份有限公司、JK能源股份有限公司、深圳HDZZ科技股份有限公司等相关问询案例，并梳理汇总出以下具有参考价值的问询问题：

1. 境外专利与境内专利是否仅申请地不同、申请内容相同，如是请重新计算并披露发行人专利数量。

2. 请发行人进一步说明：(1)发行人该项分案授权专利的形成原因，是否与母专利实质属于同一专利；(2)境内外专利之间的映射关系，有无实质差异，是否仅为不同国别专利；(3)结合前述情况充分论述发行人是否满足科创属性关于专利数量的相关要求。

3. 请发行人补充披露：各专利的取得方式、取得时间、专利与在研产品的对应关系，境内外专利实为同一专利的应当予以注明境内外专利的对应关系。

4. 如果数量上将保护范围相同的同族专利计为一个专利，是否会造成发行人的专利数量不满足科创属性关于专利数量的相关要求。

（三）风险点分析

1. 相关 IP 法律和政策的梳理与解读

《专利法》第 9 条规定，同样的发明创造只能授予一项专利权……

《专利审查指南》第二部分第三章第 6 节规定："专利法第六十四条第一款规定，发明或者实用新型专利权的保护范围以其权利要求的内容为准，说明书及附图可以用于解释权利要求的内容。为了避免重复授权，在判断是否为同样的发明创造时，应当将两件发明或者实用新型专利申请或专利的权利要求书的内容进行比较，而不是将权利要求书与专利申请或专利文件的全部内容进行比较。判断时，如果一件专利申请或专利的一项权利要求与另一件专利申请或专利的某一项权利要求保护范围相同，应当认为它们是同样的发明创造。两件专利申请或专利说明书的内容相同，但其权利要求保护范围不同的，应当认为所要求保护的发明创造不同……"

（1）同族专利是否实质为同一专利的判断方法

根据《专利法》第 64 条的规定，"发明或者实用新型专利权的保护范围以其权利要求的内容为准，说明书及附图可以用于解释权利要求的内容"。也就是说，专利的保护范围由权利要求书中的内容所界定。因此，判断同族专利是否实质为同一专利，需要比对其权利要求书的保护范围。如果同族专利的权利要求相同，则保护范围相同，实质为同一发明创造，否则属于不同的发明创造。

通常而言，对于申请地相同的同族专利，由于同一国家（地区）对同样的发明创造只能授予一项专利，不会存在重复授权的问题。

（2）不同国家（地区）的同族专利保护范围可能不同的原因

专利权具有地域性，为了扩大专利权保护的地理范围，专利申请人会在不同的国家（地区）申请同族专利。由于不同国家（地区）对专利授权的审查标准可能不同，认定专利的技术特征方法或角度可能不同，所以在一些国家（地区）可以获得授权的专利，在其他国家（地区）可能因种种原因不符合授权要求。为使专利能获得授权，专利申请人需要根据该国家（地区）的审查标准对专利申请文本做出相应的修改。可以理解为，为了扩大专利保护的地理范围，在可允许的专利文本修改范围内，修改专利权利要求的保护范围。正因如此，不同国家（地区）的同族专利有可能保护范围不完全相同。

2. 相关科创板IPO规则的梳理与解读

对于（拟）科创板IPO的企业而言，根据《科创属性评价指引》和《科创板申报及推荐暂行规定》，如发行人选择申报4项常规指标，非软件企业需要拥有形成主营业务收入的发明专利（含国防专利）5项以上；如申报了5项例外指标，则需要拥有形成核心技术和主营业务收入的发明专利（含国防专利）50项以上。对于发明专利数量不多的发行人而言，同族专利的数量计算方式对其是否符合上述要求可能起决定性作用，因而引发监管机构的重点关注。

如上文所述，申请地相同的同族专利通常不会导致专利数量存在重复计算的情况。对于申请地不同的同族专利，则要分情况讨论：如果同族专利存在某项权利要求相同的情况，在披露发行人的境内外专利数量时，需要将该等同族专利计为相同的专利，从数量上来说，无论同族专利的数量为多少，均计为一个；如果同族专利的权利要求均不相同，则可以按照不同的专利累计计算数量。

（四）同类问询回复要点

针对审核过程中可能涉及的“同族专利重复计算”相关问询问题，为及时妥善回复，本书梳理出以下回复重点，供（拟）科创板IPO企业参考：

1. 发行人可以结合权利要求的比对情况，说明同族专利的保护范围不同，不能视为同一专利；

2. 对于同一国家（地区）的同族专利，发行人可以结合“同样的发明创造只能授予一项专利权”的法律规定，说明不能视为同一专利；

3. 对不同国家（地区）的同族专利，发行人可以从不同国家对专利的审查标准不同、技术特征认定方法或角度不同等方面论述虽为同族专利，但是因其保护范围具有实质的差异，不具有映射关系，不能视为同一专利；

4. 即便存在同族专利重复计算的情况，发行人也可以根据情况回复其科研能力强，且具有持续研发的能力，即使去除重复计算的数量，其所剩余的专利数量也远多于科创板上市的专利数量要求。

六、形成核心技术和主营业务收入的发明数量的计算方法

关于科创属性的判定，根据《科创属性评价指引》规定的“4+5”评价指标，

第5项例外指标内容为“形成核心技术和主营业务收入的发明专利(含国防专利)合计50项以上”。如果企业选定以该项指标判定其科创属性,则监管机构有极大可能要求(拟)科创板IPO企业对其发明专利数量的计算方法进行说明。

(一)问询与回复案例精选

1. 发行人:陕西SR新材料股份有限公司

【披露文件】

《西安某律师事务所关于陕西SR新材料股份有限公司首次公开发行股票并在科创板上市之补充法律意见书(二)》

【问询节选】

问题1.1

根据首轮问询回复,发行人共有85项发明专利,发行人形成核心技术的发明专利有47项,和主营业务相关的发明专利有61项,形成核心技术和主营业务收入相关的发明专利合计为67项。

请发行人进一步说明:(1)形成核心技术和主营业务收入相关的发明专利合计为67项的计算依据、计算过程;(2)公司是否符合《科创板申报及推荐暂行规定》第5条[①]“(五)形成核心技术和主营业务收入相关的发明专利(含国防专利)合计50项以上”的要求。

【回复节选】

公司历次申报材料对“形成核心技术和主营业务收入相关的发明专利”的计算过程为:形成核心技术和主营业务收入相关的发明专利的合计数 = A(形成核心技术的发明专利数量) + B(和主营业务收入相关的发明专利数量) - C(A和B的重复项目),即按照“或”的关系来计算,截至本补充法律意见书出具日为74项。

如果按照“且”的关系来计算,即同时属于核心技术且与主营业务收入相关,则截至本补充法律意见书出具之日,发行人合计发明专利54项,核心技术产品报告期内实现营业收入36,387.52万元、42,202.12万元和51,231.09万元,占主营业务收入的比例分别为80.73%、83.94%和84.55%。

就《科创板申报及推荐暂行规定》第5条第(五)项的要求,发行人已经取得的发明专利均系自主研发活动产生,不存在对外购买的情形;报告期内,发行人

① 2021年4月修订后,变为第6条。全书下同。——编者注

研发投入平稳增长，不存在突击研发的情形；发明专利均系在首次公开发行上市申请材料获得上交所受理之前申请，不存在突击申请的情形；截至本补充法律意见书出具日，已经取得授权发明专利不存在权属争议、纠纷或被相关部门宣告无效等情形。综上，截至本补充法律意见书出具之日，发行人既属于核心技术且与主营业务收入相关的发明专利 53 项，核心技术产品报告期内实现营业收入 36,387.52 万元、42,202.12 万元和 51,231.09 万元，占比主营业务收入的比例分别为 80.73%、83.94% 和 84.55%，符合《科创板申报及推荐》第 5 条"（五）形成核心技术和主营业务收入相关的发明专利（含国防专利）合计 50 项以上"的要求。

【要点总结】

监管机构在前后两轮问询中均对形成核心技术和主营业务收入相关的发明专利数量的计算方法提出疑问，要求发行人律师核查发行人发明专利数量是否符合《科创板申报及推荐暂行规定》第 6 条第 5 项 50 项发明专利之要求，本书上述摘录的是律师事务所的第二次回复。

在补充法律意见书（一）问题 7.5 中，律师通过列表统计，得出形成核心技术和主营业务收入相关的发明专利有 67 项。在补充法律意见书（二）问题 1.1 中，应上交所问询对 67 项进行重新核算时，律师首先对首次递交申请材料并取得上交所受理后，发行人新取得的 31 项发明专利授权的情形进行了补充，再对至回复时发行人全部 96 项发明专利进行了统计汇总，如下表所示统计了发明专利名称、专利号、申请时间、授权时间、相关核心技术及相关主营业务，并按核心技术及主营业务进行了整合归类。

序号	发明专利名称	专利号	申请时间	授权时间	相关核心技术		相关主营业务
					名称	作用	
1	一种用于高速列车牵引电机收缩环的新材料及其制备方法	ZL201611169922.0	2016-12-16	2019-04-19	牵引电机端环和导条制造技术	该专利技术提供了一种具备高抗拉强度、高温强度、高延伸率的端环用材料的制备方法，构成核心技术的组成部分。	高强高导铜合金材料及制品业务报告期内销售收入分别为 17,167.66 万元、21,171.52 万元和 27,253.48 万元，占比分别为 38.09%、42.11% 和 44.98%。
……							

对于“形成核心技术和主营业务收入相关的发明专利”的计算过程，共有两种计算逻辑：第一种按照“或”的关系计算，即“A(形成核心技术的发明专利数量)+B(和主营业务收入相关的发明专利数量)-C(A和B的重复项目)”；第二种按照“且”的关系进行计算，即同时属于核心技术且与主营业务收入相关。发行人无论按“或”还是按“且”计算结果均达到50项以上，且无突击申请、突击研发、专利权存在瑕疵的情形，因此符合《科创板申报及推荐暂行规定》第6条第5项的要求。

2. 发行人：ABZG科技集团股份有限公司

【披露文件】

《北京市某律师事务所关于ABZG科技集团股份有限公司首次公开发行股票并在科创板上市之补充法律意见书(三)》

【问询节选】

问题5

请发行人结合与宁波YX专利诉讼相关情况，进一步说明：(4)结合前述问题，分析相关诉讼是否对公司生产经营产生重大不利影响，是否导致公司不符合“发明专利合计50项以上”的科创属性指标。请保荐机构和发行人律师核查并发表明确意见。

【回复节选】

本次诉讼涉及公司产品侵犯宁波YX专利事项，不涉及公司自有发明专利的相关内容，且宁波YX已撤回相关诉讼。在上述授权及和解协议签署之后，发行人已不存在由于宁波YX拥有的发明专利权或西安交大拥有的3D结构光领域的发明专利权引致生产经营受到重大不利影响，或不符合“发明专利合计50项以上”的科创属性指标的风险。

经在中国裁判文书网(https://wenshu.court.gov.cn/)、深圳市中级人民法院(https://www.szcourt.gov.cn/)、中国执行信息公开网(http://zxgk.court.gov.cn/)、国家企业信用信息公示系统(http://www.gsxt.gov.cn/index.html)等进行公开查询，除上述诉讼事项外，截至本补充法律意见书出具之日，公司未有任何其他专利纠纷或诉讼。因此，本次诉讼不会导致公司不符合“发明专利合计50项以上”的科创属性指标。

截至2021年6月30日，公司拥有154项发明专利，其中形成核心技术和主营业务收入的有144项；即使剔除境外同族专利8项，发行人拥有形成核心技术和主营业务收入的发明专利为 136 项,超过 50 项。根据《科创板审核规则》《科创属性评价指引》等相关规定,公司科创属性符合科创板定位要求,符合《科创属性评价指引》第 2 条第 5 项的要求,即“形成核心技术和主营业务收入的发明专利(含国防专利)合计 50 项以上”。

【要点总结】

对专利数量的统计需剔除存在瑕疵的专利,因此监管机构要求发行人对重大诉讼可能对科创属性造成的影响进行阐述。律师对诉讼相关情况进行说明,表示双方已签署和解协议,且通过公开数据库查询并不存在其他专利纠纷或诉讼。此外,如下表所示,对 154 项发明专利进行了整理,分析了已授权专利与核心技术、主要产品及主营业务收入的对应关系。最后,在统计时剔除了境外同族专利,得到了无争议且同时符合核心技术及产生主营业务收入的发明专利数量,属于“且”的计算方法。

序号	申请号	专利名称	授权日	取得方式	对应的核心技术	对应的主要产品系列	是否产生主营业务收入
1	2015108252768	一种便于集成的激光模组及图像信息处理装置	2017 – 10 – 27	原始取得	3D 视觉传感器系统设计技术	3D 视觉传感器(Astra)	是
……							

(二)同类问询问题的梳理

就“形成核心技术和主营业务收入的发明数量的计算方法”这一风险点,除了上述典型问询案例之外,本书还检索到了 ATSYG 电力集团股份有限公司、YZ 硅业(青海)股份有限公司、CSYLW 网络科技股份有限公司、AW 科技股份有限公司、BY 技术股份有限公司等相关问询案例,并梳理汇总出以下具有参考价值的问询问题:

1. 形成核心技术和主营业务收入相关的发明专利合计为 67 项的计算依据、计算过程;公司是否符合《科创板申报及推荐暂行规定》第 6 条“(五)形成核心技术和主营业务收入相关的发明专利(含国防专利)合计 50 项以上”的要求。

2. 发明专利与主要核心技术的对应情况、发行人核心技术在主要业务环节的应用情况及提升产品性能情况，形成主营业务收入发明专利情况。

3. 请补充说明该等 51 项专利是公司自主发明还是外购取得，该等专利对应的技术、产品、收入的具体情况，详细论证是否符合《科创属性评价指引》中的“形成核心技术和主营业务收入的发明专利（含国防专利）合计 50 项以上”的相关要求。

4. 分析相关诉讼是否对公司生产经营产生重大不利影响，是否导致公司不符合“发明专利合计 50 项以上”的科创属性指标。

5. 请发行人结合行业情况、核心技术使用情况及先进性、竞争优势、竞争劣势及发行人实际情况说明发行人是否符合《科创属性评价指引》《科创板申报及推荐暂行规定》规定的科创属性及科创板定位。

6. 请对发行人 55 项发明专利在产品、核心技术中的运用情况及是否符合《科创板申报及推荐暂行规定》第 6 条第 5 项的规定进行核查，说明核查方式、过程，并发表明确意见。

（三）风险点分析

关于本风险点，并无直接相关的 IP 法律和政策，故仅就相关科创板 IPO 规则进行梳理与解读如下：

如本书第一篇第二章所述，申请在科创板上市的企业，应符合科创板定位、发行条件、上市条件和信息披露要求。关于科创板定位，需从支持方向、行业限定及科创属性的角度进行评价。就“科创属性”，监管机构通过《科创属性评价指引》及《科创板申报及推荐暂行规定》确定了四项评价指标和五项例外情形。

四项评价指标和五项例外情形中均涉及对发明专利数量的要求，但两者略有不同，四项评价指标要求“形成主营业务收入的发明专利 5 项以上”，五项例外情形中不仅要求发明专利形成主营业务收入，还要求发明专利形成核心技术，具体为“形成核心技术和主营业务收入的发明专利合计 50 项以上”。

由于“形成核心技术和主营业务收入的发明专利合计 50 项以上”中的“……和……合计”应该作何解释存在争议，即应当解释为“形成核心技术的发明专利”且“形成主营业务收入的发明专利”，还是解释为“形成核心技术的发明专利”或“形成主营业务收入的发明专利”，监管机构往往要求发行人说明具体计算方法。

从字面意思来看，“合计”指“共计、总计、合在一起计算”，似乎只要将形成核心技术和主营业务收入的发明专利相加，再剔除重复部分，即可按照“或”的逻辑计算得到“合计”数量。但是，根据数学逻辑联结词的基本原理，“或”的计算结果必然大于或者等于“且”的计算结果，由于缺乏明确指引，为保守起见，(拟)科创板 IPO 企业通常按照“且”的逻辑从严计算，以降低被监管机构问询的风险。

从本书检索的情况来看，包括 ABZG、YAGY、ATS、CSYL、AW 科技、DY 科技、ST 股份、BY 技术在内的多家企业仅选择“形成核心技术和主营业务收入的发明专利合计 50 项以上”作为科创属性评价指标进行申报，上述企业在审核问询中均被监管机构要求补充说明科创属性。在回复问询时，大多数企业选择了以“且”的计算方法来计算，并且大多数企业选择了通过列表的方式对专利情况进行整理，将核心技术与主营业务收入作为整理时的其中两项指标。

此外，也有较多企业除选择该项例外情形外，同时选择了其他例外情形进行申报，因此在回复问询时并未在发明专利数量计算方法上多着笔墨。

(四)同类问询回复要点

针对审核过程中可能涉及的“形成核心技术和主营业务收入的发明数量的计算方法”相关问询问题，为及时妥善回复，本书梳理出以下回复要点，供(拟)科创板 IPO 的企业参考。

1. 采用“且”的计算方法统计数量

(拟)科创板 IPO 企业应以从严的标准，用“且”的计算方法对专利数量进行统计，被计算的专利应同时构成核心技术且与主营业务收入相关。考虑到从申报开始到被问询之间仍有一段时间差，企业可在被问询后及时对申报后新取得的发明专利进行更新，从而增加数据上的信服力，为剔除部分瑕疵专利预留空间。

2. 对瑕疵专利情况进行详细回复

发明专利可能存在以下瑕疵导致专利最终统计数量处于待定状态：存在涉诉专利、被出资质押、与合作伙伴存在权属纠纷、核心技术人员/发明人已离职、本行业是否会就某类技术或产品申请专利、存在重复申请专利、境外同族专利等。(拟)科创板 IPO 的企业可根据监管部门的问询有针对性地进行回复，除可回复所述瑕疵已不构成风险外，也可以较严的统计标准兜底，陈述企业在删除该类瑕疵专利后仍能满足数量的要求。

3. 整理清晰的专利明细应对问询

为便于监管机构能够清晰判断是否满足数量标准，(拟)科创板 IPO 企业可通过整理表格呈现专利情况，如以“专利名称、专利号、对应产品、核心技术、报告期内是否形成主营业务收入”为字段进行整理，可根据企业实际情况加入“有效期、授权日、是否原始取得”等关键词(具体可参考前述案例)。

对专利数量的计算方法严格要求是为了证明(拟)科创板 IPO 企业具备科创属性。因此，除符合“合计 50 项以上发明专利”的例外情形外，企业也可在申报时同时申报其他指标，多项情形综合论述，以证明企业已具备科创属性，符合科创板定位。

七、存在已申请未授权专利

科创板定位要求企业科创能力突出，掌握先进核心技术，而企业掌握先进核心技术的重要表征之一就是企业拥有的发明专利。由于发明专利的审查程序较复杂、审查周期较长、审查标准较严格等原因，企业可能在上市审核过程中存在较多已申请未授权的专利。因此，监管机构不仅会关注发行人已获得授权的专利，也会关注已申请未授权专利。

(一)问询与回复案例精选

1. 发行人：苏州 RB 生物技术股份有限公司

【披露文件】

《关于苏州 RB 生物技术股份有限公司首次公开发行股票并在科创板上市申请文件的审核问询函的回复》

【问询节选】

问题 9

截至 2020 年 9 月 30 日，公司共申请小核酸技术和小核酸药物相关专利 141 项，其中获得专利授权共 32 项。

请发行人说明：已授权专利远少于正在申请专利的原因及合理性，与发行人自主研发的核心技术、产品进度之间的关系。

【回复节选】

如前文所述，2014－2017 年，发行人开展了 GalNAc 递送技术、小核酸深度稳定化修饰技术等关键技术的自主研发。2017 年，公司 GalNAc 递送技术基本成熟,标志着发行人掌握了小核酸领域先进的肝靶向递送技术平台,小核酸药物研发技术平台趋于成熟。

自2018年以来,发行人依托小核酸药物研发技术平台,筛选出一批肝源靶点siRNA候选化合物,覆盖感染性疾病、代谢类疾病、血液系统疾病、罕见病等疾病领域,形成了一大批境内外发明专利申请。但鉴于发明专利的授权周期较长,因此大部分已申请发明专利均尚未获得授权。

综上,发行人的专利申请进度与发行人小核酸药物研发技术平台的研发进度存在相关性,已授权专利少于正在申请专利具有合理性。

【要点总结】

发行人共申请小核酸技术和小核酸药物相关专利141项,其中获得专利授权的共32项。监管机构问询其已授权专利远少于正在申请专利的原因及合理性,与发行人自主研发的核心技术、产品进度之间的关系。发行人在回复中指出其依托药物研发技术平台形成了一大批境内外发明专利申请,但因授权周期较长,因此已授权专利远少于正在申请的专利具有合理性。

2. 发行人:HH微电子股份有限公司

【披露文件】

《关于HH微电子股份有限公司首次公开发行股票并在科创板上市申请文件审核问询函回复》

【问询节选】

问题8.1

招股说明书披露,发行人拥有5项发明专利,最新一项发明专利的专利申请日为2015年12月3日。发行人核心技术对应的部分发明专利申请处于初步审查或实质性审查阶段。

请发行人删除尚未取得授权的相关专利的信息披露。请发行人说明:尚未取得授权发明专利的申请及审查近况,预计取得授权时间,并结合上述情况说明发行人是否存在技术被侵权的风险。

【回复节选】

(1)截至本回复签署日,发行人尚未取得授权发明专利的申请及审查近况、预计取得授权时间如下:(表格内容包括发明专利名称、专利申请日、初审合格时间、实质审查时间、案件状态、预计取得时间等)

(2)因发行人在申请发明专利的过程中已公示相关发明专利的部分技术特

征,若发行人最终未能取得发明专利授权,则发行人已经披露的前述部分技术特征存在被侵犯的潜在风险。

(3)虽然前述已经披露的部分技术特征存在被侵犯的潜在风险,但不会对发行人生产经营及核心技术的保护构成实质影响,理由如下:

①前述申请中的发明专利仅是发行人技术的一部分,并非发行人核心技术和研发成果的全部。

②发行人在申请发明专利前,已对该等专利公开相关技术信息对发行人生产经营可能的影响进行评估,对于不宜公开的核心技术,发行人采取商业秘密或其他途径进行保护。

【要点总结】

发行人核心技术对应的部分发明专利申请处于初步审查或实质性审查阶段,监管机构要求发行人删除尚未取得授权的相关专利的信息披露,同时要求说明尚未取得授权发明专利的申请及审查近况、预计取得授权时间等信息。发行人回复了申请中的发明专利名称、专利申请日、初审合格时间、实质审查时间、案件状态、预计取得时间等内容,认可部分技术特征如最终未能取得发明专利授权则存在被侵犯的潜在风险,但由于前述申请中的发明专利仅是发行人技术的一部分,且发行人在申请发明专利前,已对该等专利公开相关技术信息对发行人生产经营可能的影响进行评估,故部分技术特征存在的被侵犯的潜在风险不会对发行人生产经营及核心技术的保护构成实质影响。

(二)同类问询问题的梳理

就"存在已申请未授权专利"这个风险点,除了上述典型问询案例之外,本书还检索到了深圳 XYC 科技股份有限公司、杭州 KED 焊接机器人股份有限公司、深圳市 ZG 照明技术股份有限公司、广东 BLW 科技股份有限公司、北京 SZ 细胞生物技术集团股份公司、JYSZ 科技股份有限公司等数十件相关问询案例,并梳理汇总出以下具有参考价值的问询问题:

1. 请说明专利中是否存在正在申请中尚未取得授权的发明专利,将上述专利及授权引进的专利作为发行人及其子公司持有的专利披露是否准确;

2. 请说明已授权专利远少于正在申请专利的原因及合理性,与发行人自主研发的核心技术、产品进度之间的关系;

3. 请说明专利的申请进度,是否存在抵触申请;

4. 请说明专利申请的具体进度，相应产品是否存在侵犯第三人知识产权的可能，是否存在核心技术泄密的可能，现阶段采取何种保护措施；

5. 请说明尚未取得授权发明专利的申请及审查近况、预计取得授权时间，并结合上述情况说明发行人是否存在技术被侵权的风险。

（三）风险点分析

1. 相关 IP 法律和政策的梳理与解读

《专利法》第 34 条规定："国务院专利行政部门收到发明专利申请后，经初步审查认为符合本法要求的，自申请日起满十八个月，即行公布。国务院专利行政部门可以根据申请人的请求早日公布其申请。"第 35 条规定："发明专利申请自申请日起三年内，国务院专利行政部门可以根据申请人随时提出的请求，对其申请进行实质审查；申请人无正当理由逾期不请求实质审查的，该申请即被视为撤回。国务院专利行政部门认为必要的时候，可以自行对发明专利申请进行实质审查。"第 40 条规定："实用新型和外观设计专利申请经初步审查没有发现驳回理由的，由国务院专利行政部门作出授予实用新型专利权或者外观设计专利权的决定，发给相应的专利证书，同时予以登记和公告。实用新型专利权和外观设计专利权自公告之日起生效。"

我国对于发明专利采用的是"先行公开，延迟审查"的实质审查制。具体而言，申请人在向国家知识产权局提交发明专利申请后，会由国家知识产权局进行初步审查；初步审查通过后，自申请日起满 18 个月（或由申请人申请提前）即行公布专利申请文件；自申请日起 3 年内，申请人可以请求国家知识产权局进行实质审查。与发明专利不同的是，实用新型专利与外观设计专利不进行实质审查，经初步审查没有发现驳回理由的即可授予专利权。

因此，发明专利从申请到获得授权的周期较长，对于（拟）科创版 IPO 的企业而言，若是与核心技术相关的重要发明专利是在准备申请 IPO 期间才提交申请的，那么很可能在 IPO 过程中相关专利仍处在已申请未授权状态，进而受到监管机构问询。

2. 相关科创板 IPO 规则的梳理与解读

如前文所述，《科创板注册管理办法》要求发行人披露信息必须真实、准确、完整，不得有误导性陈述。在实践中，有很多发行人在"核心技术保护部分"或者"业务先进性及具体表征"部分披露未获得授权的专利信息，这样的信息披露容易造成投资者误解。根据本书的检索结果,监管机构通常会要求发行人删除所披露的未获得授权专利。

另外,科创板定位要求企业科创能力突出,掌握先进核心技术,如申请中的专利最终未通过专利审查,基本可以证明相关技术并不属于行业内先进技术。而且,由于专利的本质是“公开换保护”,专利内容一旦公布,其他企业可十分方便地检索到申请专利的技术内容,该项技术便丧失了保密的可能性,即便相关技术原本具备一定先进性,也可能将成为行业内通用技术。

(四)同类问询回复要点

针对审核过程中可能涉及的“存在已申请未授权专利”相关问询问题,为及时妥善回复,本书梳理出以下回复要点,供(拟)科创板 IPO 企业参考。

1. 整理并披露发行人相关专利申请的发明专利名称、专利申请日、初审合格时间、实质审查时间、案件状态、预计取得时间等信息。

2. 发行人可以从其研发进度及发明专利审查周期等方面说明已申请未授权专利的合理性。

3. 对于专利申请未获授权可能导致的已公开技术方案被他人使用的风险,发行人可以根据情况从以下方面说明对生产经营及核心技术的保护不会构成实质影响:

(1)申请中的发明专利并未涵盖发行人核心技术的全部/占核心技术比例较小;

(2)发行人在申请发明专利前,经过评估认为公开专利相关技术信息不会对发行人生产经营及核心技术保护构成实质影响;

(3)对于不宜公开的核心技术,发行人已经通过商业秘密等途径进行保护。

八、同一技术重复申请专利

企业的科技创新能力与其掌握的先进核心技术高度相关,根据《科创属性评价指引》中 4 项标准和 5 项例外的规定,形成企业主营业务收入的发明专利需要达到一定数量才能符合企业的科创属性要求。在审核问询中,监管部门往往关注发行人是否存在同一技术重复申请专利的情况,以考察发行人是否具备突出的科研能力,是否符合科创板定位。

（一）问询与回复案例精选

1. 发行人：安徽ST木塑集团股份有限公司

【披露文件】

《关于安徽ST木塑集团股份有限公司首次公开发行股票并在科创板上市申请文件的第三轮审核问询函的回复》

【问询节选】

问题1

根据招股说明书及问询回复，发行人选择的科创指标依据为《科创板申报及推荐暂行规定》第五条之“形成核心技术和主营业务收入相关的发明专利（含国防专利）合计50项以上”。根据《科创板申报及推荐暂行规定》第五条的规定，具备相关情形，科技创新能力突出的发行人，支持鼓励其申报科创板发行上市。

发行人形成主营业务收入的53项发明专利中，13项发明专利属于高强度WPC的配方、生产工艺或安装技术类发明专利，6项发明专利属于耐候共挤WPC的配方、生产工艺类或安装技术类发明专利，3项发明专利属于轻质共挤WPC生产工艺类发明专利，6项发明专利属于新型石木塑复合材料的生产工艺或安装技术类发明专利，25项发明专利属于装配式建筑部品部件生产工艺或结构设计类发明专利。

请发行人说明：(3)同一类型的专利之间是否存在重大区别，申请多项发明专利的合理性；53项发明专利是否存在同一技术重复申请的情形。

【回复节选】

(1)发行人申请多项发明专利具备合理性

①发行人申请多项发明专利的原因如下：

1)通过法定程序确定发明创造的权利归属，保护发行人核心技术不受侵犯；

2)在市场竞争中保持主动，确保自身生产与销售的安全性，防止对手拿专利状告自身侵权；

3)申请多项发明专利可以促进公司产品的更新换代，提高公司产品的技术含量；

4)企业拥有多项发明专利是公司核心技术实力的体现，也是公司的无形资产和无形宣传,有利于公司更好地开拓市场。

②发行人申请多项发明专利的合理性

发行人形成主营业务收入的53项发明专利中,22项发明专利属于高性能木塑复合材料的配方、生产工艺或安装技术类发明专利,6项发明专利属于新型石木塑复合材料的生产工艺或安装技术类发明专利,25项发明专利属于装配式建筑部品部件生产工艺或结构设计类发明专利。其中高性能木塑复合材料及装配式建筑相关发明专利数量较多。具体原因如下:

1)公司高性能木塑产品大量使用再生资源(包括再生塑料粒子及锯末),常年应用于户外并出口至不同国家或地区,产品需应对的气候环境较为复杂,如果在配方设计、生产工艺、产品结构、安装技术等方面没有严格的研发设计及质量控制,会出现诸如产品褪色老化、开裂、变形、使用寿命短等问题,公司需从产品配方、生产工艺、安装技术、产品结构等方面加以研发创新,使产品在强度、耐候性、耐腐蚀、耐磨性、阻燃、防水、轻质、使用寿命等方面具备优异性能,并申请多项发明专利予以保护公司核心技术不受侵犯,从而保证公司的持续盈利能力。

2)发行人装配式建筑申请多项发明专利的主要原因系装配式建筑产品涉及部品部件较多且结构复杂,发行人出于对装配式建筑部品部件及结构设计等核心技术的保护对其部品部件及结构设计均申请了发明专利,符合产品特点,具备合理性,具体分析详见本题回复之“五(二)发行人半数发明专利集中于装备式建筑业务的原因及合理性;”回复。

综上,发行人申请多项发明专利具备合理性。

(2)从具体专利内容来看同一类型的发明专利具备重大或显著区别,不存在就同一技术重复申请的情形

发行人已形成主营业务收入的53项发明专利,其中2项属于配方类+生产工艺类,20项属于生产工艺类,16项属于安装技术类,15项属于产品结构类,对每一类型的发明专利之间具备重大或显著区别,具体分析如下:

①配方类+生产工艺类

发行人2项配方类+生产工艺类发明专利具体内容及主要区别如下:

序号	专利名称	专利号	专利内容	备注
1	混色塑木板生产工艺	201410184943.4	本发明提供一种混色塑木板生产工艺，涉及塑木材料生产技术领域，主要包括造粒过程和挤出过程，造粒过程，所需的原料组分及组分量为：竹/木粉40－60%；PE15－30%；滑石粉4－10%；色粉10－15%；偶联剂2－5%；马来酸酐接枝3－5%；挤出过程，将造粒过程中得到的物料粒与色母搅拌混合，然后加入挤出机挤出成板材，挤出机的机筒连接抽真空设备，机筒内的压力为0.06MPa。本发明提供的混色塑木板生产工艺，其原料配方合理，产品性能好，可以生产出多色的塑木板材，形成不同颜色的花纹，可以提高产品的多样性；在挤出过程中，挤出机筒连接抽真空设备，使机筒内处于低压环境，可将机筒内的水汽、烟气以及空气及时排出，从而提高产品性能。	生产工艺涉及造粒过程、挤出过程
……（以下内容略）				

由上表可见，发行人上述2项配方＋生产工艺类发明专利在生产工艺方面存在显著区别。

②生产工艺类

发行人20项生产工艺类发明专利中，有3项属于耐候共挤WPC生产工艺，3项轻质共挤WPC生产工艺，4项新型石木塑复合材料生产工艺，以及10项装配式建筑生产工艺，具体分析如下：

1）耐候共挤WPC生产工艺

……（表格略）

由上表可见，耐候共挤WPC 3项生产工艺类发明专利内容在产品结构、产品性能及工艺技术方面均存在显著区别。

2）轻质共挤WPC生产工艺

……（表格略）

由上表可见，轻质共挤WPC 3项生产工艺类发明专利内容在产品结构、产品性能及工艺技术等方面均存在显著区别。

3）新型石木塑复合材料生产工艺

……（表格略）

由上表可见，新型石木塑复合材料4项生产工艺类发明专利在产品结构、产品性能及工艺技术等方面均存在显著区别。

4）装配式建筑生产工艺

……（表格略）

由上表可见，发行人10项装配式建筑生产工艺类发明专利涉及不同的部品部件，在产品性能及产品结构等方面均存在显著区别。

③安装技术类

发行人16项安装技术类发明专利具体内容分析如下：

……（表格略）

由上表可见，发行人上述16项安装技术类发明专利在产品结构、安装技术等方面具备显著区别。

④产品结构类

发行人15项产品结构类发明专利具体内容分析如下：

……（表格略）

由上表可见，发行人15项产品结构类专利属于装配式建筑产品领域，涉及装配式建筑不同部品部件之间的结构性发明创造，在模块化产品结构方面具备显著区别。

【要点总结】

发行人形成主营业务收入的53项发明专利中，多项发明属于同一类型的专利。监管机构要发行人说明同一类型的专利之间是否存在重大区别，申请多项发明专利的合理性；53项发明专利是否存在同一技术重复申请的情形。发行人以表格形式说明了同一类型专利的具体内容，进而说明其发明专利之间存在显著区别，不存在同一技术重复申请专利的情形。

2. 发行人：广州HX仪器股份有限公司

【披露文件】

《关于广州HX仪器股份有限公司首次公开发行股票并在科创板上市申请文件的审核问询函回复报告》

【问询节选】

问题21

关于媒体质疑情况

请保荐机构自查与发行人本次公开发行相关的媒体质疑情况,并就相关媒体质疑核查并发表意见。

【回复节选】

质疑内容:据国家知识产权局披露,2013年8月27日,HX仪器同时申请“一种产生离子碎片的大气压接口装置”发明专利和实用新型专利,分别在2016年6月、2014年3月取得授权。从说明书摘要来看,两项专利的研究内容完全相同。随后,HX仪器“故技重施”,在2013年12月25日申请了“同时检测气溶胶消光和散射系数的激光光腔衰荡光谱仪”发明专利和实用新型专利,均已取得授权。而据《专利法》第9条规定,同样的发明创造只能授予一项专利权。同一申请人同日对同样的发明创造既申请实用新型专利又申请发明专利,先获得的实用新型专利权尚未终止,且申请人声明放弃该实用新型专利权的,可以授予发明专利权。因此,HX仪器的部分专利或许存在被宣告无效的风险,但招股书未作任何提示。

解释说明:规定方面,根据《专利法实施细则》第四十一条的规定:同一申请人在同日(指申请日)对同样的发明创造既申请实用新型专利又申请发明专利的,应当在申请时分别说明对同样的发明创造已申请了另一专利;未作说明的,依照专利法第九条第一款关于同样的发明创造只能授予一项专利权的规定处理。

根据上述规定,同一发明创造既申请实用新型专利又申请发明专利符合《专利法实施细则》规定,并且本公司已按要求在申请时即做出了相应的声明(声明内容在相关实用新型公开文本著录项中已体现)。

实务方面,对同一申请人在同日(指申请日)对同样的发明创造既申请实用新型专利又申请发明专利且已进行声明的专利申请,如实用新型首先获得授权,在之后决定授权发明专利时,国家知识产权局会根据两件专利的保护范围是否存在差异来决定是直接授予发明专利权或是要求申请人放弃在先授权的实用新型专利后再授予发明专利权。

根据授权文本分析,上述发明专利和实用新型专利保护范围存在差异,具体如下:

(1)一种产生离子碎片的大气压接口装置

项目	发明专利	实用新型专利
保护范围	权利1、7通过装置结构和施加电压在四极杆轴线方向上形成梯度电场,从而加速离子,增加与背景气体分子碰撞的动能,从而产生源内碰撞裂解(CIDin - source),保护了实现源内CID的方法。	仅保护大气压接口装置的结构组成。
差距对比总结	发明专利保护的主要是利用装置实现的源内CID方法,实用新型专利保护的是装置本身的结构和组成。	

(2)同时检测气溶胶消光和散射系数的激光光腔衰荡光谱仪

项目	发明专利	实用新型专利
保护范围	权利要求1所规定的利用所述"同时检测气溶胶消光和散射系数的激光光腔衰荡光谱仪"装置实现的检测方法:"用第一光电倍增管(2)和第二光电倍增管(3)分别检测光腔(1)的透射光和散射光,通过拟合分别得到背景气体的衰荡时间和样品气体的衰荡时间,计算气溶胶的消光系数。同时计算透射光和散射光的比值,得到气溶胶的散射系数。"	权利要求1－10所述的装置本身。
差距对比总结	发明专利保护的主要是利用装置实现的测量方法,实用新型专利保护的是装置本身的结构和组成。	

综上所述,"一种产生离子碎片的大气压接口装置""同时检测气溶胶消光和散射系数的激光光腔衰荡光谱仪"同时授予发明专利和实用新型专利符合相关规定,不存在宣告无效的风险。

【要点总结】

发行人同时申请"一种产生离子碎片的大气压接口装置"发明专利和实用新型专利,"同时检测气溶胶消光和散射系数的激光光腔衰荡光谱仪"发明专利和实用新型专利,均已取得授权。在发行人受到相关媒体质疑的情况下,监管机构要求发行人就质疑情况进行说明。就重复申请相关质疑,发行人从法律规定以及实务操作两方面进行了解释,认为其专利申请合理合法并且发明专利和实用新型专利保护范围存在差异,不属于同一技术重复申请专利。

（二）同类问询问题的梳理

就"同一技术重复申请专利"这一风险点，除了上述典型问询案例之外，本书还检索到了深圳市 BY 微电子股份有限公司、宁波 JP 智能制造股份有限公司、ABZG 科技集团股份有限公司等相关问询案例，并梳理汇总出以下具有参考价值的问询问题：

1. 同一类型的专利之间是否存在重大区别，申请多项发明专利的合理性；53 项发明专利是否存在同一技术重复申请的情形。

2. 请保荐机构自查与发行人本次公开发行相关的媒体质疑情况，并就相关媒体质疑核查并发表意见。

3. 发明专利"恒流电路及其恒流控制器"（2016110262160）与"恒流电路及恒流控制器"（2016110433022）的差异，境外专利是否存在就一项专利重复申请的情形。

4. 请发行人说明境内外专利是否存在重复的情况。

5. 结合前述问题，分析相关诉讼是否对公司生产经营产生重大不利影响，是否导致公司不符合"发明专利合计 50 项以上"的科创属性指标。

（三）风险点分析

1. 相关 IP 法律和政策的梳理与解读

《专利法》第 9 条规定："同样的发明创造只能授予一项专利权。但是，同一申请人同日对同样的发明创造既申请实用新型专利又申请发明专利，先获得的实用新型专利权尚未终止，且申请人声明放弃该实用新型专利权的，可以授予发明专利权。两个以上的申请人分别就同样的发明创造申请专利的，专利权授予最先申请的人。"

《专利审查指南》第二部分第三章"3.1　(1) 同样的发明或者实用新型"规定："被审查的发明或者实用新型专利申请与现有技术或者申请日前由任何单位或者个人向专利局提出申请并在申请日后（含申请日）公布或公告的（以下简称申请在先公布或公告在后的）发明或者实用新型的相关内容相比，如果其技术领域、所解决的技术问题、技术方案和预期效果实质上相同，则认为两者为同样的发明或者实用新型。需要注意的是，在进行新颖性判断时，审查员首先应当判断被审查专利申请的技术方案与对比文件的技术方案是否实质上相同，如果专利申请与对比文件公开的内容相比,其权利要求所限定的技术方案与对比文件公开的技术方案实质上相同,所属技术领域的技术人员根据两者的技术方案可以确定两者能够适用于相同的技术领域,解决相同的技术问题,并具有相同的预期效果,则认为两者为同样的发明或者实用新型。"

第二部分第三章"6.1　判断原则"规定:"专利法第五十九条第一款规定,发明或者实用新型专利权的保护范围以其权利要求的内容为准,说明书及附图可以用于解释权利要求的内容。为了避免重复授权,在判断是否为同样的发明创造时,应当将两件发明或者实用新型专利申请或专利的权利要求书的内容进行比较,而不是将权利要求书与专利申请或专利文件的全部内容进行比较。判断时,如果一件专利申请或专利的一项权利要求与另一件专利申请或专利的某一项权利要求保护范围相同,应当认为它们是同样的发明创造。两件专利申请或专利说明书的内容相同,但其权利要求保护范围不同的,应当认为所要求保护的发明创造不同。例如,同一申请人提交的两件专利申请的说明书都记载了一种产品以及制造该产品的方法,其中一件专利申请的权利要求书要求保护的是该产品,另一件专利申请的权利要求书要求保护的是制造该产品的方法,应当认为要求保护的是不同的发明创造。应当注意的是,权利要求保护范围仅部分重叠的,不属于同样的发明创造。例如,权利要求中存在以连续的数值范围限定的技术特征的,其连续的数值范围与另一件发明或者实用新型专利申请或专利权利要求中的数值范围不完全相同的,不属于同样的发明创造。"

同一技术重复申请专利是专利法实务中较为复杂的问题之一,要解决这一问题首先需要明确什么情形属于同一技术重复申请专利。

就跨国专利申请而言,由于专利权具有地域性,专利权需要经过国家法定机关的授权或注册,而各国专利法对授权或注册的标准各不相同,在一国获得的专利权只能在本国受到保护。[①] 因此,基于同一发明创造分别在境内外申请专利权不属于重复申请。

就一国专利申请而言,对于基于同一发明创造在同一国家多次申请专利的情形,在我国应由《专利法》第 9 条予以规制。《专利法》第 9 条规定,同样的发明创造只能授予一项专利权,例外情况是同一申请人同日对同样的发明创造既申请发明又申请实用新型,在这种情况下申请人在实用新型专利权尚未终止的

① 参见王迁:《知识产权法教程》(第 7 版),中国人民大学出版社 2021 年版,第 12 页。

情况下可能获得发明专利权。

综上,同一技术重复申请专利指的就是违反我国《专利法》第 9 条规定,对同一发明创造进行多次专利申请的行为,对此专利行政部门最多授予一项专利权。

至于同一技术重复申请专利的认定,应认为不仅包括完全相同的专利申请,也包括实质性相同的专利申请。如果两专利申请权利要求所限定的技术方案实质上相同,权利要求的保护范围实质上相同,则可认为两者为同样的专利申请。

2. 相关科创板 IPO 规则的梳理与解读

如前文所述,申请在科创板上市的企业,应符合科创板定位、发行条件、上市条件和信息披露要求。关于科创板定位,需从科创属性、支持方向及行业限定的角度进行评价。

就"科创属性",监管机构通过《科创属性评价指引》及《科创板申报及推荐暂行规定》确定了 4 项评价指标和 5 项例外情形。4 项评价指标之一即为"形成主营业务收入的发明专利 5 项以上",所以对于发行人而言,专利的数量对其是否能在科创板上市起决定性作用。如果发行人存在同一技术重复申请专利的情形,在企业专利数量不多的情况下,可能使监管机构认为企业有"凑数"之嫌,影响企业科创属性的认定。

就"支持方向",根据《科创板注册管理办法》第 3 条的规定,优先支持符合国家战略,拥有关键核心技术,科技创新能力突出,主要依靠核心技术开展生产经营,具有稳定的商业模式,市场认可度高,社会形象良好,具有较强成长性的企业。也就是说,具有突出的科技创新能力是发行人符合科创板定位的基本要求之一。如果企业存在同一技术重复申请专利的情形,可能使监管机构认为企业的核心技术储备不足,不具备足够的科技创新能力。

(四)同类问询回复要点

针对审核过程中可能涉及的"同一技术重复申请专利"相关问询问题,为及时妥善回复,本书梳理出以下回复要点,供(拟)科创板 IPO 企业参考:

1. 发行人可结合相关法律规定,说明是否存在同一技术重复申请专利的情形;

2. 发行人可结合相关专利的保护范围比对情况,说明相关专利之间的区别，以及申请多项专利的合理性；

3. 发行人可结合同行业可比企业的专利布局情况，说明围绕同一核心技术进行多项专利布局的合理性。

此外，基于监管机构对发行人科技创新能力的关注，发行人还可以根据情况从科研人员构成、学历、科研经验、人员流动、人才激励政策、研发资金投入、参与国家重大科研项目情况等方面说明发行人具备突出科技创新能力。

九、专利发明人与核心技术人员不匹配

科创板中核心技术人员通常包括公司技术负责人、研发负责人、研发部门主要成员、主要知识产权和非专利技术的发明人或设计人、主要技术标准的起草者等。所以，一般情况下，核心技术人员与专利发明人应当具有一定的重合性或一致性。如果发行人的专利发明人与核心技术人员不匹配，则反映出发行人可能存在发明人登记错误、核心技术人员认定不合理或核心技术人员重大变动等问题，会引起监管机构的关注。

（一）问询与回复案例精选

1. 发行人：上海 FT 电子股份有限公司

【披露文件】

《关于上海 FT 电子股份有限公司首次公开发行股票并在科创板上市申请文件的审核问询函之回复》

【问询节选】

问题 14

根据申报文件，(1) 发行人核心技术人员为彭某 1、彭某 2、王某 1、王某 2。其中，王某 1 2013 年 3 月至 2014 年 4 月，任公司软件经理；2014 年 4 月至 2017 年 8 月，任 YFWST 电子科技（上海）有限公司高级系统工程师。王某 2 2012 年 7 月至 2017 年 3 月，任上海 BX 软件股份有限公司研发工程师。(2) 发行人发明专利发明人主要有陈某 1、彭某 2、薛某、陈某 2、李某、尹某、陈某 3。其中发明专利“混合动力车用大功率 48V 到 12V 直流电源转换器”的发明人陈某 3、杨某已离职。

请发行人说明：(2) 结合核心技术人员认定标准说明未将核心专利发明人列为核心技术人员的原因，陈某 3、杨某离职对发行人生产经营及相关产品研发

的影响。

【回复节选】

(1)未将核心专利发明人列为核心技术人员的原因

公司对核心技术人员的认定标准为:

第一,拥有深厚且与公司业务匹配的资历背景,具有本科及以上学历且有6年以上相关行业从业经历;

第二,目前在公司研发等岗位上担任重要职务;

第三,主持或作为主要人员参与完成公司重大研发项目或完成技术研发及专利申请等。

公司未认定为核心技术人员的核心专利发明人为陈某1、薛某、陈某2、李某、尹某、陈某3、杨某7人,其中陈某1不满足认定标准2;薛某、李某不满足认定标准1;陈某3、杨某2人已于2010年离职。尹某虽满足上述核心技术人员认定标准,但鉴于尹某系2020年7月起担任公司热管理事业部总经理,时间较短,公司经综合考虑后暂未将其认定为核心技术人员。

【要点总结】

监管部门根据发行人提供的资料,统计发行人的核心技术人员、核心专利发明人后发现二者存在出入。在问询中,发行人被要求说明核心技术人员认定标准、说明未将核心专利发明人列为核心技术人员的原因以及某些核心专利发明人的离职对发行人生产经营及相关产品研发的影响。发行人详细说明了核心技术人员的认定标准,即专业学历、实践经验、职务项目经历,并根据认定标准说明了未将核心专利发明人列为核心技术人员的具体原因。

2. 发行人:AJ科技股份有限公司

【披露文件】

《关于AJ科技股份有限公司首次公开发行股票并在科创板上市申请文件的审核问询函的回复》

【问询节选】

问题17

根据申报材料:(1)报告期内,公司创新性开发了射频、基带一体化的单芯片产品,具备比同类企业更强大的射频基带整合能力;(2)研发团队主要成员具有多年无线通信行业知名企业从业经验;(3)公司是国内少数同时掌握5G及AI等技术的企业,在5G通信领域,公司实现了独特的软硬件结合的全模全频段搜网技术;(4)公司拥有研发人员795名,占员工总数89.83%,其中核心技术人员3名;(5)发行人拥有境外发明专利18项,主要分布在美国和韩国;(6)公司与苏州速通半导体科技有限公司签署了《合作研发协议》;(7)发行人主要专利发明人未列示为核心技术人员;(8)报告期内发行人存在采购无形资产、取得技术授权等情形。

请发行人说明:(4)核心技术人员认定较少的原因,是否与研发领域、研发人员数量相匹配;发行人专利发明人是否任职于发行人,报告期内是否存在核心技术人员流失的情形。

【回复节选】

(1)公司核心技术人员的认定准确、全面

①公司认定的核心技术人员已覆盖公司核心研发团队负责人

公司核心人员的确认依据如下:1)核心技术人员拥有丰富且与公司业务相匹配的专业背景和工作经验;2)核心技术人员在公司研发、设计岗位上担任重要职务;3)核心技术人员所率领的研发团队负责研发部分,对报告期内公司取得的收入具有重大的意义。公司三位核心技术人员认定情况如下:

姓名	从业年限	公司任职	主要工作
赵某	19年	副总经理	公司蜂窝网络芯片的研发设计工作及公司芯片定制业务的研发工作
邓某	16年	副总经理	公司非蜂窝网络芯片的研发工作
陈某	13年	研发总监	公司射频、模拟电路方面的研发设计工作

上述三位核心技术人员已覆盖公司蜂窝、非蜂窝通信芯片涉及的主要技术团队。

②公司认定的核心技术人员对专利的申请起到指导作用

截至报告期末,公司已取得86项专利,其中公司原始取得的发明专利数量为51项。公司三位核心技术人员均未在上述专利均未作为专利的发明人予以登记。主要原因如下:

1)核心技术人员负责芯片设计的总体思路

公司三位核心技术人员在公司研发过程中主要负责芯片系统整体的架构设计。在研发过程中,公司核心技术人员主要负责提供解决技术难题的总体思路,在确定总体方案思路后,由整体研发团队负责寻找技术解决方案。

2)专利发明人为项目执行人员有利于激励研发人员积极性

根据《AJ 科技关于对发明专利申报奖励办法》,公司将给予每件专利的发明人一定金额的奖励。公司申请的发明专利主要系公司在芯片设计过程中研发团队为解决具体问题提出的解决方案,将执行具体任务的人员列为发明人,可以对研发团队成员起到一定的激励作用。同时,从公司自研发明专利的情况上看,公司各专利发明申请人较为分散,因此,未将发明专利申请人列为公司核心技术人员存在合理性。

③公司认定的核心技术人员技术成果并未以专利的形式进行体现

公司作为无线通信芯片企业,申请专利的技术多为无线通信芯片设计过程中某一具体问题的解决方式。对于公司研发过程中产生的核心技术如基带射频一体化集成技术等涉及公司产品重要性能优势的技术,公司采用了行业内通行的做法,仅将部分外围技术申请专利作为防护墙,而核心技术要点作为公司专有技术进行保密管理。因此,公司核心技术人员的技术成果并无法从公司的发明专利申请人方面进行体现。

综上所述,公司认定的三位核心技术人员已覆盖公司蜂窝、非蜂窝通信芯片的主要研发团队负责人。上述三位核心技术人员,虽未在公司的发明专利上进行署名,但对公司的产品研发设计、核心技术的研究均起到了重要作用。公司核心技术人员的认定准确、全面。

(2)是否与研发领域、研发人员数量相匹配

赵某具有二十多年的从业经验,是系统架构和通讯技术的专家,现担任公司副总经理职务,主要负责公司蜂窝通信事业部所有芯片的数字设计工作,并负责、主导公司大规模芯片定制业务的开展。邓某是射频电路专家,担任公司副总经理职务。主要负责制定公司非蜂窝物联网事业部的研发方向、产品演进路线以及设计定义,陈某担任公司研发总监职务。主要负责公司所有产品的模拟电路方面的研发设计工作,覆盖高速接口,数模转换、信号链路、音频处理等领域。上述三位核心技术人员已覆盖公司蜂窝、非蜂窝通信两大主营业务领域,覆盖主要技术团队。因此,公司认定的核心技术人员与公司的主要研发领域匹配。上述三位核心技术人员已覆盖公司蜂窝、非蜂窝通信芯片涉及的主要技术团队,与公司的主要研发领域匹配。

三位核心技术人员负责的业务构成了公司的主营业务,已覆盖公司全部产生收入的研发方向。核心技术人员的认定与公司已产生收入的研发领域相

匹配。

截至2020年12月31日,公司研发人员数量已达到824人,研发人数较多主要原因系在公司核心技术人员完成产品的规格定义后,在核心技术的验证、技术难点的攻关阶段需要大量的研发人员参与软件编码的撰写、硬件电路的设计及后续的产品演的等工作,但上述任务均围绕三位核心技术人员的核心设计思路进行。综上所述,公司核心技术人员认定与公司的研发领域及研发人员数量相匹配。

【要点总结】

发行人拥有研发人员占员工总数89.83%,其中核心技术人员仅有3名,发行人主要专利发明人未列为核心技术人员。在问询中,发行人被要求说明核心技术人员认定较少、较于发明人范围缩小的原因,是否与研发领域、研发人员数量相匹配。对此,发行人从专业背景、工作经验、职务、研发项目中对发行人的贡献等角度说明核心技术人员的认定标准,将负责芯片设计总体思路的三人列为核心技术人员,负责具体研发的技术人员列为发明人,故核心技术人员认定较少、较于发明人范围缩小。另外,三位核心技术人员已覆盖公司蜂窝、非蜂窝通信芯片涉及的主要技术团队,与公司的主要研发领域匹配。在核心技术人员拟定研究方向的总体思路后,研发人员参与软件编码的撰写、硬件电路的设计及后续的产品工作,故而公司核心技术人员认定与公司的研发领域及研发人员数量相匹配。

(二)同类问询问题的梳理

就“专利发明人与核心技术人员不匹配”这一风险点,除了上述典型问询案例之外,本书还检索到了上海YZ药业股份有限公司、ZTXS(江苏)科技股份有限公司、安徽YT环保科技股份有限公司、CH科技股份有限公司、苏州YZ电子科技股份有限公司、CSYLW网络科技股份有限公司等相关问询案例,并梳理汇总出以下具有参考价值的问询问题:

1.结合核心技术人员认定标准说明未将核心专利发明人列为核心技术人员的原因。

2.核心技术人员认定较少的原因,是否与研发领域、研发人员数量相匹配;发行人专利发明人是否任职于发行人,报告期内是否存在核心技术人员流失的情形。

3. 说明未将某人认定为核心技术人员的原因及合理性、是否与公司核心技术人员认定标准相一致。

4. 结合公司研发部门主要成员、主要专利发明人、主要研发项目参与人等情况，核查核心技术人员的认定是否存在缩小范围的情况；核心技术人员认定较少的原因，是否与研发领域、研发人员数量相匹配。

5. 结合公司研发部门主要成员、主要专利发明人、主要研发项目参与人、员工持股数量及变化、所具备技术对公司业绩贡献程度等情况，说明核心技术人员的认定是否恰当、准确，是否符合实际情况。

6. 请发行人补充披露核心技术人员的认定依据，并说明郑某华、王某等主要专利发明人未认定为核心技术人员的原因，是否离职，如是，对发行人生产经营、技术研发的影响。

（三）风险点分析

1. 相关 IP 法律和政策的梳理与解读

《专利法》第 6 条规定："执行本单位的任务或者主要是利用本单位的物质技术条件所完成的发明创造为职务发明创造。职务发明创造申请专利的权利属于该单位，申请被批准后，该单位为专利权人。该单位可以依法处置其职务发明创造申请专利的权利和专利权，促进相关发明创造的实施和运用。非职务发明创造，申请专利的权利属于发明人或者设计人；申请被批准后，该发明人或者设计人为专利权人。利用本单位的物质技术条件所完成的发明创造，单位与发明人或者设计人订有合同，对申请专利的权利和专利权的归属作出约定的，从其约定。"

第 15 条规定："被授予专利权的单位应当对职务发明创造的发明人或者设计人给予奖励；发明创造专利实施后，根据其推广应用的范围和取得的经济效益，对发明人或者设计人给予合理的报酬。国家鼓励被授予专利权的单位实行产权激励，采取股权、期权、分红等方式，使发明人或者设计人合理分享创新收益。"

第 16 条规定："发明人或者设计人有权在专利文件中写明自己是发明人或者设计人。专利权人有权在其专利产品或者该产品的包装上标明专利标识。"

《专利法实施细则》第 13 条规定："专利法所称发明人或者设计人，是指对发明创造的实质性特点作出创造性贡献的人。在完成发明创造过程中，只负责组织工作的人、为物质技术条件的利用提供方便的人或者从事其他辅助工作的人,不是发明人或者设计人。”

(1)专利发明人和专利申请人的区别

我国《专利法》中所称的专利发明人是指对发明创造的实质性特点作出创造性贡献的人。在完成发明创造过程中,只负责组织工作的人、为物质技术条件的利用提供方便的人或者从事其他辅助工作的人,不是发明人。

专利申请人,是指拥有申请专利的权利,向国家知识产权局就某一发明或设计提出专利申请的当事人。申请被批准后,该专利申请人为专利权人。

对于职务发明创造,申请专利的权利属于发明人的工作单位,专利发明人与申请人不一致;而对于非职务发明创造,申请专利的权利属于发明人,专利发明人与申请人具有一致性。

(2)专利发明人的权利

在职务发明创造的情况下,发明人虽然不是专利权人,但也对该专利享有一定的权利,包括署名权、获取奖励和报酬的权利等。

署名权是一种精神权利,属于人身权的一种,同其他权利相比,它具有以下特征:①专有性,也称排他性,是指署名权只能由发明人享有,其他任何人都不能享有;②不可让与性,即署名权是与发明人本身不可分离的,与专利申请权和专利权归属的变化无关,即使专利申请权和专利权转让了,受让人也不享有署名权。同时,署名权也是不能继承的。

另外,发明人或者设计人虽然不能享有职务发明创造的专利权,但对其智力劳动,应当给予相应的回报,这有利于发挥个人进行发明创造的积极性,促进科学技术进步和创新。所以专利法规定发明人具有获得奖励和报酬的权利。①

在非职务发明创造的情况下,发明人即专利申请人,申请被批准后,该发明人为专利权人,享有专利权、署名权等。

2. 相关科创板IPO规则的梳理与解读

对于(拟)科创板IPO的企业而言,技术人员作为科技创新的主体,是研发核心技术的中坚力量,是推动企业创新发展的原动力。《科创板注册管理办法》等规则将核心技术人员提高到和董事、监事及高级管理人员同等的高度,足以

① 参见全国人大常委会法制工作委员会经济法室编著:《〈中华人民共和国专利法〉释解及实用指南》,中国民主法制出版社2012年版,第52－54页。

见得核心技术人员对(拟)科创板IPO企业的重要性。

通常情况下,核心技术人员与专利发明人应当具有一定的重合性或一致性。如果发行人核心技术人员与专利发明人不匹配,说明可能存在以下问题,引发监管机构的关注与问询:

第一,发行人的核心技术人员认定可能不合理。根据《科创板审核问答》,申请在科创板上市的企业,应当根据企业生产经营需要和相关人员对企业生产经营发挥的实际作用,确定核心技术人员范围,并在招股说明书中披露认定情况和认定依据。原则上,核心技术人员通常包括公司技术负责人、研发负责人、研发部门主要成员、主要知识产权和非专利技术的发明人或设计人、主要技术标准的起草者等。如果核心技术人员与专利发明人不匹配,尤其是与核心专利的发明人不匹配,说明发行人的核心技术人员认定可能不合理。

第二,发行人的知识产权内控制度可能存在缺陷。根据《科创板注册管理办法》第11条的规定,发行人应具有健全有效的知识产权内控制度。如上文所述,专利发明人应当是对发明创造的实质性特点作出创造性贡献的人,如果核心技术人员与专利发明人不匹配,尤其是与核心专利的发明人不匹配,说明发行人的专利发明人可能登记错误或不合理,反映出发行人的知识产权内控制度可能存在问题。

第三,发行人的核心技术人员可能存在重大变动。根据《科创板注册管理办法》第12条的规定,发行人的核心技术人员应不存在重大变动。如果核心技术人员与专利发明人不匹配,尤其是与核心专利的发明人不匹配,说明发行人相关发明人可能已经离职,发行人的核心技术人员可能存在重大变动。

(四)同类问询的回复要点

针对审核过程中可能涉及的“专利发明人与核心技术人员不匹配”相关问询问题,为及时妥善回复,本书梳理出以下回复重点,供(拟)科创板IPO企业参考:

1.原则上,核心技术人员通常包括公司技术负责人、研发负责人、研发部门主要成员、主要知识产权和非专利技术的发明人或设计人、主要技术标准的起草者等;发行人应根据生产经营需要和相关人员对企业生产经营发挥的实际作用,确定核心技术人员范围,并对认定情况和认定依据进行清楚、充分的说明;具体认定标准可包括相关人员的背景资历、专业资质、项目经验、任职期限、工作职务、研发贡献、研发成果等。

2. 发行人可以从核心技术人员的认定标准、项目执行人、公司知识产权激励制度、核心技术人员的技术成果等角度回复，说明核心技术人员认定的合理性及未将核心专利发明人列为核心技术人员的原因。

3. 如涉及知识产权内控制度、核心技术人员重大变动相关问询，可参考本书“知识产权管理的内控制度是否健全并有效运行”“重要发明人离职”等内容进行回复。

十、重要发明人离职

大多数（拟）科创板 IPO 的企业从事的是高新技术产业和战略性新兴产业，由于产业中技术竞争尤为激烈，其技术人员具有高流动性。对此，企业需要保证其核心技术人员稳定，从而保证企业的独立持续经营能力满足科创板的上市要求。在监管实务中，监管部门往往关注发行人重要专利发明人的离职情况，以考察发行人核心技术人员是否稳定。

（一）问询与回复案例精选

1. 发行人：MW（上海）生物科技股份有限公司

【披露文件】

《关于 MW（上海）生物科技股份有限公司首次公开发行股票并在科创板上市申请文件的审核问询函的回复（2021 年半年度财务数据更新版）》

【问询节选】

问题 6

根据申报材料，公司已取得 18 项境内发明专利授权和 4 项境外发明专利授权，其中与在研品种相关的发明专利 8 项。18 项境内发明专利中，有 6 项为继受取得；有 10 项为最近两年内申请。

请发行人说明：（2）上述发明专利的发明人情况，是否仍在发行人处任职，若存在离职情况，说明对发行人研发能力和经营的影响情况。

【回复节选】

（1）上述发明专利的发明人情况

根据发行人提供的专利证书并经检索国家知识产权局网站，发行人目前持有的与核心技术及现有管线产品相关的发明专利之发明人情况如下：……（略）

(2)上述发明专利涉及发明人在公司任职及离职情况

上述发明专利的发明人共44人,其中境内发明专利的发明人共计34人,为/曾为发行人员工;2021年4月27日取得的美国发明专利共有10名发明人,均为发行人ADC药物研发合作方上海药物所的工作人员,不在发行人处任职。

截至本问询函回复出具日,上述34名发行人所属员工中仍有22人在公司任职,其余12人已从公司离职。上述人员的基本情况如下:

序号	发明人	在职期间	是否离职	任职公司/离职前任职公司	任职岗位/离职前岗位
1	熊某	2016.8至今	否	NAX	总监
……(以下内容略)					

上述离职员工主要为TK生物之前员工,离职时间较早,相关岗位均有可替代人员。报告期各期末,公司研发人员总数分别为235人、282人、420人和429人,呈稳定增长趋势,公司具备完善的研发组织结构和人员配备,具备持续研发创新的能力,研发项目均正常开展,上述人员离职不会对公司研发造成重大不利影响。

【要点总结】

发行人具有一定的专利技术储备,监管部门要求发行人说明专利发明人的基本信息、任职及离职情况,离职对于发行人研发能力和经营的影响等问题。发行人以表格形式对专利发明人的任职及离职情况进行了说明,并从研发人员稳定增长等角度说明人员离职不会对公司研发造成重大不利影响。

2.发行人:西安JG科技股份有限公司

【披露文件】

《关于西安JG科技股份有限公司首次公开发行股票并在科创板上市申请文件的审核问询函之回复报告》

【问询节选】

问题19

根据申报材料:(1)公司核心技术均为自主研发,技术水平处于国际领先或部分指标国际领先,整体国内领先;(2)公司独立承担或牵头承担的国家级重要科研项目主要为报告期前的项目;(3)公司专利授权时间集中在2016年及以前,报告期各期新增专利数和论文发表数均逐年减少;(4)公司主要原材料激光二极管芯片、光学件、热沉均主要来自境外供应商;(5)招股说明书存在多处媒体关于公司打破少数国家垄断、实现进口替代和达到国际先进水平的表述。

请发行人说明:(5)发行人专利发明人是否任职于发行人,报告期内是否存在核心技术人员流失的情形。

【回复节选】

(1)发行人专利发明人是否任职于发行人

发行人专利发明人均为发行人员工,截至2020年12月31日部分员工退休或离职,具体情况如下:

专利类型	专利总数	发明人为发行人员工的专利数	发明人目前任职于发行人的专利数	专利发明人任职率
发明专利	117	117	100	85.47%
实用新型专利	150	150	147	98.00%
外观设计专利	28	28	28	100.00%
境外专利	108	108	67	62.04%
合计	403	403	342	84.86%

报告期内,公司不同类型专利发明人在公司的任职情况如下:

截至2020年12月31日,公司共拥有已授权专利403项,专利发明人总体在公司的任职率为84.86%,大部分专利发明人仍任职于公司,任职率处于较高水平。

元器件领域发明专利是长期技术积累的结果,一旦确立即有较长时间的技术壁垒。境内发明专利相比实用新型专利或外观设计专利,申请周期更长,存在部分员工在报告期末离职或退休的情况。LIMO研发人员普遍在多年经验积累基础上才申请专利,存在多年前申请专利的部分员工在报告期末退休或离职的情况(主要为员工退休)。公司建立健全了研发人才梯队,也具有较多正在申请中的专利。

(2)报告期内是否存在核心技术人员流失的情形

报告期内,公司核心技术人员包括刘某、Chung、王某、吴某、高某、侯某六位,未发生变化。上述核心技术人员报告期内均任职于公司,长期在公司工作,不存在核心技术人员流失的情形。

【要点总结】

发行人的核心技术发明专利的获授时间、发明专利申请时间较早，报告期内获授、申请专利较少，报告期内参与的国家级重要科研项目较少，各期新增论文发表数均逐年减少。因此，监管部门要求发行人说明重要专利发明人的任职情况以及是否存在核心技术人员流失的情形。对此，发行人在回复中说明了自身专利的发明人、设计人的任职率以及核心技术人员不存在流失情形。

（二）同类问询问题的梳理

就“重要发明人离职”这一风险点，除了上述典型问询案例之外，本书还检索到了西安 KT 医疗技术股份有限公司、AJ 科技股份有限公司、南京 WDS 环保科技股份有限公司、GD 防务技术股份有限公司等相关问询案例，并梳理汇总出以下具有参考价值的问询问题：

1. 说明最近 2 年内公司技术负责人、研发负责人、研发部门主要成员、主要知识产权和非专利技术的发明人或设计人、主要技术标准的起草者等及其变动情况；结合上述情况，说明公司核心技术人员认定是否恰当，最近 2 年内核心技术人员是否发生重大不利变化。

2. 核心技术人员认定较少的原因，是否与研发领域、研发人员数量相匹配；发行人专利发明人是否任职于发行人，报告期内是否存在核心技术人员流失的情形。

3. 标的公司人员构成情况，董监高、核心技术人员、核心销售人员未来的留任安排，其离职对标的公司生产经营的影响。

4. 报告期各期研发人员数量变动情况以及存在大量新增和离职人员的原因，并结合人均薪酬水平、核心技术人员激励措施等情况说明公司保持技术不断创新的机制。

5. 说明上述发明专利的发明人情况，是否仍在发行人处任职，若存在离职情况，说明对发行人研发能力和经营的影响情况。

（三）风险点分析

关于本风险点，并无直接相关的 IP 法律和政策，故仅就相关科创板 IPO 规则进行梳理与解读如下：

如前文所述，申请在科创板上市的企业，应符合科创板定位、发行条件、上市条件和信息披露要求。其中，符合发行条件的基本要求之一，即为具有直接面向市场独立持续经营能力。根据《科创板注册管理办法》第 12 条的规定，独立持续经营能力要求发行人最近 2 年内核心技术人员不存在重大不利变化。

其中核心技术人员的范围应根据企业生产经营需要和相关人员对企业生产经营发挥的实际作用予以认定，通常包括公司技术负责人、研发负责人、研发部门主要成员、主要知识产权和非专利技术的发明人或设计人、主要技术标准的起草者等。

核心技术人员是否发生重大不利变化的认定，应当本着实质重于形式的原则，综合两方面因素分析：一是最近 2 年内的变动人数及比例，在计算人数比例时，以核心技术人员合计总数作为基数；二是核心技术人员离职或无法正常参与发行人的生产经营是否对发行人生产经营产生重大不利影响。

关于“重要发明人离职”相关问题，根据上述分析，重要发明人如果作为企业的核心技术人员，其在最近 2 年内的离职很可能影响企业的科研能力及科研安排，从而影响企业的独立持续经营能力的认定，使企业不符合科创板的发行条件。

（四）同类问询回复要点

针对审核过程中可能涉及的“重要发明人离职”相关问询问题，为及时妥善回复，本书梳理出以下回复要点，供（拟）科创板 IPO 企业参考：

1. 重要发明人是否属于核心技术人员；
2. 重要发明人的任职、离职情况；
3. 重要发明人离职对于发行人研发能力和经营的影响；
4. 最近 2 年内的重要发明人变动人数及比例；
5. 重要发明人未来的留任安排。

此外，基于监管机构对发行人独立持续经营能力的关注，发行人还可以根据情况从重要发明人待遇、企业创新激励机制、企业科研能力等方面进行说明，证明即使存在重要发明人离职的情况，也不会对其独立持续经营产生较大影响。

十一、境外专利与企业业务不匹配

许多（拟）科创板 IPO 的企业都有境外销售业务，部分企业境外销售收入占比较高。如果企业掌握关键核心技术，境外业务主要依靠核心技术开展，则境外专利通常应当与境外业务情况匹配，以避免在境外产生知识产权侵权或被侵权等风险。如果企业境外专利与业务不匹配，通常会受到监管机构的重点关注，以考察企业是否具备科技创新能力，是否主要依靠核心技术开展生产经营，是否可能存在重大知识产权侵权风险。

（一）问询与回复案例精选

1. 发行人：安徽 JY 科技股份有限公司

【披露文件】

《关于安徽 JY 科技股份有限公司首次公开发行股票并在科创板上市申请文件的审核问询函的回复（2020 年报财务数据更新版）》

【问询节选】

问题 18

招股说明书披露，报告期内发行人境外销售收入占比为 0.65%、0.09%、0.04%、10.71%。发行人存在 3 家境外子公司。

请发行人说明：（4）发行人无境外专利，境外销售是否存在侵犯境外第三方知识产权的风险。

【回复节选】

截至本问询回复出具之日，发行人及其子公司不存在与侵犯第三方知识产权相关的诉讼或仲裁案件，也未收到任何境外提起的关于专利权属或侵权争议或纠纷的通知、律师函或告知函等，发行人境外销售不存在侵犯境外第三方知识产权的情形。

发行人向境外销售主要为智能装备整体解决方案产品，如汽车白车身智能连接生产线、汽车动力总成智能装测生产线等，该类产品定制化程度高，发行人系根据客户的个性化要求进行自主设计、研发和生产。该等产品因不同客户个性化需求而存在较大差异，相关产品具备独特性、定制性和保密性的特点，从产品设计、研发的角度而言侵犯第三方知识产权的风险较低。

为进一步加强公司的知识产权的保护，避免销售产品包含的知识产权在境外侵犯他人已有知识产权，发行人从源头上控制知识产权的法律风险。发行人从项目研发阶段就进行全过程知识产权风险评估分析和检索排查工作；此外，发行人按月度和半年度定期开展行业专利监控提前预警工作，发布分析报告并组织技术人员开展专利解读工作,避免在境外销售产品时发生知识产权纠纷和侵权风险。

综上所述,截至本问询回复出具之日,发行人境外销售不存在侵犯境外第三方知识产权的风险。

【要点总结】

发行人存在境外子公司及境外收入,但没有境外专利。监管机构问询境外销售是否可能侵犯境外第三方知识产权。发行人从三个角度说明境外销售不存在侵犯境外第三方知识产权的风险:第一,不存在现有知识产权侵权纠纷;第二,销售产品本身的定制化等特点决定了知识产权侵权风险低;第三,发行人有完整的知识产权管理制度以防范知识产权侵权风险。

2. 发行人:KT 微电子股份有限公司

【披露文件】

《关于 KT 微电子股份有限公司首次公开发行股票并在科创板上市之申请文件审核问询函的回复》

【问询节选】

问题 4.1

招股说明书披露:(2)发行人拥有 10 项注册商标、41 项发明专利、49 项实用新型专利、6 项外国专利权,其中有 30 项发明专利的授权时间在 2017 年以前,报告期内获授发明专利时间集中在 2017 年,2019 年无新增获授发明专利;

请发行人说明:(2)在无美国收入的情况下,在美国申请专利的原因及合理性。

【回复节选】

虽然发行人未直接取得美国收入,但发行人在研发无线音频传输芯片、AM/FM 收发芯片等含上述专利技术的产品时,目标客户所生产的终端产品市场涉及欧美国家,为了促进市场拓展和产品推广,同时保护公司的自主设计知识产权,发行人特在美国申请上述专利。

【要点总结】

发行人有 6 项外国发明专利,其中包含美国专利,但是发行人未直接取得美国收入。监管机构询问发行人无美国收入而在美国申请专利的原因及合理性。发行人回复是因为发行人目标客户生产的终端产品涉及欧美国家,为了保护公司的知识产权并促进市场推广,故在美国申请专利。

(二)同类问询问题的梳理

就“境外专利与企业业务不匹配”这一风险点,除了上述典型问询案例之外,本书还检索到了杭州KED焊接机器人股份有限公司、DX半导体股份有限公司、苏州KK光伏电子股份有限公司、上海XT医药科技股份有限公司、RC生物制药(烟台)股份有限公司、南京ML光学科技股份有限公司、西安JG科技股份有限公司、青岛YL先进材料技术股份有限公司等数十件相关问询案例,并梳理汇总出以下具有参考价值的问询问题:

1. 发行人无境外专利,境外销售是否存在侵犯境外第三方知识产权的风险;

2. 在无美国收入的情况下,在美国申请专利的原因及合理性;

3. 结合其业务模式说明取得境外注册证及境外专利等知识产权的原因及其必要性、合规性,是否取得所有必要的境内外相关资格、认证、许可;

4. 发行人核心技术是否主要来源于境外子公司,境内专利多于境外专利的主要原因;

5. 发行人是否拥有或已申请境外专利,与境外销售区域是否相匹配;

6. 境外发明专利和国家或地区销售收入的对应关系;

7. 专利是否已经覆盖发行人全部内销及外销产品,境外专利在国内是否有相应的保护措施。

(三)风险点分析

1. 相关IP法律和政策的梳理与解读

《巴黎公约》(1967年斯德哥尔摩文本)第4条之二[专利:就同一发明在不同国家取得的专利是互相独立的]:

(1)本联盟国家的国民向本联盟各国申请的专利,与在其他国家,无论是否本联盟的成员国,就同一发明所取得的专利是互相独立的。

(2)上述规定,应从不受限制的意义来理解,特别是指在优先权期间内申请的各项专利,就其无效和丧失权利的理由以及其正常的期间而言,是互相独立的。

(3)本规定应适用于在其开始生效时已经存在的一切专利。

(4)在有新国家加入的情况下,本规定应同样适用于加入时各方面已经存在的专利。

(5)在本联盟各国,因享有优先权的利益而取得的专利的有效期间,与假设没有优先权的利益而申请或授予的专利的有效期间相同。

知识产权的地域性,是指除非有国际条约、双边或多边协定的特别规定,否则,知识产权的效力只限于本国境内。

特别需要指出的是,虽然中国已经加入《巴黎公约》(1967 年斯德哥尔摩文本),但《巴黎公约》并没有取消专利权的地域性,并未创造出所谓的“世界专利”。《巴黎公约》只是规定了各缔约国应当对知识产权实行最低保护水平,以及在申请程序等方面的国民待遇等原则。①

因此,在我国获得专利授权的发明创造并不能直接在国外获得专利权的保护,境外专利权的授予仍然需要权利主体的申请以及相应国家的审查。对企业而言,如产品的生产地、转口地或销售地涉及境外,则必须要考虑产品或者技术在境外相应国家或地区的专利权保护问题。

2. 相关科创板 IPO 规则的梳理与解读

“企业境外专利与企业业务不匹配”可以分为三类情形:(1)有境外业务但无境外专利;(2)境外专利数量与业务规模不匹配;(3)无境外业务但有境外专利。以下逐一具体分析。

第一类“有境外业务但无境外专利”,是指企业在境外某国家或者地区有经营业务,但是在该国家或地区却无专利。

第二类“境外专利数量与业务规模不匹配”,是指企业虽然在经营业务所在的境外国家或地区有专利,但是专利数量与其在该国家或地区的产品、技术以及销售收入相比较少。上述两类情形带来的风险实质是相同的。

首先,根据《科创板注册管理办法》第 3 条的规定,科创板优先支持拥有关键核心技术,科技创新能力突出,主要依靠核心技术开展生产经营的企业。如企业在境外国家或地区有经营业务而无相应专利的,第一,说明企业在该国家或地区的经营业务可能不是主要依靠核心技术开展的,否则通常会申请专利以在该国家或地区保护核心技术;第二,说明企业可能并未拥有关键核心技术,科技创新能力不足,故而无法取得专利授权;第三,即使企业拥有关键核心技术,在未通过专利进行保护的情况下,竞争对手可能通过反向工程、自主研发等方

---

① 参见王迁:《知识产权法教程》(第 7 版),中国人民大学出版社 2021 年版,第 11、12 页。

式取得相同技术并制造替代品，使企业的核心技术在该国家或地区不再具备先进性。

其次，根据《科创板注册管理办法》第 12 条的规定，独立持续经营能力要求发行人不存在被他人起诉知识产权侵权的重大诉讼案件，而无境外专利也意味着企业的服务或产品可能侵犯境外国家或地区第三方的专利，产生侵权纠纷。

第三类"无境外业务但有境外专利"，主要体现为有的企业在申请境外专利的国家或地区没有生产或销售业务。之所以出现这种情况，一方面可能是企业在做出 PCT 申请时为了充分利用优先权制度增加自己的竞争优势，为将来销售版图的拓展做铺垫；另一方面可能是为了彰显企业专利保护充分、专利数量多。《信披与格式准则第 41 号》明确规定了"发行人应披露对主要业务有重大影响的主要固定资产、无形资产等资源要素的构成"，因此监管机构可能会问询发行人在无业务地区申请境外专利是否具有合理性，虽然本条情形可以证明企业专利保护全面，但是也要注意充分、全面阐述理由，以免被认为存在专利凑数、管理不完善等问题。

（四）同类问询回复要点

针对审核过程中可能涉及的"境外专利与企业业务不匹配"相关问询问题，为及时妥善回复，本书梳理出以下回复重点，供（拟）科创板 IPO 企业参考：

1. 发行人可根据实际情况，说明不存在与知识产权侵权相关的诉讼或仲裁案件，也未收到任何境外提起的关于专利权属或侵权争议或纠纷的通知、律师函或告知函等；

2. 发行人可根据实际情况，说明其境外核心技术不适宜通过专利进行保护，已通过技术秘密等其他方式进行保护；

3. 发行人可结合其知识产权内控制度的建立及运行情况，以及知识产权风险评估分析和检索排查工作的进行情况，说明知识产权侵权风险较低；

4. 关于无境外业务但有境外专利的情况，发行人可根据实际情况，说明虽然未直接取得境外收入，但基于强化知识产权保护、为进行市场扩张提前布局专利等考量进行境外专利申请。

十二、专利权因未缴纳年费而失效

依照我国《专利法》的规定，专利权人自被授予专利权的当年开始，在专利权有效期内应逐年向专利行政部门缴纳年费,否则专利权将失效。专利权因未缴纳年费而失效不仅可能对企业原有的市场竞争优势产生严重影响,使企业的经营环境发生重大变化,还反映出企业的专利管理制度可能存在严重漏洞,引发监管机构的关注与问询。

(一)问询与回复案例精选

发行人:深圳市 BQS 科技股份有限公司

【披露文件】

《关于深圳市 BQS 科技股份有限公司首次公开发行股票并在科创板上市的补充法律意见书(五)》

【问询节选】

问题 10

从 2020 年 7 月 1 日至 2020 年 12 月 31 日,发行人新增 55 项境内专利,7 项境外专利,36 项境内商标,8 项境外商标,12 项境内商标办理了有效期续展手续,新增 10 项著作权;共有 9 项境内外专利放弃缴纳年费,8 项著作权完成权利人名称变更。

【回复节选】

放弃缴纳年费的知识产权经核查中国及多国专利查询系统(http://cpquery.cnipa.gov.cn/),查阅深圳中一联合知识产权代理有限公司于 2021 年 2 月 25 日出具的《境外专利申请、商标注册情况检索报告》并经发行人确认,发行人于 2020 年 7 月 1 日至 2020 年 12 月 31 日期间放弃缴纳年费的境内外专利情况。(具体专利略)

对于上述放弃缴纳年费的境内专利,根据《专利法实施细则》第 98 条规定,授予专利权当年以后的年费应当在上一年度期满前缴纳。专利权人未缴纳或者未缴足的,国务院专利行政部门应当通知专利权人自应当缴纳年费期满之日起 6 个月内补缴,同时缴纳滞纳金;滞纳金的金额按照每超过规定的缴费时间 1 个月,加收当年全额年费的 5% 计算;期满未缴纳的,专利权自应当缴纳年费期满之日起终止。

经查询中国及多国专利查询系统(http://cpquery.cnipa.gov.cn/)并经发行人确认,上述专利发行人已放弃缴纳年费且将放弃补缴,发行人上述放弃缴纳年费的境内专利系发行人注册的防御性专利,且所涉技术已经过时,为减少专利维护成本,发行人经内部评估决定放弃缴纳上述专利的年费。根据发行人确认,放弃该等专利不会对发行人生产经营带来重大不利影响。

【要点总结】

当被问询到所拥有的主要财产时,发行人具体说明了其具有的实体财产以及无形财产。其中,自 2020 年 7 月 1 日至 2020 年 12 月 31 日,发行人新增境内专利 55 项、境外专利 7 项,共计 62 项专利,但是其通过放弃缴纳年费的方式主动放弃了 9 项境内外专利。具体而言,这 9 项专利均为防御性专利,它们所涉及的技术及设计方案已过时,放弃它们是发行人为合理布局专利,减少专利维护成本的有益之举。

(二)同类问询问题的梳理

就“专利权因未缴纳年费而失效”这一风险点,除了上述典型问询案例之外,本书还检索到了南京 NWZ 生物科技股份有限公司、广东 XD 微电子股份有限公司等相关问询案例,并梳理汇总出以下具有参考价值的问询问题:

1. 报告期内,专利失效的具体数量和原因,涉及哪些生产环节,是否对生产经营造成重大不利影响,相关专利管理制度是否健全有效,向专利共有方中科院物理所赔偿的原因;其他已授权专利是否存在类似风险,如有请作重大事项提示。

2. 发行人披露 2020 年 7 月 1 日至 2020 年 12 月 31 日放弃缴纳年费的境内外专利情况。

3. 披露失效专利的具体情况,包括失效的专利数量、失效原因,失效专利涉及的生产环节。

4. 说明失效专利是否是核心技术,是否影响企业原有的市场竞争优势,是否对发行人生产经营带来重大不利影响。

5. 说明失效专利对共有人或其他关联方的营收、生产经营的影响。

6. 未缴纳专利年费反映出企业的专利管理制度存在严重漏洞,因此还涉及企业管理制度是否健全有效的问询;进一步地,监管部门会问询其他已授权专利是否存在类似风险,如有需作重大事项提示。

7. 发行人对目前生产、销售产品的知识产权保护措施及其有效性。

(三)风险点分析

1.相关 IP 法律和政策的梳理与解读

《专利法》第 43 条规定:“专利权人应当自被授予专利权的当年开始缴纳年费。”

第 44 条规定:“有下列情形之一的,专利权在期限届满前终止:(一)没有按照规定缴纳年费的……”

《专利法实施细则》第 93 条规定:“向国务院专利行政部门申请专利和办理其他手续时,应当缴纳下列费用:(一)申请费、申请附加费、公布印刷费、优先权要求费;(二)发明专利申请实质审查费、复审费;(三)专利登记费、公告印刷费、年费……”

第 97 条规定:“申请人办理登记手续时,应当缴纳专利登记费、公告印刷费和授予专利权当年的年费;期满未缴纳或者未缴足的,视为未办理登记手续。”

第 98 条规定:“授予专利权当年以后的年费应当在上一年度期满前缴纳。专利权人未缴纳或者未缴足的,国务院专利行政部门应当通知专利权人自应当缴纳年费期满之日起 6 个月内补缴,同时缴纳滞纳金;滞纳金的金额按照每超过规定的缴费时间 1 个月,加收当年全额年费的 5% 计算;期满未缴纳的,专利权自应当缴纳年费期满之日起终止。”

(1)专利年费制度的立法目的

第一,缴纳专利年费符合《专利法》的立法宗旨。《专利法》的立法宗旨不仅在于鼓励发明创造,还在于推动发明创造的应用。法律规定专利年费,可以使专利权人从经济核算的角度放弃一些没有经济效益或者经济效益不高的专利。[①] 这些被放弃的专利进入公有领域,一定程度上推动了发明创造的应用。

第二,缴纳专利年费是专利申请获得授权的必要手续。专利在申请和授权阶段需要耗费大量的人力、物力和资源,因而专利申请时需要缴纳一定的专利费用以维持国家知识产权局的工作。在满足其他的专利申请条件时,只有按时缴纳专利年费,专利申请人才能获得专利授权。

综上所述,缴纳年费不仅是获得专利授权的必要手续,也是合理利用资源,

① 参见全国人大常委会法制工作委员会经济法室编著:《〈中华人民共和国专利法〉释解及实用指南》,中国民主法制出版社 2012 年版,第 104 页。

促进技术共享和进步的重要手段。

(2)专利年费的缴纳时间

根据《专利法实施细则》的规定,专利年费的缴纳时间具有两个重要节点。

一是专利登记阶段,申请人未按照规定缴纳专利年费,视为专利未登记。当申请人办理专利登记手续时,申请人应当缴纳授予专利权当年的年费。如果申请人期满未缴纳或者未缴足专利年费的,即视为未办理登记手续。

二是专利有效期内,申请人需每年缴纳年费以维持专利效力,否则专利将失效。专利权人在授予专利权当年以后的年费应当在上一年度期满前缴纳。专利权人未缴纳或者未缴足的,应当自缴纳年费期满之日起 6 个月内补缴,同时缴纳滞纳金。期满仍未缴纳的,专利权自应当缴纳年费期满之日起终止,即专利失效。

(3)专利权人可以主动放弃缴纳专利年费

一般情况,专利权人申请专利并获得授权后,均会按时缴纳专利年费,维持专利的有效性。但在某些情形下,专利权人出于合理布局专利和公司成本的考量,会主动放弃已获得授权的专利。

对于某些更新迭代较快的专利技术,可能在专利保护期届满前便成为过时专利,产生的收益甚至可能小于专利年费。企业为了减少对过时专利的维护成本,可能会在不造成重大不利影响的情况下放弃专利。同理,由于技术发展迭代,对于某些已经失去其防御功能或价值的防御性专利,为合理布局专利,减少专利维护成本,专利权人也可能会主动放弃专利。

2. 相关科创板 IPO 规则的梳理与解读

对于(拟)科创板 IPO 企业而言,专利因未缴纳年费而失效对企业是否符合发行条件的认定有着重大影响。

一方面,根据《科创板注册管理办法》第 11 条的规定,符合发行条件的基本要求之一即为发行人应当具有健全的知识产权内部控制制度,且被有效执行。专利如因管理疏忽而未缴纳年费导致失效,反映出发行人知识产权内控制度之一的专利管理制度可能存在重大漏洞,引发监管机构的重点关注。

另一方面,根据《科创板注册管理办法》第 12 条的规定,发行人应当具有直接面向市场独立持续经营的能力,重要体现之一便是经营环境无重大变化。如果专利因未缴年费而失效,那么专利技术就会成为公知技术,任何单位或个人都可以无偿地使用该技术,从而影响企业的经济效益,使发行人的核心竞争力下降、经营环境发生重大变化、影响发行人的独立持续经营。因而，在审核问询中，监管机构往往关注因未缴年费而失效的专利是否属于发行人的核心技术，专利失效是否会使发行人的经营环境发生重大变化，使发行人无法独立持续经营。

此外，根据《科创属性评价指引》，“形成主营业务收入的发明专利 5 项以上”或“形成核心技术和主营业务收入的发明专利（含国防专利）合计 50 项以上”是企业满足科创板定位，能够在科创板发行上市的必要条件之一。对于拥有专利数量较少的（拟）科创板 IPO 企业而言，如果专利因未缴纳年费而失效，还可能会涉及与专利数量有关的问询。

（四）同类问询回复要点

针对审核过程中可能涉及的“专利权因未缴纳年费而失效”相关问询问题，为及时妥善回复，本书梳理出以下回复重点，供（拟）科创板 IPO 企业参考：

1. 发行人可就未缴纳年费的原因进行说明，是否系有意安排放弃缴费，是否系由于疏忽而忘记缴费；

2. 发行人可就知识产权内控制度的建立健全情况进行说明，具体可参考本书“知识产权管理的内控制度是否健全并有效运行”等内容；

3. 发行人可就相关专利是否属于核心技术，是否有替代技术，在发行人产品或服务中的应用情况进行说明；

4. 发行人可结合专利失效后进入公有领域，发行人仍可使用相关技术，说明专利失效不会对其生产经营产生较大影响；

5. 发行人可结合其研发创新能力及专利储备情况，说明发行人知识产权整体保护情况较好，部分专利失效不会对其生产经营产生较大影响；

6. 发行人可从专利数量角度进行分析，说明专利失效不会对其满足科创属性要求的专利数量标准产生实质性影响。

十三、专利申请的时间趋势不合理

发明专利的申请时间趋势一定程度上反映了发行人的科技创新能力，若专利申请的数量稳定增长，往往表明该发行人具有持续创新的能力；若某段时间内专利申请数量少甚至没有申请专利，则发行人可能被认为缺乏自主创新及科研能力。

(一)问询与回复案例精选

1. 发行人:北京FJR光电科技股份有限公司

【披露文件】

《关于北京FJR光电科技股份有限公司首次公开发行股票并在科创板上市申请文件的第二轮审核问询函之回复报告》

【问询节选】

问题10

根据问询回复,目前,发行人共取得16项发明专利。其中,在2020年12月8日前,发行人共取得9项发明专利,包括与大庆安瑞达的共同发明专利5项;2020年12月8日至2021年1月20日,新增发明专利3项,包括与大庆安瑞达的共同发明专利1项;2021年1月21日至2021年4月6日,发行人新增发明专利4项。根据公司发明专利与主要产品及收入的对应关系,一种红外热像仪及实时自动盲元检测处理方法、一种基于TEC的温度控制方法和一种基于TEC的红外热像仪自动校正方法及装置对应大部分收入。前述3项专利分别于2020年5月和8月申请,于申报前和在审期间获得授权。

请发行人进一步说明:(1)发行人2020年12月前取得的发明专利较少,在审期间取得较多专利、取得对应发行人大部分收入专利的背景、原因及合理性。

【回复节选】

公司发明专利申请及授权前已形成相应的非专利技术,部分以实用新型专利形式存在与保护,并均已用于公司主营业务和产品。公司目前获授权的17项发明专利中,2项为2017年申请,9项为2019年先后申请,剩余6项为2020年申请。

其中,属于基础技术领域并与主要业务收入相关的3项发明专利,虽然申请时间为2020年,授权时间在2020年12月或之后,但非专利技术形成时间较早,有关实用新型专利授权时间均在2018年或之前。

【要点总结】

就发行人的发明专利的申请情况,在问询中被问及2020年12月前取得的发明专利较少,在审期间取得较多专利的背景、原因及合理性。发行人从专利技术的形成时间早、早期使用实用新型专利保护相关技术,以及发明专利申请审查的周期使得授权时间集中等角度应对专利突击申请的相关问题。

2. 发行人:上海 YZ 药业股份有限公司

【披露文件】

《上海市某律师事务所关于上海 YZ 药业股份有限公司首次公开发行股票并在科创板上市的补充法律意见书(六)》

【问询节选】

问题 7

根据申报材料,发行人拥有"一种包载难溶性抗肿瘤药物的聚合物胶束冻干制剂""聚乙二醇单甲醚-dl-聚乳酸嵌段共聚物的制备方法""一种生物医用聚醚/聚酯嵌段共聚物的制备方法"3 项发明专利的使用权,专利的申请时间集中在 2010 年至 2011 年。

请发行人说明:(5)三项专利在发行人主要产品紫杉醇胶束研发过程中的具体应用情况、与发行人核心技术的对应关系、发行人是否能够持续投入研发经费、发行人发明专利数量较少,且近几年未能形成发明专利的原因,结合细分领域的最新技术及研发成果,分析专利申请时间较早是否导致技术迭代风险。

请保荐机构、发行人律师对上述事项进行核查,说明核查过程、方法及依据并发表明确意见。

【回复节选】

在专利申请中,技术的新颖性尤其重要。药物的研发是多学科合作的系统工程,药物临床研究需要经国家有关部门的审评和批准,需要提供完整的技术细节,同时,研发周期长,人员变动等诸多因素都给技术的保密带来困难。因此,通常在研发初期或临床试验前即申请相关专利,以防止泄密丧失新颖性。发行人的 3 项专利均是在最早时间申请。

发行人设立的宗旨就是致力于抗肿瘤改良型新药的研发及产业化,自设立以来主要进行紫杉醇胶束的研发。2009 年至 2013 年,主要进行紫杉醇胶束的辅料合成、制剂制备等研发,3 项发明专利主要涵盖紫杉醇胶束的药用辅料、剂型、工艺制备等关键技术。2013 年至今,发行人主要进行紫杉醇胶束的临床研究以及新药注册上市申请,仍处于研发阶段,发行人近几年没有形成新的发明专利。

新药研发具有过程复杂、长周期、高投入、高风险等特点,发行人的紫杉醇胶束自专利申请以来至今,先后进行了临床前研究、临床试验研究、新药注册上市申请,目前仍处于新药上市审批阶段。根据发行人的紫杉醇胶束目前的新药注册审评进度,预计2020年内获批,发行人的紫杉醇胶束从研发到获批上市将历时10年,符合新药研发通常的规律、特点。

发行人的紫杉醇胶束获批上市后,将是国内首个上市的紫杉醇胶束。通过公开查询国内其他紫杉醇胶束的研发进度情况,大都处于Ⅰ期临床研究准备阶段,按照新药研发通常的规律、特点,与发行人相竞争的紫杉醇胶束上市,预计将需要3-5年以上的时间。发行人面临的技术迭代风险主要表现在肿瘤治疗领域出现有重大突破的新药,如近几年发展迅速的免疫治疗、基因治疗等。但是,相当长时间内,将是传统药物、新型药物以及传统疗法、新型疗法同时并存的局面,因此,发行人紫杉醇胶束的专利申请时间较早不会导致技术迭代风险。

【要点总结】

发行人拥有3项发明专利的使用权,其申请时间集中在2010年至2011年。在问询中,发行人被问及3项专利与核心技术的对应关系、近几年发行人发明专利申请数量较少的缘由,发行人是否具备持续研发的能力,专利申请时间较早是否导致技术迭代风险等问题。发行人从新药研发的通常规律出发,回复监管部门发明专利申请时间早且数量少并不会导致技术迭代。

(二)同类问询问题的梳理

就"专利申请的时间趋势不合理"这个风险点,除了上述典型问询案例之外,笔者还检索到了威海市TG仪表股份有限公司、北京FJR光电科技股份有限公司、XAJGKJ股份有限公司、MYSW股份有限公司的问询案例,梳理汇总出以下具有参考价值的问询问题:

1. 发行人发明专利取得时间较早,报告期内只申请并获授权1项发明专利以及发行人核心技术所涉及专利多为受让取得的原因,并综合分析发行人是否具备持续研发能力;

2. 2010年以后发明专利申请较少的原因,发行人是否具备持续创新能力;

3. 报告期内境内发明专利较少的原因,是否受制于与其他公司合作研发的相关条款,是否存在专利申请的法律障碍;

4. 结合申请专利进展,说明报告期内未有获授专利的原因,是否存在相关法律障碍;

5. 结合应用于核心技术发明专利的获授时间、发明专利申请时间较早且报告期较少/发明专利申请时间较早且报告期未有新增等情况，说明相关专利是否仍具有先进性、认定核心技术先进性的依据是否充分、是否具备持续创新能力；

6. 发行人发明专利数量较少，且近几年未能形成发明专利的原因，结合细分领域的最新技术及研发成果，分析专利申请时间较早是否导致技术迭代风险；

7. 发行人继受取得专利的来源情况，专利权属是否存在争议或潜在纠纷，较多专利为最近两年内申请的原因及合理性；

8. 公司专利授权时间集中在2016年及以前，报告期各期新增专利数和论文发表数均逐年减少的原因及合理性；

9. 发行人2020年12月前取得的发明专利较少，在审期间取得较多专利、取得对应发行人大部分收入专利的背景、原因及合理性。

（三）风险点分析

关于本风险点，并无直接相关的IP法律和政策，故仅就相关科创板IPO规则进行梳理与解读如下：

如前文所述，申请在科创板上市的企业，应符合科创板定位、发行条件、上市条件和信息披露要求。其中，根据《科创板申报及推荐暂行规定》第3条的规定，科创板优先支持符合国家科技创新战略、拥有关键核心技术等先进技术、科技创新能力突出、科技成果转化能力突出、行业地位突出或者市场认可度高等的科技创新企业发行上市。也就是说，具有突出的科技创新能力是发行人符合科创板定位的基本要求之一。

专利申请的时间趋势，是企业科技创新能力的重要外在体现之一。如果企业具有突出的科技创新能力，则其往往能够持续不断地研发产生先进核心技术，具有合理、稳定的专利申请时间趋势。

实践中，以下专利申请时间趋势不合理的情况可能会引发监管机构的关注，导致监管机构认为发行人不具备突出的科技创新能力，不符合科创板定位：一是发行人在早期申请较多专利，但后续专利申请量较少；二是发行人早期专利申请数量较少，在上市前为满足科创板上市的专利数量要求而集中申请发明专利；三是发行人的专利申请集中在某一时期，其余时间内专利申请数量较少。

（四）同类问询回复要点

针对审核过程中可能涉及的“专利申请的时间趋势不合理”相关问询问题，为及时妥善回复，本书梳理出以下回复要点，供（拟）科创板 IPO 企业参考：

1. 发行人可以从技术领域差异和行业特殊性角度入手，解释专利申请时间趋势不合理的原因。例如在医药行业中，为保证新药具有专利申请的新颖性，通常在研发初期或临床试验前就会申请专利。但是新药的研发周期长，通常需要经历临床前研究、临床试验研究、新药注册上市申请、新药上市审批等阶段，因而长时间内都未形成发明专利。

2. 发行人可以从技术成果保护方式角度入手，解释专利申请时间趋势不合理的原因。例如基于技术特点、保护成本、保护期限、技术壁垒等角度的考量，选择通过商业秘密等其他方式对技术成果进行保护。

3. 发行人可以结合与同行业可比企业的对比情况，解释专利申请时间趋势的合理性。

此外，基于监管机构对发行人科技创新能力的关注，发行人还可以根据情况从科研人员构成、学历、科研经验、人员流动、人才激励政策、研发资金投入、参与国家重大科研项目情况等方面说明发行人具备突出科技创新能力。

十四、存在专利侵权诉讼

科创板发行条件要求企业具备独立持续经营能力，体现之一便是无重大知识产权诉讼，而专利侵权诉讼是（拟）科创板 IPO 企业面临的最常见的知识产权诉讼。一方面，竞争对手往往通过专利狙击阻碍企业的 IPO 进程，防止企业成功上市后与其争夺市场份额；另一方面，市场上也存在一些“专利敲竹杠”主体利用企业在上市期间规避纠纷的心理，通过提起侵权诉讼等方式索取高额和解费、许可费等。若专利侵权诉讼败诉，企业将面临无法使用相关技术经营并承担巨额赔偿的后果，可能严重影响企业独立持续经营能力，因此监管机构十分关注发行人存在的专利侵权诉讼。

（一）问询与回复案例精选

1. 发行人：深圳 YJX 科技股份有限公司

【披露文件】

《关于深圳 YJX 科技股份有限公司首次公开发行股票并在科创板上市申请文件审核问询函的回复》

【问询节选】

问题 6

根据招股说明书，发行人目前存在 6 起未决诉讼：……（4）FM 电子诉 YJX、深圳市 GXS 电子有限公司知识产权权属、侵权纠纷案（主张侵害其专利号为 ZL201220184158.5 的实用新型专利的专利权）；（5）FM 电子诉 YJX、深圳市 GXS 电子有限公司知识产权权属、侵权纠纷案（主张侵害其专利号为 ZL201420407134.0 的实用新型专利的专利权）。

请发行人说明：（6）结合原告的诉讼请求及发行人实际情况、应对措施等，测算本次诉讼纠纷可能给发行人带来的赔偿金额，并进一步论述不利诉讼后果对发行人核心技术、在研技术、产品销售、存货、经营成果、业绩以及财务状况可能造成的不利影响；结合案件实际，进一步论证上述诉讼是否涉及《知识产权惩罚性赔偿解释》所认定的故意专利侵权情形，是否需要按照惩罚性赔偿的要求测算不利诉讼结果的影响。

【回复节选】

（1）结合原告的诉讼请求及发行人实际情况、应对措施等，测算本次诉讼纠纷可能给发行人带来的赔偿金额

①测算依据

……

②测算过程与测算结果

发行人涉及的 6 起诉讼案件中，根据原告提交的起诉状，FM 行政诉讼案（行政诉讼中无具体侵权产品指向，此处以关联案件即（2019）粤 03 民初 245 号 FM 电子诉发行人专利侵权中指向的侵权产品为确定依据）……谨慎起见，发行人以报告期为限，对于上述案件可能产生的赔偿金额，分别测算如下：

1）FM 行政诉讼案、FM2530 案、FM2531 案（对应 IP5109 芯片产品）

经核查，发行人 IP5109 芯片已停止销售，且报告期内不存在销售情形。结

合司法审判实践，极端情况下，即使法院认定发行人侵权事实成立，考虑到诉讼时效、发行人实际销售情况等因素，法院较大概率会按照法定赔偿标准判处100万元以下赔偿金额。

……

(2)不利诉讼后果对发行人核心技术、在研技术、产品销售、存货、经营成果、业绩以及财务状况可能造成的不利影响

①涉诉专利不涉及发行人核心技术，不会对发行人在研项目的实施产生重大不利影响。根据发行人出具的说明及在研项目立项文件等资料，发行人目前的在研项目、其采用的技术方案及与涉案专利技术的关系如下表：……(略)

由上表可知，发行人的在研项目均不涉及被诉侵权产品的技术方案，因此即便产生不利诉讼后果，也不会对发行人的在研项目造成重大不利影响。

②不利诉讼后果不会对发行人产品销售、存货、经营成果、业绩以及财务状况造成重大不利影响。如上文所述，上述诉讼案件给发行人带来高额赔偿的风险较低，案件指向的侵权产品对发行人报告期内的收入及利润贡献极低，仅存在少量库存，即便产生不利诉讼后果，也不会对发行人产品销售、存货、经营成果、业绩以及财务状况造成重大不利影响。

(3)结合案件实际，进一步论证上述诉讼是否涉及《知识产权惩罚性赔偿解释》所认定的故意专利侵权情形，是否需要按照惩罚性赔偿的要求测算不利诉讼结果的影响。

根据发行人出具的说明及实际控制人的访谈确认，上述6起诉讼中，发行人事先未收到原告的通知、联系，发行人高级管理人员及法定代表人也与原告没有关联关系，发行人与原告或者利害关系人之间不存在劳动、劳务、合作、许可、经销、代理、代表等关系，也没有业务往来或者为达成合同等进行过磋商，发行人亦未实施盗版、假冒注册商标行为，并无侵权的故意，亦不存在《知识产权惩罚性赔偿解释》第四条规定的“情节严重”情形。因此，发行人上述诉讼不涉及《知识产权惩罚性赔偿解释》所认定的故意专利侵权情形，不需要按照惩罚性赔偿的要求测算不利诉讼结果的影响。

【要点总结】

发行人存在6起专利侵权诉讼，监管机构问询：专利侵权诉讼的赔偿金额测算，适用惩罚性赔偿的可能性，以致对发行人核心技术、在研技术、产品销售、存货、经营成果、业绩以及财务状况可能造成的不利影响。发行人主要结合已

停止销售、在研项目均不涉及被诉侵权产品的技术方案、收入及利润贡献、库存等事实情况进行了回复，并从无事先通知、无磋商等角度否定了适用惩罚性赔偿的可能性。

2. 发行人：成都ZH自动化技术股份有限公司

【披露文件】

《关于成都ZH自动化技术股份有限公司首次公开发行股票并在科创板上市的发行注册环节反馈意见落实函的回复》

【问询节选】

问题1

公司于2020年6月17日、6月18日分别收到济南中院案号（2020）鲁01民初2216－2218号、2219－2220号诉讼案件的诉讼资料，称XAYD请求：1）公司及子公司DP无人机立即停止制造、销售、许诺销售侵害XAYD涉案专利权的产品，立即销毁库存被诉侵权产品及专用模具，某省防汛抗旱物资储备中心停止使用侵害XAYD前述专利权的产品。

请发行人说明：（3）说明如果发行人全系列产品侵犯了原告涉诉专利，是否对发行人造成重大不利影响，是否构成本次发行上市的障碍。

【回复节选】

（2）即使原告主张发行人全系列产品侵权，不会对发行人造成重大不利影响，不会构成本次发行上市的障碍。

①发行人全系列产品未侵犯原告涉诉专利

如前文所述，通过核查发行人产品、应用场景和技术路线、技术特征与原告专利的差异，并根据专业机构的鉴定意见，中介机构认为，发行人全系列无人机产品不存在侵犯XAYD相关专利的情形，即使原告进一步发起侵权诉讼，出现不利诉讼结果的风险较低。

②本次涉诉专利不涉及标准必要专利

本次涉诉专利主要涉及无人机的起飞、降落及飞行控制和无人机图像获取相关领域。

③公司拥有主要核心技术的知识产权

公司在飞控与航电技术、飞行器平台设计及制造技术、一体化设计及集成技术等领域，积累了技术基础、人才基础和产品基础，拥有较高的技术壁垒和综合优势。

④发生其他产品诉讼的风险不会对发行人的财务状况造成重大不利影响

1)潜在赔偿风险

考虑到无人机行业属于高新技术和强研发产业,产品中体现的核心技术众多,且产品收益实现还有赖于生产、管理、市场推广、商标等非技术因素。本次涉案专利技术主要为控制方法类,以控制软件的方式存在于无人机飞控与导航系统及光电吊舱的控制系统。根据发行人对产品技术的评估,上述涉诉专利的相关技术在产品收益实现过程中贡献率较低。

因此,即使潜在诉讼出现不利结果,涉及赔偿金额不会对发行人财务状况构成重大不利影响。

2)涉诉产品停止制造、销售的潜在风险

如发行人面临全系列产品停止制造、销售的风险,可通过更新控制逻辑(即软件代码升级)设计新的技术方案对产品进行升级。该项产品升级仅涉及软件代码的更新,不影响无人机系统产品硬件的生产,对于已生产、销售的无人机系统产品,公司也可对其进行软件代码升级从而消除风险,不会导致发行人产品及主营业务的变更,不会对公司持续经营造成重大不利影响。

3)实际控制人承诺

发行人控股股东、实际控制人任某已出具承诺:"1. 如因上述诉讼败诉导致ZH股份及其子公司向原告支付侵权赔偿或支付诉讼费,本人同意连带地向ZH股份及其子公司予以全额补偿。2. 如因XAYD追加诉讼并败诉导致ZH股份及其子公司向XAYD支付侵权赔偿或支付诉讼费,本人同意连带地向ZH股份及其子公司予以全额补偿。3. 如因相关专利诉讼导致ZH股份及其子公司停止制造、销售、许诺销售相关产品或者销毁库存被侵权产品及专用模具的,本人将承担前述情形给ZH股份及其子公司造成的全部损失。4. ZH股份及其子公司全系产品均不存在专利侵权的情况,如存在,本人愿意承担因相关产品侵权给ZH股份及其子公司造成的全部损失。"

【要点总结】

发行人存在多起专利侵权诉讼,监管机构问询:如果发行人全系列产品侵犯了原告涉诉专利,是否对发行人造成重大不利影响,是否构成本次发行上市的障碍。发行人回复:发行人全系列产品未侵犯原告涉诉专利;本次涉诉专利不涉及标准必要专利;发行人拥有主要核心技术的知识产权;涉诉专利的贡献率较低,涉及赔偿金额不会对发行人财务状况构成重大不利影响;如发行人面临全系列产品停止制造、销售的风险，可通过更新控制逻辑(软件代码升级)设计新的技术方案对产品进行升级，不会导致发行人产品及主营业务变更；实际控制人、控股股东承诺连带承担因败诉导致的侵权赔偿、诉讼费、公司损失等。

(二)同类问询问题的梳理

就“存在专利侵权诉讼”这一风险点，除了上述典型问询案例之外，本书还检索到了AST阳光电力集团股份有限公司、JK能源股份有限公司、上海XD电子科技股份有限公司、青岛YL智能科技股份有限公司、上海HY医药股份有限公司、深圳HDZZ科技股份有限公司、上海TP数控科技股份有限公司、湖南HN大药厂股份有限公司、JH有限公司、GKW有限公司、苏州MX微电子技术股份有限公司、贵州BSY科技股份有限公司、浙江KH医疗器械股份有限公司等数十件相关问询案例，并梳理汇总出以下具有参考价值的问询问题：

1. 结合原告的诉讼请求及发行人实际情况、应对措施等，测算本次诉讼纠纷可能给发行人带来的赔偿金额，并进一步论述不利诉讼后果对发行人核心技术、在研技术、产品销售、存货、经营成果、业绩以及财务状况可能造成的不利影响；结合案件实际，进一步论证上述诉讼是否涉及《知识产权惩罚性赔偿解释》所认定的故意专利侵权情形，是否需要按照惩罚性赔偿的要求测算不利诉讼结果的影响。

2. 说明如果发行人全系列产品侵犯了原告涉诉专利，是否对发行人造成重大不利影响，是否构成本次发行上市的障碍。

3. 结合以上具体影响，分析是否可能导致发行人不符合《科创板注册管理办法》第12条第3项的规定。

4. 被诉专利所涉发行人产品种类、营业收入及占比，发行人作为被告的4项境外诉讼可能产生的赔偿义务，对公司财务状况及生产经营的影响。

5. 诉讼案件的最新进展情况、后续开庭或者审理的时间节点。

6. 结合涉案专利技术特征、权利要求与发行人核心技术、被控侵权产品技术方案、技术特征的比对分析，进一步论证发行人相关产品是否存在侵犯原告知识产权的情形，所涉技术是否涉及发行人核心技术。

7. 诉讼案件中的原告是否已采取相关诉讼保全措施及对发行人的影响，发行人目前是否仍在使用上述涉诉专利，是否会持续扩大“因侵权所获得的利益”，从而导致赔偿金额增加。

8. 对于侵权诉讼，分别列明涉及的发行人产品，报告期内在相应地区的销售收入及占比情况；前述诉讼结果对发行人在相关市场销售的影响。

9. 发行人认为"经多方的分析，初步认为原告胜诉机会较小"的具体依据。

10. 相关专利诉讼的基本情况，撤回诉讼的原因，相关事项是否解决完毕，是否影响发行人对相关专利的使用，发行人后续是否存在涉诉及赔偿等相关潜在风险。

11. 请结合主要销售区域所在国对专利侵权的规定、判例、侵权赔偿标准，说明对于专利侵权的前述赔偿数额测算是否准确、充分，发行人实际控制人是否有能力履行相关承诺；除金钱赔偿外，如发生相关专利纠纷，是否会对发行人正常业务开展造成重大不利影响。

12. 涉诉国家/地区包括美国、德国、比利时、瑞士、英国、瑞典、法国、西班牙、我国香港特别行政区、丹麦、土耳其、芬兰等12个国家和地区，是否影响海外业务的拓展及发行人市场空间。

13. 说明仅通过共同诉讼的规定和法理，认定本次诉讼涉案产品仅为公司CW－10D无人机系统产品的依据是否充分，认定发行人全系列产品未侵犯原告专利技术的依据是否充分。

14. 结合上述涉诉专利在业务中的具体作用，进一步论证其是否涉及发行人业务中的核心技术、重要技术或不可或缺的技术，发行人是否具有相关替代方案及其能否取得同样的服务效果。

（三）风险点分析

1. 相关IP法律与政策的梳理与解读

《专利法》第11条规定："发明和实用新型专利权被授予后，除本法另有规定的以外，任何单位或者个人未经专利权人许可，都不得实施其专利，即不得为生产经营目的制造、使用、许诺销售、销售、进口其专利产品，或者使用其专利方法以及使用、许诺销售、销售、进口依照该专利方法直接获得的产品。外观设计专利权被授予后，任何单位或者个人未经专利权人许可，都不得实施其专利，即不得为生产经营目的制造、许诺销售、销售、进口其外观设计专利产品。"

第71条规定："侵犯专利权的赔偿数额按照权利人因被侵权所受到的实际损失或者侵权人因侵权所获得的利益确定；权利人的损失或者侵权人获得的利益难以确定的，参照该专利许可使用费的倍数合理确定。对故意侵犯专利权，情节严重的，可以在按照上述方法确定数额的一倍以上五倍以下确定赔偿数额。权利人的损失、侵权人获得的利益和专利许可使用费均难以确定的，人民法院可以根据专利权的类型、侵权行为的性质和情节等因素，确定给予三万元以上五百万元以下的赔偿。赔偿数额还应当包括权利人为制止侵权行为所支付的合理开支。人民法院为确定赔偿数额，在权利人已经尽力举证，而与侵权行为相关的账簿、资料主要由侵权人掌握的情况下，可以责令侵权人提供与侵权行为相关的账簿、资料；侵权人不提供或者提供虚假的账簿、资料的，人民法院可以参考权利人的主张和提供的证据判定赔偿数额。"

第 72 条规定："专利权人或者利害关系人有证据证明他人正在实施或者即将实施侵犯专利权、妨碍其实现权利的行为，如不及时制止将会使其合法权益受到难以弥补的损害的，可以在起诉前依法向人民法院申请采取财产保全、责令作出一定行为或者禁止作出一定行为的措施。"

第 73 条规定："为了制止专利侵权行为，在证据可能灭失或者以后难以取得的情况下，专利权人或者利害关系人可以在起诉前依法向人民法院申请保全证据。"

（1）专利侵权的认定

企业在上市过程中遭遇专利侵权诉讼涉及的多为发明或者实用新型专利，故仅就发明及实用新型专利侵权的判断规则简要介绍如下：

发明和实用新型专利权被授予后，除另有规定的以外，任何单位或者个人未经专利权人许可实施专利的，即为生产经营目的制造、使用、许诺销售、销售、进口专利产品，或者使用专利方法以及使用、许诺销售、销售、进口依照专利方法直接获得的产品的，构成专利侵权。

其中，专利侵权认定的重点在于被诉侵权技术方案是否落入专利权保护范围。该认定需遵循"全面覆盖原则"，如果一种产品或方法具备了他人专利权利要求书中某项权利要求的全部技术特征，就构成了对专利产品或方法权利要求的侵害，落入了专利权的保护范围。

全面覆盖原则之下，专利侵权可被分为相同侵权和等同侵权两种类型。相同侵权又称为文字含义上的侵权，是指在被诉侵权产品或方法中能够找出与权利要求中记载的每一个技术特征相同的对应技术特征。

等同侵权，是指如果被诉侵权技术方案与专利技术方案的差别仅为类似技术特征的简单替换，则认定被诉侵权技术方案落入了专利权的保护范围。具体而言,等同的判断需满足四个条件:手段基本相同;功能基本相同;效果基本相同;本领域普通技术人员无须创造性劳动就可以联想到。

(2)专利侵权纠纷中的保全措施

关于知识产权侵权纠纷中的保全措施,本书已在"存在商标侵权诉讼"等内容中进行介绍,此处不再重复。

(3)专利侵权的民事责任

专利侵权的民事责任包括停止侵权、赔偿损失等。值得注意的是,2020年新修订的《专利法》对损害赔偿部分进行了多处关键修改,极大地提高了对侵权行为的惩罚力度,也便利了实践中损害赔偿的计算。第一,在2008年《专利法》中,损害赔偿的数额首先根据实际损失确定,当实际损失无法确定的时候,可以按照侵权人因侵权所获得的利益予以赔偿;而新修订的《专利法》对确定侵权赔偿的方法做出了重大调整,将实际损失和侵权行为所获利益并列作为第一位的损害赔偿数额确定方式。第二,新修订的《专利法》规定在实际损失、侵权人违法所得和权利的使用费都无法确定的时候,由法院根据侵权行为的情节判决给予3万元以上500万元以下的赔偿,与2008年《专利法》规定的1万元以上100万元以下法定赔偿相比,新修订的《专利法》大大提高了法定赔偿的上下限。第三,专利领域的惩罚性赔偿制度得到了明确,新修订的《专利法》第71条第1款规定:"……对故意侵犯专利权,情节严重的,可以在按照上述方法确定数额的一倍以上五倍以下确定赔偿数额。"上述修改意味着专利侵权诉讼败诉将对发行人独立持续经营造成更加严重的影响。

2. 相关科创板IPO规则的梳理与解读

如前文所述,申请在科创板上市的企业,应符合科创板定位、发行条件、上市条件和信息披露要求。其中,符合发行条件的基本要求之一,即为具有直接面向市场独立持续经营能力。根据《科创板注册管理办法》第12条的规定,发行人应当业务完整,具有直接面向市场独立持续经营的能力,不存在重大诉讼。

专利侵权诉讼对企业独立持续经营能力的影响主要体现在两个方面。一方面,如果企业被认定构成专利侵权,一般情况下,企业将被禁止继续使用被诉侵权技术方案,导致企业不得不变更产品及生产线方案,进而影响正常生产经营。如果被诉侵权技术方案涉及企业的核心技术,这种影响将更为严重。另一方面,如果构成专利侵权,企业还可能面临高额的损害赔偿。在我国《专利法》将法定赔偿额上限提高至500万元并引入惩罚性赔偿制度的背景下,高额的损害赔偿可能对企业的正常生产经营产生较大冲击。

（四）同类问询回复要点

针对审核过程中可能涉及的“存在专利侵权诉讼”相关问询问题，为及时妥善回复，本书梳理出以下回复重点，供（拟）科创板 IPO 企业参考：

1. 发行人可以结合被诉侵权技术方案与涉案专利之间的技术特征比对情况，以及第三方机构出具的专利侵权比对意见，根据情况说明被诉侵权技术方案未全面覆盖涉案专利，构成专利侵权的风险较低；

2. 发行人可以结合对涉案专利的稳定性分析，根据情况说明已经对涉案专利提起无效宣告请求，涉案专利稳定性不强，有可能被宣告无效；

3. 发行人可以结合被诉侵权技术方案在其营收中的占比，根据情况说明被诉侵权技术方案对其生产经营的影响较小；

4. 发行人可以根据案件事实情况，对可能产生的赔偿金额进行预估，从涉案专利的利润贡献率较低、案件不符合惩罚性赔偿的适用要件等角度，说明发行人即使被认定构成专利侵权，案件后续可能产生的损害赔偿额也比较有限；

5. 发行人可以结合在研项目与被诉侵权技术方案的关联情况，说明即使被认定构成专利侵权，也不会对发行人在研项目及拟推出产品造成影响，发行人也可以通过升级推出替代产品、技术；

6. 在可能的情况下，可以由发行人的控股股东、实际控制人出具承诺函，承诺由其个人承担诉讼可能对发行人造成的全部损失。

十五、新员工在原单位离职一年内作出发明创造

由于人才的培养需要一定的时间周期，企业从外部引进研发能力突出的技术人才的情况越发普遍，这些研发能力突出的技术人才往往在进入企业后不久就可能作出对企业具有重大意义的发明创造。但是根据相关法律规定，退休、调离原单位后或者劳动、人事关系终止后一年内作出的，与其在原单位承担的本职工作或者原单位分配的任务有关的发明创造属于职务发明。因此，新进技术人员在本单位作出的发明创造可能被认为是其原单位的职务发明创造，这可能给（拟）科创板 IPO 企业带来专利权权属风险，使监管机构对其独立持续经营能力产生疑问。

（一）问询与回复案例精选

1. 发行人：苏州XR合金工具股份有限公司

【披露文件】

《上海市某律师事务所关于苏州XR合金工具股份有限公司首次公开发行股票并在科创板上市的补充法律意见书（二）》

【问询节选】

问题2.3

发行人核心技术人员李某2017年加入发行人，曾与原任职单位江汉SYZT股份有限公司签订了离职保密承诺书，但未签订竞业禁止条款或协议。李某作为发明人的4项专利申请日期为其从江汉SYZT股份有限公司离职后一年内，除此之外，不存在相关人员离职后一年内作为发明人以发行人或及其子公司的名义申请专利权的情况。

请发行人说明：(1)上述4项专利对应产品收入占比情况；(2)上述4项专利是否为与李某在原单位承担的本职工作或者原单位分配的任务有关的发明创造，李某是否违反相关保密义务，认定发行人知识产权不涉及相关人员原任职单位职务发明的依据是否充分；(3)是否存在相关人员离职后一年内以本人名义申请专利并计划转让给发行人的情况。

【回复节选】

根据李某出具的补充说明：本人于2015年8月至2017年2月期间，任JZSY机械有限公司潜江制造厂（以下简称JZQJ制造厂）技术处经理，主要负责JZQJ制造厂技术管理工作。JZQJ制造厂是油用牙轮钻头的制造基地，本人在JZQJ制造厂的主要工作为油用牙轮钻头的产品设计和技术管理工作。本人入职XR股份后于2017年作为发明人之一参与申请4项实用新型专利，其中3项为工艺研究和工艺设计开发，为本人利用专业基础知识参与XR股份技术团队的创新开发；还有1项为产品设计，本人在原任职单位从未参与过此类产品的研发，同时本人自原任职单位离职后，未将任职期间所了解知悉的保密信息对外泄露。

上述4项专利均为发行人在历年的研发、生产过程中积累的工艺技术或产品设计经验，由发行人确定专利申请方向、提供技术资源和物质条件、组织研发团队、安排研发任务，并在发行人内部进行项目立项，发行人根据研发人员参与情况和实际贡献确定专利发明人。李某入职发行人后,李某利用自身专业基础知识,根据发行人分配的任务参与上述研发项目,因此李某仅为多名发明人之一,前述专利不涉及李某在原单位承担的本职工作或原单位分配的任务,上述4项专利均属于李某在发行人的职务发明。

根据JZSY机械有限公司出具的证明函,本单位与XR股份之间不存在利用对方在职或离职工作人员职务发明而形成专利技术的情况,各方之间不存在任何知识产权纠纷或潜在纠纷。

【要点总结】

发行人的核心技术人员李某在从原单位离职的当年,便为发行人研发并作为发明人之一申请了4项专利。监管机构问及李某在原单位承担的本职工作或者原单位分配的任务与申请的专利之间的关系,以及4项专利是否构成原任职单位的职务发明;同时关注了专利产品的收入情况以及专利的受让情况。发行人除说明相关技术与原单位无关、系其自行研发外,还列出李某出具的说明以及原任职单位出具的证明进行了说明。

2. 发行人:南京ML光学科技股份有限公司

【披露文件】

《关于南京ML光学科技股份有限公司首次公开发行股票并在科创板上市申请文件的审核问询函之回复》

【问询节选】

问题21.8

招股说明书披露,发行人核心技术人员周某、余某于2018年加入公司,加入前任职于与发行人业务相似的企业。

请发行人说明:(2)周某、余某入职发行人是否违反竞业禁止约定,入职发行人后申请的相关专利是否为其前期任职公司的职务发明。

【回复节选】

经核查,周某、余某自原单位离职后,入职发行人作为发明人申请的相关专利如下:

……

根据周某的说明,其在HW2012Lab美国西雅图研究所任职于硬件工程与产品开发工程部,负责对不同光学原理的AR眼镜的方案设计和AR/VR的前瞻性研究。根据余某的说明,其在HW技术有限公司任职于硬件工程与产品开发管理部，主要从事AR/VR眼镜的光学方案设计开发。周某、余某入职发行人后作为发明人申请的相关专利中，周某作为前述1－6项发明人之一参与专利申请，主要系作为研发管理人员为相关专利提供理论指导，且其参与的相关专利项目与原单位所处应用领域差异显著；余某作为前述1－2项发明人之一参与专利申请，主要系为基因测序装置提供光学棱镜设计指导，其参与的相关专利项目与原单位所处应用领域差异显著。据此，两人在前期任职公司的工作内容范围与上述专利使用的技术无关，属于相互独立的应用领域。

经检索中国裁判文书网、中国执行信息公开网，公司、周某、余某、前期任职单位之间不存在因专利权归属而产生的纠纷。

因此，周某、余某入职发行人后申请的相关专利系利用ML光学的物质技术条件、研发资源所完成的发明创造，并基于ML光学自有技术进行申请，与其在前期任职公司承担的本职工作或者前期任职公司分配的任务无关，未涉及其在前期任职公司的职务发明，不存在其自前期任职公司离职后一年内，作出其在前期任职公司承担的本职工作或者前期任职公司分配的任务有关的发明创造，与其前期任职单位不存在任何纠纷或潜在纠纷。

【要点总结】

发行人核心技术人员周某、余某于2018年加入公司，加入前任职于与发行人业务相似的企业，且在2019年年底前便申请多项发明与实用新型专利。在问询中，发行人被要求说明核心技术人员入职发行人后申请的相关专利是否为其前期任职公司的职务发明。发行人先是梳理了相关专利的信息，后对比了核心技术人员在前期任职公司的工作内容范围与上述专利的关系，还指出了发行人对上述专利的贡献，以说明被问询的问题。

（二）同类问询问题的梳理

就“新员工在原单位离职一年内作出发明创造”这一风险点，除了上述典型问询案例之外，本书还检索到了北京YHT网络技术股份有限公司、苏州ZJ生物制药股份有限公司、南京WDS环保科技股份有限公司、沈阳XY微电子设备股份有限公司、JK科技股份有限公司等相关问询案例，并梳理汇总出以下具有参考价值的问询问题：

1. 专利是否涉及李某在SND任职期间的职务发明，是否存在侵害第三方合法权益的情形，是否存在纠纷或潜在纠纷。

2. 发行人及其控股子公司各自所有或使用的专利、非专利技术、商业性权利……与相关人员的任职经历是否相关，是否涉及职务发明。

3. 进一步说明核心技术人员在发行人任职前在原单位的任职情况，原单位与发行人是否从事同类业务，是否存在原单位的职务发明等可能导致发行人存在知识产权纠纷的情形。

4. 关键技术人员的发明专利、技术是否属于之前任职单位的职务发明，是否与之前任职单位存在专利权属纠纷。

5. 结合发行人核心技术人员的任职经历及核心技术的发明人，说明是否存在研发人员原单位职务发明情况，是否存在权属纠纷。

6. 上述 4 项专利对应产品收入占比情况；上述 4 项专利是否为与李某在原单位承担的本职工作或者原单位分配的任务有关的发明创造，李某是否违反相关保密义务，认定发行人知识产权不涉及相关人员原任职单位职务发明的依据是否充分；是否存在相关人员离职后一年内以本人名义申请专利并计划转让给发行人的情况。

7. 周某、余某群入职发行人是否违反竞业禁止约定，入职发行人后申请的相关专利是否为其前期任职公司的职务发明。

（三）风险点分析

1. 相关 IP 法律和政策的梳理与解读

《专利法》第 6 条第 1 款规定："执行本单位的任务或者主要是利用本单位的物质技术条件所完成的发明创造为职务发明创造。职务发明创造申请专利的权利属于该单位，申请被批准后，该单位为专利权人。该单位可以依法处置其职务发明创造申请专利的权利和专利权，促进相关发明创造的实施和运用。"

《专利法实施细则》第 12 条第 1 款规定："专利法第六条所称执行本单位的任务所完成的职务发明创造，是指：（一）在本职工作中作出的发明创造；（二）履行本单位交付的本职工作之外的任务所作出的发明创造；（三）退休、调离原单位后或者劳动、人事关系终止后 1 年内作出的，与其在原单位承担的本职工作或者原单位分配的任务有关的发明创造。"

（1）"离职后一年内所作发明创造"的内涵与立法目的

根据《专利法实施细则》的规定，退休、调离原单位后或者劳动、人事关系终止后 1 年内作出的，与其在原单位承担的本职工作或者原单位分配的任务有关的发明创造属于“执行本单位的任务所完成的职务发明创造”。

在本质上，离职后 1 年内所作发明创造属于法律对于“执行本单位任务”的一种拟制情形。何谓执行任务？《专利法实施细则》给出两种典型情形，即第 12 条第 1 款第 1、2 项中规定的“本职工作内”与“本职工作外单位交付的任务”。然而，离职后 1 年内所作发明创造并不是这两种典型情形之一。换言之，“退休、调离原单位后或者劳动、人事关系终止后 1 年内作出的，与其在原单位承担的本职工作或者原单位分配的任务有关的发明创造”与“执行本单位任务”在事实上不具有必然因果关系。

该条真正的立法考量在于：在市场上有许多技术人员在即将完成具有重大经济价值的发明创造之时，以此为谈判筹码跳槽到下家单位，从而寻求更高待遇，下家单位为了获取这部分利益也乐于以高薪聘请，这在本质上是损害了原单位的合法权益。职务发明制度作为平衡原单位、跳槽者与下家单位之间利益的制度正是对于这种情况的回应与规制。正是因为该条属于一种法律拟制，一般企业便可能存在获知与理解法律的偏差，因此梳理该条在司法中的适用情况便具有了较大的现实必要性。

（2）“离职后一年内所作发明创造”构成职务发明的要件分析

司法实践中将员工离职后一年内所作发明创造构成职务发明的要件具体总结为以下四点：①

①作出发明创造的发明人曾是主张权利的原单位员工；

②该员工对发明创造的实质性特点作出了创造性贡献；

③发明创造是员工离职后一年内作出的；

④发明创造的内容与该员工在原单位承担的本职工作或者原单位分配的任务有关。

理解与适用上述要件需要着重准确把握以下三点：“离职”“作出”“与其在原单位承担的本职工作或者原单位分配的任务有关”。

首先，对“离职”应当作广义的理解，包括退休、调离原单位或者劳动、人事关系终止。《专利法实施细则》在 2010 年作出修改时对于“离职”概念进行了更新：原规定“退职、退休或者调动工作后 1 年内作出的”中，退职并非法律概念，

① 参见最高人民法院（2019）最高法知民终 799 号民事判决书。

调动工作也不能确切反映是在原单位内部的岗位调动,还是调离了原单位。[1]修改后增加的"劳动、人事关系终止"在劳动法上包括了劳动合同期限届满、劳动关系双方约定的终止条件出现、劳动合同依法或协商解除等多种情形,具体包括了退休、辞职、用人单位解除等多种情形。

其次,"作出"应先作文义解释,即"创作出",在无法证明创作时间时,适用"申请日"。有学者认为,实践中经常出现如何判断发明创造完成时间的困难,如果双方都不能证明该专利申请内容完成的时间,就只有将专利申请日视为完成日。[2] 在实践中,也存在以"申请日"作为"作出"时间点的做法。[3]

最后,实务中对"与其在原单位承担的本职工作或者原单位分配的任务有关"的理解争议最大,对此司法实践中通常按照如下标准判断:第一,本职工作应当理解为作为日常工作内容的研究开发活动,如负责经营关系的人员本职工作不包括产品设计。[4] 司法实践中出现过麻醉师与医疗器械发明的相关争议,有专家认为麻醉师本职工作是在病人做手术前用现有药物和器械为患者实施麻醉,医院从未对原告下达过发明该项专利的科研任务,因此案件中的发明创造不属于职务发明。[5] 第二,对相关度应当从发明人的专业知识背景、技术研发能力[6]、专利与离职员工在原单位从事的工作是否属于同一技术领域、解决技术问题是否相同[7]等因素综合考虑。有法院认为,"与……有关"的表述扩大了"本职工作"与"交付任务"的内涵,因此在适用时需要谨慎考量,否则不利于调动技术人员发明创造的积极性。[8]

2. 相关科创板 IPO 规则的梳理与解读

如前文所述,申请在科创板上市的企业,应符合科创板定位、发行条件、上市条件和信息披露要求。其中,符合发行条件的基本要求之一,即为具有直接

---

① 参见国家知识产权局条法司编:《〈专利法实施细则〉第三次修改导读》,知识产权出版社 2010 年版,第 57 页。

② 参见吴汉东:《知识产权法学》(第 6 版),北京大学出版社 2014 年版,第 212 页。

③ 参见刘瑞复主编:《中华人民共和国现行法律判例分析全书》,国际文化出版公司 1995 年版,第 389 页。

④ 参见李扬:《知识产权法基本原理》,中国社会科学出版社 2010 年版,第 512 页;吴汉东主编:《知识产权法学》(第 6 版),北京大学出版社 2014 年版,第 215 页。

⑤ 参见尚振海、潘醒主编:《法律基础实例解读》,中国农业出版社 2004 年版,第 78 页。

⑥ 参见上海市高级人民法院(2018)沪民终 467 号民事判决书。

⑦ 参见最高人民法院(2020)最高法民申 4757 号民事裁定书。

⑧ 参见江苏省高级人民法院(2019)苏民终 236 号民事判决书。

面向市场独立持续经营能力。根据《科创板注册管理办法》第 12 条的规定，独立持续经营能力要求发行人不存在核心技术、商标等知识产权重大权属纠纷。

关于“新员工在原单位离职一年内作出发明创造”相关问题，根据上述分析，员工从原单位离职后一年内所作发明创造可能被认定为其在原单位的职务发明，进而使相应发明创造归属于原单位。换言之，围绕新员工在原单位离职一年内作出的发明创造，可能产生重大知识产权权属纠纷，进而影响企业的独立持续经营能力，使企业不符合科创板的发行条件。

（四）同类问询回复要点

针对审核过程中可能涉及的“新员工在原单位离职一年内作出发明创造”相关问询问题，为及时妥善回复，本书梳理出以下回复重点，供（拟）科创板 IPO 企业参考：

1. 发明人从原单位离职的时间及发明创造的作出时间；

2. 发明创造是否与发明人在原单位的本职工作及原单位分配的其他工作内容有关；

3. 发明人在发明创造作出过程中的角色、定位、工作内容，是否对发明创造的实质性特点作出了创造性贡献；

4. 发行人自行研发作出相关发明创造的相关情况，包括研发历程、发行人提供的物质技术条件等；

5. 通过原单位出具证明函或确定书等方式证明相关发明创造与原单位无关；

6. 通过中国裁判文书网、中国执行信息公开网等检索的方式说明发行人与原单位不存在知识产权权属纠纷。

此外，基于监管机构对发行人独立持续经营能力的关注，发行人还可以根据情况从相关发明创造是否属于核心技术、对应的营收数额、技术储备情况、替代技术情况等方面进行说明，证明即使存在知识产权权属纠纷，也不会对其独立持续经营产生较大影响。

十六、从第三方受让专利

专利是（拟）科创板 IPO 企业重要的无形资产之一，对企业无形资产的独立性、完整性具有重要影响，也是企业科技创新能力的重要体现之一。在审核问询中,监管机构往往关注发行人受让专利的情况,以考察发行人知识产权是否独立、完整,进而考察发行人是否具备独立持续经营能力,是否符合发行条件;考察发行人是否具有突出的科技创新能力,进而考察发行人是否符合科创板定位。

(一)问询与回复案例精选

1. 发行人:杭州 HM 电力电子股份有限公司

【披露文件】

《关于杭州 HM 电力电子股份有限公司首次公开发行股票并在科创板上市申请文件的审核问询函》

【问询节选】

问题 8

截至报告期末,公司共有 15 项发明专利,其中 13 项形成主营业务收入的发明专利;公司存在 9 项发明专利系受让取得。最近三年营业收入复合增长率为 35.84%,最近一年营业收入 4.60 亿元。

请发行人说明:(3)受让发明专利的时间、背景、过程、受让价格及其公允性,出让专利方的基本情况及其是否与发行人从事相同相似业务或构成产业上下游关系,是否存在纠纷或潜在争议,相关知识产权权属是否存在瑕疵;受让专利是否均形成主营业务收入,是否涉及发行人核心技术,是否为公司生产经营的关键性资产。

【回复节选】

(1)受让发明专利的时间、背景、过程、受让价格及其公允性

①受让发明专利的时间、背景

公司受让发明专利的具体情况如下表所示:

批次	转让时间	序号	专利名称	专利类别	授权公告年度	专利号	专利发明人	转让前权利人	受让人
1	2017 年 11 月 30 日	1	一种隔离型总线供电通信系统	发明	2010	ZL200810121617.3	吴某、杨某、李某、何某	ZJ 大学	HM 股份
……(以下内容略)									

上述序号1-9的专利技术转让主要系由于杨某、赵某作为专职科研人员在ZJ大学任职，是何某教授课题组的成员，与其他成员存在共同开发数项发明专利的情况。为避免公司在后续发展过程中与ZJ大学存在专利方面的纠纷，并为公司产品的迭代更新提供技术支持与储备，公司于2017年通过公开挂牌交易的方式自ZJ大学处取得了上述9项专利。

上述序号10的专利技术系HK科技自WHXYC知识产权运营有限公司受让的专利，主要应用于通信行业相关的电气成套设备。

②受让发明专利过程

1）自ZJ大学受让的9项专利

根据《ZJ大学科技成果转化审批细则》（以下简称《审批细则》），HM股份与ZJ大学的上述交易属于《审批细则》第五条规定的通过“到技术市场挂牌交易”的“科技成果转让”。交易具体过程如下：

标的专利发明人所在单位内部审核：根据《审批细则》第五条第（二）项的相关规定，标的专利发明人所在单位ZJ大学电气工程学院（以下简称电气学院）审核同意HM股份与ZJ大学的上述交易后向ZJ大学工业技术转化研究院（以下简称工研院）提交审核申请。

工研院拟定挂牌交易价格及内部公示：根据《审批细则》第五条第（二）项的相关规定，工研院拟定标的专利的挂牌交易价格后，电气学院对标的专利转让事宜进行了为期15天的公示（2017年8月至2017年9月），公示期未见异议。

校内复审、终审：根据《审批细则》第五条第（二）项的相关规定，公示期结束并确认无异议后，工研院向ZJ大学科学技术研究院（以下简称科研院）提交书面意见，科研院会同ZJ大学科研成果转化促进委员会办公室（以下简称成转委）对申请材料进行复审，并于2017年9月通过校务会议终审。

挂牌交易。2017年11月，标的专利于浙江知识产权交易中心挂牌。HM股份通过参与浙江知识产权交易中心组织的挂牌交易，根据《浙江知识产权交易中心知识产权交易规则》被确定为受让方，受让价格为10万元/项专利。标的专利挂牌交易成功后，HM股份与ZJ大学于2017年11月签署了《技术转让（专利权）合同》。

2）HK科技受让的专利

根据HK科技提供的专利转让合同、专利权属证书，HK科技于2020年6

月就专利受让签署《专利(申请)权转让合同》并完成受让专利的权利人变更手续。

③受让发明专利对价及公允性

1)自ZJ大学受让的9项专利

发行人自ZJ大学受让的9项专利在浙江知识产权交易中心挂牌的10万元/项专利的初始价格系根据《审批细则》,由工研院拟定,按规定进行公示后向科研院提交书面意见,经由科研院与成转委复审,并由校务会议终审确定;最终成交价格系根据《浙江知识产权交易中心知识产权交易规则》通过公开挂牌交易方式形成,交易过程公开透明且允许第三方参与,最终成交价格也达到了ZJ大学专利转让的初始挂牌价格,受让价格公允。

2)HK科技受让的专利

根据《专利(申请)权转让合同》,该次专利转让的价格为3.8万元,该转让价格系HK科技评估该项专利对公司业务与技术的潜在作用并经双方协商确定,价格公允。

(2)出让专利方的基本情况及其是否与发行人从事相同相似业务或构成产业上下游关系,是否存在纠纷或潜在争议,相关知识产权权属是否存在瑕疵

发行人受让的9项专利的出让方为ZJ大学,系教育部直属的事业单位,并非商业机构,不存在与公司从事相同相似业务或构成上下游关系的情形。相关知识产权交易已根据《ZJ大学科技成果转化审批细则》严格执行了公示、挂牌等程序,不存在纠纷或争议,不存在权属瑕疵。

HK科技受让专利的出让方为WHXYC知识产权运营有限公司,该公司的基本情况如下:

企业名称	WHXYC知识产权运营有限公司
统一社会信用代码	9134******HW3K
企业类型	有限责任公司(自然人投资或控股)
住所	安徽省芜湖市鸠江区*********
法定代表人	晋某
注册资本	50万元

续表

股东及出资比例	股东	出资额(万元)	出资比例(%)
	晋某	45.00	90.00
	陈某	5.00	10.00
经营范围	知识产权运营服务,知识产权技术开发、技术转让、技术咨询,商标代理,版权代理,企业管理咨询,科技项目申报服务。(依法须经批准的项目,经相关部门批准后方可开展经营活动)		
成立日期	2018 年 5 月 21 日		
经营期限	2018 年 5 月 21 日至 2068 年 5 月 20 日		
登记机关	芜湖市鸠江区市场监督管理局		

WHXYC 知识产权运营有限公司系专门从事知识产权运营服务的公司,不存在与发行人从事相同相似业务或构成产业上下游关系的情形。HK 科技已就专利受让签署《专利(申请)权转让合同》并支付专利转让费用,相关专利已完成权利人变更手续,不存在纠纷或争议,不存在权属瑕疵。

(3)受让专利是否均形成主营业务收入,是否涉及发行人核心技术,是否为公司生产经营的关键性资产

参考问题 8 之 4 的回复,公司受让专利与公司核心技术、主营业务收入的关系如下表所示:

批次	序号	专利名称	授权公告年度	对应核心技术	是否应用于主营产品中
1	1	一种隔离型总线供电通信系统	2010	与多元节点数据采集技术同源	迭代技术应用于微型逆变器系列产品,亦可作为未来光伏关断器与优化器的技术储备
……(以下内容略)					

由上表可见,发行人序号 1－9 的受让专利在公司微型逆变器及监控设备、分布式光伏发电系统中有所使用,并在报告期内形成主营业务收入。该等专利所保护的技术、核心思想均为局部电路或算法设计,不存在单一专利对应单一产品的情况,无法测算单一受让专利对应的销售收入及占比。因此,报告期内受让专利相关收入的测算依据为公司主营业务收入中"微型逆变器及监控设备""分布式光伏发电系统"对应的收入。报告期内受让专利所应用的产品形成

的销售收入分别为6630.14万元、11,989.00万元、19,852.30万元,占主营业务收入比例分别为22.16%、26.36%、41.83%。

公司自ZJ大学受让的9项专利技术中,2项专利技术的核心思想与“应用于微型逆变器的拓扑技术”核心技术相关,7项专利技术的核心思想与公司当前的核心技术具有同源性,但由于该等专利授权公告时间已经较为久远(7项专利平均公告年份在2012－2013年之间,而公司大规模量产微型逆变器、模块化逆变器是在2017年),公司目前拥有的核心技术系经研发团队持续自主研发、迭代更新后形成的成果,其产业化应用形成的产品在成本控制、稳定性方面均已经过长期探索,具备优势。此外,前述7项与公司当前的核心技术具有同源性的专利技术中有5项专利的核心思想具有一定拓展性,其迭代更新的成果未来可用于户用储能逆变器等产品。因此,该9项受让专利属于公司生产经营的关键性资产。

HK科技受让的发明专利主要应用于通信行业相关的电气成套设备,对于公司改善通信领域客户的服务能力具有一定作用。由于报告期内公司通信行业客户体量总体较小,该专利当前尚不属于生产经营的关键性资产。

【要点总结】

发行人共有15项发明专利,其中9项系受让取得。监管机构要求发行人说明受让发明专利的时间、背景、过程、价格,受让专利是否存在纠纷或潜在争议,受让专利是否均涉及主营业务、核心技术等相关情况。发行人以表格形式说明了受让发明专利的时间、背景、过程;依据《专利(申请)权转让合同》说明了受让价格及其公允性;通过介绍出让专利方的基本情况,说明出让专利方不从事与发行人相同或相似业务、不构成产业上下游关系以及受让专利不存在纠纷或潜在争议;通过介绍受让专利在主营业务收入中的占比,说明发行人受让的9项专利属于生产经营的关键性资产,HK科技受让的1项发明专利尚不属于生产经营的关键性资产。

2. 发行人:西安RL新材料股份有限公司

【披露文件】

《关于西安RL新材料股份有限公司首次公开发行股票并在科创板上市申请文件审核问询函的回复》

【问询节选】

问题8.3

招股说明书披露,公司共有4项专利权为受让取得,3项专利由SXSD、发行人为共同专利人。其中，名为"4－(反－4′正烷基环己基)环己醇异构化方法"的专利(专利号：ZL201010576147.7)为受让取得。"液晶组合物"的专利(专利号：ZL201110098373.3)为原始取得。但在《发行人拥有或使用的对其生产经营有重大影响的商标、专利、计算机软件著作权等知识产权以及土地使用权、房屋所有权等产权证书清单》中则相反。

请发行人修改不一致的信息披露内容。

请发行人说明：(1)受让取得相关专利的时间、出让方、取得价格，受让相关专利的原因，该等专利与发行人产品或服务的对应关系；(2)结合专利受让取得、共有情况和发行人核心技术情况，说明受让专利、共有专利是否与发行人核心技术相关，发行人是否具有独立研发能力，是否存在或潜在知识产权权属纠纷。

【回复节选】

(1)受让取得相关专利的时间、出让方、取得价格，受让相关专利的原因，该等专利与发行人产品或服务的对应关系；

招股说明书中披露的受让取得的专利实际均由RL新材原始取得，后转让至子公司PCHT。公司受让取得专利的具体情况如下：

专利名称	专利号	受让方	转让方	转让价格	转让原因	转让时间	主要对应产品
烷基联苯硼酸类化合物脱除硼酸基的方法	200710017262.9	PCHT	RL新材	0元	为便于相关专利的产业化应用及技术更新升级，公司将专利转让至PCHT	2019.07.10	CA0125 CA0126
……(以下内容略)							

(2)结合专利受让取得、共有情况和发行人核心技术情况，说明受让专利、共有专利是否与发行人核心技术相关，发行人是否具有独立研发能力，是否存在或潜在知识产权权属纠纷

①受让取得专利情况

报告期内，公司为便于相关专利的产业化应用及技术更新升级，曾将由RL新材原始取得的四项发明专利转让给子公司PCHT，不存在从第三方受让专利的情况。受让的专利与公司核心技术的对应情况如下：

序号	专利名称	专利号	对应的核心技术
1	烷基联苯硼酸类化合物脱除硼酸基的方法	200710017262.9	新型催化剂精准氢化技术
……(以下内容略)			

②共有专利情况

公司拥有的共有专利为公司与 SXSF 大学的合作研发项目“新型染料敏化材料的制备及其在染料敏化太阳电池中的应用项目”所产生,共有专利与公司的核心技术无关。共有专利的具体情况如下:

序号	专利名称	专利号	类别	申请日期	专利权人	取得方式
1	硫脲/脲芳胺染料及其制备方法和应用	201210154785.9	发明专利	2012.05.18	RL 新材、SXSF 大学	原始取得
……(以下内容略)						

公司与 SXSF 大学于 2008 年 12 月签署了合作研发协议,约定:因履行合同所产生的研究开发成果及其相关知识产权归属,按技术秘密方式处理。技术秘密的使用权归发行人所有,专利归属权双方各占 50%,专利取得后的使用和有利益分配双方另行协商。截至本回复出具日,公司生产过程中未使用与 SXSF 大学共同开发的专利技术。

③公司具备独立研发能力

公司拥有完善的研发体系,建立了经验丰富的研发团队、并配备了先进的研发设施。公司不存在从第三方受让专利的情况,且公司的共有专利均与公司的核心技术无关。因此,公司的核心技术及产品均来自于自主研发及生产过程中的不断优化,不存在依赖外部购买或合作研发的情形,公司具备独立研发能力。

④公司不存在知识产权权属纠纷或潜在纠纷

公司受让的专利均为公司原始取得并转让至子公司,不存在知识产权权属纠纷,已不存在潜在纠纷。针对共有专利,公司已与 SXSF 大学签署合作协议,对因履行合同所产生的研究开发成果及相关知识产权归属做出明确约定。因此,公司共有专利不存在知识产权权属纠纷,亦不存在潜在纠纷。

截至本回复出具日，公司不存在知识产权权属纠纷及相关诉讼情况。此外，西安市知识产权局、渭南市市场监督管理局分别出具了《证明》，确认截至2020年4月8日，未发现RL新材、WNHT、PCHT存在因违反有关知识产权方面的法律、行政法规或规章而受到处罚的情形，也未发现该公司存在知识产权纠纷中有侵权行为的问题。截至本回复出具日，公司不存在知识产权纠纷及诉讼的情况。

综上所述，公司不存在知识产权权属纠纷或潜在纠纷。

【要点总结】

发行人专利共31项，其中4项为受让取得。监管部门要求发行人说明专利受让情况和发行人核心技术情况，进一步说明受让专利是否与发行人核心技术相关，发行人是否具有独立研发能力，是否存在或潜在知识产权权属纠纷。发行人以表格形式说明了受让取得相关专利的时间、出让方、取得价格、受让相关专利的原因，进一步从专利受让情况和发行人核心技术角度说明了发行人具有独立研发能力，不存在或潜在知识产权权属纠纷。

（二）同类问询问题的梳理

就“从第三方受让专利”这一风险点，除了上述典型问询案例之外，本书还检索到了BL网络股份有限公司、杭州DH科技股份有限公司、JC半导体（上海）股份有限公司、宁波RB新能源科技股份有限公司、PY精电科技股份有限公司、SY重能股份有限公司等相关问询案例，并梳理汇总出以下具有参考价值的问询问题：

1. 受让发明专利的时间、背景、过程、受让价格及其公允性，出让专利方的基本情况及其是否与发行人从事相同相似业务或构成产业上下游关系，是否存在纠纷或潜在争议，相关知识产权权属是否存在瑕疵；受让专利是否均形成主营业务收入，是否涉及发行人核心技术，是否为公司生产经营的关键性资产。

2. （1）受让取得相关专利的时间、出让方、取得价格，受让相关专利的原因，该等专利与发行人产品或服务的对应关系；（2）结合专利受让取得、共有情况和发行人核心技术情况，说明受让专利、共有专利是否与发行人核心技术相关，发行人是否具有独立研发能力，是否存在或潜在知识产权权属纠纷。

3. 现有专利发明人的相关情况，与发行人、发行人董监高、控股股东及实际控制人是否存在关联关系,转让原因及转让价格,发行人是否参与相关专利的研发,是否具有独立的技术研发能力,发行人受让该等专利的定价依据及入账价值,交易价格是否经证券资格评估机构评估,相关会计处理。

4. 受让取得的专利、软件著作权的取得来源,原权利人的具体情况,发行人通过受让取得该等专利的原因及合理性,定价依据及公允性。

5. 披露上述专利、集成电路布图设计专有权、计算机软件著作权中是否存在受让取得的情况,如果有,请披露转让方基本情况。

6. 核心技术及专利的形成过程,关联方拥有或使用与发行人业务相关的商标、专利等知识产权的情况,是否存在对核心技术人员的依赖。

7. 专利受让的基本情况,包括受让时间、出让方、受让价格等,公司专利权属是否清晰,是否存在纠纷或潜在争议。

8. 发行人研发是否依赖 SY 集团及关联方的研发设备、实验环境等硬件设施,结合前述情况及发行人形成主营业务收入的发明专利受让数量、核心技术委托研发等情况,说明发行人是否具有独立的研发能力。

(三)风险点分析

1. 相关 IP 法律和政策的梳理与解读

《专利法》第 10 条第 3 款规定:“转让专利申请权或者专利权的,当事人应当订立书面合同,并向国务院专利行政部门登记,由国务院专利行政部门予以公告。专利申请权或者专利权的转让自登记之日起生效。”

《民法典》第 863 条规定:“技术转让合同包括专利权转让、专利申请权转让、技术秘密转让等合同。技术许可合同包括专利实施许可、技术秘密使用许可等合同。技术转让合同和技术许可合同应当采用书面形式。”

第 870 条规定:“技术转让合同的让与人和技术许可合同的许可人应当保证自己是所提供的技术的合法拥有者,并保证所提供的技术完整、无误、有效,能够达到约定的目标。”

《专利法》第 10 条规定了专利的受让取得,主要内容是转让专利应当订立书面合同,并向国务院专利行政部门登记,专利转让自登记之日起生效。与商标转让相比,专利转让无须行政部门核准,因此不存在合同订立后被行政部门拒绝核准的风险。根据《民法典》的相关规定,专利转让合同让与人应当保证自己是所提供的技术的合法拥有者。这两方面的规定使专利受让人的利益得到更充分的保障。

专利受让取得时，风险点主要有三。其一是专利权上可能存在权利限制、权利瑕疵。受让人应在受让前核查专利上是否存在对外许可、质押等影响专利权行使的限制，是否存在专利保护期届满、处于无效宣告程序中等可能影响专利权存续的情形，以及是否可能涉及职务发明创造、合作研发、委托研发等导致的权属纠纷。其二是转让合同可能不当限制受让人的权利。受让人需要注意转让合同中是否有期限、地域的限制，是否限制技术竞争和技术发展，是否对后续改进专利的权属及使用进行不当限定等。其三是专利转让是否依法登记生效，由于《专利法》规定了受让人自国务院专利行政部门登记之日起享有专利权，受让人应关注专利转让是否按期向国务院专利行政部门提出登记，从而尽早获得专利权。

2. 相关科创板 IPO 规则的梳理与解读

“从第三方受让专利”相关的科创板 IPO 规则主要涉及科创板定位与发行条件。

关于科创板定位，根据《科创板注册管理办法》第 3 条的规定，科创板优先支持符合国家战略，拥有关键核心技术，科技创新能力突出，主要依靠核心技术开展生产经营，具有稳定的商业模式，市场认可度高，社会形象良好，具有较强成长性的企业。也就是说，具有突出的科技创新能力是发行人符合科创板定位的基本要求之一。如果企业存在从第三方受让专利的情形，可能使监管机构认为其不具备独立的技术研发能力，不符合科创板对企业科技创新能力的要求。

关于发行条件，基本要求之一即为具有直接面向市场独立持续经营能力。根据《科创板注册管理办法》第 12 条的规定，独立持续经营能力要求发行人具有完整、独立的无形资产，作为无形资产重要组成部分的知识产权应当可以不受限制地合法使用。当专利是通过受让方式取得时，可能存在上文所述的对外许可、质押等权利限制、瑕疵，从而可能影响企业无形资产的完整、独立性，影响监管机构对企业独立持续经营能力的认定，使企业不符合科创板的发行条件。

（四）同类问询回复要点

针对审核过程中可能涉及的“从第三方受让专利”相关问询问题，为及时妥善回复，本书梳理出以下回复要点，供（拟）科创板 IPO 企业参考：

1. 发行人可以对受让取得相关专利的时间、出让方、取得价格等具体情况进行详细说明；

2. 发行人可结合受让专利与发行人产品或服务的对应关系，说明受让专利对于发行人业务的影响和作用；

3. 发行人可对受让专利与发行人核心技术的关系进行说明；

4. 发行人可对受让专利的原因及合理性、定价依据及公允性等情况进行说明。

此外，基于监管机构对发行人科技创新能力的关注，发行人可以根据情况从科研人员构成、学历、科研经验、科研成果、人员流动、人才激励政策、研发资金投入、参与国家重大科研项目情况等方面说明发行人具备突出科技创新能力；基于监管机构对发行人独立持续经营能力的关注，发行人还可以根据情况说明专利技术的取得合法合规，不存在潜在知识产权权属纠纷，发行人拥有独立研发能力，不依赖受让专利等相关情况，证明从第三方受让专利不会对其独立持续经营产生较大影响。

十七、第三方授权使用专利

专利是(拟)科创板 IPO 企业重要的无形资产之一，对企业无形资产的独立性、完整性具有重要影响。在第三方授权使用专利的情形中，由于发行人并非专利权人，仅通过合同约定获得使用许可，因此发行人对专利享有的权利存在不稳定性。在审核问询中，监管机构往往关注发行人是否存在授权使用专利的情况，以考察发行人是否存在对授权方的重大依赖，是否影响其独立持续生产经营。对此，企业应当对专利授权使用相关问题进行完整说明，从而证明自身的独立持续经营能力满足科创板的上市要求。

(一)问询与回复案例精选

1. 发行人：深圳 HDZZ 科技股份有限公司

【披露文件】

《关于深圳 HDZZ 科技股份有限公司首次公开发行股票并在科创板上市申请文件审核问询函之回复报告》

【问询节选】

问题 15.2

招股说明书披露，公司存在一种长片段 DNA 文库构建方法、一种构建长片段测序文库的方法、Method of Constructing Sequencingl Ibrary 共三项发明专利授权排他许可权,权利人为深圳HD生命科学研究院、HD控股。

请发行人说明:(1)前述三项发明专利未同时转让给发行人,而是通过排他授权使用的原因;(2)授权使用期限、使用费用;(3)前述专利技术在发行人生产经营的作用,相应产品的销售收入及占比;是否导致发行人不符合资产独立性要求。

【回复节选】

(1)前述三项发明专利未同时转让给发行人,而是通过排他授权使用的原因

ZZ有限与深圳HD生命科学研究院、HD控股于2017年12月29日签署《知识产权转让协议》时,前述三项发明专利所涉及的国家863计划"新一代测序仪及配套产品研发"项目尚在进行中,因此当时未同时转让给发行人,而是通过排他授权发行人使用。

(2)授权使用期限、使用费用

ZZ有限与深圳HD生命科学研究院、HD控股于2017年12月29日签署《知识产权转让协议》第2.4条约定,因深圳HD生命科学研究院、HD控股所转让知识产权的转产还需要其他配套的非核心知识产权,故深圳HD生命科学研究院、HD控股同意将该等非核心知识产权排他许可给ZZ有限使用,许可费用包含在转让价款中,不再另计,具体许可方式双方可另行签订书面协议具体约定。根据上述约定前述专利的许可费用已包含在转让价款中,不再另计。上述《知识产权转让协议》未明确约定专利的授权使用期限。

根据发行人、深圳HD生命科学研究院、HD控股签署的《关于〈知识产权转让协议〉知识产权授权许可事项之补充协议》的约定,深圳HD生命科学研究院、HD控股就包括前述三件发明专利在内的协议项下的知识产权授予发行人及其子公司在全球范围内的不可撤销的排他许可使用权;该等授权许可使用费用已包含在ZZ有限、深圳HD生命科学研究院、HD控股于2017年12月29日签署的《知识产权转让协议》转让价款中;前述三项发明专利的授权许可使用期限为永久,直至相关专利权期限届满之日为止。

(3)前述专利技术在发行人生产经营的作用,相应产品的销售收入及占比;是否导致发行人不符合资产独立性要求

前述三项发明专利中,一种构建长片段测序文库的方法(专利申请号:CN201680003838.3)和Method of Constructing Sequencingl Ibrary(专利申请号:

US15/667841)为同族专利,要求保护一种使用物理多孔板分隔构建长片段测序文库的方法;一种长片段DNA文库构建方法(专利申请号:CN201680012412.4),要求保护一种使用转座酶断裂并引入带有不同标签的测序接头以构建长片段DNA文库构建方法。该等技术方案属于早期长片段文库构建技术,目前发行人已经开发出更先进的替代技术,要求保护替代技术的专利已为发行人持有。因此,前述专利技术在发行人生产经营中已经不再使用,发行人不会因仅获得前述三项发明专利的排他许可而导致发行人不符合资产独立性要求。

【要点总结】

公司存在三项发明专利排他许可权,监管机构要求发行人对于排他授权使用专利的原因、授权使用期限、使用费用以及专利技术在发行人生产经营中的作用进行说明。发行人说明了排他授权使用的原因是专利涉及当时进行中的国家863计划,无法完成专利转让;专利权许可使用期限直至相关专利权期限届满之日为止,且授权费用已包含在《知识产权转让协议》转让价款中;前述专利技术在发行人生产经营中已经不再使用,发行人符合资产独立性要求。

2. 发行人:RN半导体科技股份有限公司

【披露文件】

《关于RN半导体科技股份有限公司首次公发行股票并在科创板上市申请文件的第二轮审核问询函之回复报告》

【问询节选】

问题3

招股说明书披露:(1)公司业务承继自EZP,其双极业务资产通过重大资产重组的方式进入发行人主体内。2015年9月,RN有限与EZP签署业务转让主协议及补充协议,约定由RN有限及其名下主体受让EZP旗下的双极业务资产,协议约定转让价款为12,036.00万美元;(2)公司受让EZP过温保护双向晶闸管等专利的专利权、横向绝缘门双极型P沟道器件等专利的独占实施许可、ITEC设备的系统软件技术秘密的使用权以及125mm晶闸管和双向晶闸管工艺等技术秘密的转让权。

请发行人说明:(6)相关专利及技术的许可及使用权情况,是否属于发行人的核心技术或构成发行人核心技术的底层技术,是否需要支付相关费用,是否存在许可到期或者许可方单方终止许可的风险以及对发行人的影响。

【回复节选】

(1)相关专利及技术的许可及使用权情况

根据EZP与RN有限签署的《知识产权转让与许可协议》:"EZP向RN有限及其受控关联方授予获许可的许可专利下仅在业务领域内的一项非独家、不可转让、不可撤销、全球范围的许可,但无权授予分许可。"具体涉及以下专利及技术:

序号	专利及技术名称	状态	地区	申请日期	授权日期	申请/授权号
1	Method of Manufacturing a Semiconductor Device	已授权	US	2000-1-10	2002-3-19	US6358774
……(以下内容省略)						

注:专利和技术状态为签署协议时的状态。

(2)相关专利及技术不属于发行人的核心技术或构成发行人核心技术的底层技术

上述EZP授权使用的专利及技术主要内容为某种特定的结构设计或者特殊的封装结构,在EZP双极业务资产转让之初作为完整资产的一部分,仍具有部分商业价值。后续随着时间的推进以及技术水平的提高,发行人产品也在不断迭代演进,逐渐减少了对EZP授权使用的专利及技术的使用,应用上述专利和技术的产品逐渐减少。报告期内,EZP授权使用的专利和技术应用于发行人少量产品,不属于发行人核心技术或构成发行人核心技术的底层技术。发行人的核心技术为"晶闸管的平面制造技术"、"功率快恢复二极管的先进载流子寿命控制技术"和"碳化硅二极管产品设计技术",EZP授权使用的专利和技术属于由核心技术周边发展出来的产物,不构成发行人核心技术的底层技术。

综上所述,EZP授权使用的专利和技术不属于发行人的核心技术或构成发行人核心技术的底层技术。

(3)发行人对相关专利及技术一次性支付了相关费用

EZP授权使用的专利和技术无须在许可后每年支付费用,而是在签署协议后一次性支付。由RN有限向EZP支付200万美元或等值的人民币(按照使用费支付日期的汇率结算,根据2015年10月19日汇率6.3328,为1266.56万元人民币),上述款项已于2015年11月13日一次性支付完毕。

(4)不存在许可到期或者许可方单方终止许可的风险,不会对发行人产生重大不利影响

《知识产权转让与许可协议》约定:“EZP授权发行人使用的专利和技术,为非独家、不可转让、不可撤销、全球范围的许可。”因此,不存在许可权到期或者许可方单方终止许可的情形。”根据《知识产权转让与许可协议》约定:“如EZP和/或其任何关联方预计放弃某一项授权发行人使用的专利,其将在做出该放弃前书面通知发行人,除非该放弃是由于相关专利局的拒绝或意图拒绝造成。在此情况下,应给予发行人一段合理期限作为回应,以使其有权选择对照优惠条件受让该专利。”且EZP授权的专利和技术不属于发行人的核心技术或构成发行人核心技术的底层技术,即使许可到期或者EZP单方面终止许可亦不会对发行人的主营业务产生较大影响。

综上所述,相关专利及技术不存在许可到期或许可方单方终止许可的风险,不会对发行人产生重大不利影响。

【要点总结】

RN有限与EZP签署业务转让主协议及补充协议,约定由RN有限及其名下主体受让EZP旗下的双极业务资产,EZP转让、许可RN有限相关专利与技术。监管机构问询发行人相关专利及技术的许可及使用权情况,是否属于发行人的核心技术,是否需要支付相关费用,是否存在终止许可的风险等问题。发行人以表格形式说明相关专利及技术的许可及使用权情况,说明相关专利及技术属于核心技术周边的产物,不属于发行人的核心技术或构成发行人核心技术的底层技术;发行人对相关专利及技术一次性支付了相关费用;根据《知识产权转让与许可协议》的相关约定,不存在许可到期或者许可方单方终止许可的风险。

(二)同类问询问题的梳理

就“从第三方授权使用专利”这一风险点,除了上述典型问询案例之外,本书还检索到了YX安全科技股份有限公司、江苏MXL航空科技股份有限公司、深圳市ZKLX科技股份有限公司、JX科技股份有限公司、北京SNJ医药科技股份有限公司、AJ科技股份有限公司等相关问询案例,并梳理汇总出以下具有参考价值的问询问题:

1.(1)前述三项发明专利未同时转让给发行人,而是通过排他授权使用的

原因;(2)授权使用期限、使用费用;(3)前述专利技术在发行人生产经营的作用,相应产品的销售收入及占比,是否导致发行人不符合资产独立性要求。

2. 相关专利及技术的许可及使用权情况,是否属于发行人的核心技术或构成发行人核心技术的底层技术,是否需要支付相关费用,是否存在许可到期或者许可方单方终止许可的风险以及对发行人的影响。

3. 结合相关协议内容说明发行人的技术起源是否依赖于 YX 科技及趋势科技的底层技术、是否存在侵权风险,如存在技术授权协议,请说明主要内容并提供相关文件。

4. (1)5 项专利许可的许可期限,未受让此 5 项专利对发行人的影响,NJH-KHT 大学继续使用相关专利是否会对发行人产生不利影响,未来是否考虑受让相关专利;(2)受让及取得排他许可所付出的对价。

5. (1)采购 IP 授权应用的功能模块具体情况,采购 IP 授权的原因、相关业务是否需要持续发生、是否涉及发行人的核心技术;(2)IP 授权使用费的具体项目及支付对象,IP 授权使用费是否仅用于研发活动,将其全部计入研发费用的合理性。

6. 结合 IP 授权对发行人产品研发生产销售的重要性、发行人与主要 IP 专利授权方的合作年限及稳定性、发行人寻找替代供应商的难度,说明发行人对 IP 专利授权方是否存在重大依赖、是否存在授权期限届满后不能续签的风险。

7. (1)Angiochem Inc 与香港 XNK 签署的《独家许可协议》以及香港 XNK 与发行人签署《技术转让协议》的主要内容,授权内容、授权区域、授权费用及授权使用条件;(2)根据 Angiochem Inc 与香港 XNK 之间的协议,香港 XNK 是否有将 SNG1005 转授权给发行人的权利,转授权的相关内容是否符合 Angiochem Inc 与香港 XNK 间的约定,是否存在纠纷或潜在纠纷,并视实际情况进行风险提示。

(三)风险点分析

1. 相关 IP 法律和政策的梳理与解读

《专利法》第 12 条规定:"任何单位或者个人实施他人专利的,应当与专利权人订立实施许可合同,向专利权人支付专利使用费。被许可人无权允许合同规定以外的任何单位或者个人实施该专利。"

《专利法实施细则》第 14 条第 2 款规定:“专利权人与他人订立的专利实施许可合同,应当自合同生效之日起 3 个月内向国务院专利行政部门备案。”

《商标民事纠纷解释》第 3 条规定:“商标法第四十三条规定的商标使用许可包括以下三类:(一)独占使用许可,是指商标注册人在约定的期间、地域和以约定的方式,将该注册商标仅许可一个被许可人使用,商标注册人依约定不得使用该注册商标;(二)排他使用许可,是指商标注册人在约定的期间、地域和以约定的方式,将该注册商标仅许可一个被许可人使用,商标注册人依约定可以使用该注册商标但不得另行许可他人使用该注册商标;(三)普通使用许可,是指商标注册人在约定的期间、地域和以约定的方式,许可他人使用其注册商标,并可自行使用该注册商标和许可他人使用其注册商标。”第 4 条规定:“商标法第六十条第一款规定的利害关系人,包括注册商标使用许可合同的被许可人、注册商标财产权利的合法继承人等。在发生注册商标专用权被侵害时,独占使用许可合同的被许可人可以向人民法院提起诉讼;排他使用许可合同的被许可人可以和商标注册人共同起诉,也可以在商标注册人不起诉的情况下,自行提起诉讼;普通使用许可合同的被许可人经商标注册人明确授权,可以提起诉讼。”

《专利法》第 12 条以及《专利法实施细则》第 14 条规定了专利的实施许可,主要内容是专利实施许可应当订立合同并向国务院专利行政部门备案,且被许可人未经许可无权允许合同规定以外的任何单位或者个人实施该专利。与专利的转让相比,专利实施许可合同只需在合同生效之日起 3 个月内向行政部门备案即可,其合同效力不受备案行为影响。

第三方授权使用专利时,风险点主要有二:第一,使用他人专利存在不稳定性。由于发行人并非专利权人,其对专利享有的权利来自专利实施许可合同的约定,因此合同效力的瑕疵、合同相对方的违约、合同到期后是否续约、是否可以找到替代供应商等相关问题都可能影响发行人无形资产的稳定性。第二,由于不同类型的被许可人的诉讼地位并不相同,使用他人专利可能影响发行人维权。专利使用许可的分类可以参考司法解释中对商标使用许可的分类,分为独占使用许可、排他使用许可和普通使用许可。被许可人在这三种许可中的诉讼权利均依次递减:独占使用许可的被许可人可以单独向人民法院提起诉讼;排他使用许可的被许可人可以和专利权人共同起诉,也可以在专利权人不起诉的情况下,自行提起诉讼;普通使用许可的被许可人经专利权人明确授权,才可以提起诉讼。因此,在订立授权使用合同时,发行人应当注意授权使用的类型或在合同中与授权人明确约定发行人的诉讼权利，从而确保发行人顺利维权。

2. 相关科创板 IPO 规则的梳理与解读

如前文所述，申请在科创板上市的企业，应符合科创板定位、发行条件、上市条件和信息披露要求。其中，符合发行条件的基本要求之一，即为具有直接面向市场独立持续经营能力。根据《科创板注册管理办法》第 12 条的规定，独立持续经营能力要求发行人具有完整、独立的无形资产，作为无形资产重要组成部分的知识产权应当可以不受限制地合法使用。

发行人经授权许可使用专利时，由于授权许可合同可能到期或存在效力瑕疵，可能影响企业无形资产的完整、独立性，进而影响企业的独立持续经营能力的认定，使企业不符合科创板的发行条件。

（四）同类问询回复要点

针对审核过程中可能涉及的“第三方授权使用专利”相关问询问题，为及时妥善回复，本书梳理出以下回复要点，供（拟）科创板 IPO 企业参考：

1. 发行人可以对相关专利技术的授权内容、授权区域、授权费用及授权使用条件等具体情况进行详细说明；

2. 发行人可结合相关专利与发行人产品和服务的对应关系，说明专利许可对发行人业务的地位和作用；

3. 发行人可对许可专利与发行人核心技术的关系进行说明；

4. 发行人可就相关专利是否涉及转授权等纠纷或潜在纠纷进行说明。

此外，基于监管机构对发行人独立持续经营能力的关注，发行人还可以根据情况说明专利技术许可合同合法合规，发行人对专利授权方不存在重大依赖，不存在潜在知识产权权属纠纷，发行人拥有独立研发能力等相关情况，证明从第三方授权使用专利不会对其独立持续经营产生较大影响。

十八、存在专利权质押

专利权质押是指债务人或第三人将拥有的专利权担保其债务的履行，在债务人不履行债务的情况下，债权人有权对折价、拍卖或者变卖该专利权所得的价款优先受偿的物权担保行为。对（拟）科创板 IPO 企业来说，质押权实现时，专利权可能被折价、拍卖或变卖，将导致企业失去该专利权，影响无形资产完整、独立性，进而可能影响独立持续经营能力。因此，监管机构较关注发行人存在专利权质押的问题。

(一)问询与回复案例精选

1. 发行人:YC科技集团股份有限公司

【披露文件】

《关于YC科技集团股份有限公司首次公开发行股票并在科创板上市申请文件的审核问询函之回复》

【问询节选】

问题16

发行人知识产权中存在部分继受取得的情形,存在一项专利权质押,借款期限至2020年12月3日;

请发行人说明:上述专利质押的具体情况,包括质押专利名称、在发行人主要产品、核心技术中的运用情况及重要程度、相关借款及质押的履行情况,是否存在质押实现的风险及对发行人的影响,发行人是否存在其他未披露的资产抵质押情形。

【回复节选】

(1)质押专利名称、在发行人主要产品、核心技术中的运用情况及重要程度

发行人质押的专利为动态人脸识别系统(专利号:201120074790X),该项专利记载的技术方案主要用于多种后端服务器识别预警/客流统计预警,运用于公司智慧治理和智慧商业解决方案中。除该项专利外,发行人还拥有通过前端摄像机、边缘计算设备进行识别预警/客流统计预警的多项解决方案。

(2)相关借款及质押的履行情况、是否存在质押实现的风险

公司于2019年11月20日与ZGJS银行股份有限公司广州经济技术开发区支行签订《人民币流动资金贷款合同》,约定ZGJS股份有限公司广州经济技术开发区支行向公司提供借款3000.00万元,借款期限为12个月(2019年12月4日至2020年12月3日)。截至本回复出具日,该笔借款已到约定还款期限,公司已完成还款。

同日,公司与ZGJS股份有限公司广州经济技术开发区支行签订《专利权质押合同》,公司以所持有的1项实用新型专利动态人脸识别系统(专利号:201120074790X)为该项贷款提供质押担保。公司作为专利权质押登记当事人于2019年11月27日向国家知识产权局提交了专利权质押登记申请,取得国家

知识产权局下发的《专利权质押登记通知书》,《专利权质押登记通知书》载明该项质权自2019年12月2日起设立。

由于该项借款已到期并完成还款,公司已于2021年1月19日取得国家知识产权局下发的《专利权质押登记注销通知书》,该项专利质押登记已经解除。因此,发行人不存在质押实现的风险。

(3)发行人是否存在其他未披露的资产抵质押情形

截至本回复签署日,发行人不存在其他未披露的资产抵质押情形。

【要点总结】

发行人有一项专利权被质押。监管机构要求发行人说明专利权质押的具体情况、与核心技术及产品的关系、债务履行情况、对发行人的影响等问题。对此,发行人介绍了质押专利权的技术方案主要用于解决的需求,除该项专利外,发行人还拥有其他多项可替代的解决方案。由于担保的借款已到期并完成还款,公司已取得国家知识产权局下发的专利权质押登记注销通知书,该项专利质押登记已经解除,因此,发行人不存在质权实现的风险。

2. 发行人:贵州ZH新材料股份有限公司

【披露文件】

《关于贵州ZH新材料股份有限公司首次公开发行股票并在科创板上市申请文件的审核问询函的回复(2021年一季度财务数据更新版)》

【问询节选】

问题10

招股说明书披露,公司相关产品和技术已申请发明专利47项、实用新型专利1项,获授权28项(其中国内发明专利14项、国外发明专利14项)。其中6个发明专利进行质押。

请发行人说明:专利质押的背景与原因,专利权利受限事项对发行人持续经营的影响,质押专利是否涉及发行人核心技术,质押变现对发行人核心技术及生产经营的影响,就发明专利质押事项进行风险揭示,发行人的境内外专利是否存在其他权利受限的情况。

【回复节选】

(1)专利质押的背景与原因

2018年8月,公司及子公司GY新材、YL新材与GY银行分别签订了《流动资金借款合同》《质押合同》,公司以2项发明专利为GY新材在GY银行合计1.5亿元的授信额度提供质押担保;公司以4项发明专利为YL新材在GY银行合计2亿元的授信额度提供质押担保,上述授信期间均为2018年7月10日至2021年7月9日。专利质押及相关融资的具体情况如下:

报告期内,上述专利质押事项主要系发行人为全资子公司日常生产经营活动中支付货款时开具银行承兑汇票等系列融资事项提供担保,属于公司在银行融资过程中常见的增信措施,系发行人正常的经营行为。

(2)专利权利受限事项对发行人持续经营的影响

①专利权利受限事项不影响发行人日常生产经营对相关专利的使用

根据《民法典》《专利法》《专利权质押登记办法》等相关法律、法规的规定,未经质权人同意,发行人不得转让或者许可他人使用质押专利。如发行人转让或者许可他人实施质押专利,所得转让费、许可费应当向质权人提前清偿债务或者提存。除上述法律、法规规定的受限情形外,质权人与发行人未就质押专利的转让、许可、实施另行约定限制性条款。因此,在质押期间,上述专利受限事项不影响发行人日常生产经营中对相关专利的正常使用。

②报告期内,与上述专利质押事项相关的债务到期后均由发行人子公司按约清偿,未发生逾期或其他违反合同的情形

截至2021年3月31日,GY新材、YL新材就上述与专利质押事项相关授信的融资余额分别为11,621.88万元、17,741.09万元。报告期内,GY新材与YL新材就与专利质押事项相关授信下的融资均如期按约偿还,未发生逾期或其他违反合同约定的情形,亦不存在与该等融资相关的纠纷。

③发行人及其子公司无法偿还上述授信下借款致使专利质权实现的风险较小

截至2021年3月末,公司合并报表总资产47.56亿元,净资产13.57亿元,流动比率为1.29,资产负债率为71.48%。公司流动资产主要为货币资金、应收账款、应收款项融资和存货,主要客户为动力电池、3C消费电池行业头部企业,应收账款回款预期良好,存货变现能力强……因此,发行人及子公司无法偿还上述授信下借款致使专利质权实现的风险较小。

综上,上述专利权受限事项不会对发行人持续经营产生重大不利影响。

(3)质押专利是否涉及发行人核心技术,质押变现对发行人核心技术及生产经营的影响,就发明专利质押事项进行风险揭示

虽然上述专利质押事项不影响公司日常生产经营对相关专利的使用且公

司无法偿还上述授信下借款致使专利质权实现的风险整体较低，但若市场环境发生负面变化使公司经营情况及融资能力恶化，致使相关子公司到期无法偿还相关银行借款，将面临该等专利权被质权人执行质权的风险，进而对发行人的生产经营产生不利影响，发行人已在招股说明书“第四节风险因素”之“二、经营风险”之“（十四）发明专利质押风险”补充披露如下：

……

（4）发行人的境内外专利是否存在其他权利受限的情况

根据国家知识产权局出具的《专利登记簿副本》《专利权质押登记通知书》、国家知识产权局中国及多国专利审查信息查询网站的查询结果以及专利代理机构出具的《关于境外专利法律状态检索情况的说明书》并经核查，截至本问询函回复签署日，除前述已披露的专利质押情形外，发行人境内外专利不存在其他权利受限的情况。

【要点总结】

发行人存在 6 项专利权质押。监管机构询问发行人专利质押的背景与原因、与核心技术的关系、质押变现对核心技术及生产经营的影响、权利受限对发行人持续经营的影响、其他权利受限的情况。对此，发行人在背景与原因中重点介绍了债务的基本情况，此外通过相关专利使用不受影响、主债务未发生违约情形、经营状况良好因而无法偿还主债务可能性小三个方面说明了专利权质押对发行人持续经营的影响，与此同时，发行人也承认若市场环境发生负面变化使公司经营情况及融资能力恶化可能导致被质权人执行质权，最后发行人强调不存在其他权利受限的情况。

（二）同类问询问题的梳理

就“存在专利权质押”这一风险点，除了上述典型问询案例之外，笔者还检索到了贵州 HY 科技发展股份有限公司、西安 JG 科技股份有限公司、浙江 BLT 半导体科技股份有限公司、四川 TW 电子股份有限公司、广东 BLW 科技股份有限公司、包头 TH 磁材科技股份有限公司、南京 SG 科技股份有限公司、LPT 科技集团股份有限公司、无锡市 SW 医疗电子股份有限公司、广州市 PG 软件股份有限公司、CSYLW 网络科技股份有限公司、深圳 QY 光电股份有限公司、西安 BLT 增材技术股份有限公司、广东 JY 科技股份有限公司等数十件相关问询案例，并筛选出以下较为典型且具有参考价值的问询问题：

1. 上述专利质押的具体情况，包括质押专利名称、在发行人主要产品、核心技术中的运用情况及重要程度、相关借款及质押的履行情况，是否存在质押实现的风险及对发行人的影响，发行人是否存在其他未披露的资产抵质押情形。

2. 专利质押的背景与原因，专利权利受限事项对发行人持续经营的影响，质押专利是否涉及发行人核心技术，质押变现对发行人核心技术及生产经营的影响，就发明专利质押事项进行风险揭示，发行人的境内外专利是否存在其他权利受限的情况。

3. 结合处于质押状态的发明专利在发行人核心技术和产品中的运用、质押用途及期限等具体情况，充分说明上述权属受限知识产权是否影响发行人对相关专利的使用，若债务到期无法偿还对发行人生产经营及核心技术的影响，并就相关事项作风险提示及重大事项提示。

4. 专利质押的原因，是否设置担保等其他权益；相关专利是否涉及发行人核心技术或产品，是否存在纠纷或潜在纠纷，对发行人生产经营的影响。

5. 发明专利质押的基本情况，包括被担保债权情况、担保合同约定的质押权实现情形、质权人是否有可能行使质押权及其对发行人生产经营的影响。

6. 请发行人说明质押的专利是否属于核心专利，该专利对发行人经营业绩的贡献、对发行人的重要性，主合同还款情况，发行人是否存在无法还款的可能，结合借款合同、质押合同的主要条款，说明相关专利是否存在质押权实现风险、质押权实现的具体影响及是否存在重大不利影响。

7. 专利质押的被担保人、质押融资金额、相关融资是否存在无法按期偿还的风险，被质押的8项专利对发行人产品和业务经营的作用，上述专利质押对发行人生产经营的影响。

8. 结合处于质押状态的发明专利在发行人核心技术和产品中的运用、质押用途及期限等具体情况，充分说明上述权属受限知识产权是否影响发行人对相关专利的使用，若债务到期无法偿还对发行人生产经营及核心技术的影响。

9. 结合相关协议条款约定、与可比公司的资产负债率对比情况，说明是否存在抵押权人、质押权人行权的风险，取得替代性设备的难易程度，对发行人持续经营的影响，并作针对性风险揭示。

（三）风险点分析

1. 相关 IP 法律法规和政策的梳理与解读

《民法典》第 440 条规定："债务人或者第三人有权处分的下列权利可以出质：……（五）可以转让的注册商标专用权、专利权、著作权等知识产权中的财产权……"第 444 条规定："以注册商标专用权、专利权、著作权等知识产权中的财产权出质的，质权自办理出质登记时设立。知识产权中的财产权出质后，出质人不得转让或者许可他人使用，但是出质人与质权人协商同意的除外。出质人转让或者许可他人使用出质的知识产权中的财产权所得的价款，应当向质权人提前清偿债务或者提存。"

《专利法实施细则》第 14 条规定："除依照专利法第十条规定转让专利权外，专利权因其他事由发生转移的，当事人应当凭有关证明文件或者法律文书向国务院专利行政部门办理专利权转移手续……以专利权出质的，由出质人和质权人共同向国务院专利行政部门办理出质登记。"

《专利权质押登记办法》第 2 条规定："国家知识产权局负责专利权质押登记工作。"第 12 条规定："专利权质押登记申请经审查合格的，国家知识产权局在专利登记簿上予以登记，并向当事人发送《专利权质押登记通知书》。质权自国家知识产权局登记时设立。经审查发现有下列情形之一的，国家知识产权局作出不予登记的决定，并向当事人发送《专利权质押不予登记通知书》：（一）出质人与专利登记簿记载的专利权人不一致的；（二）专利权已终止或者已被宣告无效的；（三）专利申请尚未被授予专利权的；（四）专利权处于年费缴纳滞纳期的；（五）专利权已被启动无效宣告程序的；（六）因专利权的归属发生纠纷或者人民法院裁定对专利权采取保全措施，专利权的质押手续被暂停办理的；（七）债务人履行债务的期限超过专利权有效期的；（八）质押合同约定在债务履行期届满质权人未受清偿时，专利权归质权人所有的；（九）质押合同不符合本办法第九条规定的；（十）以共有专利权出质但未取得全体共有人同意的；（十一）专利权已被申请质押登记且处于质押期间的；（十二）其他应当不予登记的情形。"第 18 条规定："有下列情形之一的，当事人应当持《专利权质押登记通知书》以及相关证明文件，向国家知识产权局办理质押登记注销手续：（一）债务人按期履行债务或者出质人提前清偿所担保的债务的；（二）质权已经实现的；（三）质权人放弃质权的；（四）因主合同无效、被撤销致使质押合同无效、被撤销的；

（五）法律规定质权消灭的其他情形。国家知识产权局收到注销登记申请后，经审核，向当事人发出《专利权质押登记注销通知书》。专利权质押登记的效力自注销之日起终止。”

（1）专利权质押的设立与注销

以专利权等知识产权出质的，质权自办理出质登记时设立。当事人提交的专利权质押合同应当包括以下与质押登记相关的内容：当事人的姓名或者名称、地址；被担保债权的种类和数额；债务人履行债务的期限；专利权项数以及每项专利权的名称、专利号、申请日、授权公告日；质押担保的范围。

债务人按期履行债务或者出质人提前清偿所担保的债务等情况下，当事人应当持专利权质押登记注销申请表、注销证明或当事人签署的相关承诺书，向国家知识产权局办理质押登记注销手续。

（2）出质人的主要义务

专利权质押设定后，专利权受到的影响在于只有经过质权人同意，专利权方可转让或者许可他人使用，除非有特别约定，出质人对专利的实施不受到影响。同时，出质人所得的转让费、许可费应当向质权人提前清偿所担保的债权或者向与质权人约定的第三人提存。

（3）质权实现的后果

债务人不履行到期债务或者发生当事人约定的实现质权的情形，质权人可以与出质人协议以质押财产折价，也可以就拍卖、变卖质押财产所得的价款优先受偿。如协议不成，出质人可以直接请求人民法院拍卖、变卖质押财产。质押财产折价或者拍卖、变卖后，其价款超过债权数额的部分归出质人所有，不足部分由债务人清偿。

2. 相关科创板 IPO 规则的梳理与解读

如本书第一篇第二章所述，申请在科创板上市的企业，应符合科创板定位、发行条件、上市条件和信息披露要求。其中，符合发行条件的基本要求之一，即为具有直接面向市场独立持续经营能力。存在专利质押对发行人独立持续经营能力的影响主要体现在两个方面：

一方面，存在专利权质押可能影响发行人无形资产的完整、独立性。根据《科创板注册管理办法》第 12 条，发行人具备独立持续经营能力的表现之一为无形资产完整、独立。但是，专利权质押设定后，只有经过质权人同意，专利权方可转让或者许可他人使用，同时部分情况下出质人还会与质权人约定对专利实施的限制。所以,专利质押可能影响无形资产完整、独立性,进而影响发行人独立持续经营能力的认定。

另一方面,存在专利权质押还可能使发行人的经营环境发生重大变化。同样根据《科创板注册管理办法》第 12 条,发行人具备独立持续经营能力的另一表现为不存在经营环境重大变化。但是,当质押担保的主债务无法得到偿还时,质权人有权要求以质押财产折价,也可以要求拍卖、变卖质押财产,则发行人可能无法再使用质押的专利,所以可能导致经营环境发生重大变化,进而影响发行人的独立持续经营能力。

(四)同类问询回复要点

针对审核过程中可能涉及的“存在专利权质押”相关问询问题,为及时妥善回复,本书梳理出以下回复重点,供(拟)科创板 IPO 企业参考:

1. 根据发行人的实际情况,说明专利质押的背景与原因,发行人质押专利存在合理性。

2. 根据发行人的实际情况,说明质押专利在发行人主要产品、核心技术中的运用情况及重要程度;除质押的专利外,发行人还拥有其他多项核心技术。

3. 根据《民法典》等法律、法规的相关规定,说明专利质押不影响发行人生产经营中对相关专利的正常使用。

4. 根据发行人的实际情况,结合发行人经营发展状况、资产情况、应收账款回款预期、存货变现能力等说明发行人专利质押相关的债务能否偿还及专利质押实现风险。

5. 结合发行人的实际情况说明若专利质押实现是否会对发行人经营造成重大影响。

6. 结合发行人的实际情况、专利登记簿副本、专利权质押登记通知书、国家知识产权局中国及多国专利审查信息查询网站的查询结果以及专利代理机构的检索报告等,说明发行人不存在其他专利质押情况/境内外专利不存在其他权利受限的情况。

十九、存在专利权无效纠纷

授权专利的法律状态并不是绝对稳定的,任何单位或个人可以就已授权专利向国家知识产权局提出专利无效宣告请求。对于(拟)科创板 IPO 企业而言,在上市过程中被竞争对手提起专利无效请求的情况较为常见。除相关专利的稳定性本身确有一定问题外,也不排除竞争对手可能在无充分理由的情况下恶意提起无效宣告。由于被宣告无效的专利被视为自始不存在,无效纠纷可能使企业的经营环境发生重大变化,进而影响企业的独立持续经营能力。另外,对于专利数量较少的企业,如果专利被宣告无效,还可能使其专利数量不符合科创板上市要求。

(一)问询与回复案例精选

1. 发行人:北京 HTRS 科技股份有限公司

【披露文件】

《北京市某律师事务所关于北京 HTRS 科技股份有限公司首次公开发行股票并在科创板上市的法律意见书》

【问询节选】

问题3

根据申请文件,郭某于近期连续向国家知识产权局提交了针对发行人 10 项专利权的无效宣告请求,请求国家知识产权局宣告其拥有的 9 项发明专利及 1 项实用新型专利无效。

请发行人进一步说明:(1)如果上述专利最终被宣告无效,发行人失去专利保护之后,竞争及经营环境是否发生重大变化,是否对发行人未来生产经营带来重大不利影响;(2)除上述案件之外是否可能存在其他潜在知识产权纠纷;(3)相关专利保护情况,无效请求人申请专利无效的理由,是否与无效请求人存在其他法律纠纷。请保荐人及发行人律师核查并发表明确意见。

【回复节选】

针对问题(1),回复内容如下:

①即使相关专利被宣告无效,也不影响发行人继续使用相关专利技术并创造收入,发行人的经营环境不会发生重大不利变化

经本所律师核查,相关专利仅由申请人提出无效宣告请求,提请国家知识产权局就上述10 项专利(含9 项发明专利、1 项实用新型专利)的权利要求等进行再次审查,并不涉及专利权属争议,也不涉及诉讼、侵权事项或损失赔偿事项。

专利被宣告无效仅意味着发行人失去相关技术的排他性保护,并不导致发

行人丧失对相关技术的使用、收益等权利，不会对发行人未来生产经营产生重大不利影响。

②即使相关专利被宣告无效，也不会导致发行人丧失核心竞争优势，发行人的竞争环境不会发生重大不利变化

1)即使相关专利技术被宣告无效，竞争对手对发行人的相关专利技术进行模仿、使用，也难以复制发行人整体核心技术体系、也难以实现同样的技术功能及生产效率。

2)发行人的核心技术先进性受到市场验证，即使相关专利被宣告无效，也不会对发行人的竞争地位产生重大不利影响。

发行人构筑的上述竞争优势均根植于其在行业内经营实践多年而积累下的技术实力、训练数据开发经验、资源积累，即使相关专利被宣告无效，竞争对手可对相关专利技术进行模仿、使用，其也无法复制发行人的整体核心技术体系，难以对发行人的核心竞争优势构成重大不利影响。

③发行人的发明专利质量较高、稳定性较强，被宣告无效的可能性较小

发行人聘请第三方知识产权律师某律师事务所基于无效宣告请求人所提供的无效证据和理由，针对被申请无效宣告的专利进行了专项分析，并出具了《稳定性分析报告》。经分析，发行人的9项发明专利质量较高、稳定性较强，9项发明专利的原权利要求无须进行修改也可维持专利有效结论。发行人正在准备答辩证据，积极应对国家知识产权局对无效宣告请求事项的审核过程。

综上，本所律师认为，即使相关专利被宣告无效，也不影响发行人继续使用相关专利技术并创造收入，发行人的经营环境不会发生重大不利变化；同时即使相关专利被宣告无效，也不会导致发行人丧失核心竞争优势，发行人的竞争环境不会发生重大不利变化。因此发行人未来生产经营不会受到重大不利影响。

针对问题(2)，回复内容如下：

上述专利无效宣告请求事项不涉及专利权属争议，也不涉及诉讼、侵权事项或损失赔偿事项。即使相关专利被宣告无效，也不影响发行人继续使用相关专利技术并创造收入，不涉及侵犯第三方知识产权的情形，不会引致侵权赔偿及诉讼。

综上，本所律师认为，截至目前，除上述事项外，发行人不存在知识产权纠纷或潜在知识产权纠纷事项。

针对问题(3),回复内容如下:

①相关专利保护情况

发行人自2017年开始逐步为相关阶段性技术研发成果申请专利保护,并于2020年上半年陆续取得上述专利权。在该期间内,发行人不存在与包括该等专利相关的任何知识产权纠纷事项。

无效请求人郭某于2020年9月18日和10月16日两天集中对发行人的合计10项专利提出无效宣告请求,提请国家知识产权局对相关专利进行再次审查。截至目前,前述专利无效请求审查事项处于公司回复及提交应对证据阶段。

根据第三方知识产权律师某律师事务所针对被申请无效宣告无效的专利出具的《稳定性分析报告》,相关9项发明专利质量较高、稳定性较强,原权利要求无须进行修改也可维持专利有效结论。

②涉及的具体专利及无效请求人申请专利无效的理由(部分)

序号	专利名称	所有权人	专利类型	专利号	专利申请日	授权公告日	申请人提出无效宣告请求时间	无效宣告请求的理由
1	短语语料获取方法及短语语料获取装置	发行人	发明	ZL201911352915.8	2019年12月25日	2020年5月5日	2020年9月18日	权利要求1至18保护范围不清楚、得不到说明书支持,不符合《专利法》第26条第4款的规定,权利要求1-18不具备创造性,不符合《专利法》第22条第3款的规定
……(以下内容略)								

发行人自2017年开始逐步为相关阶段性技术研发成果申请专利保护,并于2020年上半年陆续取得上述专利权,根据某律师事务所针对上述专利出具的《稳定性分析报告》,无效申请人郭某于2020年9月18日和10月16日两天集中对发行人的合计10项专利提出无效宣告请求的理由并不充分。

③发行人与无效请求人不存在其他法律纠纷

上述专利无效宣告事项不涉及专利权属纠纷、侵权纠纷或诉讼，除专利无效宣告请求事项外，发行人与无效请求人不存在其他法律纠纷。

综上，本所律师认为，上述专利无效宣告请求事项处于发行人回复及提交应对证据阶段，无效申请人申请专利无效的理由并不充分，发行人与无效请求人不存在其他法律纠纷。

【要点总结】

无效请求人郭某于2020年9月18日和10月16日两天集中对发行人的合计10项专利提出无效宣告请求。监管机构问询，如果专利被宣告无效，发行人的竞争及经营环境是否发生重大变化，为生产经营带来重大不利影响；是否可能存在其他潜在知识产权纠纷；无效请求人申请专利无效的理由，是否与无效请求人存在其他法律纠纷。发明人回复，即使相关专利被宣告无效，也不影响发行人继续使用相关专利技术并创造收入。因为发行人对核心技术形成了整体的体系，所以不会导致发行人丧失核心竞争优势，发行人的经营环境不会发生重大不利变化。发明专利稳定性较高，被无效的可能性较小，也不存在其他潜在知识产权纠纷。

2. 发行人：AJ科技股份有限公司

【披露文件】

《北京某律师事务所关于AJ科技股份有限公司申请首次公开发行股票并在科创板上市的补充法律意见书之二》

【问询节选】

问题3.2

根据首轮回复及发行人提交的专项核查报告，发行人6件境内发明专利在国家知识产权局被提起无效宣告请求。发行人核心技术对应的专利不在无效宣告涉及的各项专利之列。发行人所掌握的核心技术不仅体现在所申请的发明专利、集成电路布图设计等知识产权，还体现在发行人凭借大量研发和生产实践积累的包括工艺流程、源代码、设计、试验数据分析、计算机程序等技术信息在内的技术秘密。即使上述专利被宣告无效，发行人仍可不受限制地使用上述专利涉及的技术资料，且核心技术所涉及的技术秘密并不会因专利无效而被竞争对手所取得。

请发行人说明：(1)被申请无效宣告专利是否具备稳定性，是否对应发行人核心技术或核心专利，并请提供结论合理性的客观依据，是否存在外部证据；(2)涉及专利无效宣告程序专利的申请和授权时间、申请人、技术来源、技术方案，在发行人产品、服务中的应用情况，分析若相关技术失去专利保护的风险及其对公司持续经营的影响。

【回复节选】

针对问题(1)，回复内容如下：

根据发行人出具的说明、专利无效申请材料、专利代理机构的访谈记录、专利证书、专利申请文件、非专利技术文件，并经查询国家知识产权局官网(https://www.cnipa.gov.cn/)的公开信息，经查验，发行人被申请无效宣告专利具备稳定性。

根据发行人出具的说明、《审计报告》、专利证书、专利申请文件、非专利技术文件、相关产品销售合同、合同台账、产品介绍并经访谈发行人核心技术人员、相关部门负责人，上述专利未对应发行人核心技术，不属于发行人核心专利。

根据上海JLH知识产权代理事务所(特殊普通合伙)(下称"专利代理机构")于2021年3月2日、2021年4月22日出具的说明，认为国家知识产权局专利局复审和无效审理部有理由维持或部分维持发行人相关专利的有效性。

根据上海ST知识产权代理事务所(普通合伙)于2021年4月2日出具的说明，针对发行人的授权专利，基于《专利法》的相关规定进行了核查，未发现专利权不稳定的情形。

综上所述，本所律师认为，上述被申请无效宣告专利具备稳定性；上述专利未对应发行人核心技术，不属于发行人核心专利；相应结论合理性的客观依据已说明，存在专利代理机构意见及专利发明人说明的外部证据。

针对问题(2)，回复内容如下：

根据发行人出具的说明、专利无效申请材料、专利证书、专利申请文件、非专利技术文件，并经查询国家知识产权局官网(https://www.cnipa.gov.cn/)的公开信息，经查验，涉及专利无效宣告程序专利的申请和授权时间、申请人、技术来源、技术方案具体情况如下：(部分)

序号	专利号	专利名称	专利申请日	授权公告日	原始专利申请人	当前专利权人	技术来源	技术方案	专利无效后影响
1	2013100670371	错误PDCCH检测的抑制方法和装置	2013年2月28日	2018年5月11日	Marvell	发行人	受让获得	本发明提供一种错误PDCCH检测的抑制方法，目前发行人报告期内量产销售的产品并未使用该专利	如果此专利被无效，则现有技术储备可以作为该专利替代技术方案应用于现有及未来量产产品
……（以下内容略）									

根据发行人出具的说明、《审计报告》、相关产品销售合同、合同台账、产品介绍、对发行人核心技术人员、相关部门负责人、专利发明人的访谈记录，上述专利并未应用于发行人产品及服务中，且不形成发行人的核心技术，相关技术失去专利保护对公司持续经营不存在影响。

综上所述，本所律师认为，涉及无效宣告程序专利的相关情况已说明，该等专利并未应用于发行人产品及服务中，且不形成发行人的核心技术，相关技术失去专利保护对发行人持续经营不存在影响。

【要点总结】

发行人6件境内发明专利被提起无效宣告请求，监管机构重点问询被申请无效宣告专利的基本情况，提供外部证据说明是否是发行人的核心技术及专利稳定性，若专利被宣告无效是否会对公司持续经营造成影响。发行人回复称，被提起无效宣告请求的6件专利均不涉及发行人核心技术。发行人所掌握的核心技术不仅体现在所申请的发明专利、集成电路布图设计等知识产权，还体现在技术秘密中。即使上述专利被宣告无效，发行人仍可不受限制地使用上述专利涉及的技术资料和技术秘密，因而对公司的持续经营影响不大。

（二）同类问询问题的梳理

就“存在专利权无效纠纷”这一风险点，除了上述典型问询案例之外，本书还检索到了浙江YN智能科技股份有限公司、广东LE新材料科技股份有限公司等相关问询案例，并梳理汇总出以下具有参考价值的问询问题：

1. 如果上述专利最终被宣告无效，发行人失去专利保护之后，竞争及经营环境是否发生重大变化，是否对发行人未来生产经营带来重大不利影响；除上述案件之外是否可能存在其他潜在知识产权纠纷；相关专利保护情况，无效请求人申请专利无效的理由，是否与无效请求人存在其他法律纠纷。

2. 被申请无效宣告专利是否具备稳定性，是否对应发行人核心技术或核心专利，并请提供结论合理性的客观依据，是否存在外部证据；涉及专利无效宣告程序专利的申请和授权时间、申请人、技术来源、技术方案，在发行人产品、服务中的应用情况，分析若相关技术失去专利保护的风险及其对公司持续经营的影响。

3. 被宣告无效的专利事项的最新进展情况，包括：发明专利基本情况；专利的申请和授权时间、申请人、技术来源、技术方案、专利无效宣告事项涉及的产品及销售金额、损害赔偿的承担主体；其在发行人产品、服务中的应用情况，产生收入金额及占比；该专利的主要功能和作用；案件的进展程度；被提请宣告无效的知识产权的法律状态，国家知识产权局是否已重新作出审查决定。

4. 发行人需要说明被申请无效宣告专利的基本情况，提供外部证据说明它是不是发行人的核心技术及专利稳定性，若专利被宣告无效是否会对公司持续经营造成影响，从核心技术、产品研发、产品销售、存货、经营成果、财务状况等方面可能对发行人造成的不利影响进行阐述。

5. 涉及无效的专利是否属于核心技术，是不是主营业务收入，是否会导致发行人不符合《科创属性评价指引》关于"形成主营业务收入的发明专利 5 项以上"的规定以致不符合科创板定位。

6. 无效的专利是否有替代技术方案，替代的技术方案是否稳定可行。

7. 其他已授权专利是否存在类似风险或潜在的知识产权纠纷，对知识产权的诉讼风险及专利无效宣告事项进行有针对性的量化分析和重大事项提示。

8. 相关专利保护情况，无效请求人申请专利无效的理由，是否与无效请求人存在其他法律纠纷。

(三) 风险点分析

1. 相关 IP 法律和政策的梳理与解读

《专利法》第 45 条规定："自国务院专利行政部门公告授予专利权之日起，任何单位或者个人认为该专利权的授予不符合本法有关规定的，可以请求国务院专利行政部门宣告该专利权无效。”

第 46 条规定:“国务院专利行政部门对宣告专利权无效的请求应当及时审查和作出决定,并通知请求人和专利权人。宣告专利权无效的决定,由国务院专利行政部门登记和公告。对国务院专利行政部门宣告专利权无效或者维持专利权的决定不服的,可以自收到通知之日起三个月内向人民法院起诉。人民法院应当通知无效宣告请求程序的对方当事人作为第三人参加诉讼。”

第 47 条规定:“宣告无效的专利权视为自始即不存在。宣告专利权无效的决定,对在宣告专利权无效前人民法院作出并已执行的专利侵权的判决、调解书,已经履行或者强制执行的专利侵权纠纷处理决定,以及已经履行的专利实施许可合同和专利权转让合同,不具有追溯力。但是因专利权人的恶意给他人造成的损失,应当给予赔偿。依照前款规定不返还专利侵权赔偿金、专利使用费、专利权转让费,明显违反公平原则的,应当全部或者部分返还。”

《专利法实施细则》第 65 条规定:“依照专利法第四十五条的规定,请求宣告专利权无效或者部分无效的,应当向专利复审委员会提交专利权无效宣告请求书和必要的证据一式两份。无效宣告请求书应当结合提交的所有证据,具体说明无效宣告请求的理由,并指明每项理由所依据的证据。前款所称无效宣告请求的理由,是指被授予专利的发明创造不符合专利法第二条、第二十条第一款、第二十二条、第二十三条、第二十六条第三款、第四款、第二十七条第二款、第三十三条或者本细则第二十条第二款、第四十三条第一款的规定,或者属于专利法第五条、第二十五条的规定,或者依照专利法第九条规定不能取得专利权。”

(1)专利无效宣告制度

专利无效宣告是指在专利权授予之后,任何人或者任何单位发现已授权的专利具有不符合《专利法》以及《专利法实施细则》中有关专利授权的条件,请求国家知识产权局宣告专利无效的制度。

专利无效宣告的对象是已经授权的专利,提出专利无效宣告的主体是任何人或任何单位,专利无效宣告提出的时间为自公告授予专利权至专利保护期限届满的任何时间。

我国专利无效宣告制度的设立,是为了纠正国家知识产权局授予不符合专利法相关规定条件的发明创造以专利权的错误决定,维护专利权授予的公正性。

(2)专利被宣告无效的后果

首先,被宣告无效的专利权视为自始即不存在。也就是说,从法律角度而言,该专利权从开始就没有法律约束力,而不是自被宣告无效后才失去法律效力。

其次,宣告专利权无效的决定,对在宣告无效前人民法院作出并已执行的专利侵权的判决、裁定,已经履行或强制执行的专利侵权纠纷处理决定,以及已履行的专利实施许可合同和专利权转让合同,不具有追溯力。但因专利权人恶意给他人造成的损失,应给予赔偿。

最后,专利权人或专利权转让人应向被许可实施专利权人或专利权受让人返还全部或部分专利使用费或专利转让费。

(3)专利无效宣告的理由

根据《专利法实施细则》第 65 条的规定,专利权无效宣告请求的理由包括以下若干方面:

①已授予专利权的发明创造的主题不属于《专利法》第 2 条规定的发明、实用新型或外观设计的保护客体。

②就发明或者实用新型专利向外国申请专利的,未按照《专利法》第 19 条第 1 款规定进行保密审查。

③发明或者实用新型专利不具备《专利法》第 22 条规定的新颖性、创造性或实用性。

④外观设计专利不具备《专利法》第 23 条规定的新颖性、区别性或不与他人在先合法权利相冲突。

⑤发明或者实用新型未按照《专利法》第 26 条第 3 款、第 4 款规定,充分公开说明书,权利要求书以说明书为依据,清楚、简要地限定权利要求书的保护范围。

⑥外观设计未按照《专利法》第 27 条第 2 款规定,提交的有关图片或者照片清楚地显示要求专利保护的产品的外观设计。

⑦不符合《专利法》第 33 条的规定,专利申请文件的修改超出规定的范围。

⑧不符合《专利法实施细则》第 20 条第 2 款的规定,独立权利要求缺少解决技术问题所需的必要技术特征。

⑨不符合《专利法实施细则》第 43 条第 1 款的规定,分案申请超出原记载的范围。

⑩根据《专利法》第 5 条，已授权的专利违反法律强制性规定的情形，包括：违反国家法律、社会公德或者妨害公共利益的发明创造，以及违反法律、行政法规的规定获取或者利用遗传资源，并依赖该遗传资源完成的发明创造。

⑪根据《专利法》第 25 条，属于不授予专利权的客体，包括：科学发现；智力活动的规则和方法；疾病的诊断和治疗方法；动物和植物品种；用原子核变换方法获得的物质；对平面印刷品的图案、色彩或者二者的结合作出的主要起标识作用的设计。

⑫已授权的专利违反了《专利法》第 9 条关于重复授权的规定。

2. 相关科创板 IPO 规则的梳理与解读

对于（拟）科创板 IPO 企业而言，专利无效纠纷与发行人是否满足发行条件息息相关。根据《科创板注册管理办法》第 12 条，发行人应当具有直接面向市场独立持续经营的能力，重要体现之一便是经营环境无重大变化。

如果专利被宣告无效，该专利涉及的相关技术将进入公有领域，任何单位和个人均可以无偿使用。虽然发行人也能使用该相关技术，但是却丧失了排除他人使用和获取收益的权利，一定程度上影响了发行人的生产经营。如果该专利涉及的相关技术还采取了其他保护措施，如通过商业秘密、软件著作权保护等，则企业受无效宣告的影响相对较小。

如果被宣告无效的专利涉及发行人的核心技术，则发行人的经营环境还可能发生重大变化，发行人可能丧失竞争优势，在行业内的激烈竞争中处于下风，不利于企业的持续经营。

另外，根据《科创属性评价指引》，"形成主营业务收入的发明专利 5 项以上"或"形成核心技术和主营业务收入的发明专利（含国防专利）合计 50 项以上"是企业满足科创板定位，能够在科创板发行上市的必要条件之一。对于拥有专利数量较少的（拟）科创板 IPO 企业而言，如果专利被宣告无效，还可能会涉及与专利数量有关的问询。

（四）同类问询回复要点

针对审核过程中可能涉及的"存在专利权无效纠纷"相关问询问题，为及时妥善回复，本书梳理出以下回复重点，供（拟）科创板 IPO 企业参考：

（1）发行人可从多角度说明专利被宣告无效的可能性。

第一，发明专利授权前已经经过国家知识产权局的实质审查，专利的质量较高,被宣告无效的可能性一般较低。

第二,如果无效宣告请求人对发行人的所有授权发明专利提出无效宣告请求,有故意阻碍发行人上市之嫌,发行人可从请求人动机不纯的角度进行解释说明。

第三,如果无效宣告请求人提出的无效理由集中于说明书不清楚或不完整、说明书不支持权利要求书、独立权利要求缺少必要技术特征、修改超范围等形式上的理由,而未涉及权利要求不具备新颖性或创造性的理由,发行人可就无效请求理由不充分进行说明。

第四,发行人还可以从无效宣告请求人提交的证据出发,围绕请求人提交的证据是否充足、充分进行说明;如果请求人提供的证据为国家知识产权局实质审查时采用的对比文件,则一般可认为请求人的证据不充分。

(2)发行人可就专利无效对其核心竞争优势和持续经营的影响进行说明。

第一,专利无效后进入公有领域,发行人仍可以使用该技术,因而对发行人生产经营的影响较小。

第二,即便发行人的某项核心技术专利被宣告无效,但是其通过多专利、多方式组合保护、研发核心技术的替代技术方案等措施合理布局核心技术,使核心技术保护对单一专利的依赖性较低,因而专利无效对发行人的核心竞争力影响不大,对具体的生产经营也不致产生较大影响;同时,发行人可列举说明除被宣告无效的专利外,发行人还拥有相当数量的形成主营业务收入的授权发明专利,从持续研发能力和授权发明总量角度说明其仍具有核心竞争力,能持续经营。

第三,如果被宣告无效的专利不涉及核心技术,发行人可结合该等专利的定位、应用及收益情况进行说明。

(3)发行人可从拥有的发明专利数量角度进行回复,即便部分专利被宣告无效,也不会导致发行人专利数量不符合科创板的定位。

二十、专利权即将到期

科创板发行条件要求发行人具备独立持续经营能力,无重大经营环境变化。实践中,许多企业意识到专利的重要性,多年前就成功获得专利授权,而由于专利权的保护期有限,至企业申请科创板 IPO 时,已获得授权的专利却面临即将到期的问题。这可能直接影响企业的市场环境,导致其经营环境出现重大变化,因此监管机构会重点关注发行人专利即将到期的问题。

(一)问询与回复案例精选

1. 发行人:浙江YN智能科技股份有限公司

【披露文件】

《关于浙江YN智能科技股份有限公司首次公开发行股票并在科创板上市申请文件的审核问询函的回复(2020年报财务数据更新版)》

【问询节选】

问题16.2

招股说明书披露,截至招股说明书签署日,公司目前共拥有113项注册商标,其中境内商标52项、境外商标61项。公司及子公司已取得361项专利授权,其中发明专利45项,实用新型264项,外观设计52项。其中,部分商标和专利为受让取得,部分商标和专利即将到期。

请发行人说明:(4)即将到期的商标、专利技术产生的营业收入金额,占报告期各期营业总收入的比例,该等商标、专利技术到期后对公司持续经营的影响,拟采取的应对措施。

【回复节选】

(1)截至本问询回复出具日,公司有20项专利将于未来一年内到期,均为实用新型专利,具体情况如下:

……(表格略)

根据上表,公司上述20项专利技术申请时间较早,随着公司产品技术不断升级,目前除"衣架进出站输送系统"、"构成衣架输送链的链板"等13项专利技术尚在使用外,其余7项专利未应用于公司的主营业务产品中。

针对上述13项仍在使用的实用新型专利,主要应用于产品的非关键环节,不属于公司的核心技术或公司已对原专利进行了升级更新并已申请新的专利替代。

公司知识产权体系是一个相互联系的整体,主要产品是由数个专利技术、软件著作权、非专利技术和行业经验综合而成,单一专利无法形成一套完整产品。对于每个专利,其只涉及产品的单个应用部分,与其他专利技术共同、交叉应用于最终产品。因此,单个专利与公司产品无一一对应关系,不能单独产生对外销售的产品,故无法量化其贡献的营业收入。

(2)该等专利技术到期后对公司持续经营的影响,拟采取的应对措施

公司上述专利到期后,专利所涉及的相关技术进入公开领域,但不会影响公司继续使用该等技术。此外,公司产品为多项不同专利和多个软件著作权融合应用的系统,不会因其中个别专利等到期而出现产品技术优势或竞争优势明显下降的情形。随着公司产品技术不断升级,公司将积极申请新的技术专利。公司在专利应用过程中积累了大量实践经验,这些实践经验形成的非专利技术也是公司竞争力的重要组成部分,不受专利到期的影响。因此,上述部分专利到期后不会对公司的持续经营能力产生较大不利影响。

公司自成立以来,长期专注并深耕于智能物流系统领域,形成了具有完整知识产权的、以服装生产、物流运输等多领域智能调度算法技术、智能生产设备整厂动态追踪技术和柔性夹持悬挂载具技术为代表的核心技术体系,上述核心技术是公司产品市场竞争力的重要支撑。对于公司现有产品中所应用的最新技术,公司正在申请专利等知识产权,并采取相应的保密措施。

【要点总结】

发行人有20项专利将于未来一年内到期,监管机构问询即将到期专利的营业收入与总收入占比、对企业持续经营的影响以及企业拟采取的应对措施,除此之外还问及该等专利是否形成主营业务收入以及与发行人核心技术的对应情况。对此,发行人说明了即将到期的专利中有7项未应用于公司的主营业务,另外13项主要应用于产品的非关键环节,不属于核心技术或已升级更新。公司产品为多项不同专利和多个软件著作权融合应用的系统,不会因其中个别专利到期而出现产品技术优势或竞争优势明显下降的情形。

2. 发行人:SSGJ药业(上海)股份有限公司

【披露文件】

《关于SSGJ药业(上海)股份有限公司首次公开发行股票并在科创板上市申请文件的第二轮审核问询函的回复》

【问询节选】

问题8

根据问询回复,发行人14项境内专利即将到期,发行人认为上述即将到期专利为设立时股东投入、发行人自主申请或受让取得,涉及301S、302H与304R三个主要临床在研产品,其中301S及302H已提交NDA申请,304R已完成临床Ⅲ期正在补充PK试验。因此,预计上述即将到期的1-14项境内专利不会

对相关在研产品的申报上市产生不利影响，也不会对发行人未来研发产生重大不利影响。

请发行人补充披露301S、302H与304R产品是否均能于2021年完成申报上市，专利到期对已申报上市或已上市药品是否不存在影响，发行人上述信息披露的依据是否充分；结合专利到期对产品市场竞争环境、市场价格的影响等，进一步分析披露专利到期对发行人研发和相关在研产品前景的影响。

【回复节选】

发行人已在招股说明书"第六节业务和技术"之"九、发行人核心技术和技术储备情况"之"（五）专利对主要产品的影响"之"2. 1－14项即将到期专利对研发与主要在研产品的影响"中补充披露如下：

"2. 1－14项即将到期专利对研发与主要在研产品的影响……在药物研发过程中，专利到期可能会使得相关产品存在专利悬崖的风险，即随着专利到期后会有更多的仿制药或生物类似药进行申请或上市，因此会对原研药在市场竞争环境、产品定价等方面存在一定程度的不利影响。但相对化学药，生物药分子结构更加复杂，在研发与生产质量控制方面的技术要求均更高，比如不同于化学药系由化学合成而来，生物药需进行细胞培养、多级纯化等工艺步骤，故即使是生物类似药在有效性、安全性等方面也可能会与原研药存在差异。

上述即将到期专利为设立时股东投入、发行人自主申请或受让取得，涉及301S、302H与304R三个主要临床在研产品，其中：（1）301S申报类别为治疗用生物制品13类（为301的预充针剂型），已提交NDA申请且预计2021年上市；（2）302H申报类别为治疗用生物制品2类，已提交NDA申请且预计2020年上半年上市；（3）304R申报类别为治疗用生物制品2类，已完成临床Ⅲ期正在补充PK试验且预计2022年申报NDA、2023年上市。因此，预计上述即将到期的1－14项境内专利不会影响涉及的3个药品申报类别，不会对其申报上市产生不利影响，也不会对发行人未来研发产生重大不利影响。

前述3个产品目前在国内已有相同靶点的已上市或已提交上市申请的竞品，但尚未出现有竞争者以该等产品所涉专利内容申请并进入临床的产品。未来，不排除有更多相同靶点的竞品申请上市，但申请临床并完成全部临床试验仍需较长的时间。因此，前述发行人3个产品目前的主要竞争者仍是相同靶点已上市或已提交上市申请的相关产品。"

【要点总结】

发行人 14 项境内专利即将到期，因此监管机构在两轮问询中都问到了到期专利的相关问题，监管机构问询发行人专利到期对已申报上市或已上市药品是否存在影响；结合专利到期对产品市场竞争环境、市场价格的影响等，进一步分析披露专利到期对发行人研发和相关在研产品前景的影响。

发行人回复，即将到期专利涉及 3 个主要临床在研产品，分别预计在 2020 年、2021 年、2023 年上市，即将到期专利不会对其申报上市产生不利影响，也不会对发行人未来研发产生重大不利影响。虽然不排除有更多相同靶点的竞品申请上市，但申请临床并完成全部临床试验仍需较长的时间。因此，前述发行人 3 个产品目前的主要竞争者仍是相同靶点已上市或已提交上市申请的相关产品。

（二）同类问询问题的梳理

就“专利权即将到期”这一风险点，除了上述典型问询案例之外，笔者还检索到了浙江 TD 环保科技股份有限公司、上海 HH 药物研究开发股份有限公司、合肥 GDGK 信息科技股份有限公司、北京 YB 电力技术股份有限公司、青岛 DN 环保设备股份有限公司、长沙 XJ 生物工程股份有限公司、上海 FJ 环保科技股份有限公司、LD 环境科技股份有限公司、苏州 ZJ 生物制药股份有限公司等数十件相关问询案例，并筛选出以下较为典型且具有参考价值的问询问题：

1. 即将到期的专利技术产生的营业收入金额，占报告期各期营业总收入的比例，该等专利技术到期后对公司持续经营的影响，拟采取的应对措施；前述发明专利是否均形成主营业务收入，说明形成主营业务收入的具体情况。

2. 针对该产品相关专利即将到期，发行人已采取和拟采取的保护措施，相关措施的有效性，对发行人该产品研发、上市销售及未来市场竞争格局的影响情况。

3. 即将到期专利在报告期内所产生营业收入、利润及其占比等情况，结合同类产品的市场竞争状况披露是否将对发行人生产经营产生重大影响。

4. 专利到期对已申报上市或已上市药品是否存在影响，发行人上述信息披露的依据是否充分；结合专利到期对产品市场竞争环境、市场价格的影响等，进一步分析披露专利到期对发行人研发和相关在研产品前景的影响。

（三）风险点分析

1. 相关IP法律和政策的梳理与解读

《专利法》第13条规定："发明专利申请公布后，申请人可以要求实施其发明的单位或者个人支付适当的费用。"

第42条规定："发明专利权的期限为二十年，实用新型专利权的期限为十年，外观设计专利权的期限为十五年，均自申请日起计算。自发明专利申请日起满四年，且自实质审查请求之日起满三年后授予发明专利权的，国务院专利行政部门应专利权人的请求，就发明专利在授权过程中的不合理延迟给予专利权期限补偿，但由申请人引起的不合理延迟除外。为补偿新药上市审评审批占用的时间，对在中国获得上市许可的新药相关发明专利，国务院专利行政部门应专利权人的请求给予专利权期限补偿。补偿期限不超过五年，新药批准上市后总有效专利权期限不超过十四年。"

知识产权的时间性或者期限性，是知识产权区别于有形财产所有权的重要特征之一。专利权期限的起点一般是申请日。发明专利权的期限为20年，实用新型专利权的期限为10年，外观设计专利权的期限为15年。

专利权期限届满的法律后果，重点在于相关的发明创造就此进入了公有领域。一方面，对于原专利权人而言，这意味着相关发明创造不可能再次获得专利授权，因为该发明创造已经公开并进入公有领域而不再具备新颖性；另一方面，对于公众而言，任何人都可以任意使用相关发明创造而无须获得许可或者支付费用。

2. 相关科创板IPO规则的梳理与解读

根据《科创板注册管理办法》第12条，科创板发行条件要求发行人具备独立持续经营能力，无重大经营环境变化。经营环境是影响企业生产经营活动的条件，是制约企业生存和发展的重要因素，包括内部环境与外部环境。具体到知识产权层面，重大经营环境变化可包括发行人专利因到期而失效等情形引起的外部市场环境变化。

如上文所述，在发行人的专利到期失效后，相应的专利技术方案将进入公有领域，处于不必经任何授权或许可而被任何人使用的状态，发行人不再能够禁止他人使用相应技术方案。这对发行人经营环境带来的影响是，发行人在市场环境中将不再享有排他实施专利技术方案的权利，竞争者的不断出现，不仅将挤占发行人的市场份额，还将剥夺发行人的定价权。尤其对于制药行业的企业而言，专利到期后仿制药可能快速充斥市场，企业销售利润也将急剧下滑，这种现象被称为“专利悬崖”。因此，专利到期很可能使得发行人经营环境出现重大变化，影响发行人独立持续经营能力。

（四）同类问询回复要点

针对审核过程中可能涉及的“专利权即将到期”相关问询问题，为及时妥善回复，本书梳理出以下回复重点，供（拟）科创板 IPO 企业参考：

1. 根据发行人实际情况，说明即将到期的专利申请时间较早，因公司产品技术不断升级，即将到期的专利未应用于公司的主营业务产品；

2. 根据发行人实际情况，说明即将到期的专利不属于公司的核心技术或公司已对原专利进行了升级更新并已申请新的专利进行替代；

3. 根据发行人实际情况，说明即将到期的专利贡献的营业收入；

4. 根据发行人实际情况，结合公司可以继续使用相关技术、公司产品技术升级、已申请新专利、具备相关有竞争力的非专利技术等说明不会因个别专利到期而出现产品技术优势或竞争优势明显下降的情形；

5. 根据发行人实际情况，结合同行业竞争者情况、竞争者将到期专利技术应用于生产所需要的时间、难度等，说明即便专利到期也不会导致竞争优势明显下降。

二十一、未将发行人登记为原始专利权人

根据我国专利法规定，员工执行本单位的任务或者主要是利用本单位的物质技术条件所完成的发明创造为职务发明创造，申请专利的权利属于该单位，申请被批准后，单位为专利权人。但实践中，由于缺乏知识产权管理经验，部分企业存在早期将实控人或技术人员登记为专利权人的情况。这种情况可能引发监管机构对（拟）科创板 IPO 企业知识产权内控制度、知识产权权属风险等问题的关注。

（一）问询与回复案例精选

1. 发行人：广州JT生物过滤股份有限公司

【披露文件】

《关于广州JT生物过滤股份有限公司首次公开发行股票并在科创板上市申请文件的审核问询函的回复》

【问询节选】

问题14

招股说明书披露，公司及子公司拥有的发明专利证书共22项，其中9个为转让取得。

请发行人说明：发行人从袁某等人处转让取得的专利，是否为袁某等人的职务发明，未将发行人作为权利人原始取得的原因。

【回复节选】

《专利法》第6条规定："执行本单位的任务或者主要是利用本单位的物质技术条件所完成的发明创造为职务发明创造。职务发明创造申请专利的权利属于该单位；申请被批准后，该单位为专利权人。非职务发明创造，申请专利的权利属于发明人或者设计人；申请被批准后，该发明人或者设计人为专利权人。利用本单位的物质技术条件所完成的发明创造，单位与发明人或者设计人订有合同，对申请专利的权利和专利权的归属作出约定的，从其约定。"《专利法实施细则》第12条规定："专利法第六条所称执行本单位的任务所完成的职务发明创造，是指：（一）在本职工作中作出的发明创造；（二）履行本单位交付的本职工作之外的任务所作出的发明创造；（三）退休、调离原单位后或者劳动、人事关系终止后1年内作出的，与其在原单位承担的本职工作或者原单位分配的任务有关的发明创造。专利法第六条所称本单位，包括临时工作单位；专利法第六条所称本单位的物质技术条件，是指本单位的资金、设备、零部件、原材料或者不对外公开的技术资料等。"

袁某、Yuan为公司员工，上述专利均为袁某、Yuan在执行公司研发任务或者主要利用公司的物质技术条件所完成的发明创造，且袁某、Yuan未就上述专利与公司签订合同另行约定专利权的归属。因此，根据相关法律法规的规定，上述专利属于袁某、Yuan在公司任职期间的职务发明，上述专利权应属于公司。鉴于此，袁某、Yuan在以自己名义申请上述专利的权利人后，将上述专利权转回给了公司。

公司未作为上述专利权利人原始取得系由于公司发展初期，袁某等研发技术人员对知识产权申请授权保护观念不足，对知识产权的相关法律法规及政策理解不深，同时出于申请授权程序的便捷性等方面考虑，故对于上述专利申请授权时，仅以上述专利发明人作为专利权人提交申请。2015年开始，公司逐步加强了知识产权的规范管理，将上述职务发明产生的专利权转至公司名下，同时，此后职务发明的申请、续费等统一由公司聘请的外部专利代理机构办理，并以公司的名义申请专利授权。

【要点总结】

发行人有部分专利系从其员工处受让取得，监管机构要求发行人说明受让取得的专利是否为相关员工的职务发明，以及未将发行人登记为原始专利权人的原因。发行人回复称，受让取得的专利系相关员工的职务发明；发行人早期知识产权保护观念不足，出于申请授权程序的便捷性将上述员工作为专利权人原始取得；发行人现已加强知识产权管理，聘请外部专利代理机构统一以公司名义申请专利。

2. 发行人：广东BH医疗科技股份有限公司

【披露文件】

《关于广东BH医疗科技股份有限公司首次公开发行股票并在科创板上市申请文件的审核问询函的回复》

【问询节选】

问题6

招股书披露，发行人商标均系自主取得，少量专利来自内部转让，而前次申报创业板招股书显示，发行人多项商标、专利系来自关联方无偿转让。

请发行人说明：(3)发行人受让专利的情况，以及对发行人核心技术形成是否产生重大影响，无偿受让的原因和合理性，相关专利是否由关联方自主取得，是否存在纠纷及潜在纠纷可能。

【回复节选】

截至2021年2月28日，发行人及子公司通过继受方式取得5项专利，具体如下：

……

一种导丝导入器专利

该项专利的发明人为荆某、陈某，实质上为职务发明。发行人早期因考虑以个人名义申请的专利相关维护成本较低，故以马某个人名义申请，后因经营需要，马某将其转让给发行人。2011 年 2 月，马某与发行人签署《专利转让协议》，将发明专利“一种导丝导入器”无偿转让予发行人。

上述专利权转让已按规定办理专利权转让手续，并已取得国家知识产权局核发的《手续合格通知书》，不存在纠纷及潜在纠纷可能。

【要点总结】

发行人部分专利来自内部转让或关联方无偿转让，监管机构要求发行人说明受让专利的情况，对核心技术的形成是否有重大影响，无偿受让的原因、合理性，以及是否存在相关纠纷或潜在纠纷。关于未将发行人登记为原始专利权人的专利，发行人回复称，该专利为其员工的职务发明，早期出于专利维护成本的考虑将相关员工登记为专利权人，现已完成无偿转让，不存在相关纠纷及潜在纠纷。

（二）同类问询问题的梳理

就“未将发行人登记为原始专利权人”这一风险点，除了上述典型问询案例之外，本书还检索到了江苏 LR 新材料股份有限公司、深圳市 BQS 科技股份有限公司、MG 新材料股份有限公司等相关问询案例，并梳理汇总出以下具有参考价值的问询问题：

1. 发行人从袁某等人处转让取得的专利，是否为袁某等人的职务发明，未将发行人作为权利人原始取得的原因。

2. 发行人受让专利的情况，以及对发行人核心技术形成是否产生重大影响，无偿受让的原因和合理性，相关专利是否由关联方自主取得，是否存在纠纷及潜在纠纷可能。

3. 披露发行人受让取得的专利的来源，转让方与发行人是否存在可能导致利益输送的特殊关系。

4. 发行人受让商标及专利的交易相对方情况，是否为发行人的关联方，交易的定价依据及公允性，是否存在纠纷或潜在纠纷。

5. (1)部分专利多次转让的原因及合理性；(2)转让价格是否合理、公允，是否存在纠纷或潜在纠纷。

（三）风险点分析

关于本风险点涉及的知识产权权属相关 IP 法律和政策，本书已在“核心技术人员存在兼职”“新员工在原单位离职一年内作出发明创造”等内容中进行梳理与解读，故仅就相关科创板 IPO 规则进行梳理与解读如下：

未将发行人登记为原始专利权人，主要体现出两类可能存在的知识产权相关风险：一是发行人知识产权管理的内控制度可能存在一定缺陷；二是相关专利可能存在一定的权属纠纷风险。

对于前者，根据《科创板注册管理办法》第 11 条，符合发行条件的基本要求之一，即为发行人应当具有健全的内部控制制度，且被有效执行，其中自然包括知识产权管理的内控制度。如果发行人存在将员工、关联方误登记为原始专利权人的情况，一定程度上说明了发行人的知识产权管理制度可能不健全，进而可能导致不符合科创板发行条件。

对于后者，根据《科创板注册管理办法》第 12 条，独立持续经营能力要求发行人不应存在核心技术、商标等知识产权重大权属纠纷。发行人如果基于程序便利、维护成本等方面的考虑将员工、关联方登记为原始专利权人，那么发行人在名义上对相关专利并不享有任何权利；而且后续即使已通过转让手续将相应的专利权转让至发行人名下，但如果转让协议就相关的权利义务等约定不够明确，也可能导致存在一定的知识产权权属风险。潜在的知识产权权属风险可能影响监管机构对发行人独立持续经营能力的考察，进而影响发行人是否符合科创板发行条件的认定。

（四）同类问询回复要点

针对审核过程中可能涉及的“未将发行人登记为原始专利权人”相关问询问题，为及时妥善回复，本书梳理出以下回复要点，供（拟）科创板 IPO 企业参考：

1. 发行人可根据情况解释相关原因，如早期知识产权管理经验较弱、出于申请授权程序的便捷性考虑、出于维护成本考虑等；

2. 发行人可说明目前知识产权内控制度的建立及运行情况，是否设立有专门的知识产权管理部门或管理员，是否有外部知识产权合作机构等；

3. 发行人可基于职务发明创造的各项构成要件，说明相关专利属于职务发

明创造,属于发行人所有;

4. 发行人可根据情况说明相关专利权已经完成转让,不存在知识产权权属纠纷风险;

5. 发行人可要求相关专利原登记的名义权利人书面确认同意将专利归还给发行人,与发行人之间就相关专利不存在任何争议。

第二章　其他知识产权相关风险与案例

一、软件著作权数量远低于竞争对手

通常而言,软件行业企业主要通过软件著作权而非发明专利对其核心技术进行保护。具有自主知识产权的软件著作权是软件行业企业持续发展的关键要素之一,软件著作权数量也一定程度上反映了企业技术的先进性。对于软件行业(拟)科创板 IPO 企业而言,如果不能通过软件著作权数量情况充分说明其具有技术先进性,可能使监管机构对其是否符合科创板定位产生疑问。

(一)问询与回复案例精选

1. 发行人:JYSZ 科技股份有限公司

【披露文件】

《关于 JYSZ 科技股份有限公司首次公开发行股票并在科创板上市申请文件审核问询函的回复》

【问询节选】

问题 24

招股说明书披露,发行人及子公司取得软件著作权 142 项,其中主要在用及主要预计使用的软件著作权共 39 项。

请发行人说明:(5)对比同行业企业情况,说明主要在用及主要预计使用的软件著作权数量占软件著作权总数比例较低的原因及合理性。

【回复节选】

申请软件著作权是软件企业保护自身知识产权的手段之一,根据《计算机软件保护条例》,软件著作权保护期为 50 年,期限较长,因此,软件公司在发展过程中,软件著作权会不断积累增加。截至 2019 年 12 月 31 日,公司及子公司取得软件著作权 146 项,其中主要在用及主要预计使用的软件著作权 46 项,占比为 31.51%，其他软件著作权未列为主要在用的软件著作权的原因主要为：

(1)同一软件由于更新迭代、名称变更等原因，申领了新的软件著作权，原有软件著作权不再使用；

(2)部分软件著作权为公司其他产品的子系统，较少单独销售；

(3)部分软件著作权为公司基础平台类产品，一般不对外销售；

(4)部分软件著作权应用范围较小，非公司主要产品。

根据以上情况，公司的软件著作权分类情况如下：

类别	数量	占比
主要在用及主要预计使用软件著作权	46	31.51%
由于版本升级、名称变更等原因不再使用的软件著作权	29	19.86%
作为公司核心产品的子系统进行销售	53	36.30%
作为公司基础平台类产品，一般不对外销售	8	5.48%
应用范围较小，非公司主要产品	10	6.85%
合　　计	146	100.00%

经查阅公开披露信息，截至 2019 年 12 月 31 日，申请科创板上市的软件和信息技术服务业公司共 34 家，其中有 4 家采用了与公司类似的披露方式，具体情况如下：

公司名称	软件著作权总数	主要软件著作权数量	主要软件著作权占比
北京 HTHT 信息技术股份有限公司	147	38	25.85%
北京 ZYHL 软件股份有限公司	98	27	27.55%
SDDW 软件股份有限公司	247	68	27.53%
PY 信息技术股份有限公司	172	138	80.23%

由上表可见，公司软件著作权情况与多数软件企业类似，符合软件企业的一般特征，主要在用软件著作权占比较低具备合理性。

【要点总结】

发行人在招股说明书中披露了其拥有的软件著作权数量，并指出主要在用及主要预计使用的软件著作权数量约占 1/3。监管机构要求发行人说明主要在用及主要预计使用的著作权数量占比较低的原因及合理性。发行人从技术更新迭代、属于子系统产品销售较少、属于基础平台类产品不对外销售、非公司主要产品等方面对其原因进行了说明。同时列举其他软件企业的软件著作权数量情况,说明发行人的情况与行业内多数企业类似,符合行业特征。

2. 发行人:PY信息技术股份有限公司

【披露文件】

《关于PY信息技术股份有限公司首次公开发行股票并在科创板上市申请文件审核问询函的回复》

【问询节选】

问题4

根据招股说明书,发行人产品在功能、技术性能等方面与国际品牌(IBM、Oracle等)同类型产品相当,处于国内先进水平,发行人与IBM、Oracle等企业共同参与SCA/SDO两项SOA国际技术规范,并参与11项国家技术标准制定。2018年国内软件基础平台(中间件)市场总体规模为65.0亿元,预计2019年市场总体规模为72.4亿元。

请发行人说明:(5)结合同行业可比公司发明专利及软件著作权数量等方面,分析公司技术在国内的先进性。

【回复节选】

(3)同行业可比公司发明专利及软件著作权数量

对比项目	PY信息	DFT	BLD
发明专利	25	12	0
软件著作权	172	157	65

以上内容已在招股说明书“第六节　业务与技术”之“二、发行人所处行业的基本情况及竞争状况”之“(五)发行人与同行业可比公司的对比情况”之“4. 发明专利及软件著作权数量”中补充披露。

……

综上所述,公司关键核心技术较业内现状具有先进性;公司无法取得行业内主要企业主流产品的技术性能评测结果;公司软件基础平台领域的发明专利、软件著作权与同行业可比公司相比具有一定优势;公司参与了多项软件基础平台领域国家标准的制定并且是为数不多的参与国际技术规范制定的国内企业,因此,公司技术在国内具有先进性。

【要点总结】

发行人在招股说明书中指出其产品在功能、技术性能等方面处于国内先进水平,监管机构要求其结合同行业可比公司的软件著作权数量具体说明技术先进性。发明人结合同行业可比公司的数据说明了竞争优势,并结合公司产品技术性能与国内同行业公司主流产品的差异、公司参与制定国际国内相关标准等多角度论述,证明了公司技术具有先进性。

(二)同类问询问题的梳理

就"软件著作权数量远低于竞争对手"这一风险,除了上述典型问询案例之外,本书还检索到了北京HZJK科技股份有限公司、厦门XW新能源材料股份有限公司、江苏HW科技股份有限公司、江苏JZ教育信息股份有限公司、广东WD信息科技股份有限公司、浙江HYLY环保科技股份有限公司等相关问询案例,并梳理汇总出以下具有参考价值的问询问题。

1. 对比同行业企业情况,说明主要在用及主要预计使用的软件著作权数量占软件著作权总数比例较低的原因及合理性。

2. 结合同行业可比公司发明专利及软件著作权数量等方面,分析公司技术在国内的先进性。

3. 公司与国内外竞争对手技术指标、研发能力的比较情况,包括公司主要产品或技术储备的各类指标与国内外竞争对手的差异,研发投入、研发人员数量、发明专利及软件著作权数量等比较情况,补充披露相关竞争劣势。

4. 请发行人补充披露与同行业可比公司在研发费用、研发费用率、研发人员及占比、专利及软件著作权数量上的比较情况,简要披露"公司钴酸锂和NCM三元材料的技术指标与同行业可比公司比较情况"中相关技术指标的含义。

5. 各类产品的技术先进性对比情况及在国内外技术水平,公司与国内外竞争对手技术指标、研发能力的比较情况,包括公司主要产品或技术储备的各类指标与国内外竞争对手的差异,研发投入、研发人员数量、发明专利及软件著作权数量等比较情况,客观披露竞争优劣势。

6. 发行人共有软件著作权或合作研发的软件著作权数量、具体名称、权利义务安排、与发行人核心技术和主营业务的关系,是否存在纠纷或潜在纠纷。

7. 各项软件著作权与公司报告期各期销售主要产品对应情况，结合软件增值税退税情况，说明实际存在应用的软件著作权数量。

8. 请发行人重新披露同行业可比公司信息，列表披露与同行业可比公司的营业收入、净利润、总资产、净资产，补充披露充研发费用金额、软件著作权数量、研发人员占比等指标数据。

（三）风险点分析

关于本风险点，并无直接相关的 IP 法律法规和政策，故仅就相关科创板 IPO 规则梳理与解读如下：

如本书第一篇第二章所述，申请在科创板上市的企业，应符合科创板定位、发行条件、上市条件和信息披露要求。其中，根据《科创板申报及推荐暂行规定》第 3 条的规定，科创板优先支持符合国家科技创新战略、拥有关键核心技术等先进技术、科技创新能力突出、科技成果转化能力突出、行业地位突出或者市场认可度高等的科技创新企业发行上市。也就是说，具有突出的科技创新能力是发行人符合科创板定位的基本要求之一。

根据《科创属性评价指引》的规定，软件行业企业不适用“形成主营业务收入的发明专利 5 项以上”的科创属性要求，取而代之的是“研发投入占比应在 10% 以上”。监管机构虽然以对研发投入占比的规定取代了对知识产权具体数量的要求，但是，知识产权数量仍是企业科技创新能力的最直观体现。因此，软件行业（拟）科创板 IPO 企业可通过与行业可比企业的对比情况证明其软件著作权数量的合理性，并结合研发投入、研发人员占比等综合证明企业具有突出的科技创新能力。

（四）同类问询回复重点

针对审核过程中可能涉及的“软件著作权数量远低于竞争对手”相关问询问题，为及时妥善回复，本书梳理出以下回复重点，供（拟）科创板 IPO 企业参考。

1. 发行人可列表分类整理软件著作权情况，并说明其软件著作权不存在权属争议、质押冻结等权利受限情形。

2. 发行人可结合与同行业可比企业之间的软件著作权数量对比情况，说明其软件著作权数量符合行业特征或具有一定优势。

3. 关于主要在用及拟用软件著作权数量占比的合理性，发行人可以从技术更新迭代导致被更新的软件著作权不再使用、作为核心产品的构成部分不单独销售、作为基础平台类产品不对外销售、其余软件著作权不对应主要产品、核心技术通过其他手段保护等角度进行说明。

此外，基于监管机构对发行人科技创新能力的关注，发行人可以根据情况从对技术性能的评测、公司参与国际国内相关标准的制定、取得多项荣誉和认定、主要产品或技术储备各类指标与国内外竞争对手的差异、研发投入、研发人员占比、发明专利情况等，综合证明企业具有突出的科技创新能力。

二、软件著作权受让取得

随着互联网的发展，软件著作权已成为企业科技创新重要成果的表现形式之一。对于（拟）科创板IPO企业而言，如果软件著作权是经受让而取得的，监管机构通常会关注发行人的无形资产是否完整、独立，以及是否存在知识产权权属纠纷或风险，另外还可能涉及发行人是否具有突出的科技创新能力。

（一）问询与回复案例精选

1. 发行人：ZDYS（天津）科技股份有限公司

【披露文件】

《关于ZDYS（天津）科技股份有限公司首次公开发行股票并在科创板上市申请文件的审核问询函之回复报告》

【问询节选】

问题20

ZDYS及其子公司有多项软件著作权是以受让方式取得的。

请发行人说明：受让取得的软件著作权在发行人生产经营过程中发挥的作用，相关软件著作权的原权利人，受让协议关于权利义务的主要内容，是否存在纠纷或者潜在纠纷。

【回复节选】

（1）受让取得的软件著作权在发行人生产经营过程中发挥的作用

公司受让取得的软件著作权具体内容及应用情况如下：

序号	所受让软著名称	软件内容	应用情况
1	YS环境温湿度实时监控系统软件[简称:温湿度监控软件]V1.0	实时监测药品库房的温湿度、通风情况,将根据监管需要动态设置温湿度采集的频率以及上报的时间间隔。如遇温湿度超标情况,预警中心相关预警。温湿度传感器采集的环境数据传输到数据接收器,并把数据传输到平台,实现对温湿度的监测。	应用在药品库房,满足企业对温湿度环境精准控制的需求。
……(以下内容略)			

公司通过受让上述软件著作权,获得相关产品的源代码、文档,完善了公司的产品体系,使公司相关软件产品具备自主知识产权,提高产品竞争力,提升了公司盈利能力。

(2)受让协议的基本情况

2013年7月及2015年6月,浙江ZDWXYS网络通讯有限公司(以下简称WXYS)分别与YS有限合计签署2份及11份《技术转让(软件著作权)合同》,分别约定WXYS将其拥有的2项及11项软件著作权转让给YS有限,上述软件著作权转让的基本情况如下:

序号	所受让软著名称	转让价格(万元)	受让时间	原权利人
1	YS食品药品网络管理信息系统[简称:YS-FDA]V1.0	100	2013年7月	WXYS
……(以下内容略)				

(3)受让协议关于权利义务的主要内容

双方于《技术转让(软件著作权)合同》中约定,公司向WXYS购买的上述软件著作权的著作权和所有权,WXYS需将相关的著作权和所有权证书、产品源代码、技术说明文档和适用对象说明提交公司;公司有权利用转让所得的技术进行后续改进,由此产生的具有实质性或创造性技术进步特征的新的技术成果归公司所有,WXYS无权分享;WXYS有权在已交付著作权后,对该项著作权涉及的发明创造进行后续改进,由此产生的具有实质性或创造性技术进步特征的新的技术成果归WXYS所有,公司无权分配。

(4)是否存在纠纷或者潜在纠纷

公司及WXYS已按照上述转让合同的约定履行相关义务,转让价款已结清并办理完毕所属权的变更登记手续,不存在纠纷或潜在纠纷。

【披露文件】

《关于 ZDYS(天津)科技股份有限公司首次公开发行股票并在科创板上市申请文件的第三轮审核问询函之回复报告》

【问询节选】

问题 2

根据问询回复,2013 年 1 月,公司与 YN 创投、史某、林某、诸某、齐某签订《股权转让协议》,约定分别将其持有的 WXYS 股权转让给公司,股权转让价格为 1 元/出资额。本次股权转让之后,公司持有 WXYS 64.29% 的股权,成为其控股股东。公司收购 WXYS 主要目的系收购其食药监管信息化业务,在完成业务重组后,公司于 2014 年 10 月将持有的 WXYS 64.29% 的股权以1 元/出资额的价格转让给浙江 LQ 信息科技有限公司。2015 年 6 月,WXYS 将其拥有的 13 项软件著作权转让给 YS 有限,转让价格从 30 万元到 550 万元不等。

请发行人说明:公司于 2014 年 10 月将持有的 WXYS 64.29% 的股权以 1 元/出资额的价格转让给浙江 LQ 信息科技有限公司,又于 2015 年 6 月斥资 1730 万元从 WXYS 购买 13 项软件著作权的原因。

【回复节选】

公司收购 WXYS 后,将其食药监信息化业务与公司进行了整合。公司于 2013 年 7 月根据项目需要分别与 WXYS 签署《技术转让(软件著作权)合同》,约定公司分别以 30 万元、100 万元的价格受让 WXYS 持有的"YS 中药材 GSP 进销存系统软件 V1.0"和"YS 食品药品网络管理信息系统 V1.0"两项软件著作权。上述两项软件著作权已于 2013 年 7 月 26 日完成变更登记。因公司拟购买的软件和软件著作权涉及数目较多,且部分软件仍处于开发过程中但尚未取得软件著作权登记证书,为提高效率、节省人力,公司决定待相关软件著作权取得登记证书后统一签署协议,统一办理变更登记手续。

公司拟购买的软件著作权于 2014 年 9 月全部取得登记证书后,公司与 WXYS 于 2014 年 10 月签署了《技术转让框架协议》,约定公司向 WXYS 购买 11 项软件著作权,该等软件著作权的转让价格以评估机构确定的价值为准。2014 年 10 月,LQ 信息欲收购 WXYS 开发中药工厂生产控制系统的通讯模块解决方案,公司将 WXYS 64.29% 股权以 1350 万元转让给 LQ 信息。

2015 年 5 月,KY 资产评估有限公司就上述 11 项软件著作权价值出具《资产评估报告》(KY评报[2015]533号),上述软件著作权的评估价值为1600万元。2015年6月,公司与WXYS签署《技术转让(软件著作权)合同》,约定公司总计以1600万元的价格购买WXYS的YS环境温湿度实时监控系统软件V1.0、YS医疗器械进销存管理系统软件V1.0等11项软件著作权。综上,公司2014年10月转让WXYS 64.29%股权后,于2015年6月向WXYS购买11项软件著作权的原因为:公司与WXYS于2014年10月签署了《技术转让框架协议》,约定公司向WXYS购买11项软件著作权,该等软件著作权的转让价格以评估机构确定的价值为准。2014年10月,LQ信息欲收购WXYS开发中药工厂生产控制系统的通信模块解决方案,公司将WXYS 64.29%股权转让给LQ信息。待11项软件著作权的评估工作完成后,2015年6月,公司向WXYS购买上述11项软件著作权。

【要点总结】

发行人有多项软件著作权是以受让方式取得的,在第一轮问询中,监管机构主要关注发行人受让取得软件著作权的来源,受让协议关于权利义务的主要内容,以及是否存在纠纷或者潜在纠纷。发行人进一步披露了受让协议的基本情况和受让协议关于权利义务的主要内容,表示转让价款已结清并办理完毕所属权的变更登记手续,不存在纠纷或潜在纠纷。此后,在第三轮问询中,发行人应监管机构的要求,就购买软件著作权的原因进行了详细说明。

2. 发行人:深圳市YHL生物科技股份有限公司

【披露文件】

《深圳市YHL生物科技股份有限公司首次公开发行股票并在科创板上市申请文件的审核问询函之回复报告》

【问询节选】

问题7

招股说明书披露,发行人与深圳市人民医院存在2项共有的发明专利;发行人有3项软件著作权为受让取得。发行人与多家机构存在合作研发。

请发行人补充说明:(2)发行人与其他方关于软件著作权受让的具体安排,如双方的权利义务、附属条件、权利受限情况等;(3)结合发行人与其他机构合作研发、共有专利、受让取得软件著作权等情况,说明发行人是否具备核心技术的自主研发能力。

【回复节选】

关于发行人与其他方关于软件著作权受让的具体安排：

截至目前，发行人共三项软件著作权系受让取得，具体情况如下：

序号	软件全称	登记号	登记时间	出让方	是否存在他项权利
1	科路仕 EF－1 型全自动食品免疫分析系统软件 V1.0	2019SR1139421	2019－11－12	刘某	否
……(以下内容略)					

上述软件著作权系发行人原股东刘某、胡某、阳某于公司2011年5月增资时用于作价出资的软件著作权，刘某、胡某、阳某已于增资时就前述软件著作权过户至YHL有限名下。2011年12月，因市场情况及公司发展战略变更，原股东此前注入的该等无形资产对公司经营无实际用途，因此已通过减资方式将前述用于出资的软件著作权退还原股东。

根据刘某、胡某、阳某分别出具的《授权书》，刘某、胡某、阳某已分别于2019年11月将上述软件著作权无偿转让给发行人，追溯授权并确认发行人自该软件开发完成日起，即无偿、独占、排他地使用该软件著作权，授权时限直至2019年11月12日该等软件著作权办理完成过户至发行人的权属变更登记手续为止。

关于发行人是否具备核心技术的自主研发能力：

公司依据产品研发特点，形成了系统化和规模化的研发机制，并培养了一批多学科、多层次、结构合理的研发队伍，能够科学高效地进行研发。目前，发行人核心技术全部来自发行人自主研发。

发行人已就核心技术及核心技术产品取得对应的专利及医疗器械注册证书，相关专利均通过了国家专利行政管理部门的审查，具有创新性、新颖性和实用性。发行人现有核心技术平台均为自主研发形成，不依赖于与其他机构合作研发，发行人共有专利及受让取得的软件著作权亦不涉及公司未来发展的主要领域。

综上，发行人具备核心技术的自主研发能力。

【要点总结】

发行人有3项软件著作权为受让取得，监管机构要求发行人补充披露发行人与软件著作权出让方关于受让协议的具体安排，并结合受让取得软件著作权等情况说明发行人是否具备核心技术的自主研发能力。发行人罗列了出让方等涉及受让取得的具体情况，并结合相关授权书说明了软件著作权无偿转让的情况；发行人说明其受让取得的软件著作权不涉及公司未来发展的主要领域，发行人的核心技术全部来自发行人自主研发，故发行人具备核心技术的自主研发能力。

（二）同类问询问题的梳理

就“软件著作权受让取得”这一风险点，除了上述典型问询案例之外，本书还检索到了贵州BSY科技股份有限公司、无锡XS医疗科技股份有限公司、上海FJ环保科技股份有限公司等相关问询案例，并梳理汇总出以下具有参考价值的问询问题。

1. 请发行人说明：受让取得的软件著作权在发行人生产经营过程中发挥的作用，相关软件著作权的原权利人，受让协议关于权利义务的主要内容，是否存在纠纷或者潜在纠纷。

2. 请发行人说明：公司于2014年10月将持有的WXYS 64.29%的股权以1元/出资额的价格转让给浙江LQ信息科技有限公司，又于2015年6月斥资1730万元从WXYS购买13项软件著作权的原因。

3. 请发行人补充披露：发行人与其他方关于软件著作权受让的具体安排，如双方的权利义务、附属条件、权利受限情况等；结合发行人与其他机构合作研发、共有专利、受让取得软件著作权等情况，说明发行人是否具备核心技术的自主研发能力。

4. 请发行人披露：受让取得的原因及过程，按照对发行人生产经营的重要性程度，排序专利、软件著作权、商标、医疗器械注册证等资源要素。

5. 请发行人披露：受让取得相关专利、软件著作权的时间、出让方、取得价格，受让相关专利、软件著作权的原因，该等专利及软件著作权与发行人产品或服务的对应关系。请发行人结合专利、软件著作权受让取得的情况和发行人核心技术情况，说明发行人是否具有独立研发能力。

6. 请发行人披露：受让取得的软件著作权的取得来源，原权利人的具体情况，发行人通过受让取得该等软件著作权的原因及合理性，定价依据及公允性。

(三)风险点分析

1. 相关 IP 法律和政策的梳理与解读

《著作权法》第 27 条规定："转让本法第十条第一款第五项至第十七项规定的权利，应当订立书面合同。权利转让合同包括下列主要内容：(一)作品的名称；(二)转让的权利种类、地域范围；(三)转让价金；(四)交付转让价金的日期和方式；(五)违约责任；(六)双方认为需要约定的其他内容。"第 29 条规定："许可使用合同和转让合同中著作权人未明确许可、转让的权利，未经著作权人同意，另一方当事人不得行使。"

《著作权法实施条例》第 25 条规定："与著作权人订立专有许可使用合同、转让合同的，可以向著作权行政管理部门备案。"

《计算机软件保护条例》第 20 条规定："转让软件著作权的，当事人应当订立书面合同。"第 21 条规定："订立许可他人专有行使软件著作权的许可合同，或者订立转让软件著作权合同，可以向国务院著作权行政管理部门认定的软件登记机构登记。"

按照相关法律法规，发行人受让取得软件著作权的，应当与出让方订立书面合同，对受让方和出让方的权利义务、附属条件、权利限制等进行具体安排。

若未订立书面合同，依照 2020 年 12 月 23 日修改的《著作权民事纠纷解释》(法释〔2020〕19 号)第 22 条之规定，人民法院将依据《民法典》第 490 条的规定审查合同是否成立，即当一方已经履行主要义务，且对方接受时，可认定该合同成立。实践中，为避免产生不必要的纠纷或风险，发行人还是应当尽可能详尽地订立软件著作权转让书面合同。

此外，相关法律法规虽未强制要求著作权转让经登记后生效，但为避免纠纷或风险，发行人可以向著作权行政管理部门或其认定的软件登记机构进行登记、备案，即完成所谓的"过户"。

著作权转让分为部分转让和全部转让，[①]若发行人与出让方之间仅是转让部分权利，按照《著作权法》第 29 条，转让合同中著作权人未明确转让的权利，未经著作权人同意，另一方当事人不得行使。因此，发行人应当严格依照与出

① 参见胡康生主编：《中华人民共和国著作权法释义》，法律出版社 2002 年版，第 121 页。

让方所订立的书面转让合同行使相关权利。

2. 相关科创板 IPO 规则的梳理与解读

如本书第一篇第二章所述,申请在科创板上市的企业,应符合科创板定位、发行条件、上市条件和信息披露要求。其中,软件著作权受让取得影响监管机构对企业是否符合发行条件要求中独立持续经营能力项下无形资产完整独立和无重大知识产权权属纠纷的判断,同时也涉及科创板定位中科技创新能力的要求。

重大知识产权权属纠纷可能对企业的正常生产经营产生较大影响,自然也被证券监管机构重点关注。根据《科创板注册管理办法》第 12 条的规定,独立持续经营能力要求发行人不应存在核心技术、主要资产、商标等重大权属纠纷。

根据《科创板申报及推荐暂行规定》第 3 条的规定,科创板优先支持符合国家科技创新战略、拥有关键核心技术等先进技术、科技创新能力突出、科技成果转化能力突出、行业地位突出或者市场认可度高等的科技创新企业发行上市。也就是说,拥有先进的核心技术、科技创新能力突出是发行人符合科创板定位的基本要求之一。如果发行人的核心软件著作权是经受让取得的,则可能使监管机构对其科技创新能力是否突出、是否符合科创板定位产生疑问。

(四)同类问询回复要点

针对审核过程中可能涉及的“软件著作权受让取得”相关问询问题,为及时妥善回复,本书梳理出以下回复要点,供(拟)科创板 IPO 企业参考:

1. 发行人可以结合受让协议充分披露发行人与软件著作权出让方关于受让协议的具体安排,明确权利归属和权利限制等问题。

2. 发行人可以结合专业机构出具的评估报告说明定价依据及交易作价的公允性。

3. 发行人可以充分说明软件著作权取得的相关背景,如取得来源、原权利人的具体情况、取得原因及合理性等。

4. 发行人可以结合受让取得的软件著作权并非为企业核心技术、核心技术均为自主研发且权属清晰等情况,来说明发行人存在软件著作权受让取得情况并不能表示企业不具备核心技术自主研发能力。

此外,基于监管机构对发行人科技创新能力的关注,发行人还可以根据情况从科研人员构成、学历、科研经验、人才激励政策、研发资金投入、参与国家重大科研项目情况等方面说明发行人具备突出科技创新能力。

三、存在软件著作权侵权风险

软件著作权侵权风险是(拟)科创板IPO企业面临的较为常见的知识产权风险类型之一。对于(拟)科创板IPO企业而言,若构成软件著作权侵权,企业可能会面临无法使用相关软件并承担相应赔偿等民事责任的情形,情节严重的,还可能受到行政处罚或面临刑事责任,这可能会对企业独立持续经营能力造成较大影响。

(一)问询与回复案例精选

1. 发行人:浙江HK科技股份有限公司

【披露文件】

《关于浙江HK科技股份有公司首次公开发行股票并在科创板上市申请文件第三轮审核问询函的回复报告》

【问询节选】

问题1

发行人最近新增两起知识产权诉讼。

请发行人说明:(1)涉诉知识产权在发行人产品中的应用情况,包括报告期内相关产品名称、产量、销售金额及占发行人收入的比例,对发行人生产经营的重要程度;(2)请结合原告的诉讼请求及目前的诉讼进展,说明发行人是否存在败诉的风险,以及对其生产经营的影响。

【回复节选】

(1)发行人涉诉的知识产权为计算机软件SolidWorks及Altium Designer。SolidWorks是一款通用三维CAD系统,主要功能是机械设计、零件设计、模具设计等,发行人主要使用SolidWorks进行基础机械设计。Altium Designer主要功能是原理图设计、PCB(印刷电路板)设计、FPGA开发等,发行人主要使用Altium Designer进行基础PCB(印刷电路板)设计。上述软件主要为提高发行人基础机械设计、PCB(印刷电路板)设计的制图效率的辅助性软件,属于通用工具软件。而发行人向其客户提供的产品中所包含的核心软件是发行人自主开发的,专门用于发行人出售的锂离子电池后处理系统控制,发行人对该等核心软件拥有计算机软件著作权。上述涉诉计算机软件未直接应用于发行人的具体产品，不存在对应的相关产品。

目前发行人拥有1套SolidWorks软件及1套Altium Designer软件的使用权，并拥有与SolidWorks功能相似的Solid Edge软件10套的使用权，均为付费后获得授权许可的软件。基于上述及涉诉案件原告提出的诉讼请求，保荐机构及发行人律师认为，前述涉诉知识产权对发行人生产经营的重要程度相对较低。

(2)①原告的诉讼请求及目前的诉讼进展：

原告DS系统SLDWK公司的诉讼请求如下：

“(1)判令被告立即停止对原告著作权的侵害，立即停止其未经许可复制、安装及使用原告享有著作权的SolidWorks系列计算机软件的行为，并删除或销毁被告持有或控制的全部侵权复制件和/或含有侵权复制件的载体。

(2)判令被告赔偿原告经济损失暂计人民币50万元。

(3)判令被告承担原告为制止侵权行为所支付的调查取证费、律师费、国内外公证认证费、翻译费等合理费用暂计人民币50,000元。

第(2)项和第(3)项诉讼请求合计人民币550,000元。

(4)判令被告承担本案的全部诉讼费(包括证据保全费)。”

原告的诉讼请求如下：

“(1)判令被告立即停止对原告著作权的侵害，立即停止其未经许可复制、安装及使用原告享有著作权的Altium Designer系列计算机软件的行为，并删除或销毁被告持有或控制的全部侵权复制件和/或含有侵权复制件的载体。

(2)判令被告赔偿原告经济损失暂计人民币50万元。

(3)判令被告承担原告为制止侵权行为所支付的调查取证费、律师费、国内外公证认证费、翻译费等合理费用暂计人民币50,000元。

第(2)项和第(3)项诉讼请求合计人民币550,000元。

(4)判令被告承担本案的全部诉讼费(包括证据保全费)。”

目前上述两起知识产权诉讼正处于诉前阶段，尚未开庭审理。

②是否存在败诉的风险，以及对发行人生产经营的影响：

上述两起知识产权诉讼对发行人生产经营的影响如下：

1)发行人目前拥有正版的SolidWorks及Altium Designer软件各1套。

2)通用三维CAD软件主要有SolidWorks、Solid Edge、Pro/Engineer、CAXA、AutoCAD等，该等软件均具备发行人所需的功能。除前述1套Solid-

Works之外，发行人正在同时使用Solid Edge（10套），目前配置能满足发行人现阶段的使用需求。

3）发行人考虑将在Altium Designer、OrCAD等功能类似且均能满足发行人需求的软件范围内，选择购买用于基础PCB（印刷电路板）设计的软件，经测算，相关费用约为50万元。

4）按照目前的诉讼文件，若发行人败诉，发行人需要支付诉讼赔偿金额约为110万元，并需要支付相应的诉讼费（包括证据保全费）等。

综上所述，上述两起知识产权诉讼不会导致发行人出现生产经营终止、中断、后续难以继续等对生产经营造成重大影响，或导致发行人财务状况重大恶化的情形。

【要点总结】

发行人最近新增两起知识产权诉讼，监管机构要求发行人说明涉诉知识产权在发行人产品中的应用情况和对发行人生产经营的重要程度，并结合原告的诉讼请求及目前的诉讼进展，说明是否存在败诉的风险，以及对其生产经营的影响。发行人回复称，涉诉计算机软件未直接应用于发行人的具体产品，对发行人生产经营的重要程度相对较低，结合原告诉讼请求中的金额和诉讼对发行人生产经营的影响，两起知识产权诉讼不会导致发行人出现生产经营终止、中断、后续难以继续等对生产经营造成重大影响，或导致发行人财务状况重大恶化的情形。

2. 发行人：浙江DM科技股份有限公司

【披露文件】

《关于浙江DM科技股份有限公司首次公开发行股票并在科创板上市申请文件的审核问询函之回复》

【问询节选】

问题40

招股说明书披露，2017年10月27日，上海市文化市场行政执法总队出具《行政处罚事先告知书》，认定上海DM未经软件著作权人AT有限公司许可，复制、安装、使用Altium Designer软件的行为构成侵权，责令上海DM停止侵权行为并罚款13,200元。

请发行人说明：知识产权侵权行为的具体情况、整改措施，除前述侵权行为外，报告期内是否存在其他侵犯第三方知识产权的行为。

【回复节选】

上海DM在案发后已积极整改，主动卸载侵权软件，并于2017年10月11日与著作权人的委托代理人就有关Altium Designer软件侵权事宜达成和解并签署《和解协议书》，并已经出资购买正版Altium Designer软件，取得了该软件的复制、安装和使用的权利，减轻了违法行为的危害后果和影响，且上海DM亦按时足额缴纳了上述罚款。上述行政处罚案件罚款金额较小，且上海DM在案发后积极整改，购买了正版软件，获得了合法授权，取得了著作权人的谅解，并按时缴纳了罚款。因此，上述行政处罚不属于重大行政处罚，不会对发行人本次发行并上市构成实质性法律障碍。

报告期内，除上海DM曾因上述计算机软件侵权行为被上海市文化市场行政执法总队处罚外，发行人及其控股子公司不存在其他侵犯第三方知识产权的行为。

【要点总结】

发行人子公司未经软件著作权人许可，复制、安装、使用相关软件行为被上海市文化市场行政执法总队认定构成侵权。监管机构要求发行人披露侵权行为的具体情况和整改措施，并披露是否存在其他侵犯第三方知识产权的行为。发行人回复称，上海DM在案发后积极整改，购买了正版软件，获得了合法授权，取得了著作权人的谅解，并按时缴纳了罚款，上述行政处罚不属于重大行政处罚，不会对发行人本次发行并上市构成实质性法律障碍。发行人表示，除此以外，发行人及其控股子公司不存在其他侵犯第三方知识产权的行为。

（二）同类问询问题的梳理

就“存在软件著作权侵权风险”这一风险点，除了上述典型问询案例之外，本书还检索到了福建FX软件开发股份有限公司、广州ABP医药科技股份有限公司等相关问询案例，并梳理汇总出以下具有参考价值的问询问题。

1. 请发行人说明：(1)涉诉知识产权在发行人产品中的应用情况，包括报告期内相关产品名称、产量、销售金额及占发行人收入的比例，对发行人生产经营的重要程度；(2)请结合原告的诉讼请求及目前的诉讼进展，说明发行人是否存在败诉的风险，以及对其生产经营的影响。必要时请作风险提示。

2. 请发行人披露：知识产权侵权行为的具体情况、整改措施，除前述侵权行为外，报告期内是否存在其他侵犯第三方知识产权的行为。

3. 请发行人说明:发行人与金山办公的合作情况,报告期内产生的营业收入,双方的纠纷对发行人未来经营情况是否产生重大影响。

4. 请发行人说明:是否存在未经授权使用 Altium 公司的 Altium Designer/Protel 系列软件的情形;是否存在侵权行为,存在纠纷或潜在纠纷;是否存在其他类似情形,对发行人生产经营的影响。

(三)风险点分析

1. 相关 IP 法律和政策的梳理与解读

《计算机软件保护条例》第 24 条规定:"除《中华人民共和国著作权法》、本条例或者其他法律、行政法规另有规定外,未经软件著作权人许可,有下列侵权行为的,应当根据情况,承担停止侵害、消除影响、赔礼道歉、赔偿损失等民事责任;同时损害社会公共利益的,由著作权行政管理部门责令停止侵权行为,没收违法所得,没收、销毁侵权复制品,可以并处罚款;情节严重的,著作权行政管理部门并可以没收主要用于制作侵权复制品的材料、工具、设备等;触犯刑律的,依照刑法关于侵犯著作权罪、销售侵权复制品罪的规定,依法追究刑事责任:(一)复制或者部分复制著作权人的软件的;(二)向公众发行、出租、通过信息网络传播著作权人的软件的;(三)故意避开或者破坏著作权人为保护其软件著作权而采取的技术措施的;(四)故意删除或者改变软件权利管理电子信息的;(五)转让或者许可他人行使著作权人的软件著作权的。有前款第一项或者第二项行为的,可以并处每件 100 元或者货值金额 1 倍以上 5 倍以下的罚款;有前款第三项、第四项或者第五项行为的,可以并处 20 万元以下的罚款。"

《著作权法》第 52 条规定:"有下列侵权行为的,应当根据情况,承担停止侵害、消除影响、赔礼道歉、赔偿损失等民事责任:(一)未经著作权人许可,发表其作品的;(二)未经合作作者许可,将与他人合作创作的作品当作自己单独创作的作品发表的;(三)没有参加创作,为谋取个人名利,在他人作品上署名的;(四)歪曲、篡改他人作品的;(五)剽窃他人作品的;(六)未经著作权人许可,以展览、摄制视听作品的方法使用作品,或者以改编、翻译、注释等方式使用作品的,本法另有规定的除外;(七)使用他人作品,应当支付报酬而未支付的;(八)未经视听作品、计算机软件、录音录像制品的著作权人、表演者或者录音录像制作者许可,出租其作品或者录音录像制品的原件或者复制件的,本法另有规定的除外;(九)未经出版者许可,使用其出版的图书、期刊的版式设计的;

(十)未经表演者许可,从现场直播或者公开传送其现场表演,或者录制其表演的;(十一)其他侵犯著作权以及与著作权有关的权利的行为。”

第53条规定:“有下列侵权行为的,应当根据情况,承担本法第五十二条规定的民事责任;侵权行为同时损害公共利益的,由主管著作权的部门责令停止侵权行为,予以警告,没收违法所得,没收、无害化销毁处理侵权复制品以及主要用于制作侵权复制品的材料、工具、设备等,违法经营额五万元以上的,可以并处违法经营额一倍以上五倍以下的罚款;没有违法经营额、违法经营额难以计算或者不足五万元的,可以并处二十五万元以下的罚款;构成犯罪的,依法追究刑事责任:(一)未经著作权人许可,复制、发行、表演、放映、广播、汇编、通过信息网络向公众传播其作品的,本法另有规定的除外;(二)出版他人享有专有出版权的图书的;(三)未经表演者许可,复制、发行录有其表演的录音录像制品,或者通过信息网络向公众传播其表演的,本法另有规定的除外;(四)未经录音录像制作者许可,复制、发行、通过信息网络向公众传播其制作的录音录像制品的,本法另有规定的除外;(五)未经许可,播放、复制或者通过信息网络向公众传播广播、电视的,本法另有规定的除外;(六)未经著作权人或者与著作权有关的权利人许可,故意避开或者破坏技术措施的,故意制造、进口或者向他人提供主要用于避开、破坏技术措施的装置或者部件的,或者故意为他人避开或者破坏技术措施提供技术服务的,法律、行政法规另有规定的除外;(七)未经著作权人或者与著作权有关的权利人许可,故意删除或者改变作品、版式设计、表演、录音录像制品或者广播、电视上的权利管理信息的,知道或者应当知道作品、版式设计、表演、录音录像制品或者广播、电视上的权利管理信息未经许可被删除或者改变,仍然向公众提供的,法律、行政法规另有规定的除外;(八)制作、出售假冒他人署名的作品的。”

第54条规定:“侵犯著作权或者与著作权有关的权利的,侵权人应当按照权利人因此受到的实际损失或者侵权人的违法所得给予赔偿;权利人的实际损失或者侵权人的违法所得难以计算的,可以参照该权利使用费给予赔偿。对故意侵犯著作权或者与著作权有关的权利,情节严重的,可以在按照上述方法确定数额的一倍以上五倍以下给予赔偿。权利人的实际损失、侵权人的违法所得、权利使用费难以计算的,由人民法院根据侵权行为的情节,判决给予五百元以上五百万元以下的赔偿。赔偿数额还应当包括权利人为制止侵权行为所支付的合理开支。人民法院为确定赔偿数额,在权利人已经尽了必要举证责任,而与侵权行为相关的账簿、资料等主要由侵权人掌握的，可以责令侵权人提供与侵权行为相关的账簿、资料等；侵权人不提供，或者提供虚假的账簿、资料等的，人民法院可以参考权利人的主张和提供的证据确定赔偿数额。人民法院审理著作权纠纷案件，应权利人请求，对侵权复制品，除特殊情况外，责令销毁；对主要用于制造侵权复制品的材料、工具、设备等，责令销毁，且不予补偿；或者在特殊情况下，责令禁止前述材料、工具、设备等进入商业渠道，且不予补偿。”

（1）软件著作权侵权的认定标准

软件著作权侵权是指未经软件著作权人及相关权利人许可，使用受法律保护的计算机软件的行为。[①] 在实践中，判断软件著作权侵权的基本原则通常是“接触 + 实质性相似”原则。[②] 在被诉侵权软件与享有著作权的软件作品构成实质相似的前提下，再加上被告接触或可能接触软件作品的因素，通常就可以认定侵权成立。

（2）软件著作权侵权的法律责任

软件著作权侵权的法律责任主要包括民事责任、行政责任和刑事责任。

首先，根据《计算机软件保护条例》，如果企业存在软件著作权侵权行为，应当根据情况，承担停止侵害、消除影响、赔礼道歉、赔偿损失等民事责任。针对较为突出的盗版侵权现象，业界呼吁多年的惩罚性赔偿制度在 2021 年 6 月 1 日起施行的《著作权法》中正式确立。2021 年《著作权法》明确了对于侵权行为情节严重的，可以适用赔偿数额 1 倍以上 5 倍以下的惩罚性赔偿，并将法定赔偿额上限由 50 万元提高到 500 万元，进一步构建了知识产权“严保护”的格局。

其次，软件著作权侵权行政责任主要规定于《著作权行政处罚实施办法》的第 4 条，对存在《计算机软件保护条例》第 24 条列举的侵权行为，同时损害公共利益的，著作权行政管理部门可以依法责令停止侵权行为，并给予警告，罚款，没收违法所得，没收侵权制品，没收安装存储侵权制品的设备，没收主要用于制作侵权制品的材料、工具、设备等行政处罚。

最后，根据《刑法》第 217 条的规定，以营利为目的，未经著作权人许可，复制发行、通过信息网络向公众传播其计算机软件，违法所得数额较大或者有其他严重情节的，处 3 年以下有期徒刑，并处或者单处罚金；违法所得数额巨大或

① 参见钱建华、王福新：《计算机软件著作权及判断其侵权的标准研究》，载《知识产权》1999 年第 5 期。

② 参见张晓津：《计算机软件著作权侵权判断问题研究》，载《知识产权》2006 年第 1 期。

者有其他特别严重情节的，处3年以上10年以下有期徒刑，并处罚金。

2. 相关科创板IPO规则的梳理与解读

如本书第一篇第二章所述，申请在科创板上市的企业，应符合科创板定位、发行条件、上市条件和信息披露要求。其中，符合发行条件的基本要求之一，即为具有直接面向市场独立持续经营能力。根据《科创板注册管理办法》第12条的规定，发行人应当业务完整，具有直接面向市场独立持续经营的能力，不存在重大诉讼。此外，《科创板注册管理办法》第13条规定，最近3年内，发行人及其控股股东、实际控制人不存在贪污、贿赂、侵占财产、挪用财产或者破坏社会主义市场经济秩序的刑事犯罪，而侵犯著作权罪属于《刑法》第三章的破坏社会主义市场经济秩序罪，因此侵犯知识产权罪也是关系到评判发行人是否具有直接面向市场独立持续经营能力的要求之一。

软件著作权侵权诉讼对企业独立持续经营能力的影响主要体现在两个方面。一方面，如果企业被认定构成软件著作权侵权，企业可能将被禁止继续使用被诉侵权计算机软件，导致企业不得不临时变更相关计算机软件，进而影响正常生产经营。如果侵权软件涉及产品研发相关软件、产品运行相关软件等，由于涉及企业生产经营的核心环节，通常对企业的影响较大；而如果侵权软件仅涉及日常办公相关软件（如OA系统、财务系统、Office等）以及宣传工作相关软件（制图软件、修图软件、公众号运营软件等）等，由于相关软件具有较强的可替代性，对企业可能造成的影响相对较小。另一方面，如果构成软件著作权侵权，在我国《著作权法》将法定赔偿额上限提高至500万元并引入惩罚性赔偿制度的背景下，企业可能面临高额的损害赔偿，可能导致发行人财务状况严重恶化，对企业的正常生产经营产生较大冲击。

此外，如果企业因软件著作权侵权行为而受到行政处罚，若情节严重而构成重大行政处罚，或需承担刑事责任，则可能将对发行上市构成实质性法律障碍。

（四）同类问询回复要点

针对审核过程中可能涉及的“存在软件著作权侵权风险”相关问询问题，为及时妥善回复，本书梳理出以下回复要点，供（拟）科创板IPO企业参考：

1. 如存在侵权诉讼且发行人为被告的，发行人可以结合原告诉讼请求中的损害赔偿额和诉讼对发行人生产经营的影响来说明侵权诉讼不会导致发行人出现生产经营终止、中断、后续难以继续等对生产经营造成重大影响，或导致发行人财务状况重大恶化的情形。

2. 如存在侵权诉讼且发行人为原告的，发行人可以结合双方的诉讼地位来说明存在软件著作权侵权纠纷并不会对未来经营状况产生重大影响。例如，由于发行人在纠纷案件中为原告，发行人的主要支出为支付诉讼费用，该侵权纠纷对发行人未来经营情况不会产生重大影响。

3. 如构成侵权且受到行政处罚，发行人可以根据情况说明该行为不属于重大行政处罚，不会对发行人本次发行并上市构成实质性法律障碍，并说明积极采取争取原软件著作权人的谅解、购买正版软件、按时缴纳罚款等相关整改措施，此外，发行人可以说明报告期内并不存在其他侵犯第三方知识产权的行为。

4. 如不存在侵权行为，发行人可以直接说明不存在未经授权使用相关软件的情形，亦不存在侵犯软件著作权的行为。

四、侵犯他人商业秘密

商业秘密是保护企业技术成果的主要方式之一。在实践中，商业秘密侵权纠纷越加普遍。对于（拟）科创板 IPO 企业而言，如被他人起诉侵犯其商业秘密，可能会造成发行人声誉与经济上的损失，影响发行人的正常生产经营，进而影响其是否符合科创板发行条件的认定；如果发行人或其控股股东、实控人构成侵犯商业秘密罪，还可能对发行人上市进程造成实质性阻碍。

（一）问询与回复案例精选

1. 发行人：WJCX（天津）电子技术股份有限公司

【披露文件】

《关于 WJCX（天津）电子技术股份有限公司首次公开发行股票并在科创板上市申请文件的审核问询函之回复报告》

【问询节选】

问题 9

根据申报材料，（2）陈某 2016 年 12 月入职发行人前，曾任职 WX 半导体、广州 HZW 电子，2017 年被 HZW 起诉违反竞业限制义务，后被判决支付违约金。陈某作为发明人形成了公司的发明专利；（3）发行人曾被 RF 公司与其子公司 WX 联合半导体(北京)起诉侵犯商业秘密及不正当竞争,已签署了和解协议。和解协议约定在两年内,公司同意避免因任何目的引诱原告的雇员或聘用原告的雇员。

请发行人说明:(2)WX 起诉发行人的主要事实情况,是否涉及发行人的核心技术、主要产品、知识产权、主要技术人员等;发行人与之签订和解协议并支付和解款项的原因,和解协议签署后对发行人的约束和影响;陈某入职发行人是否违反该和解协议,发行人是否存在其他违反该协议的情况,是否存在纠纷、潜在纠纷或其他风险。

【回复节选】

(1)WX 起诉发行人的主要事实情况,是否涉及发行人的核心技术、主要产品、知识产权、主要技术人员等

WX 对发行人的起诉,是一项发生在报告期外的案件,即诉争行为、起诉及和解时间、和解款项的支付均发生在报告期外的案件。截至本回复出具日,发行人不存在尚未了结的或可预见的与知识产权相关的重大诉讼案件。发行人曾发生的与 WX 相关的诉讼已达成全球和解,对发行人的生产经营已无不利影响。

②曾发生的诉讼与发行人现行的核心技术、主要产品、知识产权、主要技术人员的关系

1)曾发生的诉讼不涉及发行人现行的核心技术、主要产品

即便不考虑在 2012 年起诉案件的审理过程中,Q 主张的各个密点已被上海市第一中级人民法院委托的鉴定机构认定为公知技术且案件已全面和解,Q 主张的涉案产品在报告期内的收入占比极低,不涉及发行人现行的主要产品和现行的核心技术。

2)曾发生的诉讼涉及发行人部分集成电路布图设计专有权,但不会对发行人造成重大影响

Q 在对发行人的 2012 年起诉和 2016 年起诉中,均系针对发行人部分 2G、3G 产品侵犯其商业秘密或技术秘密提起诉讼,案件均未涉及对发行人当时的授权专利。

(2)发行人与之签订和解协议并支付和解款项的原因,和解协议签署后对发行人的约束和影响

①发行人与 Q 签订和解协议并支付和解款项有利于消除未决案件对自身

经营发展存在的不利影响

在 2012 年起诉案件和 2016 年起诉案件的审理期间，发行人所属行业发展迅速，发行人凭借自主研发，持续进行技术积累，赢得了客户的认可，也取得了一定的市场份额，成长性彰显。

1）未决案件的结案时间存在不确定性，长期陷入诉讼程序对发行人正常生产经营造成严重不利影响，长期存在未决诉讼降低客户使用发行人产品的信心，影响客户尤其是大客户对发行人产品的验证。

2）即使一个未决案件胜诉，也可能出现新的诉讼案件，不利于发行人专注于业务发展（Q 在工业和信息化部电子科学技术情报研究所知识产权司法鉴定中心就 2012 年诉讼已于 2015 年 6 月出具技术鉴定结果的情况下，仍在 2016 年以较为相似的案由起诉发行人）。

3）诉讼程序的持续进行会消耗大量的人力、物力、财力成本，将对公司未来经营、技术研发和市场拓展带来不利影响。

②全球和解协议签署后对发行人的约束和影响

1）全球和解协议签署后对发行人的约束

全球和解协议项下，发行人的主要合同义务包括三项：

A. 豁免 Q 至和解日所有已知和未知的诉求，且不就豁免的诉求起诉被豁免方；B. 支付和解款项；C. 同意在两年内避免因为任何原因引诱或聘用 Q 的员工。

截至本回复出具日，发行人遵守了全球和解协议项下的约定，已全额支付和解款项，未违约引诱或聘用 Q 的员工，不存在违反全球和解协议的行为。

2）全球和解协议签署后对发行人的影响

全球和解协议签署对发行人的影响包括：A. 事实上就诉争的技术以及对应的产品，发行人未来已经不会被 Q 起诉。B. 避免了未来在诉争的技术以及对应产品以外的领域被 Q 起诉的风险。C. 使发行人取得了稳定的生产经营环境，增强了客户使用发行人产品的信心，也使发行人能够集中精力发展生产经营，致力于为客户提供更好的产品、增强品牌形象、提高市场竞争优势。

【要点总结】

发行人在报告期外的商业秘密侵权纠纷案件已达成和解，但监管机构仍要求发行人说明该纠纷与核心技术、主要产品、知识产权、主要技术人员的关系，和解的原因及对发行人的后续影响。发行人论述了商业秘密纠纷与核心技术、主要产品、知识产权、主要技术人员之间关联较弱,不会影响发行人,且相关技术秘密点也已被认定为公知技术。双方签署和解协议,避免了长期诉讼带来的潜在消耗,有利于发行人专注业务发展。

2. 发行人:深圳 YJX 科技股份有限公司

【披露文件】

《关于深圳 YJX 科技股份有限公司首次公开发行股票并在科创板上市申请文件审核问询函的回复》

【问询节选】

问题3

根据申报文件,发行人来源于 JLJC、XHF(FM 电子子公司)的员工共30名,其中发行人仅有的2名内部董事、5名核心技术人员中的4名均曾任职于 JLJC 和 XHF,另一名核心技术人员凌某在入职发行人前担任深圳 BTL 电子科技股份有限公司高级副总裁、CTO。

请发行人说明:(3)在发行人主要的核心技术人员、研发人员或相关发明专利的发明人来自于 JLJC 和 XHF,另一名来自于深圳 BTL 的情形下,发行人认为相关核心技术不涉及原单位职务发明,不违反竞业禁止协议和保密协议,不涉及侵犯商业秘密的依据是否充分,发行人相关核心技术是否存在重大权属纠纷。

【回复节选】

(2)不违反竞业禁止协议和保密协议,不涉及侵犯商业秘密

根据发行人核心技术人员、主要研发人员及发明专利发明人提供的与原单位签署的劳动合同等相关协议及其出具的承诺函,存在与原任职单位签署了竞业禁止协议或保密协议的相关情形如下:

序号	姓名	是否签署竞业限制协议或相关条款	是否签署保密协议或相关条款
1	郑某	是	否
2	唐某	否	否
……(以下内容略)			

①根据发行人核心技术人员、主要研发人员及发明专利发明人的说明,其从原单位离职后未收到原单位支付的竞业限制补偿金,且自入职发行人后进行的技术研发工作不涉及原单位的任何秘密信息,其在发行人任职期间申请的专

利系利用发行人研发经费等资源自主研发形成，不存在侵犯曾任职单位的商业秘密的情形。

②根据访谈深圳 BTL 董事长、总经理，深圳 BTL 主营业务及主要产品与发行人均不一致；相关人员自本公司离职后不存在违反其与深圳 BTL 签署的劳动合同、竞业禁止协议、保密协议及其他协议的情形，不存在侵犯深圳 BTL 商业秘密的情形；相关人员入职 YJX 后的工作内容及取得的研发成果不涉及其在深圳 BTL 的研发成果或职务发明；深圳 BTL 与相关人员无任何纠纷。

根据发行人及相关方与 FM 电子及相关方签署的《和解协议》，“自本协议签订后，双方签署的《合作开发协议》的任何争议已经达成完全和解，就研究开发成果亦不存在任何纠纷”。

根据相关协议文件，部分发明人与 JLJC/JX 有限签署协议的相关条款及主要内容总结如下：

协议类型	相关条款及主要内容
劳动合同	保密相关条款同保密协议主要内容
保密协议	1. 商业秘密：包括技术信息、经营信息及公司依照法律规定和有关协议约定对外应当承担保密义务的事项等； 2. 职务成果：双方确认，乙方在任职期间完成的、因履行职务或者主要是利用甲方的物质条件和业务信息等产生的或与甲方业务相关的发明创造、作品、计算机软件、半导体芯片等，其知识产权归甲方所有
竞业限制协议	1. 乙方如按本协议的约定履行了竞业限制义务，甲方应当向乙方支付竞业限制补偿金。竞业限制期限为期两年（自劳动关系解除或终止之日起计算，到劳动关系解除或终止二年后的次日止）； 2. 乙方从甲方离职时，甲方应确认其是否开始离职后的竞业限制义务。甲方如确认乙方有竞业限制必要，应发给《竞业限制开始通知书》，乙方离职后竞业限制义务开始。否则，则视为《竞业限制协议》自动解除。

JLJC/JX 有限与发行人的主要业务存在差异，发行人来自于 JLJC/JX 有限的发明人未使用相关商业秘密，发行人的相关专利不符合上表所述的职务成果定义；经相关发明人确认及提供的个人银行流水，其离职时未触发竞业限制义务，竞业限制协议自动解除，离职后亦未收到原单位支付的竞业限制补偿金。

③根据发行人员工招聘录用管理制度的相关约定，发行人员工入职时需提供原任职单位出具的离职证明，就相关员工不存在职务发明、不存在竞业禁止、违反保密协议等情形进行确认。

④经查询中国裁判文书网、人民法院公告网、全国法院被执行人信息查询系统、全国法院失信被执行人名单查询系统等公开网站，截至本反馈意见回复出具之日，发行人主要核心技术人员、研发人员或专利发明人与原单位之间不存在因知识产权侵权、违反竞业禁止协议或保密协议、侵犯商业秘密等事由产生的纠纷。

综上所述，发行人核心技术人员、主要研发人员或相关发明专利的发明人不存在违反竞业禁止或保密义务条款的情形，亦不涉及侵犯商业秘密的情形。

【要点总结】

发行人来自某特定企业的员工较多，监管机构要求发行人说明其未侵犯原单位的商业秘密的依据。发行人说明相关人员离职时并未违反与原单位的劳动合同、竞业禁止协议与保密协议，公开记录显示与原单位不存在纠纷记录，不侵犯他人的商业秘密。

（二）同类问询问题的梳理

就“侵犯他人商业秘密”这一风险点，除了上述典型问询案例之外，本书还检索到了青岛 YL 先进材料技术股份有限公司、深圳 HH 数字印刷集团股份有限公司、苏州 HC 软件股份有限公司、SL 生物医药（上海）股份有限公司、南京 MLD 医疗科技股份有限公司等相关问询案例，并梳理汇总出以下具有参考价值的问询问题。

1. 请发行人说明：WX 联合半导体（北京）起诉发行人的主要事实情况，是否涉及发行人的核心技术、主要产品、知识产权、主要技术人员等；发行人与之签订和解协议并支付和解款项的原因，和解协议签署后对发行人的约束和影响；陈某入职发行人是否违反该和解协议，发行人是否存在其他违反该协议的情况，是否存在纠纷、潜在纠纷或其他风险。

2. 请发行人披露：（1）《和解协议》的执行情况，是否存在纠纷或潜在纠纷；（2）相关案件目前的结案进展情况，预计结案时间，是否存在影响结案的其他事项；（3）除 FM 电子、XHF 科技外，发行人及相关人员与其他主体之间是否存在知识产权纠纷、侵害技术秘密或商业秘密纠纷，相关风险是否充分揭示。

3. 请发行人说明：在发行人主要的核心技术人员、研发人员或相关发明专利的发明人来自 JLJC 和 XHF，另一名来自深圳 BTL 的情形下，发行人认为相关核心技术不涉及原单位职务发明，不违反竞业禁止协议和保密协议，不涉及侵犯商业秘密的依据是否充分，发行人相关核心技术是否存在重大权属纠纷。

4. 请发行人说明：(1) ZJ 科技及相关人员侵害发行人商业秘密刑事案件、发行人诉 ZJ 股份及相关人员民事诉讼的案由、主要案件事实、诉讼请求、诉讼最新进展、所涉产品收入占比，对发行人商业秘密、专利技术和生产经营的影响，发行人对技术人员管理及技术保密措施；(2) 发行人产品、核心商标、专利、技术被侵犯及维权情况，发行人是否涉及其他侵犯商业秘密、侵犯知识产权的诉讼或仲裁等，说明对发行人持续经营能力的影响。

5. 请求人民法院以侵犯商业秘密罪判处被告 3 年以上有期徒刑，并处罚金 50 万元。请发行人说明：HRTZ 的诉讼进展，并结合赵某、李某在发行人任职情况，负责的主要业务及其成果、发挥的作用、参与研发的具体贡献等，说明是否对发行人核心技术、技术研发及生产经营带来重大不利影响。

6. 请发行人进一步说明：判决属于 WSYL 职务发明的专利是否为杨某、史某和范某在 WSYL 离职后使用其技术秘密而研发的专利，上述人员是否存在侵犯 WSYL 商业秘密的情形。

7. 请发行人说明：(1) 在韩国专家与 XRB 签署聘用合同但实际为成都 LW 提供服务的情况下，是否实际违反竞业限制、保密条款以及韩国反不正当竞争法等；(2) 结合韩国专家在原任职单位的工作内容，说明成都 LW 高世代线技术来源的合法合规性，是否涉及侵犯原任职单位的商业秘密，是否面临专利或非专利技术侵权。

（三）风险点分析

1. 相关 IP 法律和政策的梳理与解读

《反不正当竞争法》第 9 条规定："经营者不得实施下列侵犯商业秘密的行为：(一) 以盗窃、贿赂、欺诈、胁迫、电子侵入或者其他不正当手段获取权利人的商业秘密；(二) 披露、使用或者允许他人使用以前项手段获取的权利人的商业秘密；(三) 违反保密义务或者违反权利人有关保守商业秘密的要求，披露、使用或者允许他人使用其所掌握的商业秘密；(四) 教唆、引诱、帮助他人违反保密义务或者违反权利人有关保守商业秘密的要求，获取、披露、使用或者允许他人使用权利人的商业秘密。经营者以外的其他自然人、法人和非法人组织实施前款所列违法行为的，视为侵犯商业秘密。第三人明知或者应知商业秘密权利人的员工、前员工或者其他单位、个人实施本条第一款所列违法行为，仍获取、披露、使用或者允许他人使用该商业秘密的，视为侵犯商业秘密。本法所称的商业秘密，是指不为公众所知悉、具有商业价值并经权利人采取相应保密措施的技术信息、经营信息等商业信息。”

第31条规定：“违反本法规定，构成犯罪的，依法追究刑事责任。”

第32条规定：“在侵犯商业秘密的民事审判程序中，商业秘密权利人提供初步证据，证明其已经对所主张的商业秘密采取保密措施，且合理表明商业秘密被侵犯，涉嫌侵权人应当证明权利人所主张的商业秘密不属于本法规定的商业秘密。商业秘密权利人提供初步证据合理表明商业秘密被侵犯，且提供以下证据之一的，涉嫌侵权人应当证明其不存在侵犯商业秘密的行为：（一）有证据表明涉嫌侵权人有渠道或者机会获取商业秘密，且其使用的信息与该商业秘密实质上相同；（二）有证据表明商业秘密已经被涉嫌侵权人披露、使用或者有被披露、使用的风险；（三）有其他证据表明商业秘密被涉嫌侵权人侵犯。”

《刑法》第219条规定：“有下列侵犯商业秘密行为之一，情节严重的，处三年以下有期徒刑，并处或者单处罚金；情节特别严重的，处三年以上十年以下有期徒刑，并处罚金：（一）以盗窃、贿赂、欺诈、胁迫、电子侵入或者其他不正当手段获取权利人的商业秘密的；（二）披露、使用或者允许他人使用以前项手段获取的权利人的商业秘密的；（三）违反保密义务或者违反权利人有关保守商业秘密的要求，披露、使用或者允许他人使用其所掌握的商业秘密的。明知前款所列行为，获取、披露、使用或者允许他人使用该商业秘密的，以侵犯商业秘密论。本条所称权利人，是指商业秘密的所有人和经商业秘密所有人许可的商业秘密使用人。”

根据《反不正当竞争法》第9条第4款的规定，判断一项技术信息是否属于商业秘密，需同时满足“不为公众所知悉”、“具有商业价值”及“经权利人采取相应保密措施”三大构成要件，即“秘密性”、“价值性”和“保密性”三要素。根据《商业秘密民事案件规定》，秘密性是指有关信息在侵权行为发生时不为其所属领域的相关人员普遍知悉和容易获得；价值性是指有关信息具有现实的或者潜在的商业价值；保密性是指权利人为防止商业秘密泄漏在被诉侵权行为发生以前所采取的合理保密措施，法院应当根据商业秘密及其载体的性质、商业秘密的商业价值、保密措施的可识别程度、保密措施与商业秘密的对应程度及权利人的保密意愿等，综合认定是否采取了相应保密措施。对于侵犯商业秘密的纠纷，一般通过民事诉讼途径进行解决，情节严重的，可能构成侵犯知识产权罪。

《反不正当竞争法》第 32 条规定了举证责任的分配，权利人需证明“接触可能性 + 实质上相同”。《商业秘密民事案件规定》第 13 条就实质性相同的判断另外列举了“被诉侵权信息与商业秘密的用途、使用方式、目的、效果等是否具有实质性差异”“公有领域中与商业秘密相关信息的情况”等因素。权利人只有完成前述两要件的举证后，举证责任才能转移至侵权人。此时，被诉侵权人可就相关技术信息系自行开发研制、反向工程、通过第三方合法取得等进行抗辩。

员工离职后 1 年内作出的与在原单位任职期间工作相关的发明创造有可能落入职务发明范畴，但判定构成职务发明或侵犯商业秘密的构成要件及举证要求不同，属于原单位的职务发明，并不等同于侵犯原单位的商业秘密。《关于充分发挥知识产权审判职能作用的意见》中第 26 条指出，需妥善处理保护商业秘密与自由择业、涉密者竞业限制和人才合理流动的关系。对于职工在工作中掌握和积累的知识、经验和技能，除属于单位的商业秘密的情形外，构成其人格的组成部分，职工离职后有自主利用的自由。在既没有违反竞业限制义务，又没有侵犯商业秘密的情况下，劳动者运用自己在原用人单位学习的知识、经验与技能为其他与原单位存在竞争关系的单位服务的，不宜简单地以反不正当竞争法的原则规定认定其构成不正当竞争。

2. 相关科创板 IPO 规则的梳理与解读

如本书第一篇第二章所述，申请在科创板上市的企业，应符合科创板定位、发行条件、上市条件和信息披露要求。根据《科创板注册管理办法》第 12 条、第 13 条的规定，为满足发行条件，发行人需具有直接面向市场独立持续经营的能力，不存在主要资产、核心技术、商标等的重大权属纠纷；同时最近 3 年内，发行人及其控股股东、实际控制人不存在贪污、贿赂、侵占财产、挪用财产刑事犯罪，或者侵犯知识产权罪等破坏社会主义市场经济秩序的刑事犯罪。也就是说，无重大知识产权诉讼、无侵犯知识产权罪是发行人符合发行条件的基本要求之一。

监管机构对于发行人是否侵犯他人商业秘密的关注，实质上是对发行人是否符合科创板发行条件的关注。如果发行人存在商业秘密侵权风险，或已被提起商业秘密侵权诉讼，潜在或既有的侵权纠纷可能会对发行人未来的正常生产经营造成较大影响，使发行人不具备独立持续经营能力，进而不符合科创板发行条件。另外，如果侵权情形严重，发行人或其控股股东、实控人和核心技术人员等被认定构成侵犯商业秘密罪的，也可能对发行人的上市进程造成实质性障碍。

（四）同类问询回复要点

针对审核过程中可能涉及的“侵犯他人商业秘密”相关问询问题，为及时妥善回复，本书梳理出以下回复要点，供（拟）科创板 IPO 的企业参考。

对于已经被起诉或提起仲裁的，发行人可参考以下要点说明：

1. 相关纠纷不涉及发行人现行的核心技术、主要产品。

2. 发行人已与争议方就仲裁和诉讼签署和解协议，发行人遵守和解协议下的约定，未有违反约定行为。

3. 相关商业秘密侵权主张不成立，原告已撤诉。

4. 通过查询中国裁判文书网、人民法院公告网、全国法院被执行人信息查询系统、全国法院失信被执行人名单查询系统等公开网站，说明发行人不存在因侵犯他人商业秘密而被主管部门处罚或因侵犯他人商业秘密导致诉讼的情形。

对于因技术人员引进导致的商业秘密侵权风险，发行人可参考以下要点说明：

1. 相关技术人员至今尚未被原单位主张违反竞业限制义务、侵犯商业秘密。

2. 说明相关技术的取得及形成方式，如外购、定制开发、行业公知常识、发行人自主研发等，不涉及相关技术人员在原单位的职务发明。

3. 相关技术人员在发行人的工作内容与在前雇主的工作内容存在差异，在前雇主积累的业务技巧和经验不属于前雇主的商业秘密。

五、商业秘密泄密风险

科创板发行条件要求发行人的知识产权内控制度健全有效，其中包括防范商业秘密泄密风险的保密制度健全有效。同时，科创板发行条件要求发行人具备独立持续经营能力，无重大经营环境变化。如果发行人的商业秘密被竞争对手获得，发行人可能会失去市场优势地位，经营环境将出现重大变化。如果发行人的商业秘密被公众知悉，相关信息将不再构成商业秘密，任何人都有权使用，对发行人的经营环境影响更严重。因此，监管机构会重点关注发行人商业秘密的泄密风险。

(一)问询与回复案例精选

1.发行人:STYG(成都)数控刀具股份有限公司

【披露文件】

《关于STYG(成都)数控刀具股份有限公司首次公开发行股票并在科创板上市申请文件的审核问询函之回复》

【问询节选】

问题5.2

根据招股说明书及申报材料,报告期内发行人涉及未结刑事案件,即四川省双流县人民检察院指控成都QM数控刀具有限公司、王某、贾某等侵犯商业秘密罪,YG有限为被害单位,王某、贾某等曾为发行人总经理及技术部长,离职后从事与公司竞争的业务。此外,目前发行人核心技术人员中,赵某、李某系夫妻关系。

请发行人说明:(1)结合报告期内发行人涉及诉讼情况,充分论证说明发行人发明专利较少的原因,非专利技术的保密措施,是否存在技术泄密及被侵权的风险,保密协议或竞业限制协议执行情况。

请发行人结合上述回复,充分披露技术泄密风险、技术人才流失风险。

【回复节选】

公司已就非专利技术采取了包括但不限于如下保护措施:

(1)建立技术管理制度体系,制定并实施了《员工手册》《商业秘密保护制度》《企业信息系统管理标准》等管理制度,相关研发人员需严格遵照上述管理制度执行;

(2)加强对技术研发人员的保密管理,与技术研发人员签署劳动合同和保密协议,同时与核心技术人员签署了竞业限制协议,明确了保密信息、保密义务的要求和违约责任等内容;

(3)所有的技术文档采用专用加密系统加密,除非特别授权,仅可在通过授权的计算机上操作;对于涉及核心工艺等高度机密的技术实行分级管理,针对关键的工艺进行流程分割,有效防止技术泄密;

(4)聘请专业的知识产权代理机构与法律顾问,为发行人的知识产权申请、权利维护与保护等提供专业的服务;

虽然公司已建立相关保密管理制度和保护措施，但仍然存在技术泄密及被侵权的风险，已在招股说明书“第四节　风险因素”之“一、（二）技术泄密的风险”和“第四节　风险因素”之“二、（一）知识产权风险”披露如下：

“（二）技术泄密的风险

公司为技术创新型企业，经过多年的研发实践和技术沉淀，产品涵盖了从刀片、刀具到机床附件的完整机械加工用切削系统，积累了较为丰富的技术经验。公司掌握了数控刀具和精密夹具领域的精密高刚性定位接口技术、高效加工复杂刀具设计制造技术和基于等静压膨胀原理的精密定位夹紧技术等11项核心技术，同时又包含PSC车削系统、高效可转位齿轮刀具和高精度薄膜卡盘等11项在研项目。如果因技术信息保管不善、核心技术人员流失或专利保护措施不力等导致公司核心技术泄密，将会对公司的生产经营或技术研发创新造成不利影响。

……

（三）保密协议或竞业限制协议执行情况

公司已与全体员工签署了《劳动合同》和《保密协议》，与发行人高级管理人员、核心技术人员签订了《竞业限制协议》，保密的范围包括技术秘密、管理秘密、经营秘密和其他商业秘密等内容。全体员工在劳动合同履行期间对公司商业秘密及技术开发成果负有保密义务，劳动个合同解除后，亦不得泄露发行人的商业秘密，两年内不准在同地区、同行业应聘就业，同时发行人支付保密费用；发行人高级管理人员和核心技术人员签署了《竞业限制协议》，在职期间，不得从事竞业行为，离职后的竞业限制期间内，不得从事竞业行为，同时发行人支付竞业补偿费用。

截至本问询函回复签署日，公司与员工签署的《保密协议》和《竞业限制协议》等相关协议执行情况良好，不存在纠纷或潜在纠纷的情形。”

【要点总结】

发行人存在未结侵犯商业秘密罪刑事案件，监管机构要求发行人说明非专利技术的保密措施，是否存在技术泄密及被侵权的风险，保密协议或竞业限制协议执行情况，发行人是否涉及其他侵犯商业秘密的诉讼等。发行人回复称其已采取建立技术管理制度体系、加强对技术研发人员的保密管理、所有的技术文档采用专用加密系统加密等各项保密措施。发行人还说明了保密协议与竞业限制协议的签署情况、主要内容，表示协议执行情况良好，不存在纠纷或潜在纠纷。

2. 发行人:苏州QY光电科技股份有限公司

【披露文件】

《关于苏州QY光电科技股份有限公司首次公开发行股票并在科创板上市申请文件的审核问询函的回复》

【问询节选】

问题7

请发行人说明:(三)发行人通过GAYG进行蒸镀、封装,是否存在核心技术泄密风险。

【回复节选】

发行人通过GAYG进行蒸镀、封装,不存在核心技术泄密的重大风险,对发行人生产经营不会造成重大不利影响,原因如下:

(1)发行人通过专利、保密协议、技术方案等方式对相关技术进行保护

发行人在蒸镀、封装技术方面申请了多项专利,已获授权的蒸镀相关专利17项(发明专利3项),封装相关专利16项(发明专利5项)。上述专利可以有效保护发行人在蒸镀和封装方面的专有技术。

发行人与GAYG签署了保密协议,可以对发行人在蒸镀、封装环节的知识产权及技术秘密进行保护。

发行人在GAYG蒸镀、封装的PMOLED屏体半成品在有机材料、金属掩膜版等方面采用了公司的设计方案,保障了前述工序的核心技术不会泄露。

(2)发行人通过GAYG蒸镀、封装的屏体半成品占比较小,且为较成熟品种

报告期内,发行人通过GAYG蒸镀、封装的屏体半成品占比约为20%-30%,且为成熟生产的品种。车载工控、海外市场等高性能、高可靠性产品均为发行人自行研制和生产。

(3)发行人与GAYG不存在竞争关系

GAYG主要从事OLED照明技术及应用产品(OLED照明器件、OLED照明终端产品等)的研发、生产、销售,主要产品包括汽车尾灯、美容仪等,不涉及PMOLED显示面板业务,与发行人不存在竞争关系,即便技术泄密也不会对发行人生产经营造成重大不利影响。

(4)发行人在PMOLED显示领域进行了全方位的技术布局

发行人在PMOLED显示领域进行了全面的核心技术布局,除蒸镀、封装工

艺技术外,还包括光刻工艺、模组工艺、OLED 驱动等核心技术,仅掌握部分蒸镀与封装技术不会给公司带来重大经营风险。

【要点总结】

发行人通过第三方公司进行蒸镀、封装,监管机构问询其是否存在核心技术泄密风险。发行人回复称,其通过专利、保密协议等方式对相关技术进行保护,通过第三方蒸镀、封装的产品占比小且为成熟品种,发行人与该第三方不存在竞争关系,且发行人在相关领域进行了全方位的技术布局,以上措施较好地防范了泄密风险。

(二)同类问询问题的梳理

就"商业秘密泄密风险"这一风险点,除了上述典型问询案例之外,笔者还检索到了 YN 科技股份有限公司、上海 XT 医药科技股份有限公司等相关问询案例,并筛选出以下较为典型且具有参考价值的问询问题。

1. 请发行人说明:结合报告期内发行人涉及诉讼情况,充分论证说明发行人发明专利较少的原因,非专利技术的保密措施,是否存在技术泄密及被侵权的风险,保密协议或竞业限制协议执行情况。

请发行人结合上述回复,充分披露技术泄密风险、技术人才流失风险。

2. 请发行人说明:发行人通过 GAYG 进行蒸镀、封装,是否存在核心技术泄密风险。

3. 说明发行人是否存在技术泄密及被侵权的风险,保密协议或竞业限制协议执行情况。

4. 发行人委托第三方进行某生产环节加工,是否存在核心技术泄密风险。

5. 发行人是否向经销商提供产品的核心技术资料,发行人核心技术是否存在泄密风险。

(三)风险点分析

1. 相关 IP 法律和政策的梳理与解读

《反不正当竞争法》第 9 条规定:"经营者不得实施下列侵犯商业秘密的行为:(一)以盗窃、贿赂、欺诈、胁迫、电子侵入或者其他不正当手段获取权利人的商业秘密;(二)披露、使用或者允许他人使用以前项手段获取的权利人的商业秘密;(三)违反保密义务或者违反权利人有关保守商业秘密的要求,披露、使用或者允许他人使用其所掌握的商业秘密;(四)教唆、引诱、帮助他人违反保密义务或者违反权利人有关保守商业秘密的要求,获取、披露、使用或者允许他人使用权利人的商业秘密。经营者以外的其他自然人、法人和非法人组织实施前款所列违法行为的,视为侵犯商业秘密。第三人明知或者应知商业秘密权利人的员工、前员工或者其他单位、个人实施本条第一款所列违法行为,仍获取、披露、使用或者允许他人使用该商业秘密的,视为侵犯商业秘密。本法所称的商业秘密,是指不为公众所知悉、具有商业价值并经权利人采取相应保密措施的技术信息、经营信息等商业信息。"

《商业秘密民事案件规定》第 5 条规定:"权利人为防止商业秘密泄露,在被诉侵权行为发生以前所采取的合理保密措施,人民法院应当认定为反不正当竞争法第九条第四款所称的相应保密措施。人民法院应当根据商业秘密及其载体的性质、商业秘密的商业价值、保密措施的可识别程度、保密措施与商业秘密的对应程度以及权利人的保密意愿等因素,认定权利人是否采取了相应保密措施。"

第 6 条规定:"具有下列情形之一,在正常情况下足以防止商业秘密泄露的,人民法院应当认定权利人采取了相应保密措施:(一)签订保密协议或者在合同中约定保密义务的;(二)通过章程、培训、规章制度、书面告知等方式,对能够接触、获取商业秘密的员工、前员工、供应商、客户、来访者等提出保密要求的;(三)对涉密的厂房、车间等生产经营场所限制来访者或者进行区分管理的;(四)以标记、分类、隔离、加密、封存、限制能够接触或者获取的人员范围等方式,对商业秘密及其载体进行区分和管理的;(五)对能够接触、获取商业秘密的计算机设备、电子设备、网络设备、存储设备、软件等,采取禁止或者限制使用、访问、存储、复制等措施的;(六)要求离职员工登记、返还、清除、销毁其接触或者获取的商业秘密及其载体,继续承担保密义务的;(七)采取其他合理保密措施的。"

根据我国《反不正当竞争法》及《商业秘密民事案件规定》等相关规定,商业秘密的构成要件包括秘密性、价值性和保密性,其中秘密性是指不为公众所知悉,保密性是指采取相应保密措施。对于使用商业秘密进行技术成果保护的(拟)科创板 IPO 企业而言,需要特别注意对商业秘密采取相应的保密措施,防止发生泄密。

司法实践中,对于权利人对其拥有的商业秘密是否采取了相应保密措施,

《商业秘密民事案件规定》第6条通过罗列加兜底的方式予以规定，具体包括保密协议、保密条款、明确告知、区分管理、设备管理以及离职员工管理等。

需要注意的是，在商业秘密保护中，权利人所采取的保密措施"在正常情况下足以防止商业秘密泄露的"，人民法院就应当认定权利人采取了相应保密措施。"正常情况下"的规定意味着，这些保密措施是就通常情况下而言的，不要求权利人对商业秘密构建坚不可摧的堡垒，能够阻止他人的不正当手段。不要求采取所有可能想得到的措施、可以阻止获取保密信息的任何手段的措施，商业秘密所有权人没有防止"难以预料、难以检测的、无法预防的限制可能采取的间谍手段"的义务。[①] 强调禁止一般人以违反商业道德和不正当手段获知商业秘密这一主旨。[②] 因此，可以说，商业秘密保护中所采取的"相应保密措施"，大体是用于防范君子，而非用于防范小人。是否采取了适当的和合理的保密措施，依赖于每一个案件的具体情形，考虑可受保护信息的性质，以及当事人的行为。[③]

2. 相关科创板IPO规则的梳理与解读

《科创板实施意见》与《科创板注册管理办法》均明确规定，企业应具有健全的内部控制制度，且被有效执行。商业秘密作为企业资产的重要组成部分，对于科技创新型企业具有更加重要的地位。所以，科创板要求企业应当具有健全有效的商业秘密保密制度。

同时，科创板发行条件要求发行人具备独立持续经营能力，发行人的经营环境不得有已经或者将要发生重大变化等对持续经营有重大不利影响的事项。经营环境是影响企业生产经营活动的条件，是制约企业生存和发展的重要因素。具体到知识产权层面，重大经营环境变化可包括发行人商业秘密泄露引起的外部市场环境变化。商业秘密被竞争对手取得对发行人经营环境带来的影响是，竞争者无须投入研发成本即可使用发行人的技术成果，因而可以采取更低的定价策略，导致发行人可能很快失去市场优势地位，经营环境出现重大变化。如果发行人的商业秘密被公众知悉，相关信息将因不具备秘密性而不构成商业秘密，任何人都有权使用，对发行人经营环境的影响将更加严重。

---

① 参见黄武双：《商业秘密保护的合理边界研究》，法律出版社2018年版，第15页。

② 参见张耕等：《商业秘密法》，厦门大学出版社2006年版，第20页。

③ 参见李明德：《美国知识产权法》（第2版），法律出版社2014年版，第191页。

(四)同类问询回复要点

针对审核过程中可能涉及的“商业秘密泄密风险”相关问询问题,为及时妥善回复,本书梳理出以下回复重点,供(拟)科创板 IPO 企业参考。

1. 结合发行人实际情况,说明发行人采取的商业秘密保护措施,包括但不限于:

(1)与技术研发人员签署劳动合同和保密协议,同时与核心技术人员签署竞业限制协议;

(2)聘请专业的知识产权代理机构与法律顾问;

(3)通过章程、培训、规章制度、书面告知等方式,对能够接触、获取商业秘密的员工、前员工、供应商、客户、来访者等提出保密要求;

(4)对涉密的厂房、车间等生产经营场所限制来访者或者进行区分管理;

(5)以标记、分类、隔离、加密、封存、限制能够接触或者获取的人员范围等方式,对商业秘密及其载体进行区分和管理;

(6)对能够接触、获取商业秘密的计算机设备、电子设备、网络设备、存储设备、软件等,采取禁止或者限制使用、访问、存储、复制等措施;

(7)要求离职员工登记、返还、清除、销毁其接触或者获取的商业秘密及其载体,继续承担保密义务等。

2. 结合发行人实际情况,说明如果商业秘密泄露可能造成的不利影响。

3. 结合发行人实际情况,说明保密协议或竞业限制协议签署情况、协议主要内容、保密范围、限制范围、执行情况等。

4. 如发行人委托第三方进行加工的,可结合实际情况说明第三方参与加工的产品占比小、为成熟品种且发行人与该第三方不存在竞争关系。

六、受让取得非专利技术

非专利技术是相对于专利技术而言的一个概念,一般指技术秘密,具体指处于未公开、未授予专利权、具有实用价值、所有人采取适当保密措施的技术信息。对于(拟)科创板 IPO 企业而言,如果其非专利技术是经受让而取得的,监管机构通常会关注发行人的无形资产是否完整、独立,另外还可能涉及发行人是否具有突出的科技创新能力。

（一）问询与回复案例精选

1. 发行人：WC（上海）网络技术股份有限公司

【披露文件】

《关于WC（上海）网络技术股份有限公司首次公开发行股票并在科创板上市申请文件审核问询函的回复》

【问询节选】

问题14

招股说明书披露，WC网络有限成立后，自控股股东WC软件无偿受让大量业务合同和所需商标，并购买了核心技术平台WISE平台的非专利技术、软件著作权及少量电子设备，同时与关联方存在资金往来。

请发行人说明：（1）转让的"非专利技术"的具体内容，控股股东是否将与发行人业务相关的知识产权、业务资质和核心技术全部转移给发行人，是否存在部分保留、共用的情形。

【回复节选】

（1）转让的"非专利技术"的具体内容

根据WC软件与WC网络出具的《关于〈Wise资产转让协议〉的确认函》、与"WISE"技术相关的立项及研发资料、财瑞评估于2019年9月25日出具的"沪财瑞评报字（2019）第1143号"《追溯评估报告》，WC软件转让的"非专利技术"是"WC互联网＋产品研发项目"技术研发资料。"WC互联网＋产品研发项目"系指WC软件解决方案事业部于2015年6月立项的研发项目，项目目标为开发WISE（Wicresoft Internet Super Edition）系列产品。"WC互联网＋产品研发项目"技术研发资料包括但不限于项目立项申请文件、项目可行性研究报告、项目规划、WISE系列软件产品技术资料等。

（2）控股股东是否将与发行人业务相关的知识产权、业务资质和核心技术全部转移给发行人，是否存在部分保留、共用的情形

WC软件与发行人不存在互相使用对方拥有的商标的情形：

发行人与WC软件于2017年11月20日签署了《商标转让协议》，约定WC软件将与"WICRENET WISE"相关的七项商标无偿转让给发行人。

发行人目前主营业务是向全行业提供基于自主研发并拥有自主知识产权的技术开发平台"WISE"的全行业数字化转型的软件产品、解决方案。WC网

络拥有与“WICRENET”和“WISE”相关的注册商标,JKJ 拥有与“Live800”相关的注册商标,WC 软件未注册与“WICRENET”、“WISE”和“Live800”相关的注册商标。WC 软件使用的商标是“WICRESOFT”,WC 网络使用的商标是“WICRENET”,JKJ 使用的商标是“Live800”,WC 软件与发行人不存在互相使用对方拥有的商标的情形。

WC 软件与发行人不存在共用核心技术的情形:

发行人与 WC 软件于 2016 年 1 月签署了《Wise 资产转让协议》,且由 WC 软件出具了《关于的确认函》,约定 WC 软件将与 WISE 系列软件产品相关的非专利技术及包括 WC 内容管理系统 CMS 软件 V4.0、WC 基础平台 WSAF 软件 V3.0 等在内的 47 项软件著作权作价 12,302,933.75 元转让给公司。发行人于 2016 年 6 月前完成了软件著作权变更登记。

根据财瑞评估于 2019 年 9 月 25 日出具的“沪财瑞评报字(2019)第 1143 号”《追溯评估报告》,于评估基准日 2015 年 12 月 31 日“WISE”相关产品研发完成,但尚未申请软件著作权。WC 网络已在受让与“WISE”相关的非专利技术后陆续申请了相关计算机软件著作权。

WC 软件的主营业务为 IT 人力资源外包服务及业务流程外包服务,服务内容不涉及“WISE”相关核心技术,WC 软件已将与“WISE”技术相关的软件著作权转让给 WC 网络,不存在部分保留、共用的情形。

WC 软件与发行人不存在共用业务资质的情形:

经核查,发行人目前主营业务是向全行业提供基于自主研发并拥有自主知识产权的技术开发平台“WISE”的全行业数字化转型的软件产品、解决方案,上述业务内容不涉及经营许可,因此不涉及业务资质的转移,不存在与 WC 软件共用业务资质的情形。

综上,2016 年年初,WC 软件已将与“WISE”技术有关的无形资产、核心技术转移至 WC 网络。经对无形资产注册登记机关的调档查询,WC 网络拥有的无形资产权属清晰,不存在担保或其他权利受到限制的情况,根据对发行人财务负责人的访谈,发行人合法拥有该等财产的所有权或使用权,不存在部分保留、共用的情形。

【要点总结】

发行人通过受让取得了控股股东的非专利技术,监管机构要求发行人披露受让取得非专利技术的具体内容,以及控股股东是否将与发行人业务相关的知识产权、业务资质和核心技术全部转移给发行人。发行人回复称，WC软件转让的“非专利技术”是“WC互联网+产品研发项目”技术研发资料;2016年年初，WC软件已将与“WISE”技术有关的无形资产、核心技术转移至WC网络。发行人表示，WC网络拥有的无形资产权属清晰，不存在担保或其他权利受到限制的情况，并结合对发行人财务负责人的访谈，说明发行人合法拥有该等财产的所有权或使用权，不存在部分保留、共用的情形。

2. 发行人:锦州SG半导体股份有限公司

【披露文件】

《关于锦州SG半导体股份有限公司首次公开发行股票并在科创板上市申请文件审核问询函的回复》

【问询节选】

问题12

招股书披露，发行人拥有1项发明专利(2015年申请),19项实用新型，1项非专利技术。

请发行人说明:(7)因股东出资受让取得的非专利技术对发行人的重要程度，相关转让是否存在纠纷或潜在纠纷。

【回复节选】

因股东出资受让取得的非专利技术对发行人的重要程度:

因股东出资受让取得的非专利技术是现有核心技术的技术基础，已广泛应用于公司产品生产的核心环节，现有主要核心技术为公司基于该非专利技术通过自主研发衍变优化形成。报告期各期，公司运用核心技术生产产品的销售收入占营业收入的比重分别为100.00%、99.96%及100.00%。

相关转让是否存在纠纷或潜在纠纷:

自SG有限设立以来，公司及前身SG有限、公司股东、公司及前身SG有限的债权人、锦州YGNY、TJZ、XK及其股东潘某、袁某或任何其他第三方均不存在主张XK不享有用于出资财产的所有权或处分权的情况，不存在主张XK未履行出资义务的情况，也不存在关于出资财产所有权、处分权或出资行为的争议或纠纷。

XK有权以上述非专利技术对SG有限进行出资，且公司及前身SG有限有权使用该非专利技术，XK的投资行为、公司及前身SG有限的使用行为均未侵犯其他方权益，上述非专利技术的相关转让不存在纠纷或潜在纠纷。

【要点总结】

发行人拥有一项因股东出资受让取得的非专利技术,监管机构要求发行人披露该非专利技术对发行人的重要程度,以及相关转让是否存在纠纷或潜在纠纷。发行人回复称,因股东出资受让取得的非专利技术是现有核心技术的技术基础,已广泛应用于公司产品生产的核心环节,现有主要核心技术为公司基于该非专利技术通过自主研发衍变优化形成。发行人结合自公司设立以来不存在对于该股东出资行为的争议和纠纷,来说明该非专利技术的相关转让不存在纠纷或潜在纠纷。

(二)同类问询问题的梳理

就"受让取得非专利技术"这一风险点,除了上述典型问询案例之外,本书还检索到了 ZH(成都)无人机系统股份有限公司、KDGD 量子技术股份有限公司等相关问询案例,并梳理汇总出以下具有参考价值的问询问题。

1. 请发行人披露:转让的"非专利技术"的具体内容,控股股东是否将与发行人业务相关的知识产权、业务资质和核心技术全部转移给发行人,是否存在部分保留、共用的情形。

2. 请发行人披露:因股东出资受让取得的非专利技术对发行人的重要程度,相关转让是否存在纠纷或潜在纠纷。

3. 请发行人进一步说明:在相关专利发明人只有少数在公司任职的情况下,公司是否具有独立的研发团队、是否具有支撑公司业务发展的研发能力,公司研发上是否对 HKGY 成都所等关联方存在依赖。

4. 请发行人说明:发行人人员、技术是否独立,是否存在对 ZGKJ 大学的重大依赖。

(三)风险点分析

1. 相关 IP 法律和政策的梳理与解读

《民法典》第 868 条规定:"技术秘密转让合同的让与人和技术秘密使用许可合同的许可人应当按照约定提供技术资料,进行技术指导,保证技术的实用性、可靠性,承担保密义务……"

第 870 条规定:"技术转让合同的让与人和技术许可合同的许可人应当保证自己是所提供的技术的合法拥有者,并保证所提供的技术完整、无误、有效,能够达到约定的目标。”

按照《民法典》对技术转让合同的相关规定，技术转让合同的让与人应当按照约定提供技术资料，进行技术指导，保证技术的实用性、可靠性，并保证自己是所提供的技术的合法拥有者，所提供的技术完整、无误、有效，能够达到约定的目标。

受让取得非专利技术时，可能存在的风险点主要包括：第一，受让取得的非专利技术可能不够完整、有效，受让人应在受让前核查非专利技术是否存在部分保留、共用的情形，是否存在对外许可等权利限制，是否处于保密状态，是否采取合理保密措施，以及是否可能涉及职务技术成果、合作研发、委托研发等导致的权属纠纷；第二，转让合同可能不当限制受让人的权利，受让人需要注意转让合同中是否限制技术竞争和技术发展，是否对后续改进专利的权属及使用进行不当限定等。

2. 相关科创板 IPO 规则的梳理与解读

如本书第一篇第二章所述，申请在科创板上市的企业，应符合科创板定位、发行条件、上市条件和信息披露要求。其中，受让取得非专利技术影响监管机构对是否符合发行条件要求中独立持续经营能力项下无形资产完整、独立的判断，同时也涉及科创板定位中科技创新能力的要求。

根据《科创板注册管理办法》第 12 条可知，发行人具有独立持续经营能力的表现之一，为发行人具有完整、独立的无形资产，而作为无形资产重要组成部分的知识产权应当可以不受限制地合法使用。如果企业的非专利技术是通过受让方式取得的，其非专利技术上可能存在对外许可或其他权利限制，从而造成企业无形资产上的风险，影响企业的独立持续经营能力的认定。

根据《科创板申报及推荐暂行规定》第 3 条的规定，科创板优先支持符合国家科技创新战略、拥有关键核心技术等先进技术、科技创新能力突出、科技成果转化能力突出、行业地位突出或者市场认可度高等的科技创新企业发行上市。也就是说，拥有先进的核心技术、科技创新能力突出是发行人符合科创板定位的基本要求之一。如果发行人的核心非专利技术是经受让取得的，则可能使监管机构对其科技创新能力是否突出、是否符合科创板定位产生疑问。

（四）同类问询回复要点

针对审核过程中可能涉及的“受让取得非专利技术”相关问询问题，为及时妥善回复,本书梳理出以下回复要点,供(拟)科创板IPO企业参考。

1. 发行人可以指出受让取得的非专利技术具体所指,并结合转让协议、出让人出具的确认函充分说明无形资产完整、独立,不存在保留、共用等权利限制情形,相关转让不存在纠纷或潜在纠纷。

2. 发行人可以说明受让取得的非专利技术对发行人的重要程度,是否属于核心技术,以及在发行人生产经营中的应用、营收情况。

3. 发行人可以从其独立研发队伍、历年研发投入、拥有核心技术、技术产权清晰等方面,说明发行人人员、技术独立,不存在对出让方的重大依赖。

此外,基于监管机构对发行人科技创新能力的关注,发行人还可以根据情况从科研人员构成、学历、科研经验、人才激励政策、研发资金投入、参与国家重大科研项目情况等方面说明发行人具备突出科技创新能力。

七、存在商标侵权诉讼

商标是区分商品或服务来源的标记,是企业商誉的重要载体之一,对企业生产经营具有重要意义。对于(拟)科创板IPO的企业来说,商标侵权诉讼不仅可能导致企业无法使用自身商标,还可能使企业承担高额损害赔偿,影响其正常生产经营,因此在监管机构对(拟)科创板IPO企业的问询中,商标侵权诉讼相关问题常常被提及。

(一)问询与回复案例精选

1. 发行人:深圳市ZG照明技术股份有限公司

【披露文件】

《关于深圳市ZG照明技术股份有限公司首次公开发行股票并在科创板上市的审核中心意见落实函的回复》

【问询节选】

问题2

所涉商标侵权及不正当竞争诉讼的具体情况及进展,对公司持续经营的影响;若公司被认定为商标侵权,公司所涉商标、企业名称变更的具体过程及时间、成本,是否存在实质性障碍……结合前述回复说明公司是否符合《科创板注册管理办法》第十二条第(三)项的规定,并根据实际情况完善风险披露与重大事项提示内容。

【回复节选】

(1)所涉商标侵权及不正当竞争诉讼的具体情况及进展,对公司持续经营的影响

2020年10月19日,北京知识产权法院向公司寄出《民事应诉通知书》及相关文件。根据该等文件,ZG集团有限公司(以下简称ZG集团)于2020年9月14日向北京知识产权法院提交《民事起诉状》,对公司和北京JDSBLSD电子商务有限公司提起民事诉讼,诉讼请求为:①判令公司、北京JDSBLSD电子商务有限公司立即停止侵害ZG集团"ZG"、"清华ZG"等注册商标专用权行为;②判令公司立即停止使用含有"ZG"字样的企业名称,限期变更企业名称,变更后的企业名称中不得含有"ZG"字样;③判令公司在网站www.szzgco.com刊登声明,澄清事实并消除侵权影响;④判令公司赔偿ZG集团经济损失人民币500万元及为制止公司商标侵权及不正当竞争行为的合理支出;⑤判令公司承担本案全部诉讼费用(以下简称本案)。ZG集团于2020年9月14日还向北京知识产权法院单独提交了一份《关于请求认定"ZG"为驰名商标的申请书》(以下简称《认驰申请书》),请求认定注册号为1153279号的商标在第9类"计算机软件(录制好的);数据处理设备;计算机;绘图机;信号遥控电动设备;测量器械和仪器;非医用激光器;工业操作遥控电动装置;电站自动化装置;电池充电器"等商品上为驰名商标,并给予驰名商标相应保护。

……

截至本回复出具之日,本案仍处于管辖权异议审理阶段,尚未进入案件的实体审理阶段,对公司的持续经营能力尚未造成重大不利影响。

此外,根据在国家知识产权局商标局网站查询的结果,公司持有的含有"ZG"字样的注册商标,于2020年10月27日进入无效宣告申请审查程序,于2020年12月15日处于"受理通知环节"。截至本回复出具之日,公司尚未收到相关书面通知文件。

(2)若公司被认定为商标侵权,公司所涉商标、企业名称变更的具体过程及时间、成本,是否存在实质性障碍

如ZG集团在本案中提出的如上文所述的第①、②项诉讼请求获得法院生效判决的支持,则公司将被法院判令限期变更企业名称(变更后的企业名称中不得含有"ZG"字样),且公司需停止侵害ZG集团"ZG"、"清华ZG"等注册商标专用权的行为,包括不得继续使用涉案的含有"ZG"字样的企业名称和注册

商标等对ZG集团商标专用权构成侵权的行为。

截至本回复出具之日,公司拥有2项境内注册商标:

……

基于以上,如ZG集团在本案中提出的如上文所述的第①项诉讼请求获得法院生效判决的支持,则公司将不能继续使用注册号为"*****09"的注册商标,以及不能继续在产品铭牌及包装上使用注册号为"*****10"的注册商标与"ZG照明"字样的组合;但注册号为"*****09"的注册商标在公司过往对外销售的产品之铭牌及包装中使用相对较少(报告期内公司对外销售的产品之铭牌及包装已不再使用该注册商标),且相关铭牌及包装箱可较快地制作及更换,成本较低,因此公司停止使用注册号为"*****09"的注册商标、注册号为"*****10"的注册商标与"ZG照明"字样的组合没有实质性障碍,且公司正在申请注册其他不含"ZG"字样的商标,预计将于2021年8-11月左右取得该等相关新注册商标的专用权。

……

(4)结合前述回复说明公司是否符合《科创板注册管理办法》第12条第3项的规定,并根据实际情况完善风险披露与重大事项提示内容

截至本回复出具之日,公司商号和注册商标不属于"对公司业务经营或收入实现有重大影响的重要资产",亦不涉及公司核心技术,因此本案不属于对公司持续经营构成重大不利影响的重大权属纠纷或诉讼,原因如下:

①根据《审计报告》,公司截至2019年12月31日的净资产为320,863,511.23元,截至2020年12月31日的净资产为359,557,164.67万元;即便法院在本案中全额支持了ZG集团500万元的索赔,上述赔偿金额占公司截至2019年12月31日和2020年12月31日的净资产比值约1.56%和1.39%,占比较低;

②经查阅公司拥有的《安全生产许可证》《中国国家强制性产品认证证书》《防爆合格证》《矿用产品安全标志证书》等相关资质证书管理的相关法律、法规,上述资质证书并不会因为公司成为本案的被告而失效;且如公司在本案中败诉,被法院的生效判决判令停止使用含有"ZG"字样的企业名称和含有"ZG"字样的注册商标,亦不会导致公司已取得的相关资质失效;

③公司的研发环节、采购环节、生产环节、销售环节以及募投项目的开展均不严重依赖于商号或注册商标,本案不会对公司的持续经营能力造成重大不利影响。

基于以上分析，如公司在本案中败诉，公司将面临被法院判决停止使用相关商号、注册商标并承担赔偿金等风险，变更企业名称和注册商标会涉及公司及子公司若干许可、备案、认证及证书的变更以及对相关商品铭牌和包装等物料的处置，会给公司造成额外的成本和管理负担；但是，本案不会对公司的持续经营能力造成重大不利影响；截至本回复出具之日，公司符合《科创板注册管理办法》第12条第3项的规定。

【要点总结】

发行人于2020年9月14日被ZG集团起诉侵犯注册商标专用权，要求发行人停止使用含有“ZG”字样的企业名称、消除侵权影响并赔偿ZG集团经济损失人民币500万元及维权合理支出。监管机构要求发行人说明所涉商标侵权及不正当竞争诉讼的具体情况及进展，若公司被认定为商标侵权对公司持续经营的影响，公司是否符合《科创板注册管理办法》第12条第3项的规定。发行人说明了所涉商标侵权及不正当竞争诉讼尚未进入案件的实体审理阶段，对公司的持续经营能力尚未造成重大不利影响，停用被诉商标时间、成本较低，不存在实质性障碍；公司商号和注册商标不属于对公司业务经营或收入实现有重大影响的重要资产。

2. 发行人：上海HLW电子系统技术股份有限公司

【披露文件】

《关于〈关于上海HLW电子系统技术股份有限公司首次公开发行股票并在科创板上市申请文件的第二轮审核问询函〉的回复》

【问询节选】

问题8

根据问询回复，发行人与HNWE国际公司就前者涉嫌侵犯后者商标专用权、不正当竞争纠纷签署和解协议，后者于2019年撤回起诉。和解协议显示，(1)自协议生效后，对于协议生效之前已经存在的涉及字样的使用行为，HNWE国际公司不再直接或间接地予以追究；(2)发行人就协议生效前已经提交申请的包含有字样的相关商标，采取撤回或撤销申请，并改版www.h****.com网站及其他运营的网站。

请发行人说明：(1)HNWE国际公司诉讼申请中要求发行人“停止所有商标侵权行为”“停止所有不正当竞争行为”“停止使用h****.com域名”的具体所指；和解协议生效前，发行人使用相关标识进行业务开展的情况，是否仅使用英文商号作为网络域名;(2)逐项说明和解协议中自身义务的履行情况,是否均已履行完毕,商标纠纷是否已彻底解决;(3)不能使用相关标识对生产经营和业务开拓的影响。

【回复节选】

关于问题(1):

①根据发行人提供的民事起诉状、答辩状等诉讼材料,HNWE 国际公司诉讼申请及具体所指如下:

序号	HNWE 国际公司诉讼申请	具体所指
1	停止所有商标侵权行为	(1)要求发行人停止侵犯原告“H＊＊＊＊”系列驰名商标的行为,包括停止在电磁、天线、电子等领域相关的测试设计设备、平台等商品和相关技术咨询服务上使用“H＊＊＊＊”相关标识的行为; (2)要求发行人停止侵犯原告“H＊＊＊＊”系列商标的行为,包括停止在电磁兼容分析软件、天线系统仿真分析软件等上使用“H＊＊＊＊”/标识的行为;要求发行人销毁其目前库存的侵权商品、侵权商品外包装、宣传材料和主要用于制造侵权商品、侵权标识的工具等; (3)要求发行人停止在任何网站和公共媒体上使用与“H＊＊＊＊”系列商标近似的商标或标识; (4)要求发行人停止将与“H＊＊＊＊”系列商标相近似的“H＊＊＊＊”作为其企业英文字号突出使用。
……(以下内容略)		

该案件并未进入法庭审理阶段,并未有司法机构对是否存在“停止所有商标侵权行为”、“停止所有不正当竞争行为”或“停止使用 h＊＊＊＊.com 域名”的情形进行认定,且发行人与 HNWE 国际公司已就上述争议达成和解。

②和解协议生效前,发行人使用“h＊＊＊＊”相关标识进行业务开展的情况,是否仅使用“h＊＊＊＊”英文商号作为网络域名

1)发行人未单独使用标识“h＊＊＊＊”开展业务

发行人单独使用“h＊＊＊＊”标识展开业务的情形限于发行人就“h＊＊＊＊”字样申请商标及网站域名注册,发行人未单独使用“h＊＊＊＊”标识开展经营业务。

发行人曾申请 h＊＊＊＊.com 域名作为公司网站地址,发行人已于和解协议

后签署后停止使用;发行人曾于2013年取得“h∗∗∗∗”注册商标(注册号为:10∗∗∗∗∗,分类核定为42类中的“无形资产评估”),发行人实际未从事与无形资产评估的相关业务,该商标已于和解协议后签署后撤销。

2)发行人业务中使用“h∗∗∗∗”相关标识的情况

发行人业务开展涉及的争议“h∗∗∗∗”标识为相关标识,该标识由图形、中文商号“HLW系统技术”和英文商号“H∗∗∗∗”组合,应用于发行人部分测试系统、分析软件上。英文商号“h∗∗∗∗”仅为争议标识的一部分,具体比较情况如下:

相关表格略。

HNWE国际公司享有商标权的商标为纯英文文字“H∗∗∗∗”,与发行人申请的上述标识图形有较大区别。发行人的英文文字“h∗∗∗∗”与HNWE国际公司“H∗∗∗∗”商标系不同字母组成,其中发行人的图形和中文商号部分均取得授权并持续有效,具体如下:

相关表格略。

3)发行人已与HNWE国际公司达成商标纠纷和解

发行人及HNWE国际公司为了避免诉累和长期陷入诉讼程序,达成和解并签署了和解协议。和解协议约定发行人停止使用“h∗∗∗∗”标识,HNWE国际公司对公司使用“h∗∗∗∗”英文商号所有事项不再追究;和解协议约定发行人可以使用“h∗∗∗∗e”作为发行人的英文名称和英文商号,发行人在和解协议签署后已以“h∗∗∗∗e”申请多项商标并获得授权。

发行人停止使用“h∗∗∗∗”标识对发行人的生产经营和业务开拓无明显不利影响,具体见本题回复之“3不能使用“h∗∗∗∗”相关标识对生产经营和业务开拓的影响”。

关于问题(2):

发行人已经履行完毕和解协议中约定的义务,与HNWE国际公司商标纠纷已经彻底解决。

关于问题(3):

公司主要凭借技术及经验优势开展业务,商标中的英文标识在业务开展中的影响较小。

①公司所处行业技术壁垒较高,英文标识在业务开展中发挥的作用较弱

公司所处业务领域主要为电磁场仿真与相控阵校准测试等领域,主要面向

国防军工单位和移动通信领域的企业客户，公司中文商标取得较高的知名度和认可度，英文标识对业务开展的作用较小。

该等行业领域具有较高的技术壁垒，客户在选择合作对象时主要考察供应商的技术水平和相关经验，对供应商所使用的商标关注度较低。

公司长期致力于电磁场仿真与相控阵校准测试领域技术的研发和应用，通过参与嫦娥探月工程、北斗卫星、高分三号卫星等知名项目和国防军工领域多个重点装备的研制工作，在行业内树立了良好的口碑，为公司后续业务开拓建立了优良的基础。

因此，公司的业务开展主要依赖于技术及经验优势，英文标识在业务开展中发挥的作用较弱。

②不能使用“h＊＊＊＊”相关标识对公司生产经营和业务开拓无明显不利影响

公司不再使用“h＊＊＊＊”相关标识后，生产经营及业务开拓至今未受到明显不利影响，报告期内公司业务呈现持续增长趋势。

因此，不能使用“h＊＊＊＊”相关标识对公司生产经营和业务开拓无明显不利影响。

【要点总结】

发行人与 HNWE 国际公司就前者涉嫌侵犯后者商标专用权、不正当竞争纠纷签署和解协议，后者于 2019 年撤回起诉。监管机构要求发行人说明 HNWE 国际公司要求停止侵权的具体所指、和解协议的履行情况以及相关标识对生产经营和业务开拓的不利影响。发行人说明了其已停止所有商标侵权行为、所有不正当竞争行为、停止使用 h＊＊＊＊.com 域名，全部履行了和解协议中的义务，不能使用相关标识对公司生产经营和业务开拓无明显不利影响。

（二）同类问询问题的梳理

就“存在商标侵权诉讼”这一风险点，除了上述典型问询案例之外，本书还检索到了深圳 HDZZ 科技股份有限公司、无锡 ATW 科技股份有限公司、深圳 CY 控股股份有限公司等相关问询案例，并梳理汇总出以下具有参考价值的问询问题：

1. 所涉商标侵权及不正当竞争诉讼的具体情况及进展，对公司持续经营的影响；若公司被认定为商标侵权，公司所涉商标、企业名称变更的具体过程及时间、成本,是否存在实质性障碍;结合前述回复说明公司是否符合《科创板注册管理办法》第12条第3项的规定,并根据实际情况完善风险披露与重大事项提示内容。

2.(1)HNWE 国际公司诉讼申请中要求发行人“停止所有商标侵权行为”“停止所有不正当竞争行为”“停止使用 h＊＊＊＊.com 域名”的具体所指;和解协议生效前,发行人使用相关标识进行业务开展的情况,是否仅使用英文商号作为网络域名;(2)逐项说明和解协议中自身义务的履行情况,是否均已履行完毕,商标纠纷是否已彻底解决;(3)不能使用相关标识对生产经营和业务开拓的影响。

3.(1)发行人报告期内的业务开展过程中使用上述商标的具体情况以及对应的产品范围,境外涉诉产品销售收入占发行人营业收入的比例均不超过6%的测算依据;(2)结合上述涉诉商标在业务中的具体作用,进一步论证发行人是否具有相关替代方案及其能否取得同样的服务效果;(3)上述诉讼案件是否已采取相关诉讼保全措施及对发行人的影响,发行人目前是否仍在使用上述涉诉商标,是否从而导致潜在赔偿金额增加;(4)前述涉诉商标等是否受让自关联方;如是,赔偿责任的最终承担主体及其承担能力。

4.发行人所拥有的、使用的知识产权是否存在诉讼、纠纷或其他引致权利不确定性的情况。

5.(1)披露上述重大诉讼案件的基本情况、进展及执行情况;(2)说明如败诉对发行人的影响。

(三)风险点分析

1.相关 IP 法律和政策的梳理与解读

《商标法》第57条规定:“有下列行为之一的,均属侵犯注册商标专用权:(一)未经商标注册人的许可,在同一种商品上使用与其注册商标相同的商标的;(二)未经商标注册人的许可,在同一种商品上使用与其注册商标近似的商标,或者在类似商品上使用与其注册商标相同或者近似的商标,容易导致混淆的;(三)销售侵犯注册商标专用权的商品的;(四)伪造、擅自制造他人注册商标标识或者销售伪造、擅自制造的注册商标标识的;(五)未经商标注册人同意,更换其注册商标并将该更换商标的商品又投入市场的;(六)故意为侵犯他人商标专用权行为提供便利条件,帮助他人实施侵犯商标专用权行为的;(七)给他人的注册商标专用权造成其他损害的。”

第 63 条规定:“侵犯商标专用权的赔偿数额,按照权利人因被侵权所受到的实际损失确定;实际损失难以确定的,可以按照侵权人因侵权所获得的利益确定;权利人的损失或者侵权人获得的利益难以确定的,参照该商标许可使用费的倍数合理确定。对恶意侵犯商标专用权,情节严重的,可以在按照上述方法确定数额的一倍以上五倍以下确定赔偿数额。赔偿数额应当包括权利人为制止侵权行为所支付的合理开支。……权利人因被侵权所受到的实际损失、侵权人因侵权所获得的利益、注册商标许可使用费难以确定的,由人民法院根据侵权行为的情节判决给予五百万元以下的赔偿。……”

第 65 条规定:“商标注册人或者利害关系人有证据证明他人正在实施或者即将实施侵犯其注册商标专用权的行为,如不及时制止将会使其合法权益受到难以弥补的损害的,可以依法在起诉前向人民法院申请采取责令停止有关行为和财产保全的措施。”

第 66 条规定:“为制止侵权行为,在证据可能灭失或者以后难以取得的情况下,商标注册人或者利害关系人可以依法在起诉前向人民法院申请保全证据。”

(1)商标侵权的认定

《商标法》第 57 条主要规定了六种商标侵权的情形。其中前两种侵权情形的认定较为复杂,后四种的认定则较为简单。

第一种侵权情形是在同一种商品或服务上使用与注册商标相同的商标,也被称为“双相同”侵权。这种行为是最为严重的侵犯商标权行为,不仅会承担侵犯商标权的民事责任,甚至还可能触犯刑法而承担刑事责任。[①] 因此,法律对这一情形予以单独规定,并有如下要件:

第一,存在商标性使用。商标性使用指的是将商标用于商品、商品包装、容器、服务场所以及交易文书上,或者将商标用于广告宣传、展览以及其他商业活动中,用以识别商品或者服务来源的行为,判断时应当综合考虑使用人的主观意图、使用方式、宣传方式、行业惯例、消费者认知等因素。[②]

第二,在同一种商品或服务上使用相同商标。其中,同一种商品或服务指

---

① 参见王太平:《商标法:原理与案例》,北京大学出版社 2015 年版,第 300 页。

② 参见《商标侵权判断标准》第 4、5、6 条。

的是实际生产销售的商品或服务名称与他人注册商标核定使用的商品或服务名称相同,或者二者名称不同但在商品或服务的相关方面相同或者基本相同。对于商品而言,相关方面包括功能、用途、主要原料、生产部门、消费对象、销售渠道等;对于服务而言,相关方面包括服务的目的、内容、方式、提供者、对象、场所等。具体判断时,应参照现行类似商品和服务区分表进行认定。[①]

除此之外,对于商标相同的判断,《商标侵权判断标准》第13、14条已进行详细分类说明,判断要点在于视觉效果或者听觉感知上基本无差别,[②]判断方式采取以相关公众的一般注意力和认知力为标准,采用隔离观察、整体比对和主要部分比对的方法进行认定。[③]

第三,"双相同"侵权案件中存在推定混淆,但"允许在特定情形下推翻上述推定"[④]。例如,在北京RZGYSP技术有限公司与HW技术有限公司等侵害商标权纠纷案中,法院认为"《商标法》第57条第1项中未明确规定混淆要件,原因在于在同一种服务上使用相同商标的行为,通常均会产生混淆的后果,因此法律直接推定混淆的结果,未另行规定混淆要件。但如果此类行为并不具有混淆可能性,则仍不能认定该行为构成侵权行为"。[⑤]

第二种侵权情形是在同一种商品或服务上使用与注册商标近似的商标,或者在类似商品或服务上使用与注册商标相同或者近似的商标,容易导致混淆。这一情形的侵权构成要件有三种:

第一,需要存在商标性使用,具体判断方法如上文所述。

第二,在同一种商品或服务上使用与注册商标近似的商标,或者在类似商品或服务上使用与注册商标相同或者近似的商标。其中,类似商品或服务,是指在相关方面具有一定共同性的商品或服务,认定时考虑的相关方面与上文相同,判断时也应参照现行类似商品和服务区分表进行认定,区别主要在于此处的类似只要求一定共同性,而不要求相同或基本相同。

另外,在认定商标近似时,同样以相关公众的一般注意力和认知力为标准,

---

① 参见《商标侵权判断标准》第9、11、12条。

② 参见《商标侵权判断标准》第13、14条。

③ 参见《商标侵权判断标准》第14、16、17、18条。

④ 参见韦稼霖、朱冬:《体系化思维下混淆在商标侵权判定中的定位》,载《电子知识产权》2020年第10期。

⑤ 参见北京知识产权法院(2018)京73民终2044号民事判决书。

采用隔离观察、整体比对和主要部分比对的方法进行认定①，考虑其视觉效果或者听觉感知上是否存在近似。

第三，容易混淆指的是足以使相关公众认为涉案商品或者服务是由注册商标权利人生产或者提供的；或足以使相关公众认为提供者与注册商标权利人存在投资、许可、加盟或者合作等关系。其考虑因素包括商标的近似情况、商品或者服务的类似情况、注册商标的显著性和知名度、商品或者服务的特点及商标使用的方式、相关公众的注意和认知程度等。②

除上述两种情形外，其余的商标侵权情形包括销售侵犯注册商标专用权的商品；擅自更换他人商品上的注册商标，并将该更换商标的商品又投入市场；伪造、擅自制造他人注册商标标识或者销售伪造、擅自制造的注册商标标识和故意为侵犯他人商标专用权行为提供便利条件，帮助他人实施侵犯商标专用权等。其中后两种涉及伪造、制造商标标识与帮助侵权的情形都属于间接侵权③或是帮助侵权，"其在主观方面显然应该是故意，即明知为侵犯商标专用权的行为仍然提供便利条件"④。

(2) 商标侵权纠纷中的保全措施

在商标侵权纠纷中，案件当事人或者尚未起诉的潜在当事人（起诉后成为案件当事人）在一定条件下可以申请法院采取行为保全、财产保全、证据保全等一系列保全措施。

其中，行为保全（又称临时禁令），指法院责令或禁止被申请人作出一定行为的保全措施，可以在判决生效前责令被告停止使用被诉侵权商标；财产保全，指法院采取查封、扣押、冻结或者法律规定的其他方法对被申请人财产进行保全，从而防止被申请人转移、隐匿财产或因其他原因丧失清偿能力；证据保全，指在证据可能灭失或者以后难以取得的情况下，法院可以保全证据以避免被申请人转移或销毁证据。

本书按照《商标法》第 65、66 条，《民事诉讼法》第 84、103、104 条和《知识产权行为保全规定》第 2、6、10 条，《民事诉讼证据规定》第 25、26 条等相关规定，对商标侵权纠纷中的保全措施整理如表 2-2-1 所示：

① 参见《商标侵权判断标准》第 15、16、17、18 条。

② 参见《商标侵权判断标准》第 19、20、21 条。

③ 参见王迁：《知识产权法教程》（第 7 版），中国人民大学出版社 2021 年版，第 632、633 页。

④ 参见王太平：《商标法：原理与案例》，北京大学出版社 2015 年版，第 312 页。

表 2-2-1 商标侵权纠纷中的保全措施

<table>
<tr><th colspan="2">保全措施</th><th>行为保全</th><th>财产保全</th><th>证据保全</th></tr>
<tr><td rowspan="2">申请时间</td><td>诉中保全</td><td colspan="2">判决、裁定或者仲裁裁决生效前</td><td>举证期限届满前</td></tr>
<tr><td>诉前保全</td><td colspan="3">提起诉讼或者申请仲裁前</td></tr>
<tr><td rowspan="2">申请条件</td><td>诉中保全</td><td colspan="2">①判决难以执行或者造成当事人其他损害，包括他人正在实施或者即将实施侵犯其注册商标专用权的行为，如不及时制止将会使其合法权益受到难以弥补的损害的；②当事人申请或人民法院在必要依职权时裁定采取保全措施；③法院要求时提供担保</td><td>①在证据可能灭失或者以后难以取得的情况下；②当事人申请或法院主动采取保全措施；③法院要求时提供担保</td></tr>
<tr><td>诉前保全</td><td colspan="2">①情况紧急，不立即申请保全将会使其合法权益受到难以弥补的损害，包括他人正在实施或者即将实施侵犯其注册商标专用权的行为，如不及时制止将会使其合法权益受到难以弥补的损害的；②潜在当事人申请；③应当提供担保</td><td>①情况紧急，在证据可能灭失或者以后难以取得的情况下；②潜在当事人申请；③法院要求时提供担保</td></tr>
<tr><td rowspan="2">申请效果</td><td>诉中保全</td><td colspan="3">对情况紧急的，必须在 48 小时内作出裁定；裁定采取保全措施的，应当立即开始执行</td></tr>
<tr><td>诉前保全</td><td colspan="3">48 小时内作出裁定；裁定采取保全措施的，应当立即开始执行；申请人在人民法院采取保全措施后 30 日内不依法提起诉讼或者申请仲裁的，人民法院应当解除保全</td></tr>
<tr><td colspan="2">区别</td><td>“对于行为保全的措施，除非申请人同意，否则，一般不因被申请人提供担保而解除”①</td><td>“财产保全不能针对侵权物品而采取，因为侵权物品最终可能因侵权而被销毁，达不到财产保全的目的”②</td><td>“为避免被申请人转移或销毁证据……法院应当有权在不事先通知被申请人的情况下采取证据保全措施”③</td></tr>
</table>

(3)商标侵权的民事责任

如果法院认定被告构成商标侵权，一般情况下，被告应承担的民事责任包括停止侵权、消除影响、损害赔偿等。其中对生产经营影响较大的主要是停止侵权与损害赔偿。

---

① 王迁：《知识产权法教程》(第 7 版)，中国人民大学出版社 2021 年版，第 12 页。

② 王太平：《商标法：原理与案例》，北京大学出版社 2015 年版，第 407 页。

③ 王迁：《知识产权法教程》(第 7 版)，中国人民大学出版社 2021 年版，第 41 页。

停止侵权意味着侵权人无法再使用被诉商标,只能变更商标,从而影响客户、消费者对其产品来源的识别。此外,印制原商标的产品线无法再投入生产,已生产的带有原商标的产品无法再投入市场,都会导致企业的固定成本上升,影响其生产经营。

损害赔偿包括填平性赔偿与惩罚性赔偿。根据《商标法》第 63 条的规定,如果是恶意侵权的情况,侵权人除补偿商标权人损失外,还需承担填平性赔偿基础上 1 倍至 5 倍的惩罚性赔偿。在惩罚性赔偿的规定之下,法院一旦作出商标侵权判决,发行人很可能要承担高昂的债务,从而影响其正常经营。

2. 相关科创板 IPO 规则的梳理与解读

如本书第一篇第二章所述,申请在科创板上市的企业,应符合科创板定位、发行条件、上市条件和信息披露要求。其中,符合发行条件的基本要求之一,即为具有直接面向市场独立持续经营能力。根据《科创板注册管理办法》第 12 条的规定,独立持续经营能力要求发行人不存在被他人起诉知识产权侵权的重大诉讼案件。

在存在商标侵权诉讼的相关情形中,商标侵权的重大诉讼案件对于企业的独立持续经营能力有着重大的威胁。一旦败诉则不仅意味着企业可能需要支付高额的赔偿,还意味着企业不能再使用其商标,如果侵权商标为企业的核心商标,可能会对企业的正常生产经营产生严重影响,使企业不符合科创板的发行条件。

(四)同类问询回复要点

针对审核过程中可能涉及的"存在商标侵权诉讼"相关问询问题,为及时妥善回复,本书梳理出以下回复要点,供(拟)科创板 IPO 企业参考:

1. 涉诉商标是否为其核心商标,使用涉诉商标的商品或服务的营收占比。

2. 所涉商标侵权诉讼的具体情况及进展。

3. 如果发行人被采取诉讼保全措施,发行人可说明保全措施的具体内容和影响。

4. 发行人可根据实际情况说明,即使被认定为商标侵权,变更商标也不存在实质性障碍,需承担的侵权责任也不会对生产经营产生较大影响。

5. 如果存在和解协议,发行人可就和解协议中权利义务的约定及履行情况进行说明。

八、核心商标受让取得

由于受让取得的商标可能受到权利限制，因此当企业将受让取得的商标作为核心商标使用时，可能会影响核心商标权利的完整性，进而增大企业无形资产上的风险，影响监管部门对发行人独立持续经营能力的考察结果。

（一）问询与回复案例精选

1. 发行人：上海 AH 内镜股份有限公司

【披露文件】

《上海 AH 内镜股份有限公司首次公开发行股票并在科创板上市申请文件审核问询函之回复报告》

【问询节选】

问题 22

招股说明书披露，发行人多项境内外商标为受让取得。

请发行人说明：(1)通过受让取得商标的原因；(2)通过受让取得的商标是否为发行人的核心商标，发行人与其他方关于商标受让的具体安排，如双方的权利义务、附属条件、商标权受限情况等。

【回复节选】

为加快公司发展，进行资源和业务整合，促进产品更快地进入市场，WISAP 于 2012 年 6 月 20 日与 Gerloff 博士(WISAP mbH 财产清算程序的资产清算人)签署了《收购合同》，概括受让 WISAP mbH 的全部厂房和营业设施、流动资产、无形资产、客户订单等，其中包括 WISAP mbH 的全部商标。在 WISAP 被发行人收购后，相应商标成为发行人体系内的受让商标。

发行人受让取得的商标如下：

序号	商标	注册机构/国家	商标持有人	注册号/申请号	类别	有效期	是否实际使用
29	S＊＊＊S	中国境内	WISAP	61＊＊＊＊	第 10 类	2012.9.20－2022.9.19	否
……(以下内容略)							

上述实际使用中的商标均用于 WISAP 的产品，报告期内 WISAP 营业收入

情况如下：

年度	WISAP 营业收入(万元)	占发行人营业收入的比例
2020 年	5446.68	20.69%
2019 年	3953.79	13.28%
2018 年	2042.46	13.13%

上述实际使用中的商标均用于 WISAP 的产品，WISAP 的经营情况对发行人具有一定影响但不属于发行人核心商标，发行人的核心商标均系发行人自主申请取得，不存在来源于上述受让取得的商标情况。

根据 WISAP（以下简称收购方）与 WISAP mbH（以下简称出让方）于 2012 年 7 月签订的资产购买协议，关于商标受让的具体安排情况如下：

项目	协议主要内容
出让方	WISAP mbH
收购方	WISAP
收购知识产权的范围	WISAP mbH 的全部知识产权
收购价款及支付	WISAP 收购 WISAP mbH 资产、业务等财产的总价格为 200,000.00 欧元。 合同双方协定，收购价款可在交接之日首先从暂行保管账户支付。收购方特此指示财产暂行保管人律师 Heidi Pioch，在交接之日从暂行保管账户支付 200,000.00 欧元到清算人在慕尼黑市储蓄银行的清算账户。 合同双方协定，在交接之日，暂行保管账户上的所有剩余款项将支付给收购方。
交接之日	合同双方同意于 2012 年 7 月 1 日 00:00 转让相关资产
无形资产的转移/临时使用权	清算人向收购方转移债务人全部无形资产的所有权，全部收购款项最晚需在交接之日之前付清。 如在延期支付全部收购价格的条件下转移无形资产，清算人将从交接之日起临时向收购方转移这些无形资产在日常业务过程中的使用权，直到将其有效转移为止。
权利受限情况	无

根据境外律师就 WISAP 相关事项出具的《法律意见书》，WISAP mbH 有权出售上述知识产权，WISAP 从 WISAP mbH 中收购上述知识产权符合德国当地

法律法规规定，在签署《资产购买协议》后，WISAP 成为上述知识产权的合法有效所有人。WISAP mbH 于 2012 年被慕尼黑地方法院宣布破产，破产程序结束后，WISAP mbH 于 2019 年 8 月被慕尼黑破产法院终止，WISAP mbH 最终于 2020 年 1 月解散/注销，前述破产程序的过程合法。WISAP 与 WISAP mbH 之间不存在未决的索赔或争议。

经对中国执行信息公开网、中国裁判文书网进行查询，截至本回复报告出具日，WISAP 与 WISAP mbH 在中国境内不存在诉讼纠纷。

【要点总结】

发行人多项境内外商标为受让取得。监管部门要求发行人说明受让取得商标的原因、受让取得商标是否为核心商标、受让取得的具体安排等问题。发行人以表格形式对受让取得商标的原因、用途及具体安排进行了说明，指出受让取得商标所在产品的营业收入在发行人总营业收入中占比不大，从而证明受让取得商标不是核心商标，不会影响企业无形资产的完整、独立性。

2. 发行人：江苏 FM 科技股份有限公司

【披露文件】

《关于江苏 FM 科技股份有限公司首次公开发行股票并在科创板上市申请文件的审核问询函的回复》

【问询节选】

问题 8

招股说明书披露，发行人共有 15 项商标受让自 RSB。

请发行人说明：(1)上述知识产权是否为核心知识产权及受让价格的公允性。

【回复节选】

(1)受让取得的商标

截至本招股说明书签署日，公司拥有 38 项商标，具体情况如下：

序号	商标权人	商标图案	注册号	商标类别	有效期限	取得方式
1	FM 科技	图案略	63 *****	1	2010.03.28 – 2030.03.27	2012.06.06 从 RSB 受让
……(以下内容略)						

上表中第 1－15、17 项商标系由 RSB 转让至 FM 科技。2011 年 5 月，RSB 与 FM 科技签署《注册商标转让合同》，向 FM 科技转让上述第 1－15 项注册商标，2012 年 4－6 月，国家工商行政管理总局商标局核准上述注册商标的转让事项，相关注册商标权属完成变更。该项商标转让为 RSB 和 FX 股份水处理业务整合的一部分。

……

同时，RSB 与公司签署《业务转让合同》《注册商标转让合同》《商号使用许可合同》《著作权转让合同》《专利权转让合同》等协议，RSB 将其从事水处理业务过程中拥有的市场渠道、订单（包括未履行完毕的合同）、客户资源、客服资料、技术团队、代理商资源全部转移至公司，同时将商标、专利、著作权等重要资产全部移交，以实现水处理业务全面转移，保障后续水溶性聚合物及单体业务的可持续发展。

2012 年 5 月，浙江 TY 资产评估有限公司出具浙源评报字［2012］第 0055 号评估报告，RSB 水处理业务相关的无形资产组合在评估基准日 2011 年 3 月 31 日的市场价值为人民币 2730.00 万元，其中商标权评估值 230.00 万元。针对 15 项商标，评估师采用超额收益折现法进行评估，因无法准确区分商标权各自对水处理业务的贡献度，故商标权评估值以合计数列示，商标权评估值合计为 230.00 万元。《注册商标转让合同》中约定的转让费用为人民币 220 万元，与评估值不存在较大差异，转让价格公允。

2017 年 RSB 与 FM 科技签署《商标权转让合同》，向 FM 科技转让上述第 17 项注册商标，2018 年 6 月 6 日，国家工商行政管理总局商标局核准该项注册商标的转让事项，注册商标权属完成变更。该项商标转让时 RSB 科技处于注销过程中，且该项商标无对应的产品或技术，因而采用无偿转让的形式。

上表中第 16 项商标系由青岛 HN 转让至 FM 科技。2015 年 12 月 19 日，青岛 HN 与 FM 科技签署《资产转让协议》，向 FM 科技转让所有与膜产品生产相关的技术、设备及其他有形和无形资产，其中包括该项商标。2016 年 12 月 6 日国家工商行政管理总局商标局核准该项注册商标的转让事项，注册商标权属完成变更。上海 LX 资产评估有限公司于 2016 年 1 月 12 日出具了《青岛 HN 水务科技股份有限公司部分资产转让项目资产评估报告书》［信资评报字（2016）001 号］，对资产转让协议所涉及的青岛 HN 拥有的生产 PVDF 超滤膜有关的机器设备、专利、注册商标及与之相关的图纸、技术资料等部分资产价值进行了评估，截至2015年12月31日委估资产的价值为人民币2651.78万元，其中固定资产211.78万元，无形资产2440.00万元。《资产转让协议》中约定的总价为人民币2600万元，与评估价值不存在较大差异，资产转让价格公允。

【要点总结】

发行人多项商标为受让取得且来源集中于RSB、青岛HN两家企业。监管部门要求发行人说明受让取得商标是否为核心知识产权以及商标受让价格的公允性。发行人在表格中列明了全部受让取得商标的相关信息，并说明了相关的资产转让过程及资产评估报告，从而证明了商标受让价格的公允性，受让商标上不存在风险。

（二）同类问询问题的梳理

就“核心商标受让取得”这一风险点，除了上述典型问询案例之外，本书还检索到了江苏ZY信息科技股份有限公司、北京ABT科技股份有限公司、广东LE新材料科技股份有限公司等相关问询案例，并梳理汇总出以下具有参考价值的问询问题：

1. 受让取得的商标、软件著作权对发行人的重要程度、取得时间，出让方的基本情况，与发行人及相关方是否存在关联关系，相关转让是否存在纠纷或潜在纠纷。

2. 论证核心无形资产的完整性。

3. 受让取得的商标是否为发行人的核心知识产权。

4. 通过受让取得商标的原因；通过受让取得的商标是否为发行人的核心商标，发行人与其他方关于商标受让的具体安排，如双方的权利义务、附属条件、商标权受限情况等。

5. 上述知识产权是否为核心知识产权及受让价格的公允性。

（三）风险点分析

1. 相关IP法律和政策的梳理与解读

《商标法》第42条规定：“转让注册商标的，转让人和受让人应当签订转让协议，并共同向商标局提出申请。受让人应当保证使用该注册商标的商品质量。转让注册商标的，商标注册人对其在同一种商品上注册的近似的商标，或者在类似商品上注册的相同或者近似的商标，应当一并转让。对容易导致混淆或者有其他不良影响的转让，商标局不予核准，书面通知申请人并说明理由。转让注册商标经核准后，予以公告。受让人自公告之日起享有商标专用权。"

《商标法》第 42 条规定了商标的受让取得，主要内容是双方签订转让协议，商标转让经由商标局核准后生效，受让人自核准公告之日起享有商标专用权；转让时，在同一种商品上注册的近似的商标，或者在类似商品上注册的相同或者近似的商标也应当一并转让。《商标法》关于商标受让取得的相关规定较为简明，为商标受让双方留下了足够的意思自治空间，也意味着受让人在商标受让取得时应仔细考察受让相关事项以规避风险。

商标受让取得时，风险点主要有三：其一是商标专用权上可能存在权利限制、权利瑕疵。具体而言，受让人应在受让前核查商标上是否存在对外许可、质押等影响商标专用权行使的限制，商标上是否存在可撤销、无效事由等可能影响商标存续的情形。其二是转让合同可能不当限制受让人的权利。受让人需要注意转让合同中是否有期限、地域的限制，转让合同中是否依法包括应一并转让的相同、类似商标等。其三是商标转让是否依法核准生效，由于《商标法》规定了受让人自商标局公告之日起享有商标专用权，受让人应关注商标转让是否按期向商标局提出申请、商标局是否予以核准，从而尽早获得商标专用权。

2. 相关科创板 IPO 规则的梳理与解读

如本书第一篇第二章所述，申请在科创板上市的企业，应符合科创板定位、发行条件、上市条件和信息披露要求。其中，符合发行条件的基本要求之一，即为具有直接面向市场独立持续经营能力。根据《科创板注册管理办法》第 12 条的规定，独立持续经营能力要求发行人具有完整、独立的无形资产，作为无形资产重要组成部分的知识产权应当可以不受限制地合法使用。

在核心商标受让取得的相关情形中，由于核心商标属于企业重要的无形资产，因此其权利完整性影响着企业无形资产的完整、独立性。当核心商标是通过受让方式取得时，受让商标上可能存在对外许可、质押或其他权利限制，从而造成企业无形资产上的风险，影响企业的独立持续经营能力的认定，使企业不符合科创板的发行条件。

（四）同类问询回复要点

针对审核过程中可能涉及的"核心商标受让取得"相关问询问题，为及时妥

善回复,本书梳理出以下回复要点,供(拟)科创板 IPO 企业参考:

1. 发行人拥有的商标及实际使用情况。

2. 受让取得商标是否属于核心商标。

3. 受让取得商标的基本情况、受让用途。

4. 受让取得商标上是否存在权利限制、权利瑕疵。

5. 商标受让价格的公允性。

6. 受让取得过程中是否存在纠纷或潜在纠纷。

7. 通过中国裁判文书网、中国执行信息公开网等检索的方式说明受让取得商标不存在权属纠纷。

九、存在集成电路布图设计专有权侵权诉讼

集成电路布图设计是(拟)科创板 IPO 企业重要的无形资产之一。审核问询中,监管机构通常会问询发行人是否存在集成电路布图设计纠纷或潜在纠纷以考察发行人是否具有独立持续经营能力。对此,发行人可以通过说明诉讼情况及对公司持续经营的影响来回复问询。

(一)问询与回复案例精选

发行人:佛山市 LJ 电子股份有限公司

【披露文件】

《关于佛山市 LJ 电子股份有限公司首次公开发行股票并在科创板上市申请文件的审核问询函的回复》

【问询节选】

问题 14.1

招股说明书披露,2018 年 6 月 11 日,深圳 TY 向广州知识产权法院提起诉讼,请求:判令上海 GX 及发行人立即停止复制、销售侵害原告登记号为 BS. 165007060、名称为“线性锂电池充电器”的集成电路布图设计专有权的产品;判令上海 GX 及发行人连带赔偿深圳 TY 经济损失和深圳 TY 为制止侵权行为所支出的合理费用,共计人民币 300 万元;案件诉讼费用由上海 GX 及发行人共同承担。目前,该案一审判决尚未作出。

请发行人说明:报告期内与涉诉相关的产品销售金额及占比,该诉讼若败诉对发行人生产经营的具体影响。

【回复节选】

芯片属于公司日常采购的原材料,涉诉相关产品的芯片系公司从上海 GX 购买,不涉及公司核心商标、专利、技术,2018 年 10 月以后公司已不再继续向上海 GX 采购该诉讼涉及的芯片。

公司购买上海 GX 的芯片经封装测试后形成的模拟电路产品,报告期内的销售金额及占比情况如下:

单位:万元、%

项目	2020 年 1-6 月	2019 年	2018 年	2017 年
销售金额	70.49	209.78	209.15	136.76
销售金额占当期营业收入的比例	0.29	0.43	0.43	0.26

截至本回复出具日,该案一审判决尚未作出。

广东 KG 律师事务所出具了《关于佛山市 LJ 电子股份有限公司未结案件相关诉讼事项之专项法律意见》,认为:《集成电路布图设计保护条例》规定:"在获得含有受保护的布图设计的集成电路或者含有该集成电路的物品时,不知道也没有合理理由应当知道其中含有非法复制的布图设计,而将其投入商业利用的,不视为侵权"。公司销售被诉产品不应视为侵权理由如下:(1)本案并无证据证明存在复制行为;(2)被诉产品合法来源于第三方;(3)本案并无证据证明知道或者有合理理由应当知道被诉产品中含有非法复制的布图设计。结合在案证据,公司销售被诉产品不应视为侵权,不应承担赔偿责任,有一定事实基础及法律依据,有较大可能得到法院的支持。涉诉相关产品报告期内的销售收入为 626.18 万元,占公司营业收入比例较小。自 2020 年 9 月起,公司已不再销售涉诉相关产品。该诉讼如果败诉,不会对公司生产经营造成重大不利影响。

【要点总结】

2018 年 6 月 11 日,深圳 TY 向广州知识产权法院请求判令上海 GX 及发行人侵害其登记号为 BS. 165007060、名称为"线性锂电池充电器"的集成电路布图设计专有权。监管机构问询发行人涉诉产品销售金额及占比,以及如果败诉对发行人生产经营的具体影响。发行人说明,涉诉产品销售金额及占比较小,不涉及核心商标、专利、技术;自 2020 年 9 月起,公司已不再销售涉诉相关产品;该诉讼如果败诉,不会对公司生产经营造成重大不利影响。

（二）同类问询问题的梳理

就"存在集成电路布图设计专有权侵权诉讼"这一风险点，除了上述典型问询案例之外，本书还检索到了 JQ 光电科技（上海）股份有限公司、WJCX（天津）电子技术股份有限公司、HR 微电子有限公司等相关问询案例，并梳理汇总出以下具有参考价值的问询问题：

1. 请发行人说明报告期内与涉诉相关的产品销售金额及占比，该诉讼若败诉对发行人生产经营的具体影响。

2. 发行人与 QJWY、西安 HR、ZXW 关于技术支持/开发服务协议的主要内容，是否存在技术方案、支持/销售对象、合作时间等方面的限制，发行人提供给不同客户的技术方案差异，是否存在侵权或违约风险，是否存在纠纷或潜在纠纷。

3. WX 起诉发行人的主要事实情况，是否涉及发行人的核心技术、主要产品、知识产权、主要技术人员等。

4. 发行人拥有的上述知识产权截至目前的法律状态，是否存在相关诉讼或仲裁、担保或其他权利限制，是否存在到期注销、终止等异常情况。

（三）风险点分析

1. 相关 IP 法律和政策的梳理与解读

《民法典》第 123 条规定："民事主体依法享有知识产权。知识产权是权利人依法就下列客体享有的专有的权利：……（六）集成电路布图设计……"

《集成电路布图设计保护条例》第 2 条规定："本条例下列用语的含义：（一）集成电路，是指半导体集成电路，即以半导体材料为基片，将至少有一个是有源元件的两个以上元件和部分或者全部互连线路集成在基片之中或者基片之上，以执行某种电子功能的中间产品或者最终产品；（二）集成电路布图设计（以下简称布图设计），是指集成电路中至少有一个是有源元件的两个以上元件和部分或者全部互连线路的三维配置，或者为制造集成电路而准备的上述三维配置……"

第 4 条规定："受保护的布图设计应当具有独创性，即该布图设计是创作者自己的智力劳动成果，并且在其创作时该布图设计在布图设计创作者和集成电路制造者中不是公认的常规设计。受保护的由常规设计组成的布图设计，其组合作为整体应当符合前款规定的条件。”

第 30 条规定:“除本条例另有规定的外,未经布图设计权利人许可,有下列行为之一的,行为人必须立即停止侵权行为,并承担赔偿责任:(一)复制受保护的布图设计的全部或者其中任何具有独创性的部分的;(二)为商业目的进口、销售或者以其他方式提供受保护的布图设计、含有该布图设计的集成电路或者含有该集成电路的物品的。侵犯布图设计专有权的赔偿数额,为侵权人所获得的利益或者被侵权人所受到的损失,包括被侵权人为制止侵权行为所支付的合理开支。”

第 33 条规定:“在获得含有受保护的布图设计的集成电路或者含有该集成电路的物品时,不知道也没有合理理由应当知道其中含有非法复制的布图设计,而将其投入商业利用的,不视为侵权。前款行为人得到其中含有非法复制的布图设计的明确通知后,可以继续将现有的存货或者此前的订货投入商业利用,但应当向布图设计权利人支付合理的报酬。”

(1)集成电路布图设计专用权

《民法典》与《集成电路布图设计保护条例》明确对有独创性的集成电路布图设计予以保护,将其作为知识产权的一种。

集成电路布图设计要得到保护需要满足以下三个条件:其一,保护对象为三维配置;其二,该三维配置须具有独创性;其三,其独创性部分应能独立地执行某种电子功能。首先,集成电路布图设计指集成电路中至少有一个是有源元件的两个以上元件和部分或者全部互连线路的三维配置,或者为制造集成电路而准备的上述三维配置。其次,独创性是布图设计受保护的前提条件,其要求布图设计是自己设计完成的且不属于创作时公认的常规设计。最后,基于《集成电路布图设计保护条例》将集成电路的定义为“执行某种电子功能的中间产品或者最终产品”的半导体集成电路,受保护的集成电路布图设计应当能够相对独立的执行某种电子功能。①

集成电路布图设计专有权内容为复制集成电路布图设计全部或独创性部分以及商业利用布图设计及其物品,任何技术性的集成电路布图设计使用行为均受该专有权控制。权利人享有自行使用、许可他人使用与继续研发该集成电路布图设计的权利。

---

① 参见《集成电路布图设计保护条例》第 2、4、5 条。

我国集成电路布图设计采取行政登记产生而非研发完成自动获权的权利取得原则。因此,发行人完成集成电路布图设计后应及时向国家知识产权局申请登记,从而获得法律保护的专有权。另外,在受让取得布图设计专有权时也应当及时完成权利人变更登记,以完成权利受让。

集成电路布图设计的权属认定规则较为复杂。根据《集成电路布图设计保护条例》的规定,集成电路布图设计专有权一般属于创作完成布图设计的自然人本人。但由于集成电路所涉及的技术较为复杂,需要使用的研究设备与原材料较多,单一自然人或团队很难承担昂贵的研发成本。因此,多数情形下均是由企业等法人提出设计要求,提供资金支持,委托或雇佣多个自然人进行研发。此时若将参与研发的自然人认定为创作者,将严重损害法人的利益,不符合公平原则。有鉴于此,法律规定"由法人或者其他组织主持,依据法人或者其他组织的意志而创作,并由法人或者其他组织承担责任的布图设计,该法人或者其他组织是创作者"①。

(2)集成电路布图设计的侵权认定

侵犯集成电路布图设计专有权的具体情形、免责事由与赔偿范围规定在《集成电路布图设计保护条例》第30、31、33条。未经布图设计权利人许可,不得复制受保护的布图设计的全部或者其中任何具有独创性的部分;不得为商业目的进口、销售或者以其他方式提供受保护的布图设计、含有该布图设计的集成电路或者含有该集成电路的物品。针对上述侵权行为,布图设计权利人或者利害关系人可以协商解决、向人民法院起诉或者请求国务院知识产权行政部门处理。侵犯布图设计专有权的赔偿数额,应为侵权人所获得的利益或者被侵权人所受到的损失,并包括被侵权人为制止侵权行为所支付的合理开支。

在上述侵权情形中,当事人可以主张"合法来源"抗辩。如果获得含有受保护的布图设计的集成电路或者含有该集成电路的物品时,当事人不知道也没有合理理由应当知道其中含有非法复制的布图设计,而后将其投入商业利用的,其行为不视为侵权;当事人得到其中含有非法复制的布图设计的明确通知后,可以继续将现有的存货或者此前的订货投入商业利用,但应当向布图设计权利人支付合理的报酬。易言之,当事人可以主张自己获得的集成电路或相关物品的来源合法从而不承担侵权责任。

---

① 《集成电路布图设计保护条例》第9条第2款。

《集成电路布图设计保护条例》第 32 条规定了集成电路布图设计专有权的临时措施。布图设计权利人或者利害关系人可以通过向法院提供证据证明他人正在实施或者即将实施侵权行为且可能会造成难以弥补的损害,从而在起诉前申请停止侵权行为和财产保全。

总结而言,集成电路布图设计专有权相关风险点主要有三:一是获权上的风险。由于我国的集成电路布图设计专有权经登记产生,转让经登记生效,发行人应及时向国家知识产权局申请登记。二是权属上的风险。在研发设计集成电路布图时,要严格按照法律规定表明设计需求也即体现创作意志,全程主持集成电路布图的设计,同时与研发人员做好明确约定或建立完善的研发成果权属制度。三是侵权上的风险。集成电路布图设计专有权的保护范围涉及设计本身、含有设计的电路和含有电路的产品,因此对集成电路布图设计的使用应当严格依照法律规定进行,尽量避免侵犯他人的布图设计专有权。

2. 相关科创板 IPO 规则的梳理与解读

如本书第一篇第二章所述,申请在科创板上市的企业,应符合科创板定位、发行条件、上市条件和信息披露要求。其中,符合发行条件的基本要求之一,即为具有直接面向市场独立持续经营能力。根据《科创板注册管理办法》第 12 条的规定,独立持续经营能力要求发行人不存在被他人起诉知识产权侵权的重大诉讼案件。

在存在集成电路布图设计专有权侵权诉讼的相关情形中,相关的重大诉讼案件对于企业的独立持续经营能力有着重大的威胁。一旦败诉,不仅意味着企业可能需要支付高额的赔偿,还意味着企业不能再使用其集成电路布图设计专有权,这可能会对企业的正常生产经营产生严重影响,使企业不符合科创板的发行条件。

(四)同类问询回复要点

针对审核过程中可能涉及的“存在集成电路布图设计专有权侵权诉讼”相关问询问题,为及时妥善回复,本书梳理出以下回复重点,供(拟)科创板 IPO 企业参考:

1. 涉诉布图设计是否属于发行人核心技术,涉诉产品销售金额及占比。

2. 侵权诉讼的具体情况及进展,以及对发行人持续经营的影响。

3. 如果发行人被采取诉讼保全措施,发行人可说明保全措施的具体内容和对发行人的影响。

4. 如果双方存在和解协议，发行人可就和解协议中权利义务的约定及履行情况进行说明。

十、合作研发中的技术依赖

企业要想高质量可持续发展，需要保持高创造力，不断推出更有市场竞争力的新产品。受限于企业内部技术开发的局限性，企业往往会选择与高校进行合作，利用高校的科研积累、研发队伍及科研工作条件，充分发挥产学研用的协作优势，加速高校科技成果的转化，实现科技人员与市场、高校成果与企业需求的双向对接。如果（拟）科创板 IPO 企业存在和高校合作研发的情况，监管机构有极大可能要求企业对双方合作情况进行说明，证明对高校不存在技术依赖，具备独立研发能力。

（一）问询与回复案例精选

1. 发行人：HHQK 股份有限公司

【披露文件】

《北京某律师事务所关于 HHQK 股份有限公司首次公开发行股票并在科创板上市的补充法律意见书（一）》

【问询节选】

问题 14

招股说明书披露：(1) 根据发行人与 QH 大学签署的相关协议，对于 2019 年 1 月 1 日以前双方合作研发形成的共有专利权或专利申请权，QH 大学以独占许可方式授权发行人及其全资、控股子企业实施，许可期限至专利失效；对于 2019 年 1 月 1 日之后双方合作研发形成的共有专利权或专利申请权，发行人及其控股子公司享有自行实施的权利，QH 大学享有非商业用途的使用权、荣誉权申请奖励权，任何一方许可他人使用前需取得共有权人的同意，所得许可收益由双方共享。(2) 发行人与 QH 大学通过协议约定，QH 大学已将其独有的发行人生产经营所需的 48 项 CMP 相关专利或专利技术以独占许可的方式许可发行人使用。

请发行人说明：(7) 结合上述情况充分说明发行人是否对 QH 大学构成研发和技术体系依赖，是否具备独立研发的能力，并视情况作相应风险揭示。

【回复节选】

(1)发行人在研发和技术体系方面不存在对 QH 大学的依赖

①发行人与 QH 大学的合作研发有明确分工

根据发行人与 QH 大学合作研发项目实施情况,在双方的合作研发的项目中,研发任务分工、相关研发经费分配、研发成果权利归属明确。在双方的合作研发项目实施过程中,HHQK 作为主导方,负责项目的应用研究及项目产业化,主要包括具体方案设计、工艺和技术研究、产品加工制造、安装及调试等;QH 大学主要为研发项目涉及的基础机理进行实验室研究,为研发项目及课题提供理论支持。

②发行人不存在利用 QH 大学资源、设施和人员进行研发的情况

报告期内,存在部分核心技术人员属于在发行人兼职从事学校科技成果转化工作,该等人员从事学校分配的工作所申请的专利属于职务发明,研发成果由发行人与 QH 大学共享,对此双方已通过《技术开发合同书》及其补充协议、《技术许可合同书》等方式确保发行人享有对该等研发成果的商业化独占使用权。QH 大学也出具《关于合作研发的声明函》对 HHQK 不存在利用 QH 大学研发条件、研发设备和人员的情况进行了说明。

(2)发行人具备独立研发的能力

①发行人拥有独立的研发团队、研发场所和研发设施

截至 2020 年 6 月 30 日,发行人研发人员占员工总数 28.92%。报告期内,发行人核心技术人员共 8 人,其中 5 人为专职人员,其余 3 人自 2020 年 9 月在 QH 大学办理离岗创业手续后,已全职在发行人工作。发行人设立了研发中心、工程技术中心和工艺技术中心三个一级研发部门并下设多个专业二级研发部门,通过完整的研发体系和独立的研发团队所完成的多项先进技术成果均为发行人独立研发和拥有。另发行人的整机测试车间、研发车间及研发实验室、相关配套辅助研发测试设备等齐全,具备进行 CMP 相关领域技术开发及产业化应用的独立研发场所及设施条件。因此,不存在发行人对 QH 大学的研发和技术体系的依赖。

②发行人研发实力突出,报告期内独立承担了多项重大科研项目/课题,形成了一系列重要科研成果,发行人对此列表进行了说明。

③发行人的研发活动系受产业化导向和客户工艺创新需求驱动,而 QH 大学对相关技术的研发主要是做前沿理论探索和基础性实验研究,二者存在本质

的区别。

综上,发行人与QH大学的合作研发有明确分工,发行人不存在利用QH大学资源、设施和人员进行研发的情况;发行人拥有独立的研发团队、研发场所和研发设施,研发实力突出,报告期内独立承担了多项重大科研项目/课题。因此,发行人具有独立研发能力,在研发和技术体系方面,均不存在对QH大学依赖的风险。

【要点总结】

监管机构多次对发行人是否对高校形成研发和技术体系依赖提出问询,律师分别在三次补充法律意见书中进行了说明,限于篇幅,仅节选第一次补充法律意见书中的回复。

第一次法律意见书中,律师分析了发行人与高校的区别,合作研发中分工明确,发行人有独立研发团队、研发场所、研发设施,指出发行人不存在利用高校资源、设施和人员进行研发的情况;最后列举其报告期内独立承担的多项重大科研项目/课题以证明其具备独立研发能力。

第二次法律意见书中,律师应监管机构要求,从历史上、现阶段及未来的角度分别分析了高校在发行人技术研发及生产经营中所处地位和发挥的作用,梳理了高校与发行人的关系脉络。除重申第一次补充法律意见书中的内容外,律师另外从合作研发项目占总研发项目的比例、发行人自身对产品的创新和升级等方面来证明发行人有较强的独立研发能力。

第三次法律意见书中,也继续对之前法律意见书中的观点进行了重申。

2. 发行人:成都OL生物科技股份有限公司

【披露文件】

《关于成都OL生物科技股份有限公司首次公开发行股票并在科创板上市申请文件审核问询函的回复》

【问询节选】

问题11

根据招股书披露,发行人重组金葡菌疫苗由公司与LJJY大学合作开发,属于1类创新疫苗,是目前国内唯一一家获得重组金葡菌疫苗临床试验批件的机构,重组金葡菌疫苗正在开展Ⅱ期临床试验。Ⅱ期临床试验的方案将目标入组人数从原来的522人调整为348人。

请发行人说明:(3)分析发行人研发重组金葡菌疫苗是否存在对LJJY大学

的技术依赖。

【回复节选】

(1)发行人具有临床前工艺研究的能力

公司与LJJY大学签署《技术开发合作合同》中约定:"LJJY大学承担临床前研究阶段:包括药学研究、主要药效学研究、一般药理学研究、毒理学研究和动物药代动力学研究;撰写临床试验申报资料。公司负责临床前研究制剂与剂型研究、产品生产工艺研究及产品试制;自临床试验申报起自产品上市阶段:包括申报临床试验、组织临床试验、申报新药生产注册、组织和实施产品的产业化等,均由公司负责,LJJY大学协助。"双方合作是充分发挥高校在药学、药理学等理论研究特长,以及公司在生产工艺研究、制剂研究、产品试制等方面的产业化优势。

(2)发行人具备重组金葡菌疫苗产业化的能力

在重组金葡菌疫苗的研制过程中,OL生物的研发人员独立完成了重组金葡菌疫苗的中试放大研究,对实验室的小试工艺、不适合产业化的实验室设备等工艺参数和条件进行了优化,完成了规模化生产的生产工艺,并建立了产品质量标准,并制备了重组金葡菌疫苗Ⅰ期、Ⅱ期临床样品用于临床试验,而且临床试验样品均由中检院检验合格。公司具有将实验室产品进行产业化放大的能力。

截至本问询函回复之日,重组金葡菌疫苗处于Ⅱ临床试验阶段。根据上述合同约定,后续临床试验及产业化阶段主要由OL生物负责,而OL生物具有丰富的临床试验及产业化经验。因此,重组金葡菌疫苗的后续临床试验是否成功、能否取得药品注册批件及商业化能否成功不存在对LJJY大学的技术依赖。

【要点总结】

发行人某疫苗产品系与某大学合作研发,监管机构要求发行人说明是否对该大学存在技术依赖。发行人回复称,合作研发的目的是充分发挥大学的理论研究特长和公司的产业化优势,疫苗的中试放大研究系发行人独立完成,后续产业化也将主要由发行人负责,发行人具备研究能力和产业化能力,不存在对大学的技术依赖。

(二)同类问询问题的梳理

就"合作研发中的技术依赖"这一风险点,除了上述典型问询案例之外,本书还检索到了安徽 RHRX 科技股份有限公司、成都 MS 电子技术股份有限公司、湖南 JB 碳素股份有限公司等相关问询案例,并梳理汇总出以下具有参考价值的问询问题。

1. 请发行人说明:结合上述情况充分说明发行人是否对 QH 大学构成研发和技术体系依赖,是否具备独立研发的能力,并视情况作相应风险揭示。

2. 请发行人说明:结合以上内容,分析发行人研发重组金葡菌疫苗是否存在对 LJJY 大学的技术依赖。

3. 请发行人说明:双方承担的具体工作、发行人的人员及资金投入情况,结合工作内容说明发行人是否对外部单位存在技术依赖。

4. 请发行人结合自身业务演变过程说明:发行人对 DZKJ 大学是否存在技术依赖,是否存在知识产权相关纠纷或潜在纠纷。

5. 请发行人说明:发行人与 ZN 大学产学研合作的具体情况,双方合作的具体模式、合同签署、主要协议约定、研发主要项目、研发成果、研发成果所有权归属等,发行人核心技术、形成的知识产权来自自主研发还是合作研发,核心研发人员来自发行人还是 ZN 大学,发行人对 ZN 大学是否存在技术依赖,未来技术发展是否依赖 ZN 大学。

(三)风险点分析

1. 相关 IP 法律和政策的梳理与解读

《民法典》第 845 条第 1 款规定:“技术合同的内容一般包括项目的名称,标的的内容、范围和要求,履行的计划、地点和方式,技术信息和资料的保密,技术成果的归属和收益的分配办法,验收标准和方法,名词和术语的解释等条款。”

第 860 条规定:“合作开发完成的发明创造,申请专利的权利属于合作开发的当事人共有;当事人一方转让其共有的专利申请权的,其他各方享有以同等条件优先受让的权利。但是,当事人另有约定的除外。合作开发的当事人一方声明放弃其共有的专利申请权的,除当事人另有约定外,可以由另一方单独申请或者由其他各方共同申请。申请人取得专利权的,放弃专利申请权的一方可以免费实施该专利。合作开发的当事人一方不同意申请专利的,另一方或者其他各方不得申请专利。”

《专利法》第 8 条规定:“两个以上单位或者个人合作完成的发明创造、一个单位或者个人接受其他单位或者个人委托所完成的发明创造,除另有协议的以外,申请专利的权利属于完成或者共同完成的单位或者个人;申请被批准后,申请的单位或者个人为专利权人。"

第 14 条规定:"专利申请权或者专利权的共有人对权利的行使有约定的,从其约定。没有约定的,共有人可以单独实施或者以普通许可方式许可他人实施该专利;许可他人实施该专利的,收取的使用费应当在共有人之间分配。除前款规定的情形外,行使共有的专利申请权或者专利权应当取得全体共有人的同意。"

一般而言,在合作开发中,合作各方均会派出人员参加研究开发,均对合作技术成果的实质性特点具有创造性贡献。如一方只是出资而完全由另一方提供技术,则作出的技术成果一般应属于委托完成的技术成果,而非合作完成的技术成果。

对于合作开发技术成果的权属,我国《民法典》《专利法》均规定,除另有约定以外,对合作技术成果申请专利的权利属于合作开发的单位或个人共有。实践中,为避免权属纠纷,合作方一般会在合作开发合同中对技术成果的权属进行明确约定。根据《民法典》的相关规定,除权属约定条款外,合作开发合同的条款一般还应当包括项目的名称,标的的内容、范围和要求,履行的计划、地点和方式,技术信息和资料的保密,技术成果的收益分配办法,验收标准和方法,名词和术语的解释等。

根据《促进科技成果转化法》第 26 条的规定,国家鼓励企业与研究开发机构、高等院校及其他组织采取联合建立研究开发平台、技术转移机构或者技术创新联盟等产学研合作方式,共同开展研究开发、成果应用与推广、标准研究与制定等活动。所以,企业可加强与高校的联结,充分发挥高校的技术与理论优势,补强企业的技术力量。

2. 相关科创板 IPO 规则的梳理与解读

如本书第一篇第二章所述,申请在科创板上市的企业,应符合科创板定位、发行条件、上市条件和信息披露要求。其中,根据《科创板申报及推荐暂行规定》第 3 条的规定,科创板优先支持符合国家科技创新战略、拥有关键核心技术等先进技术、科技创新能力突出、科技成果转化能力突出、行业地位突出或者市场认可度高等的科技创新企业发行上市。也就是说,科技创新能力突出是发行人符合科创板定位的基本要求之一。

监管机构对于发行人是否存在技术依赖的关注,实质上是对发行人科技创新能力的关注。如果发行人的核心技术均依托外部机构参与完成,独立研发技术成果的占比较低,说明发行人可能存在对外部机构的技术依赖,不具备突出的科技创新能力,难以独立完成先进核心技术的开发,不符合"科技创新能力突出"的科创板定位。

(四)同类问询回复要点

针对审核过程中可能涉及的"合作研发中的技术依赖"相关问询问题,为及时妥善回复,本书梳理出以下回复要点,供(拟)科创板 IPO 的企业参考:

1. 发行人可结合合作项目是否涉及发行人的关键核心技术,是否与主营业务相关,说明不存在技术依赖。

2. 发行人可结合合作研发技术成果的数量占比情况,说明不存在技术依赖。

3. 发行人可结合合作方的分工与定位情况,说明不存在技术依赖。例如,可根据情况说明合作方负责提供理论支持或项目的前期调研评估,而发行人负责面向市场,实现技术的产品化;对于双方合作历史悠久、关联较强的,发行人可对历史、当前及未来的合作关系进行梳理。

4. 发行人可以根据情况从科研人员构成、学历、科研经验、人员流动、人才激励政策、研发资金投入、独立研发成果、参与国家重大科研项目情况等方面说明发行人具备独立研发能力和突出科技创新能力。

十一、合作研发中的知识产权权属问题

实践中,企业往往会与高校、科研院所开展产学研合作,借助高校、科研院所的研发人才和研发能力,加速科技成果的研发与转化。这可能导致存在知识产权共有或者权属不清的问题,进而引发监管机构对(拟)科创板 IPO 企业是否存在重大知识产权权属纠纷或风险等问题的关注。

(一)问询与回复案例精选

1. 发行人:湖南 QLXA 科技股份有限公司

【披露文件】

《关于湖南 QLXA 科技股份有限公司首次公开发行股票并在科创板上市申请文件的第二轮审核问询函的回复》

【问询节选】

问题 1

关于 QL 工程及业务重组根据首轮问询回复,(1)2009 年,QL 工程变更底层技术路线开始基于开源 Linux 技术路线研制操作系统基本版,并将其命名为"QL 操作系统"产品;CSYH、ZBRJ、CSRJY 分别于 2009 年、2010 年退出 QL 工程;(2)业务合并前,QL 工程相关产品与发行人产品除存在一定的版本代际差异外,无其他明显差异;(3)本次业务重组过程中,QL 工程向发行人转让的专利申请权对应的正在申请的专利、部分计算机软件著作权,构成发行人目前核心技术的组成部分;(4)发行人将重组基准日定为 2021 年 1 月 1 日,在基准日当天召开了审议业务重组议案的董事会会议,并于 2021 年 1 月 5 日召开了审议业务重组议案的股东大会会议;公司对 QL 工程业务重组的完成日为 2021 年 1 月 15 日。

请发行人说明:(2)QL 工程是否存在与其他单位开展合作研发的情形,如存在,说明相关研究成果的权属情况,与第三方共有知识产权的具体情形,权属是否存在纠纷。

【回复节选】

QL 工程存在与其他单位开展合作研发的情形,主要合作研发项目及相关情况如下:

序号	项目开始时间	项目名称	参与方	研发进展	研究成果	研究成果权属	共有知识产权
1	2017 年 1 月	工业互联网安全操作系统产业化及规模化应用	中标软件为牵头单位,QL 工程为联合承担单位,2018 年 4 月联合承担单位变更为 QLXA	已验收	申请了发明专利 20 项,计算机软件著作权 10 项	其中 QLXA 承担的子任务研发形成的 3 项计算机软件著作权(2018SR060711、2019SR0253132、2019SR0736160),2 项已授权专利(ZL201910541884.4、ZL201911023403.7)	无
……(以下内容略)							

由上表可知,QL 工程不存在因合作研发而形成的与第三方共有知识产权

的情形。根据QL工程提供的合作研发协议并经其确认,QL工程仅与上述合作研发项目的牵头单位签署了合作研发协议。其中,上述序号2－5的合作研发项目的牵头单位均已出具《确认函》,确认牵头单位与QL工程按照合同各自独立承担相应研发子任务,权利义务约定清晰,各自产生的研究成果独立申请知识产权,并独立享有完整权利,不存在共同申请知识产权的情况,该等项目均已验收,牵头单位与QL工程之间不存在与上述合作研发相关的争议、纠纷或潜在纠纷。上述序号1项目的联合承担单位已由QL工程变更为QLXA,具体情况已在招股说明书"第六节"之"六"之"(三)发行人的在研技术及合作研发情况"披露;上述项目6因时间久远项目资料缺失,QL工程已出具书面确认没有形成知识产权,不存在研究成果权属纠纷。

根据岳麓区人民法院出具的证明、长沙市中级人民法院现场查询,并经登录国家知识产权局、中国裁判文书网、中国执行信息公开网等网站查询,截至本问询函回复出具之日,QL工程不存在与合作研发成果权属相关的诉讼、仲裁。

综上,QL工程历史上存在与其他单位开展合作研发的情形,但不存在因合作研发产生的共有知识产权;QL工程合作研发中取得的研究成果权属清晰,不存在权属纠纷。

【要点总结】

发行人曾与其他单位开展合作研发,监管机构要求发行人说明相关研究成果的权属情况,与第三方共有知识产权的具体情形,以及权属是否存在纠纷。发行人列表具体说明合作研发项目及相关情况,回复称不存在因合作研发产生的共有知识产权,并结合合作研发协议、合作方出具的《确认函》等书面材料,说明合作研发中取得的研究成果权属清晰,不存在知识产权权属纠纷。

2. 发行人:湖北WR新能源科技股份有限公司

【披露文件】

《关于湖北WR新能源科技股份有限公司首次公开发行股票并在科创板上市申请文件的审核问询函回复》

【问询节选】

问题4.1

招股说明书披露,发行人核心技术来源存在较多合作研发,涉及多个从第三方转让取得、合作取得的专利。发行人与中国科学院宁波CLYGC研究所、宁波JST新能源科技有限公司存在专利共有的情况,并与WH大学等多个国内高校、科研机构等单位开展合作研发。根据律师工作报告,发行人与 WH 大学、湖北汽车工业学院等的合作协议中,发行人主要负责提供研发所需要的场地、材料、设备、人员以及研发经费、奖励及相关补贴等。

请发行人说明:(1)列表梳理在涉及公司核心技术的合作研发中,发行人及其相关人员与合作方各自承担的具体工作内容、发挥的具体作用,合作研发项目的主要技术负责人及其任职情况,合作研发的技术成果及其对应知识产权情况,是否存在纠纷或潜在争议;历史上发行人向合作方支付费用的相关协议约定及具体支付情况。

【回复节选】

截至本问询回复出具日,公司核心技术涉及的合作研发项目的具体情况如下:

合作研发项目	合作方	合作双方具体工作内容及发挥的具体作用	技术成果及知识产权	合作研发的主要负责人及发挥的具体作用	支付费用的协议约定及支付情况
联合建立 NG-WR 新能源联合研究所项目	NBGCXY	1. 发行人负责提供资金,提供研发基地和设备,主导研发进程及产业化,处于主导地位; 2. NBGCXY 负责协助撰写部分项目文件,提供顾问服务工作。	双方合作申请了 5 项专利,分别为:复合材料及其制备方法(专利号:ZL201210057607.4)。上述专利中,第 1、2、3、5 项为与发行人核心技术相关的发明专利。	发行人项目主要负责人:刘某(董事长、总经理、核心技术人员,为项目负责人,负责项目方案的确定、统筹项目总体规划,优化试验方案)、方某(技术顾问,负责项目管理和项目工艺实施)、黄某(监事会主席、AQDR 总经理、核心技术人员,协助项目试验线建设、项目具体工艺执行)、关某(质量部经理,负责项目产品的检测、分析和项目质量管控);NB-GCXY 项目主要	《联合建立 NG——WR 新能源联合研究所合作协议书》第三条:在本协议有效期内,甲方按年度向乙方提供研究开发经费 50 万元人民币。发行人已向 NBGCXY 支付了研发经费 50 万元。《专利权转让合同》第三条:在专利权移交手续完成之日起 10 日内,甲方支付乙方专利费 10 万元人民币。发行人已就前述 5 项专利权转让事宜向 NB-GCXY 支付了转让费 50 万元。根

续表

合作研发项目	合作方	合作双方具体工作内容及发挥的具体作用	技术成果及知识产权	合作研发的主要负责人及发挥的具体作用	支付费用的协议约定及支付情况
				负责人:应某(教授,负责组织人员协助撰写部分项目文件,提供顾问服务工作)。	据 NBGCXY 出具的书面说明,双方就签署两项协议的费用均已结清,不存在任何未了结的债权债务关系及其他权利或主张。
……(以下内容略)					

根据对“联合建立 NGWR 新能源联合研究所项目”NBGCXY 项目主要负责人应某的访谈以及 NBGCXY 出具的书面说明,发行人已经根据发行人与 NBGCXY 签署的相关协议的约定,向 NBGCXY 足额支付了费用,双方就签署两项协议的费用均已结清,不存在任何未了结的债权债务关系及其他权利或主张。双方在上述项目合作过程中不存在与专利权属相关现实或潜在的纠纷及争议。

根据对“XYHH 高科新材料 160T/H 工业废水处理项目”山东 GX 项目主要负责人刘某的访谈,HHQY 已根据约定支付了相关费用,双方不存在争议纠纷或潜在的争议纠纷。

【要点总结】

发行人核心技术来源存在较多合作研发,涉及多个从第三方转让取得、合作取得的专利,监管机构要求发行人梳理并说明其与合作方各自承担的具体工作内容、发挥的具体作用,以及其向合作方支付费用的相关协议约定及具体支付情况等问题。发行人回复称,根据对合作项目主要负责人的访谈,发行人已经根据相关协议约定向合作方足额支付了费用,双方就签署两项协议的费用均已结清,不存在任何未了结的债权债务关系及其他权利或主张,且双方在上述项目合作过程中不存在与专利权属相关现实或潜在的纠纷及争议。

（二）同类问询问题的梳理

就“合作研发中的知识产权权属问题”这一风险点，除了上述典型问询案例之外，本书还检索到了 ZXK 移动通信技术股份有限公司、北京 YNT 生物技术股份有限公司、浙江 PW 新能源股份有限公司等相关问询案例，并梳理汇总出以下具有参考价值的问询问题。

1. 请发行人说明：麒麟工程是否存在与其他单位开展合作研发的情形，如存在，说明相关研究成果的权属情况，与第三方共有知识产权的具体情形，权属是否存在纠纷。

2. 请发行人说明：列表梳理在涉及公司核心技术的合作研发中，发行人及其相关人员与合作方各自承担的具体工作内容、发挥的具体作用，合作研发项目的主要技术负责人及其任职情况，合作研发的技术成果及其对应知识产权情况，是否存在纠纷或潜在争议；历史上发行人向合作方支付费用的相关协议约定及具体支付情况。

3. 请发行人说明：合作研发项目目前进展及已经取得的成果，专利申请权共享机制下，后续专利使用、对外授权、付费等安排。

4. 请发行人说明：独立或共同完成科学成果及知识产权是否易于界定，发行人与研发合作单位是否存在纠纷及潜在纠纷，若发行人与相关合作方发生重大纠纷或诉讼，是否将对发行人持续经营能力产生影响。

5. 请发行人说明：上述合作研发项目是否已有研究成果，是否形成营业收入，是否存在利润分成安排，已产生研究成果的权利归属是否清晰，合作方研发技术与发行人核心技术的关系和差异。

（三）风险点分析

关于本风险点涉及的知识产权权属相关 IP 法律和政策，本书已在“合作研发中的技术依赖”等章节中进行梳理与解读，故仅就相关科创板 IPO 规则进行梳理与解读如下：

如本书第一篇第二章所述，申请在科创板上市的企业，应符合科创板定位、发行条件、上市条件和信息披露要求。其中，合作研发中的知识产权权属问题影响监管机构对发行人是否符合发行条件要求中独立持续经营能力项下无重大知识产权权属纠纷的判断。

重大知识产权权属纠纷可能对企业的正常生产经营产生较大影响,自然也被证券监管机构重点关注。根据《科创板注册管理办法》第12条的规定,独立持续经营能力要求发行人不应存在核心技术、专利、商标等知识产权重大权属纠纷。

(四)同类问询回复要点

针对审核过程中可能涉及的“合作研发中的知识产权权属问题”相关问询问题,为及时妥善回复,本书梳理出以下回复要点,供(拟)科创板IPO企业参考:

1. 发行人可根据情况说明合作研发是否产生共有知识产权。

2. 发行人可结合合作研发协议、合作研发阶段等实际情况,说明合作研发中取得的研究成果权属清晰,不存在知识产权权属纠纷。

3. 发行人可结合合作方出具的书面说明和对合作项目主要负责人的访谈,说明双方就签署合作协议的相关费用均已结清,双方在项目合作过程中不存在与专利权属相关现实或潜在的纠纷及争议。

十二、知识产权管理的内控制度是否健全并有效运行

企业知识产权内控制度在知识产权的研发、申请、保护、管理等方面均具有重要作用,企业需要制定和执行完善的知识产权内控制度,来更好地保护自有知识产权、鼓励发明创造与科技创新。对于(拟)科创板IPO企业而言,如果其知识产权管理的内控制度未能健全或未有效运行,可能使监管机构对其是否符合科创板上市要求产生疑问。

(一)问询与回复案例精选

1. 发行人:JK环境股份有限公司

【披露文件】

《关于JK环境股份有限公司首次公开发行股票并在科创板上市申请文件的审核问询函的回复》

【问询节选】

问题14

招股说明书披露,发行人及子公司拥有已注册的44项专利(其中4项国内发明专利、1项境外发明专利);12项国内发明专利和4项实用新型专利已进入初审阶段或受理阶段,1项境外发明专利正在办理由实际控制人转让至发行人

名下的手续。

请发行人补充说明:(4)相关商标、专利、软件著作权等知识产权管理的内部控制制度是否建立健全并有效运行。

【回复节选】

为保护发行人持有的知识产权,加强知识产权管理,并鼓励发明创造,发行人制定并建立了《JK环境股份有限公司内部知识产权管理制度》等知识产权内部控制制度。该等知识产权管理制度所保护和管理的知识产权包括专利权、商标权、著作权等,根据该等知识产权管理制度的规定,发行人设有知识产权管理员,其主要职责包括管理知识产权的申请、注册、续期、登记统计等工作,并负责协调与外部知识产权代理机构的联络沟通。同时,发行人知识产权管理制度还针对知识产权的工作备案制度、研发成果归属判定制度、内部共享制度、保密制度等方面进行了约定。

此外,北京ZB知识产权代理有限公司、北京STDX知识产权顾问股份有限公司接受发行人的委托,为发行人提供有关商标、专利、著作权等知识产权代理服务,为相关知识产权的申请、注册、续期等活动提供专业支持。

截至本问询回复出具之日,发行人上述知识产权管理制度运行正常,未出现发行人相关知识产权异常终止、注销的情形。

综上所述,发行人已建立健全知识产权管理的内部控制制度,且该等知识产权管理制度有效运行。

【要点总结】

发行人具有一定的专利储备及申请,监管机构要求其说明知识产权管理的内控制度是否建立健全并有效运行。发行人说明其建立有相关制度,设立有知识产权管理员,委托外部代理机构协助管理知识产权,相关制度均运行正常,未发生知识产权异常终止、注销等情形。

2. 发行人:北京STSJ科技股份有限公司

【披露文件】

《关于北京STSJ科技股份有限公司首次公开发行股票并在科创板上市申请文件的审核问询函之回复报告》

【问询节选】

问题15

招股说明书披露,截至2018年12月31日,发行人拥有境内商标75项、境外商标 71 项、软件著作权 4 项、作品著作权 11 项、境内专利 64 项、境外专利 10 项、域名 6 个。

请发行人说明:(2)补充披露相关商标、专利、软件著作权等知识产权管理的内部控制制度是否建立健全并有效运行。

【回复节选】

知识产权管理的内部控制基本情况:

为规范知识产权管理工作,公司制定了《北京 STSJ 科技股份有限公司知识产权管理办法》《北京 STSJ 科技股份有限公司专利管理办法》《北京 STSJ 科技股份有限公司商标管理办法》《北京 STSJ 科技股份有限公司著作权管理制度》,构建了完备的知识产权内部控制制度,完善了知识产权管理体系。

公司设立了知识产权工作的管理部门,主要负责组织知识产权的宣传、培训和普及工作;制定知识产权工作的战略、规划;指导各部门、各分子公司开展知识产权的推广及保护工作;研究制订并组织实施公司知识产权保护方案,监测、遏制、追究他人对公司知识产权的侵权行为;统一收集、整理、分析知识产权信息,建立、维护、管理知识产权档案库;管理和指导知识产权申请、保护、许可使用、转让的相关工作。

公司聘请外部顾问机构协助审查与知识产权相关的合同、协议;协助知识产权申请、保护、许可使用、转让的相关工作;协助处理与公司相关的知识产权纠纷。

公司各部门、各分子公司负责本部门、本单位相关的知识产权事项的具体申请、管理和保护工作,落实执行公司有关知识产权规章制度。

商标权管理:

在对商标权管理方面,公司制定了《北京 STSJ 科技股份有限公司商标管理办法》规定,公司的知识产权管理部是商标管理的主管部门,负责本公司商标的申请、注册、续展、转让、评估、使用许可的审核及办理。公司业务部门在新产品开发初期,必须同时考虑新产品商标使用的合法性,提前向公司知识产权管理部申报商标查询和商标注册。对拟使用公司注册商标的企业,应与公司签订商标使用合同,并支付许可使用费。公司因经营需要的确需要受让他人注册商标的,需对受让商标进行充分论证、并确认该商标权利人没有与第三人发生商标权利纠纷和质押后,方可受让商标。

专利、软件著作权管理：

在对专利权的管理上，公司制定了《北京 STSJ 科技股份有限公司专利管理办法》。在公司工作的人员，因执行公司的工作任务或以公司名义或者主要利用公司提供的物质技术条件所完成的智力成果为职务发明创造，相关知识产权的权利属于公司所有，但发明人或者设计人依法享有在专利文件上署名的权利和获得奖励的权利。

在对著作权的管理上，公司制定了《北京 STSJ 科技股份有限公司著作权管理办法》。由公司所有的计算机软件、设计图、文字、音乐、美术、摄影、录音录像、动画等著作权，作者享有署名的权利和获得奖励的权利。公司因业务发展需要，与他人合作开发或委托他人开发的操作系统、计算机软件，广告宣传等形成的知识产权，应在合同中约定归公司所有或共有。对于侵犯公司知识产权的行为，公司将采取法律手段制止侵权。

【要点总结】

发行人披露其具有一定的知识产权储备，监管机构要求其披露相关商标、专利、软件著作权等知识产权管理的内部控制制度是否建立健全并有效运行。发行人说明其建立了相关制度，设立了知识产权管理部门，聘请外部顾问处理知识产权纠纷。此外，发行人还分别对商标权、专利权、著作权相关的管理办法分别进行了说明。

（二）同类问询问题的梳理

就“知识产权管理的内控制度是否健全并有效运行”这一风险点，除了上述典型问询案例之外，本书还检索到了 LD 环境科技股份有限公司、江苏 BR 机器人系统股份有限公司、ZGTLTX 信号股份有限公司、苏州 HC 智能科技股份有限公司等相关问询案例，并梳理汇总出以下具有参考价值的问询问题：

1. 相关商标、专利管理的内部控制制度是否建立健全并有效运行。

2. 相关商标、专利、软件著作权管理的内部控制制度是否建立健全并有效运行。

3. 补充披露相关商标、专利、软件著作权等知识产权管理的内部控制制度是否建立健全并有效运行。

4. 说明针对技术保密的内控制度及关键条款内容，相关内控制度是否健全有效。

（三）风险点分析

关于本风险点，并无直接相关的IP法律和政策，故仅就相关科创板IPO规则进行梳理与解读如下：

如本书第一篇第二章所述，申请在科创板上市的企业，应符合科创板定位、发行条件、上市条件和信息披露要求。其中，根据《科创板注册管理办法》第11条的规定，符合发行条件的基本要求之一，即为发行人应当具有健全的内部控制制度，且被有效执行。知识产权，作为企业资产的重要组成部分，对于科技创新型企业有着更加重要的地位。所以，科创板要求企业具有健全有效的知识产权内控制度，包括研发管理制度、商业秘密管理制度、知识产权信息管理制度等，以此来更好地保护自有知识产权、加强知识产权管理、鼓励发明创造和科技创新。

（四）同类问询回复重点

针对审核过程中可能涉及的"知识产权管理的内控制度是否健全并有效运行"相关问询问题，为及时妥善回复，本书梳理出以下回复重点，供（拟）科创板IPO企业参考：

1. 发行人知识产权内控制度的建立情况如何，包括哪些具体的制度（如研发管理制度、各项知识产权管理制度、商业秘密保密制度等）。

2. 发行人知识产权内控制度的运行情况如何，是否曾发生知识产权异常终止、撤销的情况。

3. 发行人是否设立有专门的知识产权管理部门或管理员，其具体负责的工作内容是什么。

4. 发行人是否有外部知识产权合作机构，其具体提供的服务内容是什么。

十三、核心技术先进性

掌握先进的核心技术，是科技创新型企业的基本特征之一，也是企业在科创板上市的基本要求之一。对于（拟）科创板IPO企业而言，如果不能充分说明其核心技术的先进性，可能使监管机构对其是否符合科创板定位产生质疑。

(一)问询与回复案例精选

1. 发行人:CSYLW网络科技股份有限公司

【披露文件】

《关于CSYLW网络科技股份有限公司首次公开发行股票并在科创板上市申请文件审核问询函的回复》

【问询节选】

问题1.3

关于核心技术使用情况及先进性结合前次回复及本次申报材料,发行人核心技术先进性主要依据为内部、内测数据或收入业务人员规模等的比较情况。发行人从产能的调度及产能的组织方面与同行业企业进行了比对。

请发行人说明:(2)是否存在其他外部证据,包括行业技术指标、同行业排名前列企业的相关技术情况、研究报告等说明发行人核心技术先进性、发行人核心技术是否为主流技术。

【回复节选】

公司核心技术开发主要基于深度学习、大数据分析处理、分布式计算等人工智能领域前沿基础理论和研究框架,形成的核心技术均为基于人工智能领域主流技术路线开发的专有技术,在语言服务领域通过自主创新实现了在产能智能化匹配调度、孪生译员、垂直行业机器翻译引擎和机器翻译矩阵等技术方向的重要突破。公司核心技术先进性主要体现在两个方面:一是自主开发构建起IOLAIDrive语联网平台人工智能底层支撑系统以及语联网平台三层架构的核心技术体系,解决了稿件和译员准确快速匹配及产能全局优化调度的问题;二是基于自研的人工智能基础框架实现了语种无关的语义分析匹配算法和资源调度算法,同等条件下能够用更小的数据量实现各类多语信息处理模型的训练。

因从事语言服务行业产能智能化匹配调度、垂直行业机器翻译引擎的企业较少,且相关行业技术指标、同行业企业相关技术情况等资料一般较少对外公开,与发行人业务、技术具有较强可比性的企业尚未在国内上市,目前尚难以结合同行业企业进行技术对比分析。除本题前述量化指标及实际订单测评数据外,发行人近10多年来先后承担了10多项国家级、省部级重大科研项目,并取得丰富的技术成果,申请专利288项(在审及已授权数量),已获授权143项,其中发明专利108项，拥有计算机软件著作权220项，一定程度上也印证了技术先进性，相关核心技术与专利的对应情况详见本反馈问题1之“发行人符合科创板定位”部分。

自2007年以来，发行人及子公司牵头、主持的国家部委、省市各级相关科技部门下达的重要科研项目情况如下：

序号	项目名称	公司角色	参与时间	主办单位	项目技术经济目标	项目执行情况
1	湖北省人工智能重点研发计划——音视频多语自动化输出平台	牵头单位	2021年1月	湖北省科技厅	1. 音视频智能场景化拆分准确率＞90%，角色及语种识别准确率＞95%；视频字幕自动听录准确率＞95%，视频字幕自动化翻译支持5个以上语种智能互译，BLEU值＞65；音视频自动翻译支持同场景6个以上角色对白的智能语音角色识别，双语互译准确率＞95%；支持5个语种上多语种音视频内容译制及再生产。	执行阶段，尚未验收
……（以下内容略）						

多年来，通过承担上述10多项省部级、市级人工智能领域相关课题以及自主确定的研究项目，发行人自主开发构建起IOLAIDrive语联网平台人工智能底层支撑系统，成功支撑了语联网平台实现商业化应用，并实现对语言服务行业大量翻译公司的科技赋能，提升服务型翻译公司智能化、数字化作业水平，技术先进性以及商业模式可行性进一步得到市场的印证。发行人在机器翻译矩阵、人机共译以及垂直机器翻译相关研究上亦取得较为明显的进展，部分研究成果已应用于语联网平台，逐步提高对机器翻译成果的调用。发行人于2018年被工业和信息化部评定为产业技术基础公共服务平台（部省共建），系2015年至今工业和信息化部评定的四批产业技术基础公共服务平台（信息服务类）中唯一一家面向语言服务行业的企业级创建单位。

综上，公司核心技术均为基于人工智能领域主流技术路线开发的专有技术，在语言服务领域通过自主创新实现了在产能智能化匹配调度、孪生译员、垂直行业机器翻译引擎和机器翻译矩阵等技术方向的重要突破，技术先进性在多项科研项目和实际订单评测中得到充分验证，形成了大量的专利和软著成果，通过了权威机构的鉴定。2019年8月23日，湖北省软件行业协会组织召开了“传神‘语联网’平台技术成果鉴定评估会”，并于8月28日出具《科学技术成果鉴定评估报告》，鉴定委员会专家一致同意该项目通过鉴定，专家组认为：“项目研究成果技术创新程度较高，相关技术方向与领域公司无重合。CSYLW平台处于国内领先水平，其中的语言服务综合产能的智能组织和调度、人机共译技术（Twinslator）以及机器翻译引擎矩阵的技术指标均达到国际先进水平。”2021年8月20日，中国电子信息产业发展研究院组织召开“机器翻译及智能平台产业发展情况暨‘语联网’平台技术评审”评审会，与会评审专家一致认为：在语言服务领域：“语联网”平台整体设计达到国际先进水平，特别是在“语言服务产能智能组织调度技术”、“人机共译（孪生译员）技术”和“垂直领域机器翻译引擎技术”三项技术都达到国际领先水平。

【要点总结】

关于核心技术先进性，发行人先前主要依据内部、内测数据或收入业务人员规模等情况进行说明。监管机构要求发行人从行业技术指标、同行业排名前列企业的相关技术情况、研究报告等其他外部证据角度说明其核心技术先进性。发行人回复称同行业企业较少，故难以结合同行业企业进行技术比对分析，并从其承担的重大科研项目、科研成果类型及数量、政府机关评定情况、第三方权威机构鉴定及评审情况等方面对其核心技术先进性进行了说明。

2. 发行人：YYQC信息科技（上海）股份有限公司

【披露文件】

《关于YYQC信息科技（上海）股份有限公司首次公开发行股票并在科创板上市申请文件审核问询函的回复》

【问询节选】

问题1.1

根据招股说明书披露，公司自主研发出了多项先进的核心技术，并形成了YYQC云原生技术平台和YYQC数智化开发平台两大研发平台。

请发行人说明：（3）结合同行业现有技术水平、衡量核心技术先进性的关键指标等，进一步分析核心技术先进性的具体表征。

【回复节选】

公司所处行业的核心技术能力主要体现在行业技术诀窍、技术架构先进性、系统集成及链接技术能力三个方面。公司相关核心技术如下表所示：

核心技术分类	核心技术名称
行业技术诀窍相关	整车智能配额分配模型、索赔审核规则引擎、汽车行业通用售后配件数据模型、工作流引擎、工位控制器专利技术、跨企业网状层级混合组织模型
技术架构先进性相关	动态线程池隔离数据分发技术、动态的非阻塞网关链式处理技术、工作负载动态分区技术、数据库连接池切换技术、异步容错存储消息转发技术、软硬件多算法组合加密技术、消息多阈值封包发送控制技术
系统集成及链接技术能力相关	汽车增值服务互联标准与技术、智能车联自适应网关技术、可配置异构系统数据交互技术、车企体系集成技术

发行人的核心技术在行业技术诀窍、技术架构先进性、系统集成及链接技术能力这三个方面均具备先进性和竞争优势：

(1)发行人相较竞争对手积累了更为完善的行业知识与技术诀窍，并能够通过抽象化和标准化形成相关核心技术，形成对竞争对手的竞争壁垒，具备独特性和不可替代性；

(2)发行人是业内率先将云原生技术应用至产品研发和项目实施过程中的软件厂商，自主研发了融合了云计算、大数据等技术的 YYQC 云原生技术平台并不断升级迭代，相较竞争对手能够保持相关核心技术的领先优势；

(3)发行人的系统集成及链接技术能力相较竞争对手覆盖面更广，功能更为强大。

具体如下表所示：

(1)YYQC 云原生技术平台

序号	核心技术	技术来源	技术内容说明	行业技术水平	衡量核心技术先进性的关键指标	YYQC 核心技术先进性的特征
1	动态线程池隔离数据分发技术	自行研发	本技术能够高效可靠地支持微服务体系中各个服务或应用之间传递消息。	业内的服务间非实时数据分发通常使用一个共同线程池来执行。某一个下游服务处理缓慢会导致整个分发服务全面堵塞，引发全面故障。	数据分发可靠性	本技术通过对外分发数据时按照下游应用进行任务分组隔离，在某组下游应用出现故障或者过载的情况下，不会影响其他组下游数据的分发。按照默认 5 组分组，某个下游服务处理缓慢，仅分配 20% 的能力处理该任务，其余

续表

序号	核心技术	技术来源	技术内容说明	行业技术水平	衡量核心技术先进性的关键指标	YYQC 核心技术先进性的特征
						80%的能力正常处理其余任务,且任务的分组数量可以根据实际需要调配。
……(以下内容略)						

(2)YYQC 数智化开发平台

序号	核心技术	技术来源	技术内容说明	行业技术水平	衡量核心技术先进性的关键指标	YYQC 核心技术先进性的特征
1	整车智能配额分配模型	自行研发	该模型用于帮助整车厂的计划制定人员做好面向经销商的车辆资源的分配。计划员可选择、设置不同的模型参数,对未来配额资源做试算,选定合适的资源分配数量。	业内一般无智能配额分配模型,多以业务部门线下计算完成后的结果导入系统,进行后续业务。	1. 分配效率。 2. 支持的经销商数量	1. 模型算法支持多种因素的综合计算,优化整车厂车辆资源分配计划,提升了分配效率,并保证了公平性。2. 支持业内最多的经销商家数运算,即1000 多家经销商的运算。
……(以下内容略)						

【要点总结】

发行人披露其自主研发了多项先进的核心技术,监管机构要求其结合同行业现有技术水平、衡量核心技术先进性的关键指标等,进一步分析核心技术先进性的具体表征。发行人说明了行业技术分类及发行人相关核心技术,并从发行人技术内容、行业技术水平、衡量核心技术先进性的关键指标以及发行人核心技术先进性的特征等方面进行了具体说明。

(二)同类问询问题的梳理

就"核心技术先进性"这一风险点,除了上述典型问询案例之外,本书还检索到了南京 MLD 医疗科技股份有限公司、安徽 NK 装备科技股份有限公司、上

海BD医药科技股份有限公司等相关问询案例,并梳理汇总出以下具有参考价值的问询问题:

1. 报告期内核心零部件采购情况,是否存在进口依赖或单一供应商依赖;外协供应商是否发挥核心作用,发行人是否仅负责整机组装调试以及对外协供应商或特定技术是否存在依赖;并结合前述事项进一步分析发行人核心技术先进性。

2. 核心技术先进性的具体体现。

3. 报告期内产品合成外包比例较高,公司核心技术先进性的具体体现。

4. 是否存在其他外部证据,包括行业技术指标、同行业排名前列企业的相关技术情况、研究报告等说明发行人核心技术先进性、发行人核心技术是否为主流技术。

5. 结合同行业现有技术水平、衡量核心技术先进性的关键指标等,进一步分析核心技术先进性的具体表征。

(三)风险点分析

关于本风险点,并无直接相关的IP法律和政策,故仅就相关科创板IPO规则进行梳理与解读如下:

如本书第一篇第二章所述,申请在科创板上市的企业,应符合科创板定位、发行条件、上市条件和信息披露要求。其中,根据《科创板申报及推荐暂行规定》第3条的规定,科创板优先支持符合国家科技创新战略、拥有关键核心技术等先进技术、科技创新能力突出、科技成果转化能力突出、行业地位突出或者市场认可度高等的科技创新企业发行上市。也就是说,拥有先进的核心技术是发行人符合科创板定位的基本要求之一。如果发行人无法充分说明其核心技术的先进性,则可能使监管机构对其是否符合科创板定位产生疑问。

(四)同类问询回复要点

针对审核过程中可能涉及的"核心技术先进性"相关问询问题,为及时妥善回复,本书梳理出以下回复要点,供(拟)科创板IPO企业参考:

1. 发行人核心技术本身的性能参数、指标、技术优势、创新点等对其先进性的体现。

2. 发行人核心技术解决了哪些行业难题。

3. 发行人核心技术形成知识产权的类型和数量。

4. 发行人核心技术研发、应用过程中形成的学术论文、专业书籍等学术成果。

5. 发行人参与制定国际、国家或行业标准的情况。

6. 发行人参与国家级、省部级等重大科研项目的情况。

7. 发行人核心技术获得的政府机关及第三方权威机构颁发的荣誉、奖项等。

8. 政府机关及第三方权威机构对发行人核心技术的评定、认证或鉴定等情况。

9. 产品市场份额、核心技术收入占比等市场表现情况对发行人核心技术先进性的侧面体现。

10. 与同行业可比企业的以上各项比对情况。

十四、核心技术人员的认定

核心技术人员是企业科技创新的根本,而核心技术人员的认定,是判断企业核心技术人员是否稳定或是否存在其他相关风险的前提。对于(拟)科创板 IPO 企业而言,如果不能清楚、充分地说明其核心技术人员的认定情况、标准及合理性,监管机构将无法判断其是否符合科创板上市相关要求。

(一)问询与回复案例精选

1. 发行人:上海 JC 超声波技术股份有限公司

【披露文件】

《关于上海 JC 超声波技术股份有限公司首次公开发行股票并在科创板上市申请文件的审核问询函的回复》

【问询节选】

问题 10

招股书披露,公司核心技术人员包括周某、殷某、石某和孙某 4 人,殷某、石某和孙某通过员工持股平台持有发行人的股份比例约为 0.2%、1.25%、0.24%,2020 年薪酬分别为 37.2 万元、64.6 万元、46.8 万元。

请发行人说明:(1)核心技术人员的认定标准……(5)分析发行人核心技术人员认定的合理性。

【回复节选】

(1)核心技术人员是指对公司新技术开发、应用等方面作出重要贡献的人员。发行人核心技术人员的认定标准如下:

①专业背景标准:毕业于“双一流”建设高校(A 类)声学、应用物理学或机械自动化相关专业,并取得全日制硕士及以上学位;

②任职期限标准:与公司签订正式劳动合同,在公司研发体系从事研发工作满 2 年;

③工作岗位标准:为产品研发负责人或为核心研发项目的主要负责人,并担任高级经理及以上的职务;

④工作贡献标准:

掌握与公司主要业务领域相关的核心技术或拥有相应的技术专长;

至少作为发明人取得一项国家发明专利,或参与取得软件著作权。

(2)分析发行人核心技术人员认定的合理性

①发行人核心技术人员符合核心技术人员认定标准

专业背景标准:根据核心技术人员填写的调查表、提供的学历证书等,周宏建、石新华、殷万武及孙稳符合发行人制定的核心技术人员认定标准之专业背景标准。

任职期限标准:截至报告期末,核心技术人员均已在发行人研发部门从事 2 年以上的研发工作,满足任职期限标准之“与公司签订正式劳动合同,在公司研发体系从事研发工作满 2 年”要求。

工作岗位及工作贡献标准:如前文所述,核心技术人员在发行人任职期间参与了众多项目的研发,且均形成了专利技术,满足工作岗位及工作贡献标准。

②发行人核心技术人员主要工作职责、参与的研发项目及研发成果

发行人核心技术人员覆盖公司技术负责人、研发负责人、主要知识产权和非专利技术的发明人或设计人员等,持续参与公司经营研发工作,在工作中进行了大量的技术储备,具有较强研发能力,形成了较多研发成果并有力促进发行人主营业务发展。

③2018 年至 2021 年离职的研发人员不存在符合核心技术人员认定标准的情况,发行人核心技术人员认定准确。

④核心技术人员薪酬及持股情况

2018 年至 2021 年,发行人研发人员人均薪酬如下:

年度	2021年	2020年	2019年	2018年
研发人员职工薪酬(万元)	2501.93	1797.03	1332.05	1112.23
研发人员平均人数(人)	112	87	72	55
平均薪酬(万元)	22.44	20.66	18.63	20.22

由上表可知,核心技术人员的薪酬水平远高于研发人员人均薪酬。此外,除周宏建以外的核心技术人员在员工持股平台中持有的财产份额也较高。核心技术人员的薪酬水平及持股情况与其在发行人研发部门任职的重要性相匹配,核心技术人员的认定准确且充分。

综上所述,发行人核心技术人员的认定具有充分合理性。

【要点总结】

发行人披露其具有4名核心技术人员,监管机构要求发行人说明其核心技术人员的认定标准及合理性。发行人回复,其核心技术人员是指对公司新技术开发、应用等方面作出重要贡献的人员,认定标准包括专业背景标准、任职期限标准、工作岗位标准、工作贡献标准四个方面,并结合上述标准及相关人员的工作职责、薪酬水平等情况说明核心技术人员认定的合理性。

2. 发行人:陕西HQKJ实业股份有限公司

【披露文件】

《关于陕西HQKJ实业股份有限公司首次公开发行股票并在科创板上市申请文件的审核问询函之回复报告》

【问询节选】

问题2.1

公司核心技术人员李某,2012年6月至2021年3月,任陕XHN新材料科技有限公司执行董事兼经理;2013年1月至2021年3月,任北京HN科技有限公司监事;2017年3月至2021年3月,任陕XHLD防腐工程有限公司董事;2019年5月至2020年11月,任HQ有限(发行人前身)副总工程师;2020年12月至今,任发行人副总工程师。

请发行人说明:(4)认定李某为核心技术人员的依据及合理性。

【回复节选】

公司核心技术人员认定依据如下:

公司结合核心技术人员在取得专利、核心技术研发、工艺研发和参与的主要技术标准起草等方面情况制定核心技术人员的具体认定标准，具体如下（需同时符合其中两项或两项以上）：

(1)在特种功能材料方面具有深厚的专业知识背景，丰富的工作资历和项目经验；

(2)在技术研发、工艺改进方面担任重要的领导职务，是公司的技术骨干；

(3)主导完成多项核心技术的研发，带领研发团队完成多项专利申请或承担重大科研项目的执行；

(4)具有深厚的行业经验及技术积累，能够在技术创新与产品路线的研判、规划与实施战略上进行决策。

根据上述认定依据，李某符合第(1)、(2)、(3)条标准，具体如下：

李某主要研究方向为防腐涂层、耐热涂层、阻燃涂层、低表面能涂层、耐核辐射涂层等多功能一体化表面防护涂层等，研发成果已实现在军事装备、海洋工程、工业领域等批量化应用。

李某在防护涂层领域具有深厚的行业经验及技术积累，同时具备丰富的工作资历和项目经验，此外，李某在公司担任公司副总工程师一职，是公司重要的技术骨干。

报告期内，李某作为公司项目负责人或技术骨干直接参与了 W 项目、X 项目等研发项目的研发活动。

综上，李某符合公司核心技术人员的认定标准，认定李某为公司核心技术人员具有合理性。

【要点总结】

李某被发行人认定为核心技术人员，监管机构要求发行人说明相应的认定依据及合理性。发行人回复，其核心技术人的认定标准包括四项，具体内容为背景资历、工作职务、项目角色、技术积累等，需同时符合其中两项或两项以上；李某符合其中三项，故符合核心技术人员的认定标准，认定具有合理性。

(二)同类问询问题的梳理

就“核心技术人员的认定”这一风险点，除了上述典型问询案例之外，本书还检索到了苏州 HZJ 电讯股份有限公司、YZ 硅业（青海）股份有限公司、北京 BRHY 数据科技股份有限公司等相关问询案例，并梳理汇总出以下具有参考价值的问询问题：

1. 核心技术人员的认定标准、依据。

2. 吴某任职时从事研发团队管理工作,其间,并未实际负责具体研发项目,离职时未参与公司在研项目,但被认定为核心技术人员的原因及合理性。

3. 分析发行人核心技术人员认定的合理性。

(三)风险点分析

关于本风险点,并无直接相关的 IP 法律和政策,故仅就相关科创板 IPO 规则进行梳理与解读如下:

如本书第一篇第二章所述,申请在科创板上市的企业,应符合科创板定位、发行条件、上市条件和信息披露要求。其中,核心技术人员的认定,是判断发行人是否符合相关发行条件和信息披露要求等的基础。

关于核心技术人员相关的发行条件,根据《科创板注册管理办法》第 12 条,发行人应当具有直接面向市场独立持续经营的能力,具体包括核心技术人员稳定,最近 2 年内核心技术人员没有发生重大不利变化。

关于核心技术人员相关的信息披露要求,根据《信披与格式准则第 41 号》《科创板审核业务指南第 2 号》等规则,发行人应当在招股说明书中披露核心技术人员的范围、认定情况和认定依据,以及核心技术人员的基本信息、人数比例、兼职情况、变动情况、薪酬情况、涉诉情况等信息。

所以,(拟)科创板 IPO 企业需要清楚、充分地说明其核心技术人员的认定情况、标准及合理性,否则将使监管机构无从判断企业是否符合科创板上市相关要求。

(四)同类问询回复要点

针对审核过程中可能涉及的“核心技术人员的认定”相关问询问题,为及时妥善回复,本书梳理出以下回复要点,供(拟)科创板 IPO 企业参考:

1. 原则上,核心技术人员通常包括公司技术负责人、研发负责人、研发部门主要成员、主要知识产权和非专利技术的发明人或设计人、主要技术标准的起草者等;发行人应根据生产经营需要和相关人员对企业生产经营发挥的实际作用,确定核心技术人员范围,并对认定情况和认定依据进行清楚、充分的说明;具体认定标准可包括相关人员的背景资历、项目经验、任职期限、工作职务、研发贡献、研发成果等。

2. 发行人还可结合具体核心技术人员的上述各项情况，说明核心技术人员认定的合理性。

十五、核心技术人员存在兼职

在“产学研结合”的大背景下，企业技术人员在高校、研究院等第三方科研机构兼职的情况越来越常见。对于(拟)科创板 IPO 企业而言，如果存在核心技术人员在外兼职的情况，监管机构通常会关注是否存在知识产权权属风险或纠纷，以及发行人是否具有突出的科技创新能力。

(一)问询与回复案例精选

1. 发行人：合肥 GDGK 信息科技股份有限公司

【披露文件】

《关于合肥 GDGK 信息科技股份有限公司首次公开发行股票并在科创板上市申请文件的审核问询函的回复》

【问询节选】

问题 5.2

招股说明书披露，公司董事长魏某于 2003 年 10 月至今任 HFGY 大学教授，公司总经理程某 1 于 1992 年 7 月至今任 HFGY 大学计算机与信息学院教师、硕士生导师，公司副总经理胡某某于 1985 年 7 月至今任 HFGY 大学教师，公司副总经理程某 2 于 1994 年 7 月至今任 HFGY 大学计算机与信息学院教师、硕士生导师。前述四人均为公司的核心技术人员，程某 1、胡某某、程某 2 向 HFGY 大学的辞职申请已经获得学校批准并正在办理相关手续。

请发行人说明：(3)发行人拥有的知识产权是否存在职务发明的情形，是否存在利用 HFGY 大学的工作条件进行研究开发的情形，与 HFGY 大学之间是否存在任何知识产权方面的纠纷；(4)结合前述四人在 HFGY 大学的职责、级别和研究范围、报告期内职务成果归属情况、校方管理的研究经费使用情况、公司与 HFGY 大学的合作研发情况等，说明并披露兼职事项对公司技术创新、生产经营、业务发展过程中所起的实际作用及未来影响，并有针对性地揭示公司可能存在的具体风险。

【回复节选】

(1)GDGK 有限设立时，HFGY 大学投入的“HJ04A 铁路信号微机联锁系统”技术成果系职务发明，该项知识产权已评估作价投入公司，公司依法享有该项知识产权。除此之外，公司其他知识产权及核心技术均系通过自主研发取得。公司的专利权、软件著作权与具体业务合同有效对应。上述人员在公司兼职期间所承担的研发任务，使用的是公司提供的资金、物质技术条件，未利用 HFGY 大学资金、设备、技术资料等条件或资源。

根据专利证书、国家知识产权局出具的查询结果、国家知识产权局网站查询的专利登记情况，公司持有的专利状态均为“专利权维持”，公司不存在任何关于其持有的商标、专利权、计算机软件著作权等知识产权的权属纠纷或诉讼。此外，根据共有专利的相关合作协议，发行人与 HFGY 大学之间就知识产权的成果归属约定明确清晰，不存在相关知识产权权属纠纷或诉讼。

(2)HFGY 大学于 2020 年 10 月 26 日出具《情况说明》：除作价出资的无形资产“HJ04A 铁路信号微机联锁系统”技术成果外，GDGK 前述 4 人不存在其他使用学校研究经费形成学校职务成果的情形；GDGK 相关专利的发明人包含上述 4 名教职工，该等专利系上述 4 人在 GDGK 兼职工作期间，执行 GDGK 工作任务，利用 GDGK 提供的物资技术条件完成，属于 GDGK 所有，不属于上述人员在学校工作期间的职务发明。

综上，公司拥有的知识产权不存在职务发明的情形，不存在利用 HFGY 大学的工作条件进行研究开发的情形，与 HFGY 大学之间不存在任何知识产权方面的纠纷。

……

兼职事项对公司技术创新、生产经营、业务发展过程中所起的实际作用及未来影响：

(1)技术创新方面

公司具有独立自主的研发团队，研发投入和技术创新独立于 HFGY 大学。公司独立自主确定研发项目、安排研发投入，形成了具有完整自主知识产权的、以铁路信号安全完整性技术与防失爆设计技术为代表的核心技术体系。上述四人在 HFGY 大学兼职期间，未影响其在发行人的工作和研发任务。其中程某 1、胡某某、程某 2 为了进一步保证在发行人的精力投入，已主动向 HFGY 大学提出辞职申请。

因此，公司具有独立的技术创新能力，研发投入和技术创新独立于 HFGY 大学。

(2)生产经营方面

公司具备与生产经营有关的生产系统、辅助生产系统和配套设施,合法拥有与生产经营有关的土地使用权、房屋所有权、机器设备、注册商标、专利权、计算机软件著作权等,具有独立的原料采购和产品生产、销售系统,资产独立完整。上述四人兼职期间正常参与公司的经营管理,依法履行相应职责。

因此,公司的资产具有独立性,生产经营独立于 HFGY 大学。

(3)业务发展方面

公司主要从事工业铁路信号控制与智能调度产品研发、生产和销售及技术服务等业务,拥有独立完整的研发、生产、供应、销售系统,具有完整的业务体系;公司拥有独立的决策和执行机构,拥有独立的组织架构,独立对外签署合同,独立研发、采购、生产并销售其生产的产品。公司具有独立的业务体系和直接面向市场独立经营的能力。

因此,公司独立开展业务经营活动,业务发展独立于 HFGY 大学。

综上所述,公司坚持独立自主的发展道路,魏某、程某 1、胡某某、程某 2 兼职对公司的技术创新、生产经营和业务发展未产生不利影响,未影响公司的技术独立性和资产独立性。未来公司将继续坚持独立自主发展,在完善生产经营设施、扩大业务发展规模的同时,加强科技创新与成果转化。程某 1、胡某某、程某 2 已于 2021 年 1 月从 HFGY 大学辞职,其在 HFGY 大学的兼职情形已消除,不会对公司未来技术创新、生产经营、业务发展产生不利风险。

【要点总结】

发行人 4 名核心技术人员均在 HFGY 大学兼职,监管机构要求发行人说明是否存在职务技术成果权属纠纷,并说明兼职事项可能带来的具体风险。发行人回复,除一项已经作价投入发行人的 HFGY 大学职务发明外,其余核心技术均为发行人自主研发,不存在相关权属纠纷或诉讼;此外,发行人具有独立的技术创新能力、资产和业务,该 4 名核心技术人员的兼职事项对发行人的技术创新、生产经营和业务发展均无不良影响,不会产生不利风险。

2. 发行人:HHQK 股份有限公司

【披露文件】

《关于 HHQK 股份有限公司首次公开发行股票并在科创板上市申请文件的第二轮审核问询函的回复》

【问询节选】

问题 2

根据问询回复:(1)QH 大学将其独有的48 项 CMP 相关专利授权公司独占使用,同时也存在将双方共有专利授权给发行人独占使用的情形。(2)QH 大学授权给公司独占使用的48 项专利中,29 项专利为与 CMP 相关的外围技术,并未在公司产品或服务中直接应用,仅为出于知识产权保护的目的作为技术储备由 QH 大学独家许可公司使用。(3)QH 大学目前持有的与公司业务相关的,但未注入或许可公司使用的专利共计 10 项。其均与公司主营业务相关性较弱,公司目前生产经营无需使用上述专利。(4)公司在短期内成功研制出首台 12 英寸 CMP 商用设备的过程,是在 QH 大学已完成研究的基础上进行补充开发。公司在其中发挥的具体作用,是将 QH 大学科技成果转化的 CMP 技术成果与市场需求相结合,最终研制出 CMP 设备商用机型。

请发行人说明:(4)结合发行人产品和核心技术与 QH 大学的渊源,公司主要高管、核心技术人员的清华任职背景,以及绝大部分专利均为与 QH 大学共有,目前存在与 QH 大学的合作研发项目等情形,说明历史上、现阶段以及未来 QH 大学在发行人技术研发及生产经营中所处地位和发挥的作用,发行人自我研发能力体现在何处,并进一步充分说明发行人是否对 QH 大学构成研发和技术体系依赖,是否具备独立研发能力,并视情况作相应风险揭示。

【回复节选】

公司拥有独立的研发团队和研发条件、研发设备等,不存在利用 QH 大学资源、设施和人员进行研发的情况,公司核心研发技术人员已与 QH 大学保持独立。

……

报告期内,公司存在部分核心技术人员兼职从事学校科技成果转化工作的情况,该等人员从事学校分配的工作所申请的专利属于职务发明。2020 年 9 月,路某、王某、赵某在 QH 大学办理了离岗创业手续,QH 大学不再其安排教学、科研任务及考核。2020 年 10 月,路某、王某、赵某分别与公司签署《劳动合同》,建立正式劳动关系,并全职在公司处工作。此外,上述 3 人均出具了《承诺函》,若公司顺利上市且上述 3 人最长三年的离岗创业期限届满前,未能与 QH 大学签署继续离岗创业的协议,则 3 人将从 QH 大学办理离职手续并全职在公司工作。

上述人员亦不存在违反 QH 大学保密相关规定的情况，其职务发明形成的 QH 大学独有或共有专利等无形资产已通过作价出资或签署相关协议等方式保证了公司对相关专利或专利技术的所有权或使用权。除此之外，公司其他核心研发技术人员均为公司专职人员。

【要点总结】

发行人部分核心技术人员在 QH 大学兼职，大部分专利与 QH 大学共有，且存在与 QH 大学合作研发的情况，监管机构要求发行人说明发行人是否具备独立研发能力，并就相关风险进行说明。发行人在回复中称，部分核心技术人员从事学校分配的工作所申请的专利属于职务发明，相关无形资产已通过作价出资或签署协议的方式保证发行人具有所有权或使用权；公司拥有独立的研发团队和研发条件、研发设备等，不存在利用 QH 大学资源、设施和人员进行研发的情况，相关核心技术人员已经在 QH 大学办理了离岗创业手续，已与 QH 大学保持独立。

（二）同类问询问题的梳理

就"核心技术人员存在兼职"这一风险点，除了上述典型问询案例之外，本书还检索到了广东 LE 新材料科技股份有限公司、北京 KTSG 轨道技术股份有限公司、哈尔滨 XG 光电科技股份有限公司等相关问询案例，并梳理汇总出以下具有参考价值的问询问题：

1. 请发行人说明董监高及核心技术人员兼职企业、对外投资企业与发行人的业务是否存在联系，是否存在利益冲突。

2. 发行人高级管理人员及核心技术人员是否存在事业单位人员任职的情况、人员兼职情形是否符合人员独立性的要求。

3. 结合发行人董事、监事、高级管理人员及核心人员工作背景、工作兼职及对外投资情况，说明其与发行人经营业务是否相同或相似，是否存在竞业禁止、利益冲突及其解决措施。

4. 发行人拥有的知识产权是否存在职务发明的情形，是否存在利用 HFGY 大学的工作条件进行研究开发的情形，与 HFGY 大学之间是否存在任何知识产权方面的纠纷；结合前述 4 人在 HFGY 大学的职责、级别和研究范围、报告期内职务成果归属情况、校方管理的研究经费使用情况、公司与 HFGY 大学的合作研发情况等，说明并披露兼职事项对公司技术创新、生产经营、业务发展过程中所起的实际作用及未来影响,并有针对性地揭示公司可能存在的具体风险。

5. 结合发行人产品和核心技术与 QH 大学的渊源,公司主要高管、核心技术人员的 QH 大学任职背景,以及绝大部分专利均为与 QH 大学共有,目前存在与 QH 大学的合作研发项目等情形,说明历史上、现阶段以及未来 QH 大学在发行人技术研发及生产经营中所处地位和发挥的作用,发行人自我研发能力体现在何处,并进一步充分说明发行人是否对 QH 大学构成研发和技术体系依赖,是否具备独立研发能力,并视情况作相应风险揭示。

(三) 风险点分析

1. 相关 IP 法律和政策的梳理与解读

《专利法》第 6 条第 1 款规定:"执行本单位的任务或者主要是利用本单位的物质技术条件所完成的发明创造为职务发明创造。职务发明创造申请专利的权利属于该单位,申请被批准后,该单位为专利权人。该单位可以依法处置其职务发明创造申请专利的权利和专利权,促进相关发明创造的实施和运用。"

《专利法实施细则》第 12 条规定:"专利法第六条所称执行本单位的任务所完成的职务发明,是指:(一) 在本职工作中所作出的发明创造;(二) 履行本单位交付的本职工作之外的任务所作出的发明创造;(三) 退休、调离原单位后或者劳动、人事关系终止后 1 年内作出的,与其在原单位承担的本职工作或者原单位分配的任务有关的发明创造。专利法第六条所称本单位,包括临时工作单位;专利法第六条所称本单位的物质技术条件,是指本单位的资金、设备、零部件、原材料或者不对外公开的技术资料等。"

所谓技术成果,是指利用科学技术知识、信息和经验作出的产品、工艺、材料及其改进等技术方案,具体表现形式可以包括发明及实用新型专利、植物新品种、技术秘密等。两类技术成果属于职务技术成果,第一类是执行本单位的任务所完成的技术成果,第二类是主要利用本单位物质技术条件完成的技术成果。

执行本单位的任务所完成的技术成果又被分为三种情况:第一种情况是在本职工作中,履行岗位职责所作出的技术成果;第二种情况是履行单位交付的本职工作之外的任务所作出的技术成果;第三种情况是离职、退休、调离原单位后或者劳动、人事关系终止后 1 年内作出的,与其在原单位承担的本职工作、岗位职责或分配、交付的任务有关的技术成果。

对于主要利用本单位物质技术条件完成的技术成果，其中，“本单位的物质技术条件”是指本单位的资金、设备、器材、零部件、原材料或者不对外公开的技术信息和资料等；“主要利用”是指在技术成果的研究、开发过程中，全部或者大部分利用了法人或者其他组织的资金、设备、器材或者原材料等物质条件，并且这些物质条件对形成该技术成果具有实质性的影响。除上述情形外，如果技术成果的实质性内容是在单位尚未公开的技术成果、阶段性技术成果基础上完成的，该技术成果也属于主要利用本单位物质技术条件完成的技术成果。

需要注意的是，“本单位”包括临时工作单位，即包括借调、兼职、实习等建立临时劳动关系的情况。在借调、兼职、实习等情况下，虽然被借调人员、兼职人员、实习人员的编制、工资关系有可能仍在其所在单位，但在工作任务上受借入单位、聘用单位、实习单位支配，所以在执行借入单位、聘用单位、实习单位分配的任务或者主要利用其物质技术条件完成发明创造的情况下，这些单位就是专利法意义上的“本单位”。①

对于职务技术成果的权属认定，我国法律的规定较为明确，职务技术成果的使用权、转让权、申请专利的权利及专利权均归单位所有。但该规定并非强制性规范，单位与员工可以就员工在职期间或者离职以后所完成的技术成果的权属进行约定。

2. 相关科创板 IPO 规则的梳理与解读

如本书第一篇第二章所述，申请在科创板上市的企业，应符合科创板定位、发行条件、上市条件和信息披露要求。

其中，发行条件要求发行人具有直接面向市场独立持续经营能力。根据《科创板注册管理办法》第 12 条，独立持续经营能力要求发行人不应存在核心技术、专利、商标等知识产权重大权属纠纷。但根据前文“相关 IP 法律和政策的梳理与解读”，员工在执行兼职单位的任务或者主要是利用兼职单位的物质技术条件所完成的发明创造，为员工在兼职单位的职务发明创造，归兼职单位所有。所以，在核心技术人员存在兼职的情况下，兼职单位与发行人可能就相关人员完成的技术成果产生知识产权权属纠纷，进而可能影响企业的独立持续经营能力，使企业不符合科创板的发行条件。

另外，关于科创板定位，《科创板注册管理办法》第 3 条规定发行人需要具

① 参见尹新天：《中国专利法详解》（缩编版），知识产权出版社 2012 年版，第 54 页。

有突出的科技创新能力。如果发行人存在核心技术人员在外兼职的情况，特别是发行人与兼职单位在研发过程中存在一定的关联或合作时，监管机构可能对发行人是否具有突出的科技创新能力产生疑问。

（四）同类问询回复要点

针对审核过程中可能涉及的“核心技术人员存在兼职”相关问询问题，为及时妥善回复，本书梳理出以下回复要点，供（拟）科创板 IPO 企业参考：

1. 发行人与兼职单位的业务或经营范围的联系与区别。
2. 发行人核心技术人员在兼职单位是否作出职务技术成果。
3. 发行人与兼职单位就职务技术成果所有权、使用权等的安排情况。
4. 发行人与兼职单位是否存在知识产权权属纠纷或诉讼。
5. 相关核心技术人员对于兼职的后续安排，是否已经停止兼职。
6. 在可能的情况下，可以由兼职单位就上述问题出具书面说明。

此外，基于监管机构对发行人科技创新能力的关注，发行人可以根据情况结合自身研发投入、研发项目、研发成果等情况进行相关说明；基于监管机构对发行人独立持续经营能力的关注，发行人可以根据情况结合职务技术成果是否属于核心技术、对应的营收数额、技术储备情况、替代技术情况，以及发行人资产、业务的完整、独立性等情况进行说明，证明兼职事项不会对其独立持续经营产生较大影响。

十六、股东以知识产权出资

知识产权出资，是指知识产权所有人将能够依法转让的知识产权专有权或者使用权作价，投入标的公司以获得股东资格的一种出资方式。对于（拟）科创板 IPO 企业而言，如果存在股东以知识产权出资的情况，监管机构往往会关注出资知识产权的权属是否清晰，是否可能存在重大知识产权权属纠纷，以判断企业是否具备独立持续经营能力。

（一）问询与回复案例精选

1. 发行人：YN 科技股份有限公司

【披露文件】

《DFZQ 承销保荐有限公司关于 YN 科技股份有限公司首次公开发行股票

并在科创板上市申请文件的审核问询函的回复》

【问询节选】

问题4.1

关于技术出资根据招股说明书,(1)发行人前身YN有限系由凌某、罗某、TT股份等于2010年3月共同出资设立。凌某、罗某以非专利技术出资。(2)2007年至2009年,凌某、罗某分别任美国S公司资深副总裁、技术总监。

请发行人说明:(1)上述非专利技术的具体来源及用于出资时的权属状况,是否为职务发明,是否符合无形资产出资的相关要求。

【回复节选】

(1)上述非专利技术的具体来源及用于出资时的权属状况

①具体来源

YN有限设立时,凌某、罗某用于出资的非专利技术具体为微型逆变器系统技术,系凌某、罗某二人共同所有,是公司微型逆变器、能量通信及监控分析系统产品设计和开发的技术基础。

凌某、罗某先后于1995年、2001年加入国际知名的芯片企业X Inc.(以下简称X),从事研发及制造管理工作,积累了丰富的半导体芯片行业经验。2007年,二人先后加入光伏低倍聚光组件公司The S Corporation(以下简称S),负责光伏聚光组件研发、生产和系统应用工作,积累了丰富的光伏发电系统相关经验。在前述工作中,二人经常遇到光伏系统组件串联阵列中组件发电失配造成的短板效应问题,该问题是光伏行业面临的痛点之一。

凌某与罗某认为组件级电力电子设备领域中的微型逆变器能够有效解决前述光伏行业痛点,具有良好的市场前景。当时市场中微型逆变器设备主要采用ASIC芯片,但凌某、罗某二人基于在FPGA芯片龙头企业X的多年技术积累,推断FPGA逻辑块的独立运作和任务并行处理的优势更符合微型逆变器系统的需要,且未来进行升级迭代的可拓展性更强,二人有信心对微型逆变器系统进行技术创新和难点攻关,故决定回国自主创业。

自S辞职后,凌某、罗某开始基于FPGA芯片架构在硬件电路拓扑、软件控制算法和监控分析系统等方面展开了相关研究,并形成了微型逆变器系统创新性的技术方案。

②微型逆变器系统技术主要情况

……

③用于出资时的权属情况

微型逆变器系统技术用于出资时的权属人为凌某及罗某。该非专利技术系凌某、罗某二人以电力电子专业知识为基础,结合多年光伏发电领域的深耕经验,经过共同探索积累,合作形成的微型逆变器系统技术,共同享有该非专利技术的所有权。

2009 年 12 月 15 日,YN 有限全体股东签订《浙江 YN 光伏科技集成有限公司合资经营合同》,确认该项非专利技术作价 1285 万元投入 YN 有限,其中凌某以该非专利技术出资 668 万元,罗某以该非专利技术出资 617 万元。

2010 年 4 月 20 日,凌某、罗某与 YN 有限签订《技术转让合同》,约定将凌某、罗某所拥有的前述微型逆变器系统技术作为转让标的,向 YN 有限进行转让,完成了该非专利技术的所有权转移。

(2)上述非专利技术是否为职务发明

前述微型逆变器系统技术不属于凌某和罗某在 S 的职务发明,具体原因如下:

①该非专利技术与原工作单位主要技术差异较大,且与原工作单位的工作内容无相关性

凌某与罗某在原工作单位 S 的任职情况具体如下:

姓名	原工作单位	原单位任职期间	原单位职务	原单位主要工作内容
凌某	The S Corporation	2007 年 7 月 - 2009 年 7 月	资深副总裁	主要负责产品研发团队的管理工作,通过光学—电子学—制造工艺经验等把处于原理概念、样品阶段的低倍聚光光伏发电技术进行产品化及产业化
罗某	The S Corporation	2007 年 10 月 - 2009 年 8 月	技术总监	主要负责低倍聚光光伏组件的生产工艺开发和优化;组件性能优化和生产导入;组件可靠性设计、测试和优化;材料的可靠性评估和优化;组件安全规范、可靠性和系统标准认证

S 是一家专注低倍聚光太阳能组件技术的公司,其核心技术集中于光伏面板相关领域,包括光学聚光技术实现与应用、太阳能电池片切割技术以及低倍聚光组件热层压技术等。凌某、罗某所形成的微型逆变器系统技术为直流电能

转换为交流电并与公共电网并网的技术,与 S 的核心技术存在明显差异。

前述微型逆变器系统技术系凌某、罗某从 S 辞职后研发形成,与二人在 S 的工作内容没有相关性。二人在该非专利技术的研发过程中不存在使用 S 的资金、设备、原材料、不对外公开的技术资料等物质条件的情形。

②S 确认前述微型逆变器系统技术非职务发明

根据 S 的创始人及董事 Sharma 于 2021 年 1 月 12 日出具的确认函,凌某与罗某共同形成的微型逆变器系统技术及其他相关的电力电子技术与其二人在 S 的任职无直接关系,S 对其二人的发明不存在任何争议,与其二人在 S 任职和工作的事项无相关纠纷。

(3)上述非专利技术出资是否符合无形资产出资的相关要求

……

2010 年 4 月 20 日,凌某、罗某与 YN 有限签订《技术转让合同》,约定转让标的为凌某、罗某所拥有的微型逆变器系统技术。该非专利技术在嘉中磊评报字(2009)第 228 号《资产评估报告》的评估值基础上作价 1285 万元投入 YN 有限,合同签署生效即交割完毕。

【要点总结】

发行人存在股东以非专利技术出资的情况,且该股东曾担任另一公司高级管理人员,监管机构要求发行人就相关技术的具体来源、权属情况等情况进行说明。发行人回复,出资技术系该股东从原单位离职后作出,与股东原单位的工作内容及物质技术条件无关,且原单位已出具确认函说明出资技术与其无关,出资技术已经转让给发行人,不存在权属问题。

2. 发行人:北京 GS 科技股份有限公司

【披露文件】

《关于北京 GS 科技股份有限公司首次公开发行股票并在科创板上市申请文件的审核问询函的回复》

【问询节选】

问题 1

根据申报材料,(1)2007 年 8 月,杨某以非专利技术“D－MESH 内容寻址集群存储技术”出资 700 万元,2015 年 1 月,杨某以非专利技术“海量数据管理与挖掘融合系统”出资 1440.00 万元;(2)考虑到杨某前述非专利技术在资产权属等方面存在一定的不确定性,2016 年 6 月 17 日,杨某将其所持 2140.00 万元出资额由知识产权出资变更为货币形式出资;(3)2019年11月,杨某以301.32万元现金补足前述货币出资置换知识产权出资对应的资本公积部分。目前两项非专利技术仍归公司所有。

请发行人说明:(2)上述非专利技术在资产权属等方面存在一定不确定性的具体情形,是否对发行人现有业务生产经营产生不利影响。

【回复节选】

考虑到上述非专利技术系公司实际控制人杨某在公司任职期间开发,存在其于执行公司任务时或主要利用公司物质技术条件完成的可能性,无法完全排除该等非专利技术之权属被认定为公司所有之风险。因此,在杨某于2007年8月及2015年1月以该等非专利技术向公司出资时,用于出资的非专利技术权属无法充分证明完全属于杨某个人所有,其权属归属于杨某或是公司的情况存在不确定性。但该等用于出资的非专利技术已经评估机构评估、办理资产转移手续,并经验资机构验证出资到位。

出于谨慎考虑并经公司各股东协商一致,杨某于2016年8月以2140万元现金置换其原用于作价出资的非专利技术(注册资本部分2140万元),并于2019年11月以现金301.32万元置换其原用于作价出资的非专利技术(资本公积部分301.32万元),该等现金出资业经验资机构验证,同时,上述原用于作价出资的非专利技术仍归属于公司所有。

杨某原用于出资的非专利技术已经评估机构评估、验资机构验证出资到位,并已办理资产转移手续,虽无法判断其是否属于职务发明,但杨某已通过货币资金足额置换其无形资产出资资金并已经验资机构验证,公司注册资本充实。根据杨某确认,其已与公司签署转让协议并办理资产转移手续,该等非专利技术之所有权已归属于公司,其与公司间不存在任何权属争议。

综上所述,该等非专利技术现阶段未应用于公司主营业务、不属于公司核心技术,且在杨某出资后其权属归属于公司的情况不存在争议,该等非专利技术用于出资前权属存在不确定性的情形未对发行人现有业务生产经营产生不利影响。

【要点总结】

发行人股东曾以非专利技术出资,其后由于技术权属的不确定性,将技术出资变更为货币出资,但相关技术仍归发行人所有。监管机构要求发行人说明技术权属不确定性的具体情形,以及对发行人生产经营的影响。发行人回复,出资技术为股东在发行人任职期间开发，存在构成职务技术成果的可能性，故出于谨慎变更出资方式，上述技术已归属于公司，不存在权属争议，不会对生产经营产生不利影响。

（二）同类问询问题的梳理

就“股东以知识产权出资”这一风险点，除了上述典型问询案例之外，本书还检索到了 HT 新材料股份有限公司、SY 控股（北京）股份有限公司等相关问询案例，并梳理汇总出以下具有参考价值的问询问题：

1. 知识产权出资作价依据及其公允性，评估参数选择、评估过程，权属是否清晰，相关专利用途及在业务开展中发挥的作用。

2. 非专利技术是否实际存在，是否符合无形资产出资的相关要求；是否实际投入并用于主营业务，当前该知识产权的存续状况，在发行人核心技术、业务发展中的作用，非专利技术和发行人现有核心技术之间的关系。

3. 上述非专利技术的具体来源及用于出资时的权属状况，是否为职务发明，是否符合无形资产出资的相关要求。

4. 上述非专利技术在资产权属等方面存在一定不确定性的具体情形，是否对发行人现有业务生产经营产生不利影响。

（三）风险点分析

1. 相关 IP 法律和政策的梳理与解读

关于本风险点涉及的知识产权权属相关 IP 法律和政策，本书已在“合作研发中的知识产权权属问题”“核心技术人员存在兼职”“新员工在原单位离职一年内作出发明创造”等章节中进行梳理与解读。本书在此仅对上文引用案例中涉及的“非专利技术”概念说明如下：

“非专利技术”系“技术秘密”的别称，两者具有相同的含义，目前多使用“技术秘密”。

我国 1993 年《公司法》第 24 条规定，股东可以用工业产权、非专利技术作价出资。其中，关于非专利技术的定义，最高人民法院在 1995 年发布的《关于正确处理科技纠纷案件的若干问题的意见》中作出了解释，具体包括秘密性、保密性、价值性等构成要件,与“技术秘密”的构成要件相一致。①

我国 2005 年修改《公司法》时,使用“知识产权”替代并涵盖了旧法中工业产权、非专利技术的概念。其后,实践中已较少使用“非专利技术”,但仍有部分沿用的情况,如深圳市市场监督管理局 2010 年印发的《深圳市企业非专利技术出资登记办法(试行)》。②

2. 相关科创板 IPO 规则的梳理与解读

如本书第一篇第二章所述,申请在科创板上市的企业,应符合科创板定位、发行条件、上市条件和信息披露要求。其中,发行条件要求发行人具有直接面向市场独立持续经营能力。又根据《科创板注册管理办法》第 12 条,独立持续经营能力要求发行人不应存在核心技术、专利、商标等知识产权重大权属纠纷。

如果出资的知识产权存在潜在权属风险或纠纷,特别是存在可能构成股东在其他单位的职务技术成果的情况,可能会对企业的独立持续经营能力产生影响,使企业不符合科创板的发行条件。

(四)同类问询回复要点

针对审核过程中可能涉及的“股东以知识产权出资”相关问询问题,为及时妥善回复,本书梳理出以下回复要点,供(拟)科创板 IPO 企业参考:

1. 发行人可以围绕相关知识产权的产生过程说明相应权属情况。

2. 发行人可以从相关知识产权不构成其他单位职务技术成果的角度说明相应权属情况。

3. 在可能的情况下,可以由股东(原)工作单位书面说明相应知识产权权属清晰,不存在相关纠纷或诉讼。

4. 发行人还可以结合知识产权出资的评估作价、股东会决议、权属转让、验资复核等程序,说明知识产权出资的合规性。

---

① 参见《关于正确处理科技纠纷案件的若干问题的意见》第 51 条第 2 款,非专利技术成果应具备下列条件:(1)包含技术知识、经验和信息的技术方案或技术诀窍;(2)处于秘密状态,即不能从公共渠道直接获得;(3)有实用价值,即能使所有人获得经济利益或竞争优势;(4)拥有者采取了适当保密措施,并且未曾在没有约定保密义务的前提下将其提供给他人。

② 参见《深圳市企业非专利技术出资登记办法(试行)》第 3 条,本办法所称的非专利技术是指处于未公开、未授予专利权、具有实用价值、所有人采取适当保密措施拥有的技术成果。包括技术知识、经验和信息的技术方案或技术诀窍,如设计图纸、资料、数据、技术规范、工艺流程、材料配方等。

此外,基于监管机构对发行人独立持续经营能力的关注,发行人还可以根据情况,从相关知识产权是否属于核心技术、对应的营收数额、技术储备情况、替代技术情况等方面说明相关知识产权的权属情况不会对其独立持续经营产生较大影响。

第三篇

风险防范与实务应对

本书第一篇第二章对科创板主要规则体系中与IP相关的审查要求进行了系统梳理与归纳；第二篇对科创板IPO问询回复中常见的IP风险进行了实证分析，并结合对风险点相关IP法律、政策和IPO规则的理解，针对审核过程中可能涉及的相关问询问题进行梳理，并提出问询相关回复要点的建议。本篇我们将着眼于IP风险本身，落脚于如何从根本上防范IP风险以及如何高效应对IP风险，提出整体归纳与建议。

一、IP 风险特征归纳

（一）普遍性

知识产权风险的普遍性体现在两个方面：一是风险内容涉及知识产权领域各个细微之处，二是知识产权风险高频发生、数量众多。

对于前者，如本书第二篇所述，知识产权风险涉及专利权、著作权、商标权、商业秘密、集成电路布图设计专有权等多种类型，且涉及知识产权确权、维权、运营等多个领域，涉及面较广。

对于后者，根据数据统计，每家申报上市企业平均涉及知识产权问题的轮次为 2.3 轮，平均问及知识产权相关问题多达 12.3 项[①]，可见知识产权风险高频发生、数量众多。

（二）跨时空

知识产权风险跨时空的特征体现在两个方面：一是跨时间，二是跨地域。

第一，知识产权风险的跨时间特征，主要体现在处理知识产权风险时，不仅需要关注当下企业已面临的知识产权风险，也要关注企业之前经营行为的合规性，如知识产权布局是否完善、取得知识产权时是否存在权属纠纷、专利是否属于发明人原单位的职务发明、产品上市前是否完成 FTO 等，还要考虑企业未来的知识产权风险，如专利到期失效后对于企业后续可持续经营的影响等。知识产权风险的跨时间特征，也决定了其是可以预测并防范的。第二，知识产权风险具有跨地域特征。随着经济国际化程度的提高，跨国经营行为越发普遍。例如，一方面，企业出于对税收优惠政策、人力成本、经营便利等因素的考量，在境外设立研发、生产中心的情况越来越常见；另一方面，外贸出口也逐渐成为企业业务的重要组成部分。因此，不仅在中国境内，企业在世界范围内的产品制造地、转口地、销售地均可能面临知识产权风险。

（三）跨法律部门

跨法律部门，是知识产权风险的另一重要特征。具体而言，知识产权风险

① 参见《中国科创板 IPO 知识产权全景洞察与案例解析（2019—2020）》，载微信公众号“六棱镜数字科创”，2020 年 12 月 30 日。

在民事、行政、刑事方面均有体现。

民事方面，知识产权风险主要体现为知识产权侵权纠纷、权属纠纷及授权许可纠纷等；行政方面，知识产权风险主要体现为知识产权授权、确权及行政处罚等相关纠纷；刑事方面，知识产权风险主要体现为《刑法》中规定的侵犯知识产权罪，包括假冒注册商标罪，销售假冒注册商标的商品罪，非法制造、销售非法制造的注册商标标识罪，假冒专利罪，侵犯著作权罪，销售侵权复制品罪，侵犯商业秘密罪等。

（四）行业差异

科创板有六大支持行业，分别是新一代信息技术、高端装备、新材料、节能环保、新能源、生物医药，不同行业的知识产权风险有所差异。

其中，对于新一代信息技术行业来说，知识产权风险多与技术来源相关。这与新一代信息技术企业的特点相关，这些企业的股东、高管多为技术出身，作为核心技术人员参与公司研发的情况较为常见，且很多系从原单位离职创业。所以，企业的技术来源受到较多关注。

对于高端装备、新材料、节能环保三个行业来说，知识产权风险集中于合作研发成果的权属问题等。原因在于，我国相关行业的研发能力仍然较弱，企业和高校及研究院合作研发的情况比较多，相关技术成果的权属风险问题较为突出。

对于新能源行业，知识产权风险多见于核心技术的成果转化等情况。我国新能源产业目前处于快速发展阶段，已经形成了一定的技术产出和积累，其风险在于技术成果能否成功转化、能否实现产业化。

对于生物医药行业，知识产权风险则集中于核心技术的先进性。生物医药行业的技术研发具有投入大、周期长、回报不稳定的特点，目前国内较多医药企业主要依赖外部技术许可，所以，核心技术的先进性可能存在一定问题。

二、IP 风险防范与应对建议

（一）知识产权申请与取得

1. 知识产权类型的选择与结合

（1）知识产权的类型

知识产权是人们依法对自己的特定智力成果、商誉和其他特定相关客体等享有的权利。[①] 知识产权包括专利权、商业秘密、商标权、著作权、集成电路布图设计专有权、植物新品种权等。

其中，专利权是国家根据发明创造人或设计人的申请，以向社会公开发明创造或设计的内容，以及发明创造或设计对社会具有符合法律规定的利益为前提，根据法定程序在一定期限内授予发明创造人或设计人的一种排他性权利。[②]

商业秘密，包括技术秘密、经营秘密，是指不为公众所知悉、具有商业价值并经权利人采取相应保密措施的技术信息、经营信息等商业信息。[③]

商标权是指商标所有人依法对其注册商标所享有的专用权。[④]

著作权是民事主体依法对作品及相关客体所享有的专有权利。"著作权"这一概念有狭义和广义之分。狭义的著作权仅指作者对作品所享有的一系列专有权利。广义的著作权还包括邻接权，即作者之外的民事主体对作品之外的客体享有的一系列专有权利。[⑤]

集成电路布图设计，是指集成电路中至少有一个是有源元件的两个以上元件和部分或者全部互连线路的三维配置，或者为制造集成电路而准备的上述三维配置。集成电路布图设计专有权，包括对布图设计进行复制，将布图设计、含有布图设计的集成电路以及含有该集成电路的物品投入商业利用的权利。[⑥]

植物新品种，是指经过人工培育的或者对发现的野生植物加以开发，具备新颖性、特异性、一致性和稳定性并有适当命名的植物品种。植物新品种权，是指完成育种的单位或者个人对其授权品种，享有排他的独占权。[⑦]

(2)常见的选择与结合

知识产权包括多种类型，通常而言，选择单一类型的知识产权即可满足权利保护需求。但在一些情况下，出于对保护力度的需求，以及保护客体的特殊性，可以结合不同类型的知识产权进行保护。

①专利权与商业秘密

专利权与商业秘密均可作为技术成果的保护方式，但两者在制度设计方面

---

① 参见王迁：《知识产权法教程》(第7版)，中国人民大学出版社2021年版，第3页。

② 参见王迁：《知识产权法教程》(第7版)，中国人民大学出版社2021年版，第337、338页。

③ 参见《反不正当竞争法》第9条。

④ 参见王莲峰：《商标法学》(第3版)，北京大学出版社2019年版，第81页。

⑤ 王迁：《知识产权法教程》(第7版)，中国人民大学出版社2021年版，第50页。

⑥ 参见《集成电路布图设计保护条例》第2、7条。

⑦ 参见《植物新品种保护条例》第2、6条。

存在冲突，专利权以公开换取保护，而商业秘密以保密为构成要件，故对于同一技术方案，仅能在二者之中择一提供保护。

针对同一技术方案，在专利权与商业秘密之间进行选择时，通常需要考虑包括但不限于以下因素：

第一，反向工程难度，即技术方案被反向工程破解的可能性。如果一项技术方案极难通过反向工程破解，则可以考虑使用商业秘密进行保护，相关客体通常包括配方、工艺流程等；而如果一项技术方案较易通过反向工程破解，则通常无法使用商业秘密进行保护，相关客体通常包括产品的机械结构等。

第二，技术生命周期，即技术生命周期与保护期的适配性。专利权的保护期是有限的，而商业秘密在保密得当的情况下可能获得永久保护。考虑到技术生命周期与保护期的适配性，如果一项技术方案的生命周期较长，以致远远超过专利权的保护期，则可以考虑使用商业秘密进行保护。

第三，技术保护成本。专利权的保护成本相对较低，仅需在有效期内每年向国家知识产权局缴纳一定年费即可维持其有效性。而商业秘密的保护往往需要构建完善的保密制度、保密条件等，通常会带来较高的保护成本。

第四，后续转化方式。一项技术成果的转化方式既可能是自行使用，也可能是转让或许可给他人使用以收取费用。与自行使用显著不同的是，在转让或许可给他人使用的过程中，商业秘密的保护具有相当程度的不可控性，可能带来一定的泄密风险。所以，如果主要以转让或许可方式进行转化的，需要谨慎使用商业秘密保护相关技术成果。

应当注意的是，以上内容强调的是“同一技术方案”。如果针对的并非同一技术方案，即使两技术方案之间具有一定的关联性，属于某一技术成果系统的不同组成部分，仍然可以通过专利权与商业秘密组合的方式分别对两技术方案进行保护。例如，企业可以通过专利权保护某一产品的结构，同时通过商业秘密保护该产品的制备工艺流程。

②发明专利权与实用新型专利权

发明专利权与实用新型专利权的保护客体均为技术方案。根据我国《专利法》第 9 条的规定，同样的发明创造只能授予一项专利权，即同样的发明创造不能同时获得发明专利和实用新型专利。

专利法对发明和实用新型这两种专利权客体都有“三性”要求，并且两者都可以适用于针对产品的创新，只是法律对两者创造性程度的要求不同。对于发明专利，法律则要求其创造性与现有技术相比“有突出的实质性特点和显著的进步”；对于实用新型专利，法律对创造性的要求是与现有技术相比“具有实质性的特点和进步”。因而，就一项针对产品的技术创新而言，当事人在提出专利申请时，依法拥有分别寻求发明专利或实用新型专利保护的选择权，但申请人需自行承担因创造性程度达不到法律所规定的发明专利标准而无法获得发明专利授权的风险。

因此，专利法允许同一申请人可以同日对同样的发明创造既申请实用新型专利又申请发明专利，是对当事人这种选择权的尊重与确认。专利审查实践中，由于对发明专利申请须进行实质审查，因而耗时较长、授权相对较晚；而由于对实用新型专利申请不进行实质审查，因而耗时较短、授权相对较早。但是，如果对同一申请人就同样的发明创造分别授予实用新型和发明两项专利权，则不当地扩大了申请人的权利、有违公平原则和“一发明创造一专利”原则。因此，鉴于实用新型专利的法定保护期短于发明专利法定保护期，《专利法》第9条第1款规定同一申请人同日对同样地发明创造既申请实用新型专利又申请发明专利，先获得的实用新型专利权尚未终止，且申请人声明放弃该实用新型专利权的，可以授予发明专利权。这既有利于尊重和维护申请人的专利申请权与选择权，也有利于维护公平的社会秩序，防止专利申请人通过专利权的重叠及其法定保护期的重叠不当地扩张自己的利益。①

实践中，企业为了充分保护作出的发明创造，可以选择同日对同样的发明创造既申请实用新型专利又申请发明专利。实用新型专利申请不进行实质审查，耗时较短、授权较早，可以较早对发明创造进行保护。待发明专利申请实质性审查后确定符合授权要件的，再放弃实用新型专利权，获得发明专利权，以获得更长的保护期。

③计算机软件的著作权、商业秘密及专利权保护

a. 计算机软件的著作权保护

计算机软件，是我国著作权法保护的作品之一，指计算机程序及其有关文档。

其中，计算机程序，是指为了得到某种结果而可以由计算机等具有信息处

---

① 参见全国人大常委会法制工作委员会经济法室编著：《〈中华人民共和国专利法〉释解及实用指南》，中国民主法制出版社2012年版，第38、39页。

理能力的装置执行的代码化指令序列,或者可以被自动转换成代码化指令序列的符号化指令序列或者符号化语句序列,即源程序或目标程序。文档,是指用来描述程序的内容、组成、设计、功能规格、开发情况、测试结果及使用方法的文字资料和图表等,如程序设计说明书、流程图、用户手册等。

软件著作权自软件开发完成之日起产生。软件著作权人可以向国务院著作权行政管理部门认定的软件登记机构办理登记。

自然人的软件著作权,保护期为自然人终生及其死亡后 50 年,截止于自然人死亡后第 50 年的 12 月 31 日;法人或者其他组织的软件著作权,保护期为 50 年,截止于软件首次发表后第 50 年的 12 月 31 日,但软件自开发完成之日起 50 年内未发表的,不再保护。①

b. 计算机软件的商业秘密保护

如上文所述,商业秘密保护的要件为秘密性、价值性和保密性,只要不为公众所知悉、具有商业价值并经权利人采取相应保密措施的技术信息、经营信息等商业信息,都可以获得商业秘密的保护。

对于计算机软件而言,商业秘密保护的客体并非计算机程序及其有关文档本身,而是其中符合商业秘密构成要件的信息。实践中,常见的计算机软件商业秘密保护客体包括算法、源代码等。

c. 计算机软件的专利权保护

我国《专利法》规定,智力活动的规则和方法不属于专利权的保护客体。计算机软件能否获得专利权保护,关键在于其是否属于智力活动的规则和方法。

如果一项权利要求仅仅涉及一种算法或数学计算规则,或者计算机程序本身或仅仅记录在载体(如磁带、磁盘、光盘、磁光盘、ROM、PROM、VCD、DVD 或者其他的计算机可读介质)上的计算机程序本身,或者游戏的规则和方法等,则该权利要求属于智力活动的规则和方法,不属于专利保护的客体。

但是,如果涉及计算机程序的发明专利申请的解决方案执行计算机程序的目的是解决技术问题,在计算机上运行计算机程序从而对外部或内部对象进行控制或处理所反映的是遵循自然规律的技术手段,并且由此获得符合自然规律的技术效果,则这种解决方案属于专利法中的技术方案,属于专利保护的

① 参见《计算机软件保护条例》第 3、7、14 条。

客体。[1]

④设计方案的著作权、专利权保护

a. 设计方案的著作权保护

在著作权法中，外观设计多以“实用艺术品”的形式，作为“美术作品”受到著作权保护。

实用艺术品受到保护应符合三个条件：一是实用艺术品中的实用功能和艺术美感必须能够相互独立；二是其能够独立存在的艺术设计具有独创性；三是实用艺术品应当达到较高水准的艺术创作高度。[2]

b. 设计方案的专利权保护

设计方案是我国外观设计专利权的保护客体。我国《专利法》中的外观设计，是指对产品的整体或者局部的形状、图案或者其结合，以及色彩与形状、图案的结合所作出的富有美感并适于工业应用的新设计。

外观设计专利权的授权实质条件包括新颖性、区别性及不与他人在先合法权利相冲突。

2. 知识产权挖掘与布局实践

一般而言，专利权、商标权以外的知识产权类型均不涉及“挖掘”或“布局”的概念，故本书仅针对专利权、商标权的挖掘与布局进行展开。

（1）专利挖掘与布局

在专利布局的过程中，专利挖掘是不可或缺的一部分。所谓专利挖掘，是指以专利布局为目的，对研发过程中所取得的各项技术成果进行技术和法律层面上的全面分析，提炼出可专利技术方案的过程。

专利布局，是指对专利申请的周密规划和统筹安排，通过对专利申请时间、地域和途径的选择，以及对专利保护内容的谋划，有策略地进行专利部署。

以围棋对弈为喻，如果说专利布局相当于棋手的落子策略，专利挖掘就相当于棋盒中的棋子，通过专利布局与挖掘形成的专利保护与竞争态势，就相当于棋手一步步落子形成的棋局形势。

一般而言，专利挖掘与布局可以分为四个步骤：第一，收集分析情报；第二，选择布局策略；第三，进行专利挖掘；第四，完成专利申请。

---

① 参见《专利审查指南》第二部分第九章。

② 参见王迁：《知识产权法教程》（第7版），中国人民大学出版社2021年版，第116－120页。

①收集分析情报

正所谓"知己知彼,百战不殆",只有在系统、科学的情报分析工作的基础上,企业才能作出正确的决断。要进行专利布局,企业首先需要对市场竞争、专利技术等情报进行整理分析。

市场竞争情报分析,是专利布局的基础,重点在于对竞争对手的经营情况进行分析,可包括主要产品、销售渠道、研发资金、研发人员、组织架构、上游供应商、下游客户、合作伙伴等信息情报。通过对市场竞争情报的分析,可以准确定位企业自身及竞争对手在产业中的位置,为专利布局策略的选择提供基础与依据。

专利技术情报分析,是专利布局前期情报分析工作中最为重要的部分,需要进行非常广泛的专利检索和专利分析。通过对专利技术情报的检索和分析,企业能够更加清晰地确定本领域的技术发展趋势,更加精准地确定专利布局策略,以使企业在市场竞争中更具主动性,占据更加有利的竞争地位。

②选择布局策略

第一,保护范围布局策略。

基于前期的情报收集分析结果,企业需要根据自身以及竞争对手的实际情况,选择合适的专利布局策略。根据侧重点的不同,专利布局策略可以分为保护型专利布局、制衡型专利布局以及前瞻型专利布局等。

其中,保护型专利布局,主要目的是保护企业自有的创新技术成果,具有普适性。具体而言,保护型专利布局可包括路障式专利布局、城墙式专利布局、地毯式专利布局等。路障式专利布局,是指对实现某一技术目标必需的一种或几种技术方案申请专利。其优点是专利申请与维护成本较低,缺点是竞争者有机会进行规避设计。城墙式专利布局,是指对实现某一技术目标的多种技术方案申请专利,利用一系列专利阻碍竞争对手的研发。其优点是更好地避免竞争对手进行规避设计和寻找替代方案,但其成本相较于路障式专利布局更高。地毯式专利布局,是指对实现某一技术目标的所有技术方案全部申请专利,其通过深层次的专利挖掘获得大量专利技术方案,形成专利网。其保护的范围更广,但投入成本也较前两种更高。

制衡型专利布局,是指从制衡竞争对手的角度出发,企业在进行专利布局时重点关注竞争对手的优势技术、劣势技术和空白技术等情况,确定竞争对手重点突破的核心技术,围绕该技术进行专利布局。制衡型专利布局一般体现为围栏式专利布局，即围绕竞争对手的核心专利、基础专利申请若干的外围专利，有效地阻碍竞争对手以其核心专利、基础专利为中心向四周拓展，最大限度地削弱竞争对手专利的价值。

前瞻型专利布局，是指从行业发展的前瞻性角度出发，在进行专利布局时对行业技术发展趋势进行预估，并针对未来的技术发展方向进行专利布局。

第二，保护时间布局策略。

专利权以公开换取保护，且保护期是有限的。对于(拟)科创板 IPO 企业而言，如果专利申请时间太早，至 IPO 申报时，相关专利权的保护期可能已剩余不多；如果专利申请时间太晚，至 IPO 申报时，相关专利申请可能尚未获得授权，也可能因为产品已上市而专利还未及时申请导致所申请之专利丧失了新颖性。

针对专利申请即将到期的问题，在进行专利布局时，企业可根据情况灵活选择专利申请时间。具体而言，对于相关技术方案，可在前期通过商业秘密进行保护，待时机合适再向国家知识产权局提交专利申请文件。

针对专利申请尚未获得授权的问题，在进行专利申请时，企业可灵活利用制度便利，如优先审查制度、快速预审制度等，以缩短专利审查期限。

具体而言，关于优先审查制度，根据国家知识产权局发布的《专利优先审查管理办法》第 3 条规定："有下列情形之一的专利申请或者专利复审案件，可以请求优先审查：(一)涉及节能环保、新一代信息技术、生物、高端装备制造、新能源、新材料、新能源汽车、智能制造等国家重点发展产业；(二)涉及各省级和设区的市级人民政府重点鼓励的产业；(三)涉及互联网、大数据、云计算等领域且技术或者产品更新速度快；(四)专利申请人或者复审请求人已经做好实施准备或者已经开始实施，或者有证据证明他人正在实施其发明创造；(五)就相同主题首次在中国提出专利申请又向其他国家或者地区提出申请的该中国首次申请；(六)其他对国家利益或者公共利益具有重大意义需要优先审查。"

值得注意的是，科创板优先支持的六大行业，均在上述可以请求优先审查的情形之列，(拟)科创板 IPO 企业可根据需要请求优先审查。

国家知识产权局同意进行优先审查的，自同意之日起，发明专利申请一般在 45 日内发出第一次审查意见通知书，并在一年内结案；实用新型和外观设计专利申请在两个月内结案。

关于快速预审制度，在国家知识产权局发布《关于开展知识产权快速协同保护工作的通知》后，全国各地陆续设立多处知识产权保护中心，开展专利快速预审服务，大大缩短专利的审查授权周期。

为申请专利快速预审，企业需先向当地知识产权保护中心申请备案，完成备案后方可向知识产权保护中心提交专利申请，如预先审查通过，企业可进一步向国家知识产权局提交快速审查申请。

第三，保护地域布局策略。

由于专利权的地域性，在专利布局时，还需要考虑保护的地域。一般而言，保护地域至少应当覆盖企业产品的制造地、销售地、转口地等，在企业财力允许的情况下，还可覆盖至世界主要国家。

为进行域外专利申请，除直接向目标国提交专利申请外，还可通过 PCT 途径进行专利申请。

PCT 申请，是根据《专利合作条约》(*Patent Cooperation Treaty*)的规定，专利申请人通过 PCT 途径递交国际专利申请，向多个国家申请专利。PCT 申请分为两个阶段，分别为国际阶段和进入国家阶段。国际阶段为申请人向本国 PCT 受理局提出 PCT 申请，在形式审查合格后将申请文件分别送交世界知识产权组织(World Intellectual Property Organization，WIPO)国际局和国际检索单位，进行国际初步审查、出具国际检索报告的阶段。之后便由申请人启动进入国家阶段，自优先权日 30 个月(在某些国家可能是 20 个月)内办理进入指定国(或选定国)国家阶段的手续，之后便由各国专利局按其专利法规规定进行审查，并决定是否授予专利权。申请人可以直接提出 PCT 申请，也可在中国在先申请的申请日(优先权日)起 12 个月内以中文向中国国家知识产权局提出 PCT 国际申请，并要求中国的优先权。

③进行专利挖掘

专利布局的基本手段是进行专利申请，而要进行专利申请，就需要进行专利挖掘。不管是针对自有创新技术成果的保护型专利布局，还是针对竞争对手的制衡型专利布局，在进行专利挖掘时都遵循同样的方法论——拆分替代。拆分替代，即从产品、技术等方面对创新技术成果进行要素拆分，识别其中的创新点，并寻求替代要素，以产生新的专利技术方案。

第一，要进行专利挖掘，首先需要对创新技术方案进行要素拆分，识别其中的创新点，具体可从产品拆分和技术拆分两方面着手。

其中，产品拆分，即把创新技术成果的产品分为若干零部件或若干组成部分，并对其中的创新点加以识别；技术拆分，即对创新技术成果中的具体技术进行细分,并对其中的创新点加以识别。

第二,完成要素拆分后,即可进行要素替代。专利挖掘中的要素替代,与规避设计具有一定的相似之处,两者的目的均在于研究出既可以解决相同的技术问题,又与原技术方案存在不同之处的替代方案。

第三,进行技术延伸,需要扩展专利挖掘的广度,可以跨产业链上下游进行考虑,可以跨技术领域进行考虑,也可以针对未来技术发展方向进行考虑。

④完成专利申请

专利布局的最后一步,是对专利挖掘得出的技术方案进行专利申请。

为进行专利申请,首先需要针对专利挖掘获得的技术方案进行现有技术检索,评估其可专利性。经过评估确定技术方案具有申请专利的可行性后,由专利代理师撰写专利申请文件,提出专利申请。

(2)商标布局

与专利布局类似,商标布局也是一种通过周密规划和统筹安排,有策略地进行商标部署的行为。

一般而言,商标布局可以分为四个步骤:第一,完成尽职调查;第二,检索排查障碍;第三,确定布局方案;第四,完成商标注册。

①完成尽职调查

进行商标布局的第一步,需要对企业商标相关情况进行法律尽职调查,包括企业业务及市场的基本情况、商标情况、风险因素等。

具体而言,就业务及市场的基本情况,可包括企业所属行业、主营业务、主要市场区域、竞争对手情况、上下游情况等;就企业商标情况,可包括企业目前使用及未来拟使用的商标及包装装潢情况等;就相关风险因素,可包括企业签订的商标转让、许可等协议,以及商标侵权及被侵权情况等。

②检索排查障碍

在完成尽职调查的基础上,企业需要检索排查是否存在与拟申请商标相同或近似的已注册商标,是否构成商标注册障碍。如果存在相关商标注册障碍,可考虑通过提起商标权撤销、无效、公告期内异议等方式进行清除。

就商标权撤销而言,商标注册人在使用注册商标的过程中,自行改变注册商标、注册人名义、地址或者其他注册事项的,由地方工商行政管理部门责令限期改正;期满不改正的,由商标局撤销其注册商标。注册商标成为其核定使用的商品的通用名称或者没有正当理由连续 3 年不使用的,任何单位或者个人可以向商标局申请撤销该注册商标。[①]

就商标权无效而言,相关理由包括绝对理由和相对理由。绝对理由包括标志不具有显著性,三维标志的形状仅由商品自身的性质产生、具有实用功能性或美学功能性,标志的内容违法,申请注册的范围、方式和目的违法等;相对理由包括误导性使用地理标志,以不正当手段抢注他人已有一定影响的未注册商标,代表人、代理人和其他关系人抢注,与他人在相同或类似商品或服务上已注册的或初步审定的商标相同或近似,与他人驰名商标相同或近似,侵犯他人的其他在先权益等。

就公告期内异议而言,对于初步审定的商标,自公告之日起 3 个月内,任何人认为商标注册损害了公共利益,存在不予注册的绝对理由,可以向国家知识产权局提出异议;在先权利人和利害关系人认为商标注册损害了自己的民事权利,存在不予注册的相对理由,也可以向国家知识产权局提出异议。[②]

③确定布局方案

商标布局方案的内容,主要包括申请的商标标识、申请的商品或服务类别,以及申请的地域范围。

就申请的商标标识,可包括核心商标及联合商标。一般而言,企业应至少对生产经营中使用的核心商标标识进行商标注册。为加强商标保护,防止被他人抢注或使用,企业还可围绕核心商标进行联合商标注册。

所谓联合商标,是指同一个商标所有人在同一种商品(服务)或类似商品(服务)上注册使用的若干个近似商标。在这些近似商标中,首先注册的或者主要使用的商标为主商标,其他的商标为该主商标的联合商标。例如,红桃 K 集团为保护“红桃 K”不受侵害,对“红心 K”“黑桃 K”“红桃 A”“黑桃 Q”等 33 个容易使消费者误认的商标进行了联合注册。[③]

就申请的商品或服务类别,可包括核心类别及衍生类别。一般而言,企业应至少对生产经营中涉及的商品和服务类别进行商标注册。为加强商标保护,企业还可以围绕产业链上下游涉及的商品或服务类别,进行衍生类别注册。此外,对于驰名商标而言,为实现最大化保护,企业还可注册防御商标,典型的情况是进行全类注册。

---

① 参见《商标法》第 49 条。

② 参见王迁:《知识产权法教程》(第 7 版),中国人民大学出版社 2021 年版,第 503 - 578 页。

③ 参见王莲峰:《商标法学》(第 3 版),北京大学出版社 2019 年版,第 24 - 25 页。

所谓防御商标，是指驰名商标所有人在不同类别的商品或者服务上注册若干个相同的商标。原来的商标为主商标，注册在其他类别的商品或服务商的同一个商标为防御商标。例如，青岛海尔集团不仅在冰箱、空调等产品上注册了“海尔”商标，在商品和服务分类表中的其他商品类别和服务类别上都申请注册了“海尔”商标。[①]

就申请的地域范围，与专利布局类似，一般而言，保护地域至少应当覆盖企业产品或服务的制造地、销售地、转口地等，在财力允许的情况下，为加强保护，还可覆盖至世界主要国家。

为进行域外商标注册，除直接向目标国提交商标注册申请外，还可进行马德里商标国际注册，即根据《商标国际注册马德里协定》或《商标国际注册马德里协定有关议定书》的规定，在马德里联盟成员国间进行商标注册。

④完成商标注册

确定商标布局方案后，企业可及时向受理局提交商标注册申请，完成后续注册程序。

（二）知识产权管理与维护

1. 管理团队

企业应当尽早组建由企业内部管理人员、法务人员和外部专利代理师、知识产权律师等共同组成的专业知识产权团队。知识产权团队除负责内部知识产权管理工作、外部知识产权纠纷应对工作外，还应当面向企业员工定期组织开展知识产权培训讲座，以提高员工的知识产权保护意识，减少知识产权风险。

2. 管理制度

企业知识产权管理制度涵盖的内容广泛，具体可包括研发管理制度、申请流程管理制度、职务发明奖励和报酬制度、保密制度、权利维护制度、商标使用管理制度、知识产权培训制度等。知识产权管理体系的构建应当与企业的行业特点、经营性质、发展状况、经济实力等相适应，以充分、高效地进行企业知识产权管理。

具体而言，研发管理制度，是指企业对研发过程中涉及的物质、资金、资料等客体进行管理的制度。通过研发管理制度的建立与运行，企业一方面可以明

---

① 参见王莲峰：《商标法学》（第3版），北京大学出版社2019年版，第26页。

确定位研发目标、有序安排研发进程、合理分配研发资源和固定研发费用;另一方面还可以对整个研发过程进行充分记录与留痕,以在发生技术成果权属纠纷时作为相关证据,相关资料可包括研发工作计划、项目立项审批表、立项报告、中期报告、结项报告、研发经费拨付记录、设备材料采购记录以及研发形成的技术资料及图纸、测试记录等。

申请流程管理制度,是指企业对专利申请、商标注册、著作权登记、集成电路布图设计登记等流程进行规划、管理与记录的制度。通过申请流程管理制度的建立与运行,企业可以明确重要时间节点,有序推进知识产权申请、注册或登记流程,防止因疏忽导致延误或失败。

职务发明奖励和报酬制度,是指对职务发明创造的发明人或者设计人发放奖励或者报酬的相关制度。根据我国《专利法》规定,企业应当对职务发明创造的发明人、设计人给予奖励和报酬,且企业可以与发明人、设计人约定或通过规章制度规定奖励和报酬的方式和数额。通过职务发明奖励和报酬制度的建立与运行,企业不仅可以激励员工作出职务发明创造,还可以防止因约定或规定不清导致的职务发明奖励、报酬纠纷。

保密制度,即对商业秘密等秘密信息的保密措施进行规定的制度。保密性是商业秘密的构成要件之一,根据相关规定,是否采取了合理的保密措施,应当根据所涉信息载体的特性、权利人保密的意愿、保密措施的可识别程度、他人通过正当方式获得的难易程度等因素进行认定。为防止企业秘密信息因未采取合理保密措施而无法获得商业秘密保护,也为了避免保密措施不充分导致的泄密,企业应致力于保证保密制度的建立健全及有效运行。

权利维护制度,主要指对已有知识产权的续费、续展等手续进行管理的制度。对于专利权而言,在有效期内每年均需向国家知识产权局缴纳年费,如未按时缴纳,则专利权被视为放弃;对于商标权而言,注册商标有效期满,需要继续使用的,应按照规定办理续展手续,如未按时办理,商标将被注销。通过权利维护制度的建立与运行,企业可以提前对缴费、续展等时间进行规划与提示,防止因未及时缴费导致专利失效,或因未及时续展导致商标注销等。

商标使用管理制度,包括注册商标和未注册商标的使用管理。就注册商标的使用管理而言,主要包括是否正确使用和标注注册商标、是否自行改变注册商标、是否连续 3 年停止使用、对使用注册商标的商品质量的管理等;就未注册商标的使用管理而言,主要包括未注册商标不得冒充注册商标、不得违反禁止性规定、使用未注册商标的侵权风险评估等。通过商标使用管理制度的建立与运行,可以保证商标使用行为的合规性,防止受到商标管理机关的处罚,或导致注册商标被撤销,以及对第三方商标构成侵权。

知识产权培训制度,是指对企业员工进行知识产权相关普法、培训的制度。定期开展知识产权培训,不仅可以加强员工的知识产权保护意识,还可以降低知识产权侵权、被侵权或商业秘密泄密等风险。

3. 风险控制

(1)侵权风险控制

为控制知识产权侵权风险,企业可采取以下措施。

①定期开展知识产权侵权风险分析

知识产权侵权风险分析,包括专利权、商标权、著作权、商业秘密等知识产权的侵权风险分析。

其中,最常开展的是专利侵权风险分析,又被称为自由实施分析(Freedom-to Operate,FTO),目的是可以自由地使用、制造或销售某种产品而不会侵犯他人的专利权。企业应当定期开展 FTO,即使不具备定期开展 FTO 的条件,至少也应在研发、上市等关键节点,针对特定项目、产品进行专项 FTO 分析。

FTO 的开展主要包括以下工作步骤:

第一,明确技术方案。在进行 FTO 时,首先应当确定待分析的技术方案,待分析的技术方案应明确、具体,即使尚在研发过程中,也应清楚、充分地进行描述,否则难以进行专利检索。

第二,明确地理区域。基于专利的地域性,以及侵权排查的成本考量,企业不可能在全部国家(地区)进行 FTO,故一般应明确企业产品或服务的制造地、销售地、转口地或未来打算拓展的销售地,以进行针对性的侵权排查。

第三,进行专利检索。在明确技术方案与地理区域的情况下,由律师或专利代理师构建专利检索式,完成专利检索,并筛选出可能侵犯的专利文献。

第四,进行侵权比对。将待分析的技术方案与检索、筛选出的专利文献进行一一比对,依据“全面覆盖原则”判断是否可能构成相同侵权或等同侵权。

第五,提出规避建议。对于可能侵犯的专利文献,在充分分析其权利要求书、说明书及附图的基础上,分析是否可以作出区别设计,或参照捐献原则、禁止反悔原则等侵权抗辩理由进行规避。

②监控竞争对手的知识产权情况

由于企业面临的知识产权侵权风险多来自竞争对手,企业应建立竞争对手清单,并对其知识产权申请、授权情况进行持续监控,以尽早发现、规避知识产权侵权风险。

③发现风险后及时预案

企业应建立知识产权侵权风险预案制度,在发现存在知识产权侵权风险后,可及时对相关产品的生产、销售情况进行调整,并提前准备申请相关知识产权无效或撤销的材料,以及针对相关知识产权的侵权抗辩材料等,待发生侵权纠纷后可第一时间进行应对,以防措手不及。

以专利侵权风险为例,在发现相关风险后,一方面可以对相关专利进行现有技术或现有设计检索,准备专利权无效宣告请求申请材料。另一方面可充分研究专利文件与相关法规,从“不侵权”和“不赔偿”两个角度入手,在“不侵权”方面,首先可以从认定专利保护范围的方法和原则入手,主张企业的技术不在专利的保护范围之内;其次考虑对方专利效力是否存在瑕疵、是否存在抵触申请、现有技术或现有设计抗辩等事由;在“不赔偿”方面,可以考虑是否存在合法来源抗辩等事实应对侵权诉讼,以备不时之需。

(2)被侵权风险控制

为控制被他人侵犯知识产权的风险,企业应当充分关注竞争对手产品或服务情况,以及本行业市场上的竞品情况,在发现疑似侵权行为后,应及时调查、取证,并通过发送律师函、提出行政投诉、提起侵权诉讼等方式进行维权。

(3)权属风险控制

为控制知识产权权属风险,企业可采取以下措施。

①人员引进导致的权属风险控制

如本书第二篇“新员工在原单位离职一年内作出发明创造”等节内容所述,对于从其他单位引进员工的企业而言,需要小心职务发明创造权属认定风险。为控制相关权属风险,企业可采取以下措施:

第一,做好入职背景调查。具体可包括工作经历及起止时间、离职原因、在原单位的具体职务与工作范围、在原单位参与研发项目的情况、接触原单位商业秘密的情况,以及与原单位签订保密协议、竞业限制协议或技术成果权属协议等情况。

第二,要求入职人员签署承诺函。首先,员工应在承诺函中承诺,其向本单位提供的所有个人信息及证件，包括但不限于身份信息、学历信息、工作经历等，均真实、准确。其次，员工应承诺其已经与原单位解除劳动合同，已经办理完离职工作交接手续，无竞业限制约定或竞业限制已解除。

第三，建立“缓冲期”制度。对于自原单位离职、退休、调离原单位后或者劳动、人事关系终止尚不满 1 年的技术人员，尽量避免其参加与其在原单位工作相关的技术研发工作，避免将其列为专利的发明人。

②人员兼职导致的权属风险控制

如本书第二篇“核心技术人员存在兼职”等节内容所述，如果企业员工存在在外兼职的情况，可能会带来知识产权权属风险。

为控制相关权属风险，企业可以事先与兼职单位就相关人员作出的职务技术成果的所有权、使用权等情况进行明确约定，以在产生相关纠纷后作为明确权属的依据。

③合作、委托研发导致的权属风险控制

如本书第二篇“合作研发中的知识产权权属问题”等节内容所述，如果企业存在合作、委托研发的情况，可能会导致存在知识产权权属风险。

为控制相关风险，企业可以事先与合作、委托单位就相关技术成果的所有权、使用权等情况进行约定，以在产生相关纠纷后作为明确权属的依据。

④受让知识产权导致的权属风险控制

如本书第二篇“从第三方受让专利”“受让取得非专利技术”“软件著作权受让取得”“核心商标受让取得”等节内容所述，如果企业存在知识产权受让的情况，可能会导致存在知识产权权属风险。

为控制相关风险，企业一方面可以在受让相关知识产权之前做好尽职调查，具体可包括相关知识产权是否存在共有、许可、质押等权利限制，是否存在侵权、权属等纠纷；另一方面企业可与出让方就知识产权的权属进行明确约定，由出让方保证不存在权属瑕疵，并在由于权属风险给企业造成损失时承担赔偿责任。

(4)稳定性风险控制

如上文所述，企业可通过保密制度、权利维护制度、商标使用管理制度的建立与运行，防止知识产权因程序或实体问题而无效或撤销，控制知识产权稳定性风险。

(三)知识产权信息披露

企业在涉及知识产权信息披露时,一般应注意遵守以下要求。

1. 信息披露的一般要求

(1)真实

企业披露的知识产权信息应当真实。具体而言,应当以客观事实或者具有事实基础的判断和意见为依据,如实反映实际情况,不得有虚假记载。[①]

(2)准确

企业披露的知识产权信息应当准确。具体而言,应当客观,不得夸大其词,不得有误导性陈述。披露未来预测性信息的,应当合理、谨慎、客观。[②]

另外,除了内容准确,无误导性陈述外,企业还应当注意知识产权相关用语的规范性与准确性。反面例子,如TZ电子2006年招股说明书中将实用新型专利的“发明人”写成“设计人”,THS的2009年年报则把“作品名称”或“软件名称”写成“著作权名称”。[③]

(3)完整

企业披露的知识产权信息应当完整。具体而言,应当内容完整,充分披露对(拟)上市公司有重大影响的信息,揭示可能产生的重大风险,不得有选择地披露部分信息,不得有重大遗漏。[④]

在判断是否充分披露时,需重点关注披露的内容是否包含对投资者作出投资决策有重大影响的信息,披露程度是否达到投资者作出投资决策所必需的水平。

根据上交所2019年4月23日发布的《上交所就首轮问询及回复情况答记者问》,未充分披露的知识产权相关内容集中于核心技术的来源、研发团队情况、技术先进性程度、在国内外市场的地位及竞争优劣势、技术的迭代性和可替代性、技术路线演进和发展趋势、知识产权保护及管理、核心技术产业化应用及

① 参见《科创板上市规则》第5.1.3条。

② 参见《科创板上市规则》第5.1.4条。

③ 参见袁真富:《我国上市公司知识产权信息披露问题研究——基于上市公司信息披露文件的实证分析》,载《知识产权》2010年第5期。

④ 参见《科创板上市规则》第5.1.5条。

收入占比等。[①] 企业在进行知识产权信息披露时应注意是否遗漏上述内容。

另外,企业在披露知识产权信息之前对于应当披露的内容应制定合理规则,一方面主动承担披露知识产权信息的义务,另一方面对于企业知识产权信息披露制定战略布局,避免在上市的过程中遇到不必要的阻碍。[②]

特别需要注意的是,企业应当注意对披露信息中涉及秘密信息的处理,根据规定,拟披露的信息属于国家秘密、商业秘密,披露后可能导致其违反国家有关保密的法律法规或者严重损害公司利益的,可以申请豁免披露。[③]

(4)一致

企业披露的知识产权信息应当具有一致性。具体而言,披露的信息应当前后一致,具有内在逻辑性,不得自相矛盾或冲突。反面例子,如 XJ 生物在问询回复及相关文件中,对其所属行业、发明专利数量等内容进行修改。科创板上市委员会审议认为其行业归属和多项科创属性指标,包括研发投入和发明专利数量等信息披露前后不一致,决定终止审核。

(5)可理解

企业披露的信息应当具有可理解性。具体而言,披露的内容应当简明易懂,便于一般投资者阅读和理解。评判标准包括但不限于是否使用浅白语言,是否简明扼要、重点突出、逻辑清晰,是否结合企业自身特点进行有针对性的信息披露。[④]

此外,还应避免使用大量专业术语、过于晦涩的表达方式和外文及其缩写,避免模糊、模板化和冗余重复的信息,不得含有祝贺、宣传、广告、恭维、诋毁等性质的词语。[⑤]

对于科创公司而言,由于多处于新兴行业,所披露的商业模式、产品、研发等信息,往往涉及创新科技或者专业术语,普通投资者不容易理解,更加需要重视这一披露要求,避免使用大量的专业术语、过于晦涩的表达方式和外文及其缩写。确需使用专业术语的,应当配以必要的解释,对其中的重点、关键信息可以着重列明和显示,以便于投资者掌握;对披露事项尽可能采用定量分析或作

① 参见《上交所就首轮问询及回复情况答记者问》,载上海证券交易所,http://www.sse.com.cn/aboutus/mediacenter/hotandd/c/c_20190423_4779514.shtml。

② 参见陈祥玲:《上市公司知识产权信息披露研究》,载《知识经济》2017 年第 5 期。

③ 参见《科创板审核规则(2020 年修订)》第 44 条。

④ 参见《科创板审核规则(2020 年修订)》第 36 条。

⑤ 参见《科创板上市规则》第 5.2.5 条。

出有针对性的定性描述，必要时可以采用图表辅助表达。

例如，公司披露成功研发某项新技术时，应尽可能描述新技术的基本功能、应用场景、主要改进和使用条件，便于投资者获得更加具体、直观、可感知的理解；公司披露拟研发某项新药的适应症时，要尽可能使用投资者可以理解的通俗化的疾病名称；公司披露新产品对经营的影响时，建议披露新产品产生的收入及占当期营业收入的比例，定量分析对公司的影响。

2. 问询回复的注意要点

在回复监管机构的问询问题时，除遵守以上一般要求外，企业还应当注意以下要点。

(1)有针对性

科创板首轮问询遵循"全面问询、突出重点、合理怀疑、压实责任"的原则，在首轮问询和回复的基础上，二轮问询的问题主要针对首轮问询回复就发行人科创属性和技术先进性、发行人是否符合发行条件和上市条件、信息披露中法律合规性及财务真实性、科创企业成长发展中特有的风险等重大事项。①

针对监管机构的问询问题，企业不应避重就轻、答非所问，而是应当有针对性地对问询问题进行回复。一方面企业可以面向问题本身，按照监管机构的要求进行相关的解释和说明；另一方面企业还可以面向问题背后对应的科创板上市要求，综合论证企业符合监管机构关注的上市要求。

(2)简明扼要

如上文所述，监管机构在提出问询问题时具有一定的针对性，企业在回复监管机构问询时，也应当简明扼要、突出重点，避免涉及过多无关内容，防止因篇幅冗长而使重点内容淹没其中。

(3)及时性

根据《科创板审核规则》，"发行人及其保荐人、证券服务机构回复本所审核问询的时间总计不超过三个月""上市委员会审议会议结束后十个工作日内报送与审核问询回复相关的保荐工作底稿和更新后的验证版招股说明书"，因此问询问题的回复需要强调及时性。

为了能及时回复问询问题，建议企业在提交申报文件后，针对可能出现的

① 参见《上交所就科创板发行上市审核问询回复进展情况答记者问》，载央广网 2019 年 5 月 14 日，https://baijiahao.baidu.com/s?id=1633512150248459702&wfr=spider&for=pc。

问询问题提前准备风险预案,有备无患。

(四)知识产权狙击应对

1. 狙击事由

知识产权狙击事由主要包括侵权纠纷、无效纠纷、权属争议等。

其中,侵权纠纷中狙击方一般主张(拟)上市企业侵害其对知识产权享有的专有权利,具体见本书第二篇“存在专利侵权诉讼”“存在商标侵权诉讼”“存在软件著作权侵权风险”“侵犯他人商业秘密”“存在集成电路布图设计专有权侵权诉讼”等节内容。

无效纠纷主要针对专利权和商标权。专利无效宣告的理由见《专利法实施细则》第65条的规定,主要包括权利要求不具备新颖性、创造性、实用性,保护范围不清楚,说明书未充分公开等,具体见本书第二篇“存在专利权无效纠纷”。商标撤销及无效的相关理由已在前文商标布局部分说明,不再赘述。

权属纠纷即狙击方主张企业名下的知识产权应归其所有或与其共有,主要针对专利权、技术秘密、商标权等。其中,对于技术成果类知识产权,典型的情形包括因职务技术成果、委托研发、合作研发等引发的权属纠纷,具体见本书第二篇“新员工在原单位离职一年内作出发明创造”“合作研发中的知识产权权属问题”等节内容。

2. 狙击方式

知识产权狙击方式主要包括函件警告、投诉举报、报案诉讼、保全禁令、无效撤销、负面舆情等。

函件警告,是指狙击方通过发送律师函等方式对企业进行警告。律师函,是指律师事务所基于委托人的委托,指派律师针对特定法律事务,根据委托人陈述或提供的材料,结合法律向第三方进行披露和分析,旨在要求第三方履行义务,或向第三方通知相关事项、获得相关信息,或旨在引起一定法律效果的专业法律文书。[①] 应当注意的是,律师函本身虽然仅是一种起诉之前的协商或警告行为,不会产生法律后果,但其也可以作为证明侵权主观恶意的重要证据,需要谨慎应对。

投诉举报,一方面,包括直接向证券监管机构发送投诉/举报信,监管机构

---

① 参见上海市律师协会业务研究指导委员会:《(试行)律师签发律师函业务操作指引(2021)》。

收到投诉/举报信后通常会对企业提出相关问询问题；另一方面，包括发起知识产权行政投诉，知识产权侵权的行政投诉由知识产权行政管理部门受理，行政责任包括责令停止侵权、警告、罚款、没收侵权产品及违法所得等。

报案诉讼，是指狙击方针对企业发起知识产权刑事报案、民事诉讼。其中，刑事报案由公安机关立案侦查，侵犯知识产权罪的刑事责任包括有期徒刑、拘役、罚金等；民事诉讼由各级人民法院审理，知识产权侵权的民事责任包括停止侵权、赔偿损失、消除影响、赔礼道歉等。

保全禁令，包括行为保全、财产保全、证据保全等。其中，行为保全(又称临时禁令)，是指法院责令或禁止被申请人作出一定行为的保全措施，可以在判决生效前责令被告停止使用被诉侵权商标；财产保全，是指法院采取查封、扣押、冻结或者法律规定的其他方法对被申请人财产进行保全，从而防止被申请人转移、隐匿财产或因其他原因丧失清偿能力；证据保全，是指在证据可能灭失或者以后难以取得的情况下，法院可以保全证据以避免被申请人转移或销毁证据。保全禁令的具体规则见本书第二篇“存在商标侵权诉讼”内容。

无效撤销，即狙击方请求知识产权行政管理部门对企业名下的专利权、商标权等宣告无效或撤销。

负面舆情，是指狙击者发动舆论力量，通过网络制造对企业不利的舆论报道。负面舆情不仅会直接破坏企业的社会形象，使企业的市场竞争力下滑，也会引发监管机构的注意。

3. 应对建议

(1)对策制定

遭到知识产权狙击后，应第一时间对相关情况进行评估分析，并制定合理、可操作的对策。在对策的制定过程中，可从以下方面进行综合考量。

①事实情况

在制定策略时，需要全面考虑相关事实的情况，充分评估相关知识产权的稳定性，相关产品的制造、销售情况，是否存在狙击方主张的知识产权侵权、无效、权属等问题。

②狙击目的

在制定策略时，需要对狙击方的目的进行考察，主要包括以下几种：一是利用企业上市期间的“避战”心理，谋取和解赔偿，狙击方多为办公或研发软件公司、商用图库或字库公司等非本行业经营者；二是竞争对手为了阻碍企业上市，发起狙击，部分情况下狙击事由确有依据，也有部分情况下为在狙击事由明显不成立的情况下进行恶意狙击。

③后续走势

在制定策略时，还需要对狙击的后续走势进行判断，包括达成和解的可能性、可能的最好及最坏结果等，为策略制定提供参考。

（2）函件回应

部分情况下，可通过回应函件的方式向狙击方传达和解意向；但在侵权纠纷中，回应函件后的行为可能被认定为故意侵权。是否回应，需根据具体事实情况进行具体判断。

（3）案件代理

为处理狙击方发起的知识产权诉讼投诉、无效请求等案件，企业可聘请专业的知识产权律师及专利代理师作为代理人进行处理，具体而言可以主要从以下方面着手。

①无效/撤销狙击方权利基础

对于知识产权侵权纠纷涉及的诉讼、投诉，企业可以对其权利基础进行无效/撤销，如请求宣告专利权、商标权无效/撤销，证明商业秘密不具备秘密性等，从根本上解决问题。

②在案件审理中积极抗辩

企业可在案件审理中积极进行抗辩，如对于侵权纠纷可以进行不侵权抗辩、不赔偿抗辩等，对于无效纠纷可充分说明相关知识产权符合授权条件、未出现无效事由等，对于权属纠纷可结合相关知识产权的研发、权属约定等情况进行抗辩。

③主动提起反制诉讼或无效请求

兵书有云，围魏救赵。企业在遭到知识产权狙击后，可以对狙击方提起反制诉讼，或对狙击方的其他知识产权提起无效请求，以获得谈判筹码，争取以最小的成本解决纠纷。

④主动寻求和解

企业还可以主动与狙击方寻求和解，以尽快解决纠纷，减少知识产权狙击对上市进程的影响。

（4）问询回复

除对知识产权狙击本身的处理之外，企业还应当重视对监管机构对知识产权狙击所涉事项问询的回复,回复要点及注意事项可参考本篇前述信息披露要求部分及本书第二篇相关内容。

(5)舆情管控

针对狙击方发起的负面舆情,企业还应进行舆情管控。一般而言,舆情管控时需注意以下要点:第一,反应速度快,应在舆论充分发酵之前及时反应;第二,直面舆论,作出清晰、合理的解释,并统一对外口径;第三,可借助有影响力和公信力的媒体进行发声。考虑到舆情管控工作较为专业、复杂,本书建议企业尽可能将相关工作交由专业人士处理,以免弄巧成拙。

三、小结

综上所述,为了防范与应对 IP 风险,(拟)科创板 IPO 企业应当着重加强知识产权的申请与取得、管理与维护、信息披露及狙击应对四个方面的工作。在申请与取得方面,企业应灵活选择知识产权类型的结合方式,并充分进行知识产权挖掘与布局,兼顾法律状态的稳定性与保护范围的最大化;在管理与维护方面,企业应建立、健全知识产权管理团队及管理制度,通过相关制度的有效运行最小化知识产权风险的发生概率;在信息披露方面,企业应注意符合真实、准确、完整、一致及可理解等一般要求,有针对性、简明扼要和及时地回复监管部门的问询;在狙击应对方面,企业应充分了解可能遭遇的狙击事由及手段,在遭遇狙击后有规划、针对性地开展应对工作。凡事预则立,不预则废,(拟)科创板 IPO 企业只有提前做好 IP 风险防范及应对的准备工作,才能保证 IPO 之路平坦、顺畅。

附录：知识产权相关科创板上市审查规则

中国证券监督管理委员会			
文件名称	文号	实施日期	备注*
关于在上海证券交易所设立科创板并试点注册制的实施意见	中国证券监督管理委员会公告〔2019〕2号	2019年1月28日	
公开发行证券的公司信息披露内容与格式准则第41号——科创板公司招股说明书	中国证券监督管理委员会公告〔2019〕6号	2019年3月1日	本规定被《公开发行证券的公司信息披露内容与格式准则第57号——招股说明书》（中国证券监督管理委员会公告〔2023〕4号 2023年2月17日发布 2023年2月17日实施）废止
公开发行证券的公司信息披露内容与格式准则第42号——首次公开发行股票并在科创板上市申请文件	中国证券监督管理委员会公告〔2019〕7号	2019年3月1日	本规定被《公开发行证券的公司信息披露内容与格式准则第58号——首次公开发行股票并上市申请文件》（中国证券监督管理委员会公告〔2023〕5号 2023年2月17日发布 2023年2月17日实施）废止

---

* 2023年2月17日，中国证监会发布全面实行股票发行注册制相关制度规则，自公布之日起施行。这次全面实行注册制制度规则的发布实施，标志着注册制从科创板、创业板、北交所试点推广到全市场和各类公开发行股票行为。本书于2022年底完成撰写工作，但在出版过程中，本书引用的部分规则发生了变化。由于新发布的全面实行注册制制度规则并未实质性改变科创板上市审查规则中关于知识产权相关问题的审核理念和审核要求，因此，本书的相关论述及内容仍具有参考价值。此外，本书特将相关的规则变动情况以备注的形式补充于附录表中，以便读者了解最新的规则标准。

续表

中国证券监督管理委员会			
文件名称	文号	实施日期	备注
首发业务若干问题解答（2020 年修订）	/	2020 年 6 月 10 日	本规定被《监管规则适用指引——发行类第 4 号》（2023 年 2 月 17 日发布 2023 年 2 月 17 日实施）废止
科创板首次公开发行股票注册管理办法（试行）（2020 年修正）	中国证券监督管理委员会令第 174 号	2020 年 7 月 10 日	本规定被《首次公开发行股票注册管理办法》（中国证券监督管理委员会令第 205 号　2023 年 2 月 17 日发布　2023 年 2 月 17 日实施）废止
科创属性评价指引（试行）（2021 年修正）	中国证券监督管理委员会公告〔2021〕8 号	2021 年 4 月 16 日	本规定被《科创属性评价指引（试行）》（2022 年修正 2022 年 12 月 30 日发布　2022 年 12 月 30 日实施）修正

上海证券交易所			
文件名称	文号	实施日期	备注
上海证券交易所科创板股票发行上市审核问答	上证发〔2019〕29 号	2019 年 3 月 3 日	本规定被《上海证券交易所关于发布〈上海证券交易所股票发行上市审核规则〉的通知》（上证发〔2023〕28 号　2023 年 2 月 17 日发布 2023 年 2 月 17 日实施）废止

续表

上海证券交易所			
文件名称	文号	实施日期	备注
上海证券交易所科创板股票发行上市审核问答(二)	上证发〔2019〕36号	2019年3月24日	本规定被《上海证券交易所关于发布〈上海证券交易所股票发行上市审核规则〉的通知》(上证发〔2023〕28号 2023年2月17日发布 2023年2月17日实施)废止
上海证券交易所科创板发行上市审核业务指南第1号——发行上市申请文件	上证函〔2020〕2034号	2020年9月16日	本规定被《上海证券交易所关于发布〈上海证券交易所发行上市审核业务指南第2号——发行上市申请文件〉的通知》(上证函〔2023〕376号 2023年2月17日发布 2023年2月17日实施)废止
上海证券交易所科创板股票发行上市审核规则(2020年修订)	上证发〔2020〕89号	2020年12月4日	本规定被《上海证券交易所关于发布〈上海证券交易所股票发行上市审核规则〉的通知》(上证发〔2023〕28号 2023年2月17日发布 2023年2月17日实施)废止
上海证券交易所科创板发行上市审核业务指南第2号——常见问题的信息披露和核查要求自查表	上证函〔2021〕230号	2021年2月1日	
上海证券交易所科创板企业发行上市申报及推荐暂行规定(2021年4月修订)	上证发〔2021〕23号	2021年4月16日	本规定被《上海证券交易所科创板企业发行上市申报及推荐暂行规定(2022年12月修订)》(2022年12月30日发布 2022年12月30日实施)修订